Kohlhammer

Beiträge zur Wissenschaft
vom Alten und Neuen Testament
Neunte Folge

Herausgegeben von
Walter Dietrich und Horst Balz
Heft 17 · (Der ganzen Sammlung Heft 177)

Verlag W. Kohlhammer

Claudia Bender

Die Sprache des Textilen

Untersuchungen zu Kleidung und Textilien
im Alten Testament

Verlag W. Kohlhammer

Gedruckt mit Hilfe
der Geschwister Boehringer Ingelheim Stiftung
für Geisteswissenschaften in Ingelheim am Rhein,
der Johanna und Fritz Buch Gedächtnis-Stiftung, Hamburg,
und des Erzbistums Hamburg.

ISBN 978-3-17-020102-6

Inhalt

Vorwort

Die vorliegende Untersuchung wurde im Wintersemester 2006/07 vom Fachbereich Evangelische Theologie der Universität Hamburg als Dissertation angenommen. Für den Druck wurde der Text geringfügig überarbeitet.

Die Abfassung dieser Arbeit hat zwar streckenweise viel Freude gebracht, war manchmal jedoch auch mühsam und anstrengend. Die Mühe hat sich aber in mancherlei Hinsicht gelohnt. Nun kann ich zum Beispiel denen, die zum erfolgreichen Abschluss des Projektes in unterschiedlicher Weise beigetragen haben, öffentlich danken. An erster Stelle ist dabei mein Doktorvater, Prof. Dr. Stefan Timm, zu nennen. Er hat mich zunächst hartnäckig ermuntert zu promovieren und dann den langen Weg mit sehr viel Geduld und Verständnis begleitet. Besonders dankbar bin ich dafür, dass er mir so außerordentlich viel Freiheit gelassen hat, meinen eigenen Arbeitsstil zu finden. Von Anfang an war das Thema „ergebnisoffen" angelegt, nie musste ich mich vorgefassten Meinungen oder Methoden anschließen. Einen besseren Betreuer meiner Doktorarbeit kann ich mir nicht vorstellen.

An zweiter Stelle danke ich allen Mitgliedern des Forschungskolloquiums am Institut für Altes Testament an der Universität Hamburg. Das von unbedingter Sachlichkeit, gutem menschlichem Einvernehmen und Freude an wissenschaftlicher Arbeit geprägte Klima dort hat mich immer wieder ermutigt, auch Unfertiges vorzutragen und so meinen Arbeitsprozess sehr gefördert. Prof. Dr. Ina Willi-Plein hat darüber hinaus in vielfältiger Weise zum Gelingen meiner Arbeit beigetragen. Die lehrreichen und vergnüglichen Diskussionen über verschiedene Einzelaspekte haben mich immer wieder zur Weiterarbeit ermutigt. Ich bin ihr auch für die Anfertigung des Zweitgutachtens dankbar. Prof. Dr. Friedhelm Hartenstein hat mir, noch bevor er Professor für Altes Testament und Altorientalische Religionsgeschichte in Hamburg wurde, durch seine Habilitationsschrift (Das Angesicht JHWHs. Studien zu seinem höfischen und kultischen Bedeutungshintergrund in den Psalmen und in Exodus 32-34 [FAT] Tübingen 2007) entscheidende Anregungen gegeben, meine eigene Methodik zu entwickeln. Dafür und für die späteren persönlichen Gespräche danke ich ihm sehr. Dr. Michael Pietsch hatte immer ein offenes Ohr für meine Ideen und nahm sich die Zeit, sie mit mir zu diskutieren. Dabei gab er mir unzählige kleine wichtige Hilfen, Tipps und Hinweise, die zusammengerechnet wahrscheinlich der größte Beitrag zum Gelingen meiner Arbeit waren. Auch PD Dr. Melanie Köhlmoos, Dr. Ute Neumann-Gorsolke, Dr. Martin Krause, Dr. Hans Schmoldt, Prof. Dr. Thomas Willi und Dr. Christina Ehring danke ich für ihre Hilfe und Unterstützung.

Beim Korrekturlesen hat mir Ingrid Rosenthal geholfen. Das gibt mir die Gelegenheit, meiner ehemaligen Lehrerin auch dafür zu danken, dass sie im fünften und sechsten Schuljahr mein Interesse am wissenschaftlichen Arbeiten geweckt hat.

Prof. Dr. Dr. h.c. Walter Dietrich danke ich für die Aufnahme meiner Untersuchung in die Reihe „Beiträge zur Wissenschaft vom Alten und Neuen Testament". Für die freundliche und geduldige Begleitung auf dem Weg vom Typoskript zum Buch bin ich Herrn Dr. Jürgen Schneider und besonders Herrn Florian Specker vom Kohlhammer Verlag sehr dankbar. Für die Gewährung namhafter Druckkostenzuschüsse danke ich der Geschwister Boehringer Ingelheim Stiftung für Geisteswissenschaften in Ingelheim am Rhein, der Johanna und Fritz Buch Gedächtnis-Stiftung, Hamburg, und Generalvikar Franz-Peter Spiza vom Erzbistum Hamburg. Regens Dr. Thomas Benner gilt mein Dank für seine freundliche Vermittlung des Druckkostenzuschusses des Erzbistums Hamburg.

Am Schluss der Dankesliste stehen meine Eltern, Maria und Wieland Bender, die mir nicht nur beim Korrekturlesen geholfen haben, sondern mich nun seit 35 Jahren unterstützen und begleiten. So wie mein Doktorvater auf wissenschaftlichem Gebiet haben sie mir in meinem ganzen Leben die Freiheit gelassen, meinen eigenen Weg zu gehen, auch da, wo sie ihn weder mitgehen noch gutheißen können. Ihnen und meiner Schwester Anemone ist dieses Buch in Dankbarkeit gewidmet.

Neu Wulmstorf, im Januar 2008   Claudia Bender

1. Hauptteil: Methodische und materiale Grundlegung

1.1 Einführung

Lange Zeit war „eine Grammatik der Bekleidung" der Arbeitstitel dieses Forschungs-projektes. Irgendwann wurde die Kleidung in den Untertitel verbannt. Warum musste sie dem vagen „Textilen" weichen, wenn doch ein Blick ins Inhaltsverzeichnis reicht, um festzustellen, dass es im Grunde doch um Bekleidung geht? Die Antwort auf diese Frage möge als eine erste Hinführung zum Thema gelten.

1.1.1 Begriffsklärung: Kleidung, Textilien, Textiles

Was ist Kleidung? Der „Brockhaus" gibt folgende Antwort: „… die in verschiedensten Formen und aus unterschiedlichem Material gefertigte Körperbedeckung"[1]. In der deutschen Sprache ist der Begriff also relativ eng umgrenzt und von Begriffen wie Bettwäsche[2], Tischwäsche oder textilen Accessoires (z.B. Schals, Taschentücher, Handtaschen) unterschieden. Im Laufe der Untersuchungen wurde es immer fraglicher, ob einige der untersuchten textilen Gegenstände – z.B. „Sack" und Efod – von ihren Benutzern als Kleidungsstücke in unserem Sinne wahrgenommen wurden bzw. ob es in alttestamentlicher Zeit überhaupt eine Kategorie „Kleidungsstücke" wie bei uns gab. Symptomatisch ist die Bedeutungsbreite des Begriffes בגד, der als *der* allgemeine hebräische Ausdruck für Kleidung angesehen wird. בגד kann neben „Kleidung" jedoch auch „Decke" bedeuten. Es gab also im Hebräischen des Alten Testamentes kein weit-verbreitetes Wort für das, was im Deutschen „Kleidung" bedeutet. Deshalb darf der Untersuchungsrahmen nicht zu eng gefasst werden, obwohl Ziel und Fokus der Arbeit die menschliche Bekleidung bleiben.

In dieser Untersuchung werden deshalb bevorzugt Termini wie „Textilien" oder „Tex-tiles" verwendet. Was sind nun Textilien? Wenn man von der Etymologie ausgeht, können als Textilien nur Stoffe bezeichnet werden, die eine Textur, also eine Gewebe-struktur aufweisen. Dies trifft vor allem auf gewebte Materialien zu, aber auch auf gehäkelte oder gestrickte Stoffe[3], nicht dagegen auf Filz, Leder oder Fell. Im umgangs-sprachlichen Sinne ist das Gebiet des Textilen allerdings weiter gefasst und bezieht sich auch auf Filz– oder Lederprodukte sowie auf die zur Herstellung von Stoffen nötigen Ausgangsmaterialien wie Wolle oder Garn. Beide Definitionen sind hilfreich und können verwendet werden:

- Als **Textilien im weiteren Sinne des Wortes** sollen im Folgenden alle aus Fasern hergestellten Stoffe sowie Leder und Fell bezeichnet werden.

---

[1] Art. Kleidung, Brockhaus 7 (1998), 365.

[2] Obwohl auch Bettwäsche zum Teil der Körperbedeckung dient, zählt sie im deutschen Sprachgebrauch nicht zur Bekleidung. Die Erklärung des Lexikons müsste also dahingehend präzisiert werden, dass nur die Textilien zur Bekleidung zählen, die so am menschlichen Körper befestigt sind, dass sie auch bei Bewegung nicht sofort abfallen. Eine um den Körper gewickelte Bettdecke würde im Notfall als Kleidung akzeptiert werden, nicht jedoch ein vor den Körper gehaltenes Tuch.

[3] Es gibt keine überzeugenden Hinweise dafür, dass im Alten Testament gehäkelte oder gestrickte Stoffe benannt werden, deshalb bleiben diese beiden Textiliensorten im Folgenden unberücksichtigt.

- Der **Bereich des Textilen** umfasst auch die zur Textilienherstellung nötigen Ausgangsmaterialien.
- Als **Textilien im engeren Sinne des Wortes** sollen nur gewebte Stoffe bezeichnet werden.

Nur an Stellen, wo die Präzisierung des Begriffes für das Verständnis wichtig ist, wird im Text durch die Zusätze „i.w.S." oder „i.e.S." zwischen der weiten und der engen Verwendungsweise unterschieden, sonst kann meist der weitere Sinn vorausgesetzt werden.

Durch die Berücksichtigung des gesamten Bereiches des Textilen[4] bleibt genügend Spielraum, das Phänomen der menschlichen Bekleidung im Alten Testament präziser zu erfassen, weil Gebiete, die uns abseitig oder diesem Bereich nicht zugehörig erscheinen, mit bearbeitet werden. Andererseits werden durch die Beschränkung auf das Textile Bereiche ausgeklammert, die der menschlichen Bekleidung benachbart sind, z.B. Schmuck und Haartracht.

1.1.2 Vorgehen

Auf die Darlegung der Methodik im ersten Hauptteil folgt im zweiten Hauptteil die Untersuchung allgemeiner Begriffe aus dem Bereich des Textilen, im dritten Hauptteil werden Begriffe untersucht, die im Zusammenhang mit Minderungsriten stehen, der vierte Hauptteil ist dem Bereich des Kultes gewidmet.

Es wird vor allem mit Wortfelduntersuchungen gearbeitet. Die dabei angewandte Methodik wird in Teil 3 des ersten Hauptteils genauer erörtert und begründet, in Teil 4 dann zusammengefasst. Als Hinführung dazu dient Teil 2 des ersten Hauptteiles, in dem die forschungsgeschichtliche Problemlage skizziert wird.

Die Teile 1.4, 1.6, 2.3, 3.4 und 4.5 fassen unter der Überschrift „Grundlinien der ‚Sprache des Textilen'" Ergebnisse zusammen, die für die „Grammatik des Textilen" im Alten Testament grundlegend sind. Sie sind nicht als Zusammenfassung der Gesamtergebnisse der jeweiligen Hauptteile zu verstehen, denn zu diesen sind jeweils auch die Ergebnisse der Einzelanalysen zu rechnen, die durch die Anwendung der „Grundlinien" auf einzelne Verse oder Texte gewonnen werden können.

---

[4] Natürlich kann nicht auf jede Einzelheit aus dem Bereich des Textilen detailliert eingegangen werden, wichtig ist aber, den Rahmen nicht vorschnell zu eng zu stecken.

1.2 Problemlage

Für eine „Grammatik des Textilen" gibt es keine unmittelbaren Vorarbeiten, das Material muss aus Studien in verschiedenen Bereichen zusammengebracht werden. Die im Folgenden vorgestellte Auswahl solcher „Vorstudien" ist zwar unvollständig, aber nicht willkürlich. Es müssen dabei zwei „Stränge" berücksichtigt werden, die bisher meist unabhängig voneinander behandelt wurden: ein Strang, der sich mit dem Textilen beschäftigt und ein anderer Strang, der die Phänomene der Sprache bzw. Grammatik untersucht. Der letztere Strang, der sich mit Phänomenen der Sprache und Grammatik beschäftigt, wird im nächsten Teil (1.3) unter der Überschrift „Lösungsansätze" behandelt.

Der „textile Strang" besteht – um die Metapher aus dem Bereich des Textilen weiterzuführen – wiederum aus zwei Fäden: der Realienkunde (1.2.1), die damit befasst ist, wie Kleidung und Textilien zur Zeit des Alten Testaments aussahen, wie sie hergestellt wurden, welche Funktion sie im Alltag hatten, und der Symbolkunde (1.2.2), die sich mit dem „unüblichen" Gebrauch von Textilien und Textilbegriffen beschäftigt. Für den „unüblichen" Gebrauch werden Begriffe wie „metaphorisch", „symbolisch", „magisch" oder „übertragen" gebraucht. Bei den Erörterungen ist jeweils genau zu untersuchen, was die Autoren mit den entsprechenden Begriffen meinten.

1.2.1 Realienkunde

1.2.1.1 Gustaf Dalman

Der fünfte Band des großen Werkes von Gustaf Dalman „Arbeit und Sitte in Palästina" trägt den Titel: Webstoff, Spinnen, Weben, Kleidung[5]. Obwohl der Hauptteil des Buches dem Bereich des Textilen zur Zeit Dalmans, also zu Beginn des 20. Jahrhunderts, gewidmet ist, gibt es in fast jedem Kapitel eine Rubrik „Im Altertum", in der etwas über den behandelten Gegenstand in früheren Zeiten – von der biblischen Zeit über die römisch-griechische Antike bis zum Mittelalter – zusammengetragen wurde. Wegen der Fülle des Materials ist es immer nützlich, zu bestimmten Bereichen bei Dalman nachzuschlagen. Besonders wertvoll ist das Buch als Quelle für die jüdische Literatur, die sorgfältig zusammengestellt ist. Die schier unübersehbare Sammlung ist jedoch gleichzeitig Stärke und Schwäche des Werkes. Den detailreichen Beschreibungen fehlt eine kritische Analyse. Man vermisst auch einen systematischen Rahmen, in den die Einzelbeobachtungen eingeordnet worden wären.

1.2.1.2 Hans Wolfram Hönig

Auch Hans Wolfram Hönig ging es in seinem Buch „Die Bekleidung des Hebräers" von 1957 primär um die Realien[6]. Der Untertitel „Eine biblisch-archäologische Untersuchung" verdeutlicht, dass es vor allem um Aussehen und Gebrauch der Bekleidung

---

[5] Dalman, G., Arbeit und Sitte in Palästina. Bd. 5: Webstoff, Spinnen, Weben, Kleidung, Gütersloh 1937.
[6] Hönig, H. W., Die Bekleidung des Hebräers. Eine biblisch-archäologische Untersuchung, Zürich 1957. Hönig äußerte sich jedoch auch zur Symbolkunde, siehe dazu unten Abschnitt 1.2.2.3.

zur Zeit des Alten Testamentes ging. Hönigs Dissertation wurde breit rezipiert. Sie gilt immer noch als Standardwerk zu Fragen der Bekleidung im Alten Testament.

Hönig legte schon in der Einleitung seiner Studie dar, wie schwer es sei, ein klares Bild von der Bekleidung der Hebräer in alttestamentlicher Zeit zu erlangen, da nur spärliche archäologische Funde und literarische Angaben vorlägen. Er stützte sich bei seinen Untersuchungen auf außerisraelitisches Bildmaterial und auf Vergleiche mit der Bekleidung rezenter Beduinenstämme im palästinischen Raum. Er nahm an, dass es dort eine hohe Kontinuität in der Lebensweise gegeben habe. Beide Quellen wertete er sorgsam abwägend und kritisch. Der Aussagewert des Bildmaterials dürfe nicht zu hoch eingeschätzt werden, weil die Darstellungen keine „realistische" Wiedergabe der Bekleidung geben wollten, sondern immer schon Deutung von Wirklichkeit gewesen seien. Zwar war sich Hönig der Gefahr vorschneller Rückschlüsse aus „heutiger" (d.h., vor ca. 50 Jahren) gebräuchlicher Beduinentracht auf die Kleidung in alttestamentlicher Zeit bewusst, er meinte aber trotzdem, dass die Beduinentracht „in manchen Punkten ein zuverlässiges Spiegelbild des im AT Ausgesagten" biete[7].

Bevor Hönig die verschiedenen Begriffe für Kleidung allgemein, für verschiedene Kleidungsstücke sowie Kopf- und Fußbekleidung detailliert untersuchte, ging er kurz auf die Ursachen der Entwicklung von Kleidung ein[8]. Er führte drei mögliche Motive an:

1. Schamgefühl
2. Schutz
3. Schmuck

Hönig bezweifelte, dass das Schamgefühl das primäre Motiv für die Einführung von Kleidung war, da ein solches sich erst entwickeln könne, wenn Körperteile normalerweise verhüllt werden. Er attestierte allerdings den Hebräern ein ausgeprägtes Schamgefühl.

Das Schutzmotiv gliederte Hönig auf in den Schutz vor magischen Einflüssen, die Abgrenzung höherer Schichten von der armen Bevölkerung und den Schutz vor Hitze, Kälte, Wind, Feuchtigkeit, Sonnenbestrahlung und Niederschlägen[9]. „Dass sich die Bewohner des Landes angesichts dieser klimatischen Verhältnisse schützen müssen, bedarf keiner weiteren Erklärung. Die Bekleidung ist wichtigstes und bestes Schutzmittel"[10]. Welche Rolle das Bedürfnis nach Schutz bei der Entwicklung der Kleidung genau gespielt hat, ließ Hönig offen.

Bezüglich der Ursachen für die Entstehung von Bekleidung hielt Hönig den Wunsch, sich zu schmücken, für ursprünglicher als den der Schamverhüllung, da das Schmücken auch bei „wenig zivilisierten Völkerschaften" beobachtet werden könne. Er berief sich dabei auf „Fachleute"[11]. Für die hebräischen Menschen illustrierte Hönig die

---

[7] Hönig, 2.

[8] Vgl. zum Folgenden Hönig, 8ff.

[9] Vgl. Hönig, 8.

[10] Hönig, 9. Für den Schutz vor Witterungseinflüssen etc. wählte Hönig den missverständlichen Ausdruck „hygienischer" Schutz.

[11] Vgl. Hönig, 7. Hönig verwies auf Flügel, J. C., The Psychology of Clothes, New York 1950. Flügels Ansatz – aus der Psychologie freudscher Prägung entwickelt – ist für meine Arbeit nicht relevant. Es ging

Wichtigkeit des Bedürfnisses, sich zu schmücken an den vielen Belegen für kostbare Textilien im Alten Testament. Auch weniger aufwändige Kleidung sei ja zweckmäßig gewesen[12].

Hönig hielt die Schutzfunktion für einen entscheidenden Aspekt bei der Entstehung des Bekleidungsbedürfnisses[13]. Deshalb soll ein etwas genauerer und kritischer Blick auf diesen Aspekt geworfen werden. Ist die Rolle der Kleidung im gesellschaftlichen Bereich als Schutz nicht zu eng gefasst? Können andere Aspekte vielleicht wichtiger sein, z.B. das Sichtbarmachen von sozialen Rollen? Das wäre dann eine Kommunikationsfunktion, die bei Hönig gar nicht in den Blick kam. Auch bei dem Vorhandensein von kostbarer Kleidung kann gefragt werden, ob dabei das Bedürfnis nach Schmuck der einzige Aspekt war. Der kommunikative Aspekt des Schmückens müsste genauer untersucht werden: Wer schmückt wen? Warum? Wer soll den Schmuck sehen?

Auffällig ist, dass Hönigs Einzeluntersuchungen zu den unterschiedlichen Kleidungsstücken kaum einen Zusammenhang mit dem haben, was er im Kapitel „Allgemeines" z.B. über die Ursachen der Entwicklung von Kleidung schrieb. So gibt es keine Möglichkeit, seine These zum Ursprung von Kleidung an den Texten nachzuprüfen. Die fehlende theoretische Durchdringung der Einzeluntersuchungen fällt bei Hönig noch stärker auf als bei Dalman, weil Hönig ja verschiedene theoretische Konzepte vorstellte und diskutierte.

Bei der oben angedeuteten Kommunikationsfunktion der Kleidung setzt meine Arbeit an. Dabei wird nicht gefragt, ob die Kommunikationsfunktion der Ursprung des Bekleidungsbedürfnisses war oder nicht. Ich gehe von der These aus, dass das Bekleiden ein menschliches *Grund*bedürfnis ist. Die Frage nach dem *Ursprung* des Bekleidungsbedürfnisses erübrigt sich damit bzw. mündet ein in die Frage nach der Menschwerdung. Darauf können Untersuchungen zum Textilen im Alten Testament keine Antwort geben, höchstens Vorarbeiten leisten.

Hönigs Erörterungen zur „Symbolkunde" werden im nächsten Abschnitt behandelt. Auf die Untersuchungen Hönigs zu den unterschiedlichen Kleidungsstücken ist jeweils in den Einzeluntersuchungen einzugehen.

1.2.2 Symbolkunde

1.2.2.1 Anton Jirku

Anton Jirku stellte in seinem Aufsatz „Zur magischen Bedeutung der Kleidung in Israel" die These auf, dass „das Kleid eines Menschen nach einer im AT sich findenden Anschauung die Fähigkeit [gehabt habe], wunderwirkende Kräfte in sich aufzunehmen

---

um Themen wie „Schlangen und Krawattensymbolik", „The Psychological Dangers of Tight Clothing in Childhood" oder „The Future of Nakedness" (Titel aus dem Literaturverzeichnis, 239f.).

[12] Vgl. zum ganzen Absatz Hönig, 7f.

[13] Wie schon angedeutet, ist nicht ganz klar, wie Hönig den Aspekt des Schutzes genau beurteilte. Man gewinnt den Eindruck, er selbst halte ihn für entscheidend – die darauf bezogene Erörterung schließt das Kapitel ab – wolle aber den „Fachleuten", die als Erstursache für die Entstehung von Bekleidung das Schmuckbedürfnis präferieren, nicht widersprechen.

und ... auf andere zu übertragen"[14]. Jirku behauptete, die Menschen zur Zeit des Alten Testaments hätten den Kleidern menschliche Kräfte, ja sogar die Fähigkeit zu leiden zugeschrieben. Für letzteres gab er als Beleg die Stellen über den Aussatz von Kleidung in Lev 13 an.

Jirku gab keine explizite Definition der Begriffe „magisch" und „symbolisch", aber aus folgender Aussage, die sich auf prophetische Zeichenhandlungen bezieht, lässt sich etwas über Jirkus Verhältnisbestimmung von „magisch" und „symbolisch" erschließen: „Es brauchen nicht bloß symbolische Handlungen gewesen zu sein, die hier vorliegen. Die magischen Kräfte, die in dem Gewande lagen, beeinflußten denjenigen, um dessen Schicksal es sich handelte"[15]. Jirku meinte also, dass magische Handlungen auf geheimnisvolle Weise *wirken*, symbolische Handlungen dagegen nur etwas *zeigen* oder verdeutlichen.

Obwohl die Annahme, die Menschen der altorientalischen Welt hätten der Kleidung in irgendeiner Form besondere Eigenschaften und Funktionen beigemessen, die ihnen in einer neuzeitlichen Weltsicht nicht zugestanden werden, möglicherweise berechtigt ist, waren die von Jirku gezogenen Schlüsse sehr problematisch. Der Fehler lag in seinem Ausgangspunkt, der Konzentration auf das Individuum. Es soll – so seine These – der einzelne Mensch sein, dem persönliche Wunderkräfte eignen. Diese könne er unter Umständen auch auf Gegenstände, wie z.B. auf Kleidung, übertragen. Mit diesem Ansatz versuchte Jirku vor allem die Geschichte vom „Wundermantel" Elias zu erklären (2 Kön 2,8.14)[16]. Seine Interpretation der Episode mit dem „Wundermantel" mag hinnehmbar sein, die Übertragung des Konzeptes von Magie auf andere Begebenheiten, z.B. die hohepriesterliche Nachfolge, ist gewiss eine Fehlinterpretation. „Daß es gerade die Kleider des Aaron sein müssen, die sein Nachfolger tragen soll, zeigt, daß man sich des Trägers geistige Kräfte denselben anhaftend dachte"[17]. Genauso argumentierte Jirku bei der Nachfolge Schebnas in Jes 22,20ff. Es ist jedoch entgegen Jirkus Ansicht viel wahrscheinlicher, dass es nicht primär die Kleider *Aarons* oder *Schebnas* waren, sondern die *hohepriesterlichen* bzw. *amtlichen* Kleider, die zunächst von dem einen, dann von dem anderen als Zeichen der Amtswürde getragen wurden.

Aus der Tatsache, dass Kleidung aussätzig werden konnte, auf ihre Leidensfähigkeit zu schließen, ist grotesk. Es kommt in den entsprechenden Gesetzen in Lev 13 – sei es Menschen, Kleidung oder Häuser betreffend – nicht auf das Leiden an, sondern auf die Frage, ob etwas unrein ist und deshalb die Heiligkeit des Lagers gefährdet[18].

In den 100 Jahren, die seit Jirkus Aufsatz vergangen sind, hat sich die Forschung so stark weiterentwickelt, dass eine Anknüpfung an seine Thesen nicht mehr möglich ist. Was bleibt, sind Fragen, die Jirku gestellt hat und die noch nicht geklärt sind.

---

[14] Jirku, A., Zur magischen Bedeutung der Kleidung in Israel, ZAW 37 (1917/18), 109–125 (111).

[15] Jirku, 112.

[16] Vgl. Jirku, 109f.

[17] Jirku, 116.

[18] Eine ähnlich unsinnige Fehlinterpretation wäre es, wenn man in 1000 Jahren annähme, dass wir unseren Computern Leidensfähigkeit zugestanden haben, weil sie „Viren" bekommen konnten.

1.2.2.2 Jakob Eichinger

Die Dissertation von Jakob Eichinger mit dem Titel: „Die menschliche Kleidung und ihre Symbolik in der Bibel" ist kaum rezipiert worden, da sie nicht in Buchform veröffentlicht wurde[19]. Eichingers Arbeit soll hier etwas ausführlicher gewürdigt werden.

Der erste Teil „Philosophie der Kleidung nach der Heiligen Schrift" ist – wie auch der zweite und dritte Teil – unterteilt in die Abschnitte „Das Kleid selbst" und „Die Handlungen mit dem Kleid". Zwischen den Paragraphen über den „natürlichen" Zweck der Kleidung (Schamverhüllung und Witterungsschutz) und denen zur „sekundären Verwendung" der Kleider (Transportmittel und Schlafdecke) werden unter der Überschrift „Bezeichnung der Stände durch die Kleidung" Beschreibungen z.B. von Priester-, Propheten-, Königs- und Soldatenkleidung gegeben[20]. Der Autor schien sich über die Stellung der „Bezeichnungsfunktion" von Kleidung nicht ganz sicher zu sein: Das Kapitel über die Bezeichnung der Stände nimmt eine unklare Mittelposition zwischen dem „natürlichen" Gebrauch von Kleidung und der „sekundären Verwendung" ein.

Der zweite Teil der Dissertation Eichingers trägt den Titel „Psychologie der Kleidung nach der Heiligen Schrift". In diesem Teil geht es um das Kleid als Ausdruck der inneren Haltung – in diesem Zusammenhang werden z.B. Buße, Nächstenliebe, Schamlosigkeit oder religiöse Gesinnung genannt – und der Stimmung, z.B. Freude und Trauer. Es steht außer Frage, dass z.B. das Anlegen eines Sackgewandes etwas mit Trauer oder einer anderen negativen Emotion zu tun hat. Es ist aber problematisch, diesen Konnex als hermeneutischen Schlüssel für das Verständnis von Trauerkleidung in der Bibel zu verwenden.

Im dritten Teil („Symbolismus der Kleidung") untersuchte Eichinger verschiedene symbolhafte Bedeutungen der Kleider, z.B. wird Kleidung als Symbol für kostbaren Wert, Vergänglichkeit oder Fürsorge Gottes gesehen[21]. Im vierten Teil ging es Eichinger um die Bildersprache der Kleidung, also um eine metaphorische Verwendung: Leib, Kosmos, Allmacht Gottes, Tugend und Laster, Fluch und Schmach, Gerechtigkeit und Rache sowie die Gnade Gottes als Kleid. Im letzten Teil schließlich erörterte Eichinger die Bildersprache des Apostels Paulus. Dies war das eigentliche Ziel seiner Untersuchung. Die vorangehenden Teile können als Vorarbeiten dazu verstanden werden.

Eichingers Dissertation macht deutlich, dass die Vorarbeiten, die er doch auch geleistet hat, noch nicht ausreichen. Der Komplex „Kleidung" ist schon allein im Alten Testament zu umfangreich, als dass er nur als Vorarbeit zum Thema „Paulus und seine Bildersprache" hinreichend bearbeitet werden könnte. Er bedarf einer genaueren und ausführlicheren Untersuchung. Anders als Anton Jirku bemühte sich Jakob Eichinger, über seinen Symbolbegriff und die meisten anderen der von ihm verwendeten Begriffe

---

[19] Eichinger, J., Die menschliche Kleidung und ihre Symbolik in der Bibel, Wien 1954 (maschinenschriftlich).

[20] Auf die Einzeluntersuchungen braucht im weiteren Verlauf der Arbeit nicht mehr eingegangen zu werden, da sie wenig ertragreich sind. Z.T. scheint nicht einmal der hebräische Text des Alten Testaments beigezogen worden zu sein.

[21] Die folgenden Punkte lauten „Als Werkzeug Gottes", „Als Symbol der Gnade", „Als Symbol der Reinheit und Verklärung" und „Als Symbol des Bundes mit Gott".

(z.B. Philosophie und Psychologie des Kleides) Rechenschaft zu geben. Unter dem „Symbolismus der Kleidung" verstand Eichinger eine Art Sinnbildfunktion, die in seinem Klassifikationssystem zwischen einer natürlichen und einer bildhaften Verwendung von Kleidungsbegriffen vermittelt[22]. Die Sinnbild- bzw. Symbolfunktion ordnete Eichinger der öffentlichen Sphäre zu. Die Symbolfunktion bei Eichinger ist deshalb zum Teil vergleichbar mit der Ordnungs- und Kommunikationsfunktion von Kleidung, die in meiner Arbeit als hermeneutischer Schlüssel zum Verständnis des Bereiches des Textilen dienen soll[23]. Der Unterschied liegt darin, dass die Symbolfunktion bei Eichinger nur ein Aspekt unter vielen ist.

1.2.2.3 Hans Wolfram Hönig

Hönig beließ es in seiner Untersuchung zur „Bekleidung des Hebräers" nicht bei einer reinen Materialkunde, sondern schloss seine Abhandlung mit einem Kapitel über die magische Bedeutung der Kleidung bei den Hebräern[24]. Er verwendete für Magie die Definition aus dem von Chantepie de la Saussaye begründeten Lehrbuch der Religionsgeschichte: das „ungewöhnlich Wirksame"[25]. Den Begriff „magisch" differenzierte Hönig in: „Manageladenheit der Kleidung (Dynamismus), Berührungszauber (‚kontagiöse Magie'), Abwehr von Manapotenzen mit Hilfe der Kleider (apotropäische Funktion), böser Blick und anderes"[26]. Er charakterisierte das Wesen der Kleidung – unter Verweis auf Jirku – folgendermaßen: „Es wurde schon gesagt, dass für den Orientalen, somit für den Hebräer, die Kleidung ein Teil seiner selbst ist. Das Kleid hat Teil am Wesen seines Trägers. Kleid und Träger bilden eine Wesenseinheit insofern als sich Zustände, Emotionen und Kräfte des Trägers auch der Kleidung mitteilen. Es sind nicht nur Zustände – wie ‚rein oder unrein'…, welche sich nach Anschauung des Orientalen vom Menschen auf die Kleider übertragen, sondern es sind auch Charaktereigenschaften, Fähigkeiten, ja Gefühle, das etwa, was wir landläufig ‚Seele' nennen würden. Diese Größen durchdringen alles, haften an allem, was mit dem Menschen in Berührung kommt, alle Gegenstände, die er braucht, vor allem aber die Kleidung … Durch die manadurchdrungenen Kleider können alle diese ‚Zustände und Größen' sogar auf andere Menschen und andere Gegenstände übertragen … werden"[27]. Hönig führte seinen Erklärungsansatz an einigen Beispielen aus: Zur Funktion von Elias Mantel bei der Berufung Elisas hieß es bei ihm: „Das ist mehr als eine symbolische

---

[22] Vgl. Eichinger, 37: „Als Brücke zwischen der natürlichen Verwendbarkeit der Kleider und ihrer Bildhaftigkeit kommt der Symbolismus der Kleidung in Betracht. Die Kleidung hat nämlich nicht nur natürliche, sondern auch sinnbildliche Aufgaben. Dies zeigt schon in sehr starkem Maße die Bezeichnung der verschiedenen Stände durch die Kleidung".

[23] Eichinger hatte durchaus eine ähnliche Ausgangsfrage wie ich. In seinem Vorwort bemerkte er, dass es schwer sei, „die Sprache zu verstehen, die aus Tracht und Schmuck eines Volkes zu uns redet" (ebd., I). Er hatte als Vergleich allerdings nicht eine Verbalsprache im Blick, sondern „die Sprache einer Landschaft" – ein Ausdruck, der selbst eine Metapher ist.

[24] Vgl. zum Folgenden Hönig (Anm. 6), 150ff.

[25] Ankermann, B., Die Religion der Naturvölker, in: Bertholet, A./Lehmann, E. (Hg.), Lehrbuch der Religionsgeschichte Bd. 1, Tübingen 1925, 131–192 (151).

[26] Hönig, 150.

[27] Hönig, 151.

Handlung. Der Mantel ist hier mehr als ein äußeres Kennzeichen des Propheten"[28]. Ebenso deutete er die Investitur Eleasars (Num 20,25f.) und den mit einer Investitur (sowie einer „Exvestitur") im Zusammenhang stehenden Text Jes 22,20ff. Die Kleider Schebnas seien „mehr als Würdezeichen des Beamten – gewiss, sind sie dies auch, aber bedeutungsvoller ist, dass sie ‚kraft- und fähigkeitsträchtig' sind. Eljakim erhält mit den Kleidungsstücken Schebnas dessen Fähigkeiten"[29]. Auch auf den Kleidertausch zwischen David und Jonathan (1 Sam 18,1–4) wandte Hönig seine These an[30]. Es soll so etwas wie ein Seelentausch stattgefunden haben. Weitere Belege, die Hönig von seinem Ansatz her deutete, sind das Abschneiden von Sauls Mantelzipfel durch David (1 Sam 24,5ff.) und das Abschneiden der Kleider und Bärte von Davids Gesandten durch Hanun (2 Sam 10,4). Das Kleidertauschverbot (Dtn 22,5) erklärt er dadurch, dass Frauen andere Manapotenzen als Männer hätten.

Hönig meinte weiterhin, dass durch die Annahme, Kleider seien Träger von Emotionen und Gefühlen, einige sprachliche „Bilder" gut erklärt werden können, z.B. Hi 9,31: Die Kleider ekeln sich vor ihm; Jes 59,17: Kleider der Rache und Einhüllen in Eifer wie in einen Mantel, sowie Jes 61,10: Gewänder des Heils. Er konstatierte: „Ich kann hier völlig Jirku folgen, welcher diese Bilder, lediglich als dichterischen Ausdruck genommen, merkwürdig findet. Hinter diesen Bildern steckt gewiss die alte Anschauung, dass die Kleidung ‚psychischer Eigenschaften' teilhaftig werden kann … Dem Hebräer sind diese Anschauungen aber keineswegs ‚psychische Eigenschaften', sondern in seiner Vorstellung leben sie als höchst reale Größen. Fluch und Segen … sind wirksam, sie sind eine Dynamis, … die gleichsam auf den Menschen trifft wie ein sicheres Geschoss … und auch auf die Kleidung übertragen werden kann"[31].

Problematisch an diesem Ansatz ist, dass mit Mana ein Begriff und eine Vorstellung aus dem polynesisch-melanesischen Gebiet auf Zeit und Raum des alten Israel übertragen werden. Hönig folgte hier einer zu seiner Zeit gängigen Strömung der Religionswissenschaft, die schon bald darauf heftig kritisiert wurde und in der heutigen Forschung obsolet geworden ist. Dieter Sefrin schreibt im HRWG-Artikel zu „Mana": „Wie kaum ein anderer ethnographischer Begriff ist das in Ozeanien weit verbreitete Mana popularisiert und verfälscht worden"[32]. Hönigs Gebrauch des Terminus ist ein Beispiel für den von Sefrin festgestellten inflationären, generalisierenden Gebrauch des Mana-Begriffs[33]. Problematisch an solchen Analogisierungen ist, dass eine fremde Vorstellung, die schon für sich schwer zu verstehen ist (eine „korrekte" Übersetzung von Mana z.B. ist kaum möglich), auf der Grundlage des eigenen Weltverständnisses interpretiert wird und diese Interpretation, die eine Fehlinterpretation sein kann, dann benutzt wird, um eine weitere fremde Vorstellung zu verstehen. Es muss jedoch versucht werden, die jeweilige Vorstellung in ihrem *eigenen* Kontext zu verstehen. Kurz gesagt: Der Mana-Begriff ist in der Exegese alttestamentlicher Texte fehl am Platze.

---

[28] Hönig, 151.

[29] Hönig, 152.

[30] Vgl. dazu und zum Folgenden Hönig, 152ff. Genau genommen handelt es sich nicht um einen Kleidertausch, da Jonathan keine Kleidung von David erhält.

[31] Hönig (Anm. 6), 155f.

[32] Sefrin, D., Art. Mana, HRWG 3 (1993), 98–103 (99).

[33] Vgl. Sefrin, 99f.

Ähnliches gilt auch für allgemeinere Ausdrücke wie „Magie" oder „magisch", die in der neueren Religionswissenschaft als latent polemisch oder irreführend angesehen werden[34].

Eine Anknüpfung an die Thesen Hönigs ist aus den genannten Gründen nicht mehr möglich. Das Schlusskapitel über die „magische Bedeutung" der Kleidung wirkt seltsam abgelöst von der soliden Beschreibung der einzelnen Kleidungsstücke und ähnelt damit der Einleitung mit ihrer Frage nach dem Ursprung des Bekleidungsbedürfnisses. Man hat den Eindruck, Hönigs Weltbild sei zweigeteilt: Auf der einen Seite die nüchterne Schutzfunktion der Kleidung, die im Hauptteil seiner Arbeit beschrieben wird, auf der anderen Seite all die Vorkommen, die mit der Schutzfunktion nicht erklärt werden können und auf die eine andere These angewandt werden muss, nämlich die der Magie. Die Frage ist, ob diese Zweiteilung den alttestamentlichen Texten gerecht wird. Wünschenswert ist ein Ansatz, mit dessen Hilfe der *ganze* Bereich des Textilen erfasst werden kann. Die in meiner Arbeit vorgestellte These, den Bereich des Textilen als ein nonverbales Kommunikationssystem zu betrachten, kann diese Aufgabe erfüllen. Sie bietet alternative Verstehensmöglichkeiten für die Textstellen, die Hönig mit Hilfe der Mana-Vorstellung erklärte. Denn darin, dass die Textstellen, in denen von Kleidung irgendwie etwas Ungewöhnliches ausgesagt wird, erklärt und verstanden werden müssen, ist Hönig zuzustimmen.

1.2.2.4 Edgar Haulotte

Die 1966 erschienene Monographie von Edgar Haulotte „Symbolique du vêtement selon la Bible"[35] hat Ähnlichkeit mit den in den vorherigen Abschnitten besprochenen Arbeiten von Eichinger und Hönig. Im ersten Teil („Le vêtement, reflet de l'ordonnance divine du monde") versuchte Haulotte, das Aussehen der Kleidung im Alten Israel zu rekonstruieren. Anders als Hönig, der die Kleidung vor allem anhand von rezenter Beduinenkleidung nachzeichnete, bediente sich Haulotte altorientalischen Bildmaterials. In einer Art „Modegeschichte" rekonstruierte er die textile Ausstattung in den verschiedenen Epochen der Geschichte Israels (1. Patriarchenzeit, 2. Richterzeit, 3. Königszeit, 4. vom Exil bis hin in die neutestamentliche Zeit). Im Einzelnen sind die Rekonstruktionsversuche fragwürdig[36]. Den Kleidungsstücken in den altorientalischen Darstellungen wurden von Haulotte einfach hebräische Bezeichnungen beigegeben, so wurden z.B. ganz verschiedene altorientalische Wickelgewänder als „Śimlâ" bezeichnet[37]. Ist der 1. Teil von Haulottes Monographie der Arbeit Hönigs ähnlich, können die beiden anderen Teile mit dem Ansatz Eichingers verglichen werden. Es geht darum, die „Symbolik" von Bekleidung und Handlungen mit Bekleidung in den verschiedenen Kontexten herauszuarbeiten. Ähnlich wie bei Eichinger liegt das Hauptgewicht dann

---

[34] Vgl. Gladigow, B., Gegenstände und wissenschaftlicher Kontext von Religionswissenschaft, HRWG 1 (1988), 26–38 (37).

[35] Haulotte, E., Symbolique du vêtement selon la Bible (Theol [P] 65), Paris 1966.

[36] Z.B. wird die Eselkarawane auf einer Wandmalerei aus dem Grab des Ḫhnumḥotep III. bei Beni Hassan herangezogen, um die Kleidung der Israeliten in der Patriarchenzeit darzustellen (vgl. ebd. 22). Die abgebildeten Personen hatten ihre Handelswaren aus der Wüste zwischen Beni Hassan und dem Roten Meer mitgebracht. Sie haben mit „Palästina" nichts zu tun.

[37] Vgl. ebd. 29ff.

auf der Untersuchung neutestamentlicher Stellen. Haulottes Erörterungen sind da ausführlicher als die Eichingers. Forschungsgeschichtlich bemerkenswert ist, dass Haulotte, ohne die Arbeiten von Hönig und Eichinger rezipiert zu haben, methodisch ähnlich
vorgegangen ist.

1.2.2.5 Johann Gamberoni

Johann Gamberonis Artikel „לבשׁ" im ThWAT von 1984 bietet viel nützliches Material zu den unterschiedlichen Funktionen menschlicher Bekleidung[38]. An dieser Stelle
sollen jedoch nur seine Gliederung und sein methodischer Zugriff in den Blick kommen. Gamberoni gliederte seinen Artikel in vier Abschnitte: „Umwelt", „Vorkommen
im AT", „Das theologische Feld" und „Zusammenfassung". Das Kapitel „Vorkommen
im AT" ist unterteilt in „Morphologie und Syntax", „Wortfeld" und „Erweiterte und
übertragene Bedeutungen". Gamberoni verwendete die Bezeichnung „physisches
Kleid" und grenzte davon den „übertragenen Gebrauch" ab. Daneben unterschied er
den „eigentlichen Sinn", der z.B. in den älteren Schriften vorherrschen solle und den
„übertragenen Sinn". Späte Autoren hätten sich beider Verwendungsweisen bedient „je
nach Bedarf und Lust"[39]. An anderer Stelle fragte er, ob ein Ausdruck „realistisch,
symbolisch oder bloß phraseologisch gemeint" sei[40]. Unter dem Titel „Erweiterte und
übertragene Bedeutungen" behandelte Gamberoni Phänomene, die er „im Vorfeld der
Theologie"[41] verortete. Zunächst nannte er dabei den Aspekt der Lebensnotwendigkeit
von Kleidung. An dieser Stelle erörterte er auch kurz das Thema „Nacktheit". Als
zweiten Punkt behandelte Gamberoni das Sichtbarmachen des sozialen Gefüges durch
Kleidung und als dritten Punkt Kleidung als „Ausdruck besonderer persönlicher Ver-
bundenheit"[42]. Diesen drei Aspekten der Kleidung widmete er insgesamt nur eine
einzige Spalte. Sehr viel ausführlicher behandelte Gamberoni dann das „theologische
Feld" (fast sieben Spalten)[43]. Das Thema „Nacktheit" wird hier nochmals aufgegriffen,
aber es werden auch neue Themen eingeführt, z.B. der Aspekt der Vergänglichkeit
oder die Kleidung im Kult. Im Zusammenhang mit Letzterem werden z.B. auch
Selbstminderungsgesten wie „Sacktragen" oder „im Staub Sitzen" genannt. Gamberoni
schloss seinen Artikel mit dem Satz: „Am physischen Kleid kann die eigentliche funktionale Bestimmung fast ganz aus dem Blick schwinden unter dem Interesse an der
letztlich wohl symbolischen Bedeutung, vor allem im Kult (P), obwohl sie im einzelnen kaum dargestellt ist"[44]. Hier ist unklar, was mit der ‚eigentlichen funktionalen
Bestimmung' und der ‚symbolischen Bedeutung' gemeint ist und wie diese in Beziehung stehen zum realistischen oder phraseologischen Gebrauch. Eine gewisse terminologische Unklarheit durchzieht den ganzen Artikel.

---

[38] Gamberoni, J., Art. לבשׁ, ThWAT IV (1984), 471–483.
[39] Gamberoni, 474f.
[40] Gamberoni, 479.
[41] Gamberoni, 475.
[42] Gamberoni, 475.
[43] Da es sich um einen Artikel im *Theologischen* Wörterbuch handelt, ist Gamberoni deshalb natürlich kein
Vorwurf zu machen.
[44] Gamberoni, 483.

Ebenso problematisch ist die Differenzierung zwischen einem untheologischen bzw. vortheologischen und theologischen Gebrauch. Im Einzelfall überzeugt sie nicht. Die einzelnen Aspekte, die Gamberoni herausarbeitete, sind jedoch genau die, die im Rahmen einer Untersuchung zur Bekleidung im Alten Testament bearbeitet werden müssen. In seiner Zusammenfassung konstatierte Gamberoni: „Sie [die Kleidung] ermöglicht und stellt funktional die zwischenmenschliche Grundkommunikation her. Intentional kann sie … zu vielerlei Kontakten verwendet werden, die sich nicht adäquat in Begriffssprache fassen lassen"[45]. Anders als an die Thesen Jirkus, Eichingers und Hönigs aus der ersten Hälfte des 20. Jahrhunderts kann an Gamberonis Thesen angeknüpft werden. Auch wenn die Einzelanalysen zum großen Teil nicht zu den gleichen Ergebnissen führen werden wie bei Gamberoni, so ist doch der beschrittene Weg ähnlich. Einen weiteren wichtigen Hinweis auf die Richtung der neueren Fragestellungen gibt die Tatsache, dass Gamberoni seine Erkenntnisse ausgehend von einer *Verb*-Untersuchung gewonnen hat. Dies wird sich als ein ergiebigeres Verfahren erweisen als die Beschränkung auf die Untersuchung einzelner Kleidungsstücke.

1.2.2.6 Thomas Podella

Auch in der neuesten Arbeit zur Kleidungsthematik ist die Reflektion über den Symbolbegriff nicht befriedigend. Schon der Ausgangspunkt, den Thomas Podella in seiner Monographie „Das Lichtkleid JHWHs"[46] wählte – Gedichte von Goethe und Hölderlin – ist problematisch, da hiermit eine westliche Ontologie zugrunde gelegt wird. Dabei kam Podella zu dem Schluss, dass „Kleider, Kleidertausch, Täuschung und Entlarvung … eng mit der Fähigkeit des Kleides zusammen[hängen], Wahrnehmungen zu steuern und dadurch zu täuschen, zu verdecken, zu verbergen, aber auch hervorzuheben und darzustellen"[47]. Podella meinte, dass die sichtbare Außenseite, also die Kleidung, oft mit der unsichtbaren Innenseite gleichgesetzt werde. *„Kleid(ung) zielt auf Erkenntnis!"*[48]. Er stufte die Kleidung als wichtigen Faktor bei der Bildung von Identität in verschiedenen Bereichen (Emotion, Ökonomie, Politik, …) ein.
Ein solcher Schluss liegt nahe, sofern eine vom Individuum ausgehende Weltsicht als Interpretationsschlüssel der Texte zur Anwendung kommt. Die Weltsicht der Autoren, Redaktoren und Rezipienten der alttestamentlichen und altorientalischen Texte war jedoch wahrscheinlich anders. Die Kommunikationsfunktion von Kleidung ist eine Kategorie, die neutraler ist. Deshalb ist sie für die Analyse eines Weltbildes anwendbar, in dem Konzepte der Individualität und Identität wahrscheinlich nicht so beherrschend waren wie in unserer Zeit.
Trotz erheblicher Bemühungen ist auch bei Podella nicht präzisiert, was mit Begriffen wie „uneigentlich", „metaphorisch" und „symbolisch" gemeint ist. Um der Arbeit von Podella gerecht zu werden, muss jedoch bedacht werden, dass seine Untersuchungen zur menschlichen Bekleidung – ähnlich wie früher bei Eichinger – nur als Vorarbeiten

---

[45] Gamberoni, 483.
[46] Podella, T., Das Lichtkleid JHWHs. Untersuchungen zur Gestalthaftigkeit Gottes im Alten Testament und seiner altorientalischen Umwelt (FAT 15), Tübingen 1996.
[47] Podella, 3.
[48] Podella, 3.

zum eigentlichen Thema, der Bekleidung Gottes, gedacht sind. Podella beschränkte sich außerdem auch auf das Kleid im religiösen Kontext – so der Titel des ersten Kapitels. 50 Seiten reichen nicht aus, das Thema Kleidung im Alten Testament (mit Ausblicken auf den Alten Orient) erschöpfend zu behandeln. An Podellas These von der Funktion der Kleidung bei der Sichtbarmachung von Statuswechseln kann indessen angeknüpft werden, sofern sie in einen größeren Rahmen von Kleidung als Kommunikationssystem eingeordnet wird. Die These vom Zusammenhang zwischen Kleidung und Identität dagegen ist problematisch, da es im Kontext des Alten Testaments weder Anhaltspunkte gibt, sie zu belegen noch sie zu widerlegen.

1.3 Lösungsansätze

Mein Lösungsansatz greift eine Idee von Edmund Leach auf. Ihm ging es um die Entschlüsselung des Kommunikationscodes nichtverbaler Ausdrucksaktivitäten, zu denen er auch Bekleidung zählte: „Ich nehme an, daß es ebenso sinnvoll ist, über die grammatischen Regeln der Bekleidung zu sprechen wie über die grammatischen Regeln beim Gebrauch sprachlicher Ausdrücke"[49].

Über die Regeln einer Sprache kann auf verschiedenen Ebenen nachgedacht werden, es kann z.B. Wortbildung, Wortschatz, Artikulation und Satzbildung untersucht werden. Auch die Untersuchung von bestimmten Stilelementen, z.B. Metaphern, ist möglich. Noch einmal einen anderen Blick auf Sprache erhält man, wenn man ihre Funktion im gesellschaftlichen Kontext betrachtet. Die nun folgenden Lösungsansätze werden auf je unterschiedlicher Ebene das Phänomen der „Textilsprache" am Modell der „Verbalsprache" angehen. Zu diesem Zweck werden die Ansätze aus der Sprachwissenschaft sehr stark vereinfacht und aus einer divergenten Forschungslage ein „passender" Ansatz ausgewählt, ohne dass konkurrierende Modelle vorgestellt werden. Ich scheue mich nicht, manchmal sogar veraltete und scheinbar überholte Modelle heranzuziehen. Ohne solche Reduktionen und Vereinfachungen ist das Unternehmen, eine „Grammatik des Textilen" zu skizzieren, undurchführbar. Man kann dagegen einwenden, dass dann eben das Vorhaben unsinnig sei. Folgendes Beispiel aus einer Nachbarwissenschaft soll das Verfahren plausibilisieren, auch wenn es sicherlich keine Rechtfertigung sein kann, besonders dann nicht, wenn man – anders als ich – von einer grundsätzlichen Verschiedenheit der Ansätze von Geistes- und Naturwissenschaften ausgeht und die Theologie der Geisteswissenschaft zuordnet. In der Chemie gilt das quantenmechanische Atommodell unwidersprochen als die präziseste Beschreibung der Verhältnisse im Atom. Trotzdem wird für die meisten Zwecke auch in der Forschung das Bohrsche Atommodell benutzt. Das Bohrsche Modell ist anerkanntermaßen „falsch", d.h. enthält unhaltbare Annahmen und Widersprüche, erklärt aber völlig korrekt die meisten chemischen Reaktionen. Die Forschung würde sich selbst lähmen, wenn jeder das quantenmechanische Modell benutzen müsste, weil es „besser", also der Wirklichkeit angemessener, ist. Es ist zu komplex, um mit seiner Hilfe auch nur die einfachsten Reaktionen nachvollziehen zu können. Um Ergebnisse zu erzielen, ist es also bisweilen sogar nötig, das einfachere Modell heranzuziehen. Nur, wenn man auf Probleme stößt, die mit dem einfach(er)en Modell nicht mehr lösbar sind, muss ein komplexeres verwendet werden. Ein solches Vorgehen hat einen begrüßenswerten Nebeneffekt: die Schärfung des Bewusstseins, dass wir immer mit Modellen oder Theorien arbeiten, die (mehr oder weniger genaue) Abbildungen von Wirklichkeit sind, die Wirklichkeit aber nie vollständig einfangen können.

---

[49] Leach, E., Kultur und Kommunikation. Zur Logik symbolischer Zusammenhänge, Frankfurt a. M. 1978, 18.

1.3.1 Wort und Lexem

Als ein heuristisches Modell wird zunächst die Grammatik einer Verbalsprache dienen. Weil das Deutsche für mich die vertrauteste Sprache ist, wird das Modell die deutsche Sprache sein. Als Alternative böte sich das biblische Hebräisch an, aber da es keine Muttersprachler mehr gibt, überwiegen die Vorteile einer gesprochenen Sprache, in der man selbst kompetente Sprecherin ist.

1.3.1.1 Die Wörter der Textilsprache

Die Duden-Grammatik beginnt mit dem Satz: „Zu den Grundbausteinen der Sprache gehört das Wort"[50]. Überträgt man diesen Ansatz auf das nonverbale Kommunikationssystem „Textilsprache", muss als Erstes gefragt werden, was die „Wörter" der Sprache des Textilen sind. Eine erste, spontane Antwort ist: die einzelnen Textilien, die Stoff- oder Kleidungsstücke. Die Aufgabe wäre dann, die einzelnen Wörter der Verbalsprache, die sich auf Textilien beziehen, soweit sie in den Texten des Alten Testaments verschriftlicht vorliegen, in ihrer lexikalischen Bedeutung zu analysieren, so dass ein Katalog von möglichst genau beschriebenen Textilien und ihrer Funktion entsteht. Diesem Weg sind die meisten Forscher, die sich mit Textilien und Kleidung beschäftigt haben, bisher gefolgt.

Man kann die „textilen Wörter", d.h. die einzelnen Kleidungsstücke, mit Nomina einer Verbalsprache vergleichen. Doch wenn nur Nomina zur Verfügung stehen, sind die Satzbildungsmöglichkeiten beschränkt, weil ein Analogon zu den Prädikaten fehlt, die in einer Verbalsprache meist aus Wörtern der Wortklasse „Verben" gebildet werden. In der Sprache des Textilen sind die für die Funktion des Prädikats in Frage kommenden Elemente Gesten oder Handlungen, die an oder mit textilen Gegenständen vollzogen werden. Diese „Wortart" der Sprache des Textilen ist bisher kaum in den Blick gekommen. Es ist aber gerade die „Wortart" „Gesten und Handlungen", die aus der Sprache des Textilen ein ausgebildetes und flexibles Kommunikationssystem macht, weil aus ihr etwas den Prädikaten einer Verbalsprache Analoges gebildet werden kann. Eine Grammatik des Textilen muss auch sie untersuchen.

Versucht man probeweise mit den bisher erarbeiteten Wörtern der Textilsprache („Kleidungsstück" und „Geste/Handlung") einen Satz zu bilden, gerät man sofort ins Schleudern, denn es sind meistens nicht die Textilien selbst, die die Gesten und Handlungen ausführen, sondern Personen. Als dritte „Wortklasse" gibt es also in der Textilsprache noch die Kategorie "Person'.

Vergleicht man die „Sprache des Textilen" mit einem anderen nonverbalen Kommunikationssystem, etwa der Gestik, wird erkennbar, dass die „Textilsprache" komplexer ist. Neben dem menschlichen Körper und den vom Körper ausgeführten Gesten sind noch materiale Gegenstände beteiligt: die textilen Objekte. Man kann deshalb die „Sprache des Textilen" als eine elaborierte Form der Gestik-Sprache ansehen, die

---

[50] Dudenredaktion (Hg.), Duden. Grammatik der deutschen Gegenwartssprache (Der Duden 4), Mannheim u.a. [6]1998, 17. An dieser Stelle soll die Diskussion darum, was ein Wort sei, außer Acht gelassen werden. Vgl. dazu z.B. Clément, D., Linguistisches Grundwissen. Eine Einführung für zukünftige Deutschlehrer, Wiesbaden [2]2000, 18ff.

neben Subjekten (den Körpern/Personen) und Prädikaten (den Gesten) auch noch Objekte (die textilen Gegenstände) enthält.

1.3.1.2 Die Laute der Textilsprache

Die Duden-Grammatik fährt fort: „Jedes Wort hat eine Formseite und eine Inhaltsseite (Bedeutung). Die Formseite kann im Gesprochenen als eine Folge von Lauten angesehen werden"[51]. Laute sind Schallwellen, die durch Bewegungen von verschiedenen Artikulationsorganen im Mund- und Rachenraum des Menschen erzeugt werden. Die Schallwellen, aus denen die Laute bestehen, bilden die materiale Grundlage der gesprochenen Sprache. Das der Untersuchung dieser Phänomene gewidmete Forschungsgebiet in der Sprachwissenschaft ist die akustische Phonetik[52].

Für eine verschriftlichte Sprache besteht die materiale Grundlage heute meist aus mit Hilfe von Farbstoffen auf Papier gedruckten Buchstaben, die im Deutschen als Zeichen für die Laute dienen (einzeln, z.B. „a" und „r" oder als Gruppe, z.B. „ei" oder „sch")[53].

Es gibt einen anatomisch vorgegebenen Rahmen, innerhalb dessen eine große Menge verschiedener Laute gebildet werden kann. Keine Sprache schöpft alle Lautbildungsmöglichkeiten aus. Das Erlernen einer fremden Sprache kann erheblich erschwert werden, wenn in ihr Laute vorkommen, die es in der eigenen Sprache nicht gibt und die deshalb nicht von Kindheit an geübt wurden[54]. Die Gesetze und Möglichkeiten der Lautbildung werden mit Hilfe der artikulatorischen Phonetik beschrieben[55].

Überträgt man diesen Sachverhalt auf die „Sprache des Textilen", muss gefragt werden, ob es ein Analogon zu den Lauten gibt. Dabei ist zu bedenken, dass in einem Kommunikationssystem, das aus Wörtern unterschiedlicher Kategorien besteht, keine einheitliche Antwort möglich ist. Gesten bestehen aus einer Reihe von Körperbewegungen mehr oder weniger komplexer Art. In unserem Zusammenhang jedoch wichtiger ist die Bestimmung der Struktur der „textilen Wörter". Man kann die Laute mit dem textilen Material, die Artikulation mit der Herstellung dieser Materialien vergleichen. Ebenso, wie keine Sprache sich aller möglichen Laute bedient, wird in den einzelnen „Textilsprachen" nur ein begrenzter Bestand an textilem Material verwendet. In unserer heutigen „Textilsprache" gibt es sehr viel mehr unterschiedliche Fasern als früher, man denke nur an den immer noch zunehmenden Bereich der Kunstfasern. An tierischen und pflanzlichen Fasern steht heute eine breitere Palette zur Verfügung. Auch andere Materialien – z.B. Asbest, Metalle, Glas, Papier – können heute zu Textilien – also Geweben mit den spezifischen Eigenschaften von Verformbarkeit und Leichtigkeit – verarbeitet werden. Anders als bei den Artikulationsmöglichkeiten von sprachlichen Lauten, die schon seit Jahrtausenden gleichbleibend sind, hat es bei der

---

[51] Duden, 17.
[52] Vgl. Clément, 203.
[53] Eine andere Möglichkeiten für die Darstellung von Schriftsymbolen sind z.B. die abtastbaren Stanzungen der Blindenschrift. Die Technik der Darstellung von Schriftzeichen auf einem Computerbildschirm ist komplexer. Hier ist die materiale Grundlage der verschriftlichten Sprache nicht mehr so leicht auszumachen.
[54] Hier ist z.B. an die Knack- bzw. Schnalzlaute in einigen afrikanischen Sprachen gedacht, die uns Mühe machen. Der r-Laut dagegen bereitet oft Asiaten Artikulationsschwierigkeiten.
[55] Vgl. Clément, 203.

Herstellung und Weiterverarbeitung von textilem Material seit der Antike große Veränderungen gegeben. Zum Beispiel haben sich die Möglichkeiten der Farbgestaltung von Textilien durch künstliche Färbemittel und verbesserte Färbe- und Drucktechniken sehr verändert. Unsere „Sprache des Textilen" hat dadurch eine andere Struktur bekommen, die vor allem durch das Phänomen der Mode bestimmt ist.

Damit ist auch klar, dass es im Folgenden nicht um eine universale und überzeitliche „Sprache des Textilen" gehen kann, sondern nur um die Ausprägung dieser Sprache, wie sie in den Büchern des Alten Testaments überliefert ist[56].

1.3.1.3 Die Lexeme der Textilsprache

In der Duden-Grammatik hieß es in der Einleitung: „Jedes Wort hat eine Formseite und eine Inhaltsseite (Bedeutung) … Aufgabe der Grammatik ist es, die Form und die Bedeutung der Wörter zu beschreiben"[57]. Nach der Behandlung der Phonetik sowie der Schriftstruktur der deutschen Sprache werden auf ca. 500 Seiten die einzelnen Wortarten genau untersucht. Dieser Teil ist für eine „Grammatik des Textilen" nicht so wichtig, weil die „Textilsprache" weniger komplex ist. Wichtig ist jedoch wieder das Kapitel „Wort und Wortschatz" der Verbalsprache, in dem die Inhalts- oder Bedeutungsseite von Wörtern untersucht wird. Zunächst wird der Terminus „Lexem" eingeführt als eine „in Bezug auf die Flexion neutrale Einheit"[58]. Es sei dahingestellt, ob es in der „Textilsprache" überhaupt „Flexionen" gibt[59]. Trotzdem soll der Terminus „Lexem" im Folgenden beibehalten werden, wenn es um die lexikalische Bedeutung der Wörter der Textilsprache geht.

Die Bedeutung von Lexemen kann beschrieben werden. In einsprachigen Wörterbüchern geschieht dies mit Hilfe einer Paraphrase, die in der Art einer Definition aufgebaut ist. Die einzelnen Teile der Paraphrase können als semantische Merkmale bezeichnet werden, die zusammengenommen die Bedeutung des Lexems ergeben[60].

Bei der Untersuchung der Lexeme der „Textilsprache" des Alten Testaments ergibt sich eine besondere Schwierigkeit. Es gibt keinen direkten Zugriff mehr auf die Lexeme der „Textilsprache" des Alten Testaments, anders als auf die Lexeme einer Verbalsprache oder auf die unserer heutigen „Sprache des Textilen". Lediglich über den Umweg der Lexeme der hebräischen Verbalsprache kann versucht werden, die Lexeme der „Textilsprache" zu rekonstruieren. Der erste Schritt muss also eine sorgfältige Untersuchung der Lexeme im hebräischen Text des Alten Testaments sein, die sich auf Textilien beziehen.

---

[56] Diese Tatsache ist auch der Grund dafür, dass Untersuchungen, die sich mit Phänomenen bezüglich der Kleidung unserer Zeit beschäftigen, z.B. Bovenschen, S. (Hg.), Die Listen der Mode, Frankfurt a. M. 1986 oder Sommer, C. M., Soziopsychologie der Kleidermode (Theorie und Forschung 87), Regensburg 1989, für meine Arbeit nicht relevant sind. Eine „sprachvergleichende" Studie z.B. der altorientalischen, mittelalterlichen und rezenten „Textilsprachen" wäre reizvoll, im Rahmen dieser Untersuchung aber nicht möglich.
[57] Duden, 17.
[58] Duden, 559.
[59] Wörtlich genommen gibt es natürlich eine Flexion von Textilien: Das einzelne Stoffstück ist ja flexibel und „fällt" z.B. je nach Körperbau unterschiedlich, wird aber trotzdem immer z.B. als Kleid erkannt. Man erkennt ein Kleidungsstück sogar, wenn es nicht von einer Person getragen wird.
[60] Vgl. dazu Duden, 560.

1.3.1.4 Textilsprache und Verbalsprache

Es gibt jedoch nicht nur eine einfache verbale Beschreibung nonverbaler Kommunikation, sondern auch verbalsprachliche Ausdrücke, die mit dem nonverbalen Kommunikationszeichen sprachschöpferisch umgehen. Ein Beispiel aus der deutschen Körpersprache mag dieses Phänomen verdeutlichen: Die Wendung „sie nickte mit dem Kopf" kann korrekt interpretiert werden als „sie stimmte zu", wenn man die Bedeutung der Geste „Kopfnicken" kennt. Etwas anders verhält es sich mit dem Satz: „Der Vorschlag wurde abgenickt". Das Verb „abnicken" referiert zwar auf das nonverbale Kommunikationszeichen „mit dem Kopf nicken", ist aber keinesfalls nur die Beschreibung eines konventionellen Zeichens der „Gestik-Sprache". Zwar ist die Bedeutung ebenfalls „sie stimmten dem Vorschlag zu", aber die Zustimmung muss nicht mit Kopfnicken erfolgt sein, sondern kann auch durch Handzeichen oder verbale Signalisierung vollzogen worden sein. Das ist jedoch gar nicht die relevante Information bei der Aussage „etwas abnicken". Ein kompetenter Leser oder Hörer weiß, was mit dem Ausdruck gemeint ist, dass nämlich der Vorschlag ohne Diskussion einfach hingenommen wurde. Versetzt man sich jedoch in die Lage einer Forscherin, die die Gestik-Sprache nicht genau kennt und sie aus der verschriftlicht vorliegenden Verbalsprache rekonstruieren muss, wird das Problem deutlich. Woher soll sie wissen, wann eine Form des Lexems „nicken" in der Funktion „Beschreibung eines konventionellen Gestik-Zeichens" verwendet wird und wann das Lexem in einer davon schon gelösten (aber immer noch darauf bezogenen), „übertragenen" Bedeutung vorkommt? In dieser Lage befinden wir uns in Bezug auf die „Sprache des Textilen" des Alten Testaments. Nur sorgfältige Untersuchungen der jeweiligen Belege für ein bestimmtes Lexem können für eine Deutung in die eine oder andere Richtung Anhaltspunkte geben.

An dieser Stelle stellt sich also die Frage nach der übertragenen, symbolischen Bedeutung. Um hier weiter zu kommen, soll das Phänomen Sprache noch einmal aus einem anderen Blickwinkel betrachtet werden. Oder, anders formuliert: Wurde mit Hilfe der Analogie zur Duden-Grammatik zunächst die Oberfläche der Sprache abgetastet, soll nun ihre Tiefenstruktur in den Blick genommen werden.

1.3.2 Metapher und Symbol

Bei der Frage, wie Sprachbilder (z.B. „abnicken") richtig zu verstehen sind, ist ein literaturwissenschaftlicher Ansatz hilfreich, wie ihn z.B. Gerhard Kurz vorgelegt hat[61].

1.3.2.1 Wörtlicher und metaphorischer Sprachgebrauch

Kurz schreibt zur Gegenüberstellung von wörtlich und metaphorisch: „Es gibt auch heute noch Versuche, dem metaphorischen Sprachgebrauch den wörtlichen gegenüberzustellen ... Dabei wird übersehen, daß wörtlich ein ebenso schwieriger Begriff ist wie metaphorisch. Im allgemeinen entspricht wörtlich dem Verwendungsstereotyp eines

---

[61] Es gibt eine unüberschaubare Menge an Untersuchungen zur Metapherntheorie, die an dieser Stelle aufzuarbeiten weder möglich noch nötig ist, da es lediglich um die Entwicklung einer weniger komplexen Methodik zur Untersuchung der „Textilsprache" geht. Analoges gilt für den Symbolbegriff.

Wortes oder einer Wendung. Darüber hinaus kann wörtlich aber noch mehr bedeuten: Wenn wir einen Ausdruck wörtlich verstehen sollen, dann soll nur *eine* Bedeutung gelten … Dabei privilegieren wir die Bedeutung, die sich auf den Kontext menschlicher Praxis bezieht, auf den sinnlich wahrnehmbaren, empirisch nachprüfbaren Kontext"[62]. Man könne jedoch nicht sagen, dass dieser „wörtliche" Gebrauch die *ursprüngliche* Bedeutung sei. Es sei eine spezifische Bedeutung unter anderen. Auch die Etymologie könne nicht zur Bestimmung der „eigentlichen" Bedeutung herangezogen werden, vielmehr komme es darauf an, wie das Wort jeweils im aktuellen Gebrauch verstanden wird[63]. Es gibt deshalb nach Kurz keine allgemeinen Regeln, wann eine Metapher vorliegt. „Vielmehr erfahren wir Metaphern als einen außergewöhnlichen Wortgebrauch, als eine Abweichung von der Regel des Gebrauchs und zugleich als eine *sinnvolle* und *aufschlussreiche* Abweichung"[64]. „Bei der Metapher wird gegen die Regel des Gebrauchs eines Wortes verstoßen, aber diese Regel (noch) nicht verändert. Die Metapher bricht punktuell eine Konvention. … Wenn wir einen Ausdruck metaphorisch meinen, dann intendieren wir eine Bedeutung, die durch die Standardbedeutung *hindurch* entstehen soll, ohne diese aufzuheben"[65]. Für dieses Phänomen verwendet Kurz den Ausdruck „doppelte Bedeutung"[66].

1.3.2.2 Symbolischer Sprachgebrauch

Die Verwendungsweise der Begriffe „Symbol" und „symbolisch" ist noch disparater als die des Metaphernbegriffes. Es gibt eine Forschungsrichtung, in der „Symbol" eine sehr weitgefasste Bedeutung bekommt und das beschreiben soll, was umgangssprachlich Zeichen genannt wird[67]. Für meinen Ansatz ist eine engere Verwendungsweise des Symbolbegriffes hilfreicher. Kurz ist ein Vertreter dieser Richtung. Er geht von der Begriffsgeschichte aus und entdeckt im griechischen Symbolbegriff Merkmale, die sich im weiteren Verlauf immer wieder finden, nämlich den Gebrauch des Symbols als Zeichen, das Element des Empirischen – im Gegensatz zu Metapher und Allegorie, die nur Sprachfiguren sind – und die einen Zusammenhang herstellende Funktion des Symbols[68]. Den Unterschied von Symbol und Metapher beschreibt Kurz folgendermaßen: Bei der Benutzung oder Rezeption einer Metapher bleibt man auf der Sprachebene, es geht um Verträglichkeiten oder Unverträglichkeiten sprachlicher Elemente, also um die Aktualisierung von Sprachbewusstsein. Bei einem Symbol blickt man dagegen auf die dargestellte Empirie, die wörtliche Bedeutung bleibt erhalten – im Gegensatz zur Allegorie –, es wird das Gegenstandsbewusstsein aktualisiert. Für die Entstehung von Symbolen sind narrative Einheiten (beschreibend, besprechend oder erzählend) nötig, damit eine Sphäre der Empirie entsteht. Die Textelemente können pragmatisch und/oder symbolisch verstanden werden. Das pragmatische Verstehen (Gründe, Motive, Mittel-Zweck-Relationen) ist der erste Schritt. Hat man den Ein-

---

[62] Kurz, G., Metapher, Allegorie, Symbol, Göttingen 1982, 11.
[63] Vgl. Kurz, 12.
[64] Kurz, 14.
[65] Kurz, 17.
[66] Vgl. Kurz, 17.
[67] Vgl. z. B. Leach (Anm. 49), 16ff., besonders die Abbildung auf Seite 21.
[68] Vgl. zum Folgenden Kurz, 68ff.

druck, dass damit die Bedeutung des Textelements noch nicht ausgeschöpft ist oder kann kein pragmatischer Sinn gefunden werden, geht man über zu einem symbolischen Verstehen. Das Symbolisierte, auf welches das Symbol verweist, ist nach Kurz eine „lebensweltliche, psychische oder moralische Bedeutsamkeit"[69]. Das Symbol hat zugleich eine indizierende und eine metaphorische Bedeutung. Es ist in das pragmatische Kontinuum gebunden, bewahrt aber trotzdem eine relative Eigenständigkeit.

Den Unterschied zwischen Symbol und Zeichen formuliert Kurz in klarer Abgrenzung zur semiotischen Zeichentheorie: „Das Symbol bezeichnet nicht und benennt nicht. Daher ist das Symbol auch nicht als eine Polysemie zu erläutern. Es gibt vielmehr zu denken"[70]. Symbole entstehen erst durch Deutung, sind also keine semiotischen, sondern hermeneutische Phänomene. Der Zusammenhang zwischen Symbol und Symbolisiertem ist weder willkürlich noch notwendig (wie bei signifié und signifiant), sondern es ist ein möglicher, der durch den Textzusammenhang erst bestätigt werden muss.

1.3.2.3 Metaphern und Symbole in der Textilsprache

Trägt dieser Ansatz etwas für eine „Grammatik des Textilen" aus? Zunächst ist festzustellen, dass sich für das durch das Beispiel des „Abnickens" verdeutlichte Problem keine direkte Lösung bietet. Auf die Abbildung und Abwandlung eines nonverbalen Kommunikationssystems mit Hilfe der Verbalsprache geht Kurz nicht ein. Bei der Übertragung von Ergebnissen der Literaturwissenschaft auf die Grammatik des Textilen muss diese Besonderheit immer berücksichtigt werden. Bevor auf die komplexere „Mischung" von nonverbalem und verbalem Kommunikationssystem eingegangen werden kann, sei erst gefragt, ob die Verwendung von Begriffen wie „Metapher" und „Symbol" auch in dem nonverbalen Kommunikationssystem „Textilien und Kleidung" sinnvoll ist.

Wenn man von Kurz' Beschreibung der **Metapher** als einer sinnvollen Abweichung vom konventionellen Gebrauch eines Wortes oder einer Wendung ausgeht, ist eine Metapher in der „Kleidungssprache" durchaus denkbar. Für die Untersuchung der Lexeme der „Kleidersprache" ist es wichtig, mit der Möglichkeit von Metaphern zu rechnen, sonst können sich schon beim ersten Schritt der Rekonstruktion einer Grammatik des Textilen Fehler einschleichen, weil zwischen konventionellen und abweichenden Verwendungsweisen nicht unterschieden wird. Die Tatsache, dass wir die Regeln für den Standardgebrauch der Lexeme des Kleidungsbereiches nicht kennen, macht die Aufgabe nicht leichter. Wenn *wir* eine Gebrauchsweise als fremd, eigenartig und unkonventionell empfinden, muss das noch nicht bedeuten, dass es den Hörern zur Zeit der Textentstehung auch so gegangen ist. Ein weiteres Problem ist die Möglichkeit sog. verblasster Metaphern, bei denen den Hörern nicht mehr präsent ist, dass es sich um eine Metapher handelt (z.B. im Deutschen: Motorhaube).

Trotz der angedeuteten Schwierigkeiten bei der Übernahme der Kategorien aus der Sprachwissenschaft auf eine Grammatik des Textilen lassen sich Kriterien aufstellen, die eine erste Einteilung ermöglichen. Zu diesen Kriterien gehört das Beachten der

---

[69] Kurz, 78. Zu ergänzen ist – gerade im Blick auf die Texte des Alten Testaments – eine mögliche religiöse Bedeutsamkeit.

[70] Kurz, 79, vgl. auch zum Folgenden 79f.

Textsorte und der Stellung des Kleidungsbegriffes innerhalb des Textes: Wird der Begriff aus dem Bereich des Textilen beiläufig oder am Rande erwähnt, liegt wahrscheinlich ein konventioneller Gebrauch vor, bei einer exponierten Stellung im Text ist sorgfältig zu prüfen, ob ein metaphorischer Gebrauch vorliegt, besonders, wenn die Verwendungsweise singulär ist.

Die „Sprache des Textilen" ist dazu prädestiniert, **Symbole**, so wie sie Kurz versteht, zu „erzeugen", schon, weil sie näher am Gebiet des Empirischen und Gegenständlichen liegt als die Verbalsprache. Die Möglichkeit des Auftretens von Symbolen in der „Kleidersprache" muss jeweils in den Einzelanalysen bedacht werden und entsprechend nach einer über ein pragmatisches Verstehen hinausgehenden Bedeutung gesucht werden. Für die Feststellung der Standardbedeutung eines Lexems der „Kleidersprache" ist das Erkennen von Symbolen allerdings nicht ganz so wichtig, da ja die wörtliche Bedeutung erhalten bleibt.

1.3.2.4 Metaphern 1. und 2. Ordnung

Es bleibt noch die Aufgabe, das durch die Mischung von sprachlichen und nichtsprachlichen Kommunikationssystemen hervorgerufene Problem zu lösen, wie es in dem Beispiel des „Abnickens" angedeutet ist. Zunächst ist zu konstatieren, dass genau dies die Fälle sind, wo in der Forschung flink übertragene, symbolische oder metaphorische Bedeutung diagnostiziert wird. Es ist nun aber deutlich geworden, dass die übliche literaturwissenschaftliche Definition von Metapher und Symbol auf solche Mischungen nicht anwendbar ist. Auf den ersten Blick ist es zwar korrekt, bei einem Ausdruck wie: „er legt dem Himmel ein Sackgewand an" (vgl. Jes 50,3) von einer Metapher zu sprechen, weil es nicht der Konvention entspricht, den Himmel in ein Trauergewand zu kleiden. Wenn man dem jedoch nun eine zweite Aussage gegenüberstellt: „Alles Vieh trug das Sackgewand" (vgl. Jon 3,8), so wird der Unterschied deutlich. Auch im Falle des sacktragenden Viehs wird eine Konvention gebrochen, so dass von einer Metapher gesprochen werden kann[71]. Der ganze Vorgang ist aber auf der Ebene der „Kleidersprache" denkbar (unabhängig davon, ob er real durchgeführt wurde), weil die Grundregeln für den Satzbau eingehalten werden: Vorhanden sind person- bzw. dinghafte Subjekte (Nutztiere)[72], textile Objekte (Säcke) und eine gestenhafte Handlung (Anlegen der Säcke). Der Satz der Verbalsprache beschreibt den auf der Ebene der Textilsprache ablaufenden Vorgang. Der Satz, der den sackgewandtragenden Himmel zum Inhalt hat, kann auf der Ebene der Kleidersprache nicht gebildet werden, weil dem Himmel die dinghafte Struktur fehlt, die eine Bekleidung möglich macht. Sogar, wenn man sich den Himmel als eine feste Kuppel vorstellt, wäre es nicht möglich, ein Sackgewand, das groß genug wäre, den Himmel zu bedecken, herzustellen. Der Satz kann also nur in der Verbalsprache konstruiert werden, referiert jedoch auf das nonverbale Kommunikationssystem der Textilsprache. Um die beiden Phänomene auseinander zu halten, soll im Folgenden von Metaphern 1. und 2. Ordnung gesprochen werden. Als Metaphern 1. Ordnung sollen Ausdrücke bezeichnet werden, die auf der Ebene der

---

[71] Noch angemessener wäre die Klassifikation als Hyperbel, siehe dazu Abschnitt 3.3.3.1.
[72] Jedenfalls in einem begrenzten Maße personhaft, notfalls kann ja auch eine Puppe bekleidet werden.

„Textilsprache" bildbar sind, als Metaphern 2. Ordnung gelten dagegen Ausdrücke, die gegen die Grundregeln der „Textilsprache" verstoßen und deshalb auf der Ebene der „Sprache des Textilen" nicht bildbar sind, sondern von der Ebene der Verbalsprache aus auf Elemente des nonverbalen Kommunikationssystems „Kleidung" referieren. Zu der Kategorie der Metaphern 2. Ordnung gehören nicht nur Sätze, die ein nicht bekleidbares Subjekt enthalten, sondern auch Fügungen, die ein nichttextiles Objekt enthalten, z.B. „Er hat mich mit Freude umgürtet".

Da es in dieser Arbeit um die Grammatik der „Textilsprache" geht, gehören die Metaphern 2. Ordnung eigentlich nicht zum Untersuchungsgegenstand. Erst wenn die Regeln für die „Kleidersprache" in den Grundzügen rekonstruiert sind, können Metaphern 2. Ordnung, die sich ja auf dieses Regelsystem beziehen, adäquat verstanden werden. Weil die Beleglage für die Textilsprache im Alten Testament dürftig ist, werden im Laufe der Untersuchung jedoch manchmal Metaphern 2. Ordnung herangezogen, wenn sie zur Rekonstruktion des Regelsystems beitragen können. Hier und da wird auch eine Metapher 2. Ordnung analysiert, um zu zeigen, dass mit dem rekonstruierten Regelsystem der „Sprache des Textilen" sinnvoll gearbeitet werden kann.

1.3.3 Kulturimmanenz und Innovation

Nun soll ein Ansatz vorgestellt werden, der hilfreich ist, das nonverbale Kommunikationssystem „Textiles und Kleidung" im gesellschaftlichen Kontext zu verorten. Das ist u.a. nötig, weil der Literaturwissenschaftler Kurz sein Symbolverständnis anhand von fiktionaler Literatur entwickelt und erläutert. Religiöse Literatur oder literarische Gattungen, die im Alten Testament vorkommen, hat Kurz kaum im Blick. Der Ansatz Paul Ricœurs, den er in einem Aufsatz mit dem Titel „Poetik und Symbolik" dargelegt hat, nimmt dagegen explizit Religion in den Blick[73]. Der Symbolbegriff, den Ricœur entwickelte, ist deutlich weiter gefasst als der von Kurz verwendete. Innerhalb dieses Kapitels wird zunächst die Terminologie Ricœurs übernommen, im nächsten Teil (1.4: Grundlinien einer „Sprache des Textilen" im Alten Testament) dann eine modifizierte Terminologie eingeführt und in der weiteren Untersuchung verwendet.

Ricœur legt in seinem Aufsatz eine Untersuchung der produktiven, bedeutungsstiftenden Kraft der Sprache in Bezug auf das Phänomen Religion vor[74]. Seine Grundthese ist, dass zwar Religion nicht auf Sprache reduziert werden kann, jedoch Religion ohne Sprache nicht möglich sei, da religiöse Erfahrung nur in der Sprache artikuliert und vermittelt werden könne. Dabei unterscheidet er zwei Stufen: eine nicht-spekulative, vorbegriffliche, die sich z.B. der Gattungen Erzählung, Gesetz oder Gleichnis bedient – diese nennt Ricœur symbolisch –, und eine zweite, begriffliche Stufe, die mit den Doxologien und Glaubensbekenntnissen beginnt und ihre Vollendung in der eigentlichen Theologie findet. Im Folgenden geht es nur um die erste, symbolische Stufe.

---

[73] Ricoeur, P., Poetik und Symbolik, in: Dürr, P. (Hg.), Die Mitte der Welt. Aufsätze zu Mircea Eliade, Frankfurt a. M. 1984, 11–34.

[74] Diese produktive Funktion bezeichnet Ricœur als Poetik, angelehnt an die Grundbedeutung des griechischen ποίησις, „Poetik" hat also in diesem Zusammenhang nichts mit Gedichten zu tun.

1.3.3.1 Die Funktionen der kulturimmanenten Symbolik

Ricœur nimmt an, dass es vor dem Stadium der Verschriftlichung ein Stadium gab, in dem die Symbolik kulturimmanent war und noch keinen eigenen Bereich hatte. Die kulturimmanente Symbolik ist für eine Kultur konstitutiv. Sie macht diese erst zu einer Kultur, in der sinnvolles Handeln möglich ist. Die kulturimmanente Symbolik verschwindet nicht, sondern bleibt auch erhalten, wenn andere Stufen dazukommen. Ricœur unterscheidet verschiedene Funktionen der kulturimmanenten Symbolik:

1. Zuweisung von Rollen
2. Strukturierung von Handlungszusammenhängen
3. Bereitstellung eines kulturellen Regelsystems analog zum genetischen Regelsystem
4. Schaffung von Gemeinsamkeit
5. Interpretierbarkeit individueller Handlungen.

Zusammenfassend heißt es bei ihm: „Die einer Gemeinschaft und deren Kultur immanenten Symbole verleihen dem Handeln eine fundamentale „Lesbarkeit", sie machen aus ihm einen Quasi-Text"[75].

Mit dem letzten Punkt in Ricœurs Aufstellung der Funktionen kulturimmanenter Symbolik, der Interpretierbarkeit individueller Handlungen, ist eine terminologische bzw. methodologische Schwierigkeit verbunden: Bleibt man bei dem Begriff der kulturimmanenten Symbolik stehen, müssen alle Handlungen als symbolische Handlungen charakterisiert werden[76]. Problematisch ist dabei, dass es dann kein Unterscheidungskriterium mehr gäbe, um z.B. sog. Zeichenhandlungen von „normalen", alltäglichen Handlungen zu unterscheiden.

1.3.3.2 Explizite Symbolik

Ricœur bleibt jedoch bei der Bestimmung der kulturimmanenten Symbolik nicht stehen, sondern unterscheidet davon eine „ausgeprägte und explizite Symbolik, die wir als eigentliche Symbolik bezeichnen"[77]. Bei dieser Art von Symbolik ist die analoge Struktur besonders gut zu beobachten, die im Prinzip auch für die kulturimmanente Symbolik gilt. Ricœur versteht darunter: „daß damit die Struktur von Ausdrücken mit einer Doppelbedeutung gemeint ist, wobei die erste Bedeutung auf eine zweite verweist, welche das alleinige Ziel des Verstehens ist, obwohl es nicht unmittelbar erreicht werden kann. Damit will ich sagen, daß die zweite Bedeutung nur über die erste zugänglich ist"[78]. Den Unterschied zur Metapher sieht er darin, dass das Symbol über die Metapher hinausgeht, da es mit Mythen (Ursprungserzählungen) verknüpft ist. Auch von der Allegorie grenzt Ricœur das Symbol ab: der Mythos ist tautegorisch, denn er kann nicht vollständig übersetzt werden. Er kann zwar interpretiert werden, die Interpretation schöpft ihn aber nie vollständig aus[79].

---

[75] Ricœur, 15.
[76] Viele Definitionen des Begriffs „Symbol" gehen auch tatsächlich so vor, z.B. die von Ernst Cassirer.
[77] Ricœur, 16.
[78] Ricœur, 16.
[79] Kurz' und Ricœurs Definitionen des Symbols unterscheiden sich in einem Punkt: Kurz wehrt sich gegen eine Ontologisierung des Symbols (ebd., 71), Ricœur dagegen schreibt: „Man kann sagen, daß der Mythos

Ricœur unterscheidet zwei produktive Aspekte von Sprache: einen bedeutungsstiftenden, den er als „Hervorbringen von Bedeutung im Sinne einer Ausweitung von Sprache
innerhalb ihres eigenen Rahmens"[80] charakterisiert und als *semantische Innovation*
bezeichnet und einen, der über den Raum der Sprache hinaus eine die Wirklichkeit
erkennende und erklärende (*heuristische) Funktion* hat, dort finde „Entdeckung hinsichtlich neuer Merkmale der Wirklichkeit oder unerhörter Aspekte der Welt"[80] statt.
Die Aufgabe der Poetik bestehe nun darin, eine „Beschreibung [zu geben], wie Symbole im Erzeugen von Bedeutung zugleich unsere Erfahrung erweitern"[80], nämlich durch
Referenz, Dialog und Reflexion.
Zunächst sei die semantische Innovation erläutert: Ricœur bestimmt die Metapher als
den semantischen Kern des Symbols. Er kommt zu einem ähnlichen Metapherbegriff
wie Kurz, indem er sich vom aristotelischen denominativen Metaphernbegriff abgrenzt
und eine Metapher unter dem Aspekt der prädikativen Angleichung versteht. Über das
In-Verbindung-Bringen eigentlich miteinander unvereinbarer Begriffe entstehe ein
neuer Geltungsbereich. Mithilfe dieses neuen Geltungsbereiches werde „Bedeutungs-
erweiterung auf der Ebene isolierter Wörter ermöglicht"[81]. Metaphern sind also in der
Lage, neue Bedeutung zu erzeugen. „Produziert" werden „neue bildliche Zusammen-
fügungen"[82].
Den heuristischen (welterklärenden) Aspekt von Symbolen erläutert Ricœur mit Hilfe
der Analogie zwischen Modell und Metapher. Ein Modell ist zwar „nur" eine Fiktion,
aber mit ihm werden Dinge neu beschrieben oder es wird „eine imaginäre Entität …
[ge]schaffen, die der Beschreibung eher zugänglich ist, um somit einen Realitätsbe-
reich festzuhalten, dessen Eigenschaften denjenigen des Modells entsprechen oder
ihnen isomorph sind"[83]. Auch mit Hilfe einer Metapher werden neuartige Beziehungen
zwischen Dingen wahrgenommen, Ricœur nennt diesen Prozess Neukonfiguration von
Realität. Die wörtliche Referenz bricht zusammen und macht Platz für eine metaphorische Referenz, die ausdrückt, wem die Dinge gleichen oder ähnlich sind[84].

1.3.3.3 Kulturimmanenz in der Textilsprache

Lassen sich auch Ricœurs Überlegungen auf die Kleidungsthematik und damit zusam-
menhängende Handlungen im Alten Testament anwenden? Ricœur beschränkt sich in
seiner Untersuchung auf die Verbalsprache – sei sie mündlich oder schriftlich überliefert –, ein postuliertes Symbolsystem Kleidung dagegen ist nonverbal. Ricœur selbst
führt jedoch einige Beispiele aus dem nichtsprachlichen Bereich an, z.B. Gesten[85], was
darauf hindeutet, dass er nonverbale Kommunikationssysteme nicht prinzipiell anders
bewertet, sie nur nicht weiter erörtert.

Zeugnis ablegt von einer engen Übereinstimmung zwischen der Menschheit und dem Sein insgesamt,
zwischen Natürlichem und Übernatürlichem, oder, kurz, von einem Sein vor jeder Spaltung" (ebd., 19).
[80] Ricœur, 12.
[81] Ricœur, 21.
[82] Ricœur, 21.
[83] Ricœur, 32.
[84] Ricœur, 35.
[85] Ricœur, 15.

Es ist zu konstatieren, dass für den alttestamentlichen Zusammenhang nur verschriftlichte Texte vorliegen, also kein direkter Zugriff auf das kulturimmanente Symbolsystem möglich ist. Dies ist jedoch ein generelles Problem bei jeder Erfassung von nicht-
rezenten kulturimmanenten Symbolsystemen. Die kulturimmanente Symbolik ist jeweils „hinter" den schriftlichen Zeugnissen verortet.
Die von Ricœur genannten Funktionen der Sprache können tatsächlich im Symbolsystem Kleidung wiedererkannt werden[86].
Durch unterschiedliche Kleidung wurden verschiedene **Rollen**, Ämter und Status symbolisiert, z.b. das Amt des Priesters, des Propheten (z.b. 1 Sam 28,14), die Rolle der
Prostituierten (z.b. Gen 38,14.19), der Status der unverheirateten Frau, der Witwe (z.b.
Gen 38,14.19) oder das Amt des Königs (z.b. 1 Kön 22,30). Dabei kann zwar in vielen
Fällen nicht mehr herausgefunden werden, wie die Kleidung genau aussah, es geht aber
aus den Texten hervor, dass die Menschen genau unterscheiden konnten, welche Kleidung für welche Rolle angemessen war. Zum Beispiel konnten Propheten anhand ihrer
Kleidung erkannt werden: 1 Sam 28,14 – Saul erkennt Samuels Geist an dessen Mantel
– und 2 Kön 1,8: Ahasja erkennt Elia an seiner äußeren Erscheinung.
Weil für die überkommenen Texte Erst-Rezipienten anzunehmen sind, die mit der
kulturimmanenten Kleidungssymbolik vertraut waren, werden Kleidungsbeschreibun-
gen oder Erklärungen für bestimmte Handlungen nur selten gegeben. Sie sind aber an
einigen Stellen zu finden. So z.B. die Erklärung zur Kleidung der unverheirateten
Königstöchter in 2 Sam 13,18, die spätestens dann nötig wurde, als es keine Könige
mehr gab. Es ist jedoch auch möglich, dass die Information für Rezipienten gedacht
war, die nicht mit der Hofetikette vertraut waren.
Auch Beispiele für die **Strukturierung von Handlungszusammenhängen** im Kontext
der Kleiderthematik lassen sich finden:

• Vor dem Betreten des Tempels bzw. eines sakralen Bereiches müssen die Kleider
 gewaschen oder gewechselt werden.

• Eine Amtsnachfolge wird vollzogen, indem der Nachfolger mit den Kleidern seines Vorgängers bekleidet wird.

• Eine besondere Ehrung durch den König kann in Form von Einkleidung mit kostbaren Gewändern stattfinden.

• Das Ablegen der normalen Priesterkleidung und Anlegen spezieller bad-Kleidung
 kennzeichnet das besondere Geschehen am großen Versöhnungstag.

• Im Trauerfall wird die Kleidung zerrissen und/oder ein Sackgewand angelegt.

Bei allen aufgeführten Beispielen werden die Handlungen durch eine spezifische Ma-
nipulation der Kleidung strukturiert.
Hinter all dem wird ein **kultureller Kleidungscode** andeutungsweise sichtbar. Ricœur
behauptet, „daß kulturelle Kodes für jene Bereiche entwickelt [werden], wo genetische
Kodes nicht mehr greifen"[87]. Er meint, dass kulturelle Codes sogar den genetischen
Code untergraben können[88]. Aber auch eine „Zusammenarbeit" zwischen kulturellem

---

[86] Im Folgenden soll nur ein erster grober Überblick gegeben werden. In den Einzeluntersuchungen werden
dann einige Aspekte näher ausgeführt.
[87] Ricœur, 14.
[88] Vgl. Ricœur, 14.

Code und genetischem Code sei möglich und vielleicht sogar der Normalfall. Ein Beispiel aus dem Symbolsystem Kleidung: Das Geschlecht ist zwar genetisch festgelegt, trotzdem ist gerade in diesem Bereich eine Regelung nötig, die z.B. in dem Verbot sichtbar wird, jeweils für das andere Geschlecht bestimmte Kleidung bzw. Utensilien zu tragen (Dtn 22,5).

Die **gemeinschaftsschaffende Funktion** des Symbolsystems Kleidung wird im Alten Testament explizit nur am Rande thematisiert, z.B. in der Kritik an „fremdländischer" Kleidung (מַלְבּוּשׁ נָכְרִי) in Zeph 1,8. Es heißt dort im Kontext der drohenden Ankündigung des Tages JHWHs: „Und es wird geschehen am Tag des Schlachtopfers JHWHs, da werde ich (richterlich) einschreiten gegen die Oberbeamten und die Königssöhne und alle, die sich kleiden in fremdländische Kleidung". Hubert Irsigler stellt fest, „dass in dieser Beschreibung keineswegs zuerst an eigentliche Ausländer, etwa Funktionsträger, Kommissare, Söldner etc. gedacht ist. Vielmehr sind es durchaus Judäer, Jerusalemer im Umkreis des Königshofes, die sich in fremde Tracht kleiden und das Vorbild ihrer assyrischen Oberherrn nachmachen"[89].

Implizit ist die gemeinschaftsschaffende Funktion eines Elements der Textilsprache besonders beim kollektiven Tragen des Sackgewandes als Bußritus präsent (vgl. unten Teil 3.3).

Als letzte Funktion nennt Ricœur die **Interpretierbarkeit individueller Handlungen**. Er schreibt: „Bevor Symbole selbst zu Objekten von Interpretationen werden, sind sie … kulturimmanente ‚Interpretanten'"[90], also selbst Interpretationsregeln. Ein Beispiel aus dem Komplex „Kleiderzerreißen" mag diesen Punkt erläutern: In 2 Kön 5,7 wird berichtet, wie der König von Israel nach der Lektüre eines Briefes des Königs von Aram seine Kleider zerreißt, weil er in dessen Bitte, seinen Hauptmann vom Aussatz befreien zu lassen, eine versteckte Kriegsandrohung sieht. Im folgenden Vers heißt es: „Und es geschah, als Elisa, der Mann Gottes, hörte, dass der König von Israel seine Kleider zerrissen hatte, da sandte er zum König und ließ ihm sagen: Warum hast du deine Kleider zerrissen? Lass ihn doch zu mir kommen! Und er soll erkennen, dass ein Prophet in Israel ist." Elisa wollte vom König keine Erläuterung der Handlung „Kleiderzerreißen" – alle Beteiligten einschließlich der Rezipienten der Erzählung kannten die kulturimmanente Symbolik des Kleiderzerreißens. Die Handlung ist für Elisa eine Interpretationsregel, die etwa lautete: „Der König ist entsetzt und verzweifelt." Elisa zielt mit seiner Frage auf die Angemessenheit der Anwendung dieser Handlung, etwa in dem Sinne: „Es gibt keinen Grund zur Beunruhigung, deshalb ist auch das Kleiderzerreißen unangemessen." Die Interpretationsregel für die Handlung des Kleiderzerreißens ist nicht expressis verbis genannt, so dass wir auf Konstruktionsversuche angewiesen sind. Für uns ist das „Symbol" des Kleiderzerreißens also ein *Objekt* der Interpretation.

---

[89] Irsigler, H., Zefanja (HThK), Freiburg u.a. 2002, 141. Mit dieser Bezeichnung setzt die Kritik an den vorher genannten Gruppen ein – zunächst noch gar nicht religiös konnotiert – und wird dann im nächsten Vers weitergeführt, wo gegen „Schwellenhüpfer" und solche, die den Tempel mit Gewalt und Trug füllen, polemisiert wird. Auch das ikonographische Material aus der altorientalischen Umwelt zeigt, wie viel Wert darauf gelegt wurde, die verschiedenen Völker durch ihre spezifische Tracht kenntlich zu machen – ob die Tracht „korrekt" wiedergegeben wurde oder nicht, ist dafür irrelevant.

[90] Ricœur, 15.

Die oben genannten Beispiele haben gezeigt, dass Ricœurs Modell der kulturimmanen-ten Symbolik hilfreich ist, das Regelsystem der „Sprache des Textilen" transparent zu machen. Ist innerhalb dieses nonverbalen Kommunikationssystems auch ein Analogon zu Ricœurs expliziter Symbolik mit ihren Kennzeichen der Innovation und Welterklä-rung auszumachen? Ein wichtiges Kennzeichnen expliziter sprachlicher/religiöser Symbolik ist nach Ricœur die schriftliche Fixierung. Diese kann in einem nonverbalen Kommunikationssystem prinzipiell nicht vorhanden sein. Schriftliche Fixierung ist immer ein Sprung in eine andere Ebene. Laut Ricœur ist jedoch zu beobachten, wie sich „bereits in der mündlichen Phase ... die Symbolik in autonomen und vollständig erkennbaren Verbalhandlungen niederschlägt"[91]. Explizite Symbolik in der „Sprache des Textilen" widerspricht also nicht prinzipiell den Überlegungen Ricœurs. Da Ricœur die Metapher als Kern des Symbols bestimmt hat, muss die Suche nach explizi-ter und innovativer Symbolik sich an die Bestimmung von Metaphern (1. Ordnung) innerhalb der „Sprache des Textilen" anschließen.

1.3.4 Performative und konstative Kommunikationshandlungen

Bisher stand bei dem Vergleich zwischen dem nonverbalen Kommunikationssystem „Textilien" und einer Verbalsprache der Aspekt der *Darstellung* von Wirklichkeit im Vordergrund. Es können z.B. mit unterschiedlicher Kleidung verschiedene gesell-schaftliche Rollen, Status oder Funktionen sichtbar gemacht werden. Es könnte aber unter dem Hinweis auf die Wendung „Kleider machen Leute" behauptet werden, dass die Textilsprache mit der Darstellung gleichzeitig auch Wirklichkeit schafft. So einfach ist die Sache dann aber doch nicht. Jede Handlung schafft Wirklichkeit, aber auf unter-schiedliche Art und Weise. Einige Beispiele aus dem Alten Testament mögen das verdeutlichen: Wenn sich der König von Israel als einfacher Soldat verkleidet, um die Aufmerksamkeit von sich abzulenken (1 Kön 22,30), wird er mitnichten zu einem einfachen Soldaten. Er bleibt König. Die Wirklichkeit, die er mit seiner Handlung schafft, ist ein verkleideter König. Schebna allerdings verliert dadurch, dass ihm sein Hemdgewand ausgezogen und seine Amtsschärpe abgenommen wird, seine Stellung als hoher Beamter (Jes 22,15–24). Eleasar wird durch Investitur Hohepriester (Num 20,28). Was ist der Unterschied zwischen den drei Szenen?
Eine andere Frage ist die, wie Phänomene, die von früheren Forschern als „magisch" bezeichnet wurden, verstanden werden können.
Für ein besseres Verständnis ist ein Zweig der Sprachwissenschaft hilfreich, der sich in der Mitte des 20. Jahrhunderts entwickelt hat, die Sprechakttheorie. Die bahnbrechende Entdeckung, dass man immer auch handelt, wenn man spricht, ist für Sätze in der Sprache des Textilen eine Selbstverständlichkeit, es sind ja Handlungen an und mit Textilien. Es kann jedoch trotzdem sinnvoll sein, die Sprechakttheorie beizuziehen, weil sie ein Klassifikationssystem liefert, mit dem die verschiedenen Handlungen analysiert werden können. Die Grundzüge der Sprechakttheorie sind in den erst post-hum veröffentlichten Vorlesungen J. A. Austins dargelegt. Die englische Ausgabe trägt

---

[91] Ricœur (Anm. 73), 16.

den Titel „How to do Things with Words"[92]. Im ersten Teil der Vorlesungen arbeitete Austin den Unterschied zwischen performativen und konstativen Sprechakten heraus[93]. Bei einem performativen Sprechakt wird Wirklichkeit nicht nur dargestellt, beschrieben oder analysiert, es wird Wirklichkeit gesetzt und geändert. Das klassische Beispiel dafür ist der Satz „Hiermit ist die Sitzung eröffnet"[94]. Zwar wird oft das Gesprochene in einem Protokoll festgehalten, entscheidend für die Gültigkeit des Geschehens ist aber das gesprochene Wort. Ein Kriterium für die Entscheidung, ob ein performativer Sprechakt vorliegt, ist die Prüfung: Kann die Handlung auch auf andere Weise ausgeführt werden[95]? Eine Sitzung kann z.B. auch durch eine Handbewegung eröffnet werden. Entscheidend für den Erfolg performativer (Sprech-)Handlungen ist, dass es einen konventionellen Rahmen gibt[96]. Alle Beteiligten müssen darüber Bescheid wissen, dass der Satz „Hiermit ist die Sitzung eröffnet" oder die Handbewegung die Sitzung eröffnet.

Andere Voraussetzungen für den Erfolg eines performativen Sprechaktes sind, dass die Personen und Umstände passend sein müssen. Alle beteiligten Personen müssen die Prozedur korrekt und vollständig ausführen[97]. Sind eine oder mehrere Bedingungen nicht erfüllt, war der Sprechakt nicht erfolgreich („unhappy"). Es muss z.B. der Vorsitzende sein, der den Satz „Hiermit ist die Sitzung eröffnet" ausspricht, nicht der Protokollant.

Schon dieses grob skizzierte Modell gibt eine Antwort auf die eingangs gestellte Frage, warum Kleider nicht immer auf die gleiche Weise Leute machen. Die „Investitur" Eleasars ist erfolgreich, weil es einen institutionellen Rahmen für die hohepriesterliche Nachfolge gibt. Die Verkleidung des Nordreichkönigs dagegen lässt sich nicht in diesem Sinne als performative Handlung beschreiben, weil es kein entsprechendes Formular gibt.

Um bezüglich des „Magie-Problems" weiterzukommen, ist es hilfreich, die Implikationen etwas genauer zu erörtern, die sich aus der Tatsache ergeben, dass ein akzeptierter konventioneller Rahmen vorhanden sein muss, damit ein performativer Akt erfolgreich ist. Es ist nämlich möglich, dass es ein konventionelles Verfahren gibt, ein Mensch oder eine Gruppe dieses jedoch nicht anerkennt. Austin wählte als Beispiel das Konzept der (männlichen) Ehre, die durch Beleidigung verletzt und durch ein Duell wieder

---

[92] Austin, J. L., How to Do Things with Words. The William James Lectures delivered at Harvard University in 1955, Oxford u.a. 1962.

[93] Im zweiten Teil dekonstruierte Austin seine frühere Unterscheidung dann wieder und wies nach, dass *alle* Sprechakte auf die eine oder andere Weise performativ sind. Für den hier verfolgten Zweck ist sein erstes Modell ausreichend. Warum es legitim ist, solch ein „überholtes" Modell zu verwenden, wurde oben S. 26 erläutert. Durch diese Überlegungen wird auch die Kritik Andreas Wagners relativiert. Er findet die Tatsache, dass in der alttestamentlichen Exegese vor allem die Unterscheidung zwischen Performativ und Konstativ rezipiert wurde, „merkwürdig", manchmal auch „nicht nachvollziehbar", vgl. Wagner, A., Sprechakte und Sprechaktanalyse im Alten Testament. Untersuchungen im biblischen Hebräisch an der Nahtstelle zwischen Handlungsebene und Grammatik (BZAW 253), Berlin/New York 1997, 63ff.

[94] Austin verwendete andere Beispiele (Trauung, Schiffstaufe, Vererbung und Wette), vgl. Austin, 5.

[95] Austin, 8.

[96] Austin, 14 und 26.

[97] Austin, 15. Die beiden letzten von Austin genannten Bedingungen sollen hier außer acht gelassen werden, es geht darum, dass die beteiligten Personen tatsächlich meinen, was sie sagen.

hergestellt werden kann[98]. Erkennt jedoch der Beleidiger das zugrunde liegende Konzept nicht an und zuckt nur mit den Schultern, wenn er zum Duell gefordert wird, so kann der performative Akt der Forderung zum Duell nicht erfolgreich durchgeführt werden. Für das Konzept der „Magie" stellt sich die Lage noch etwas anders dar. Der moderne Wissenschaftler analysiert verschiedene „magische" Handlungen, deren zugrunde liegendes Konzept er grundsätzlich nicht akzeptieren kann. In unserem naturwissenschaftlichen Weltbild können „magische" Handlungen prinzipiell nicht untergebracht werden. In der Gesellschaft, in der die „magische" Handlung verortet war, gab es jedoch ein allgemein anerkanntes konventionelles, evtl. sogar institutionelles Verfahren[99]. Damit war jedoch auch das dahinterliegende Konzept für die Mitglieder der Gesellschaft „wirklich" und „wirksam". Man muss die Ergebnisse der Wissenssoziologie berücksichtigen, dass Wirklichkeit gesellschaftlich konstruiert ist[100]. So wird deutlich, dass eine Ausgrenzung „magischer" Praktiken oder „Wunder" unangemessen ist. Bei der Analyse der alttestamentlichen Texte müssen die Konzepte, die damals „wirksam" waren, ernstgenommen werden.

Auf diesem Hintergrund wären die prophetischen Zeichenhandlungen neu zu bedenken. Georg Fohrer[101] unterschied zunächst zwischen symbolischen und magischen Handlungen, wobei er bei der Definition von Magie besonders die Aspekte des Eigeninteresses und der unmittelbaren Wirksamkeit hervorhob. Innerhalb der Gruppe der magischen Handlungen charakterisierte Fohrer eine Untergruppe als symbolisch, z.B. das Zerstören von Puppen, die bestimmte Völker oder Menschen darstellen sollten[102]. Analog zur Magie *ohne* Symbolik gäbe es auch umgekehrt Symbolik *ohne* Magie, die Fohrer als profane Symbolik bezeichnete und als „konventionelle(n) Mittel der Verdeutlichung" beschrieb[103]. Prophetische symbolische Handlungen seien wirksam gewesen, unterschieden sich also von profanen symbolischen Handlungen, aber sie seien nicht auf die gleiche Art wirksam gewesen wie magische Handlungen, weil sie JHWH als Urheber und Auftraggeber gehabt hätten. Fohrer meinte, dass zwar oft prophetische Handlungen so aussähen wie magische, also Art und Struktur ähnlich, „Geist" und „Wesen" der prophetischen Handlung aber anders seien, so dass das magische Element in ihnen überwunden sei[104].

---

[98] Vgl. Austin, 27.

[99] Dabei heißt „anerkannt" nicht gleichzeitig „gutgeheißen". Die evangelische Kirche heißt Ehescheidungen nicht gut, erkennt sie aber prinzipiell an. Dagegen akzeptiert die katholische Kirche grundsätzlich keine Ehescheidungen (vgl. Austin, 27). „Nicht gutheißen" kann auch zum aktiven Bekämpfen werden (vgl. das Verbot „magischer" Praktiken im Deuteronomium, Dtn 18,10ff.).

[100] Vgl. dazu Berger, P. L./Luckmann, T., Die gesellschaftliche Konstruktion der Wirklichkeit. Eine Theorie der Wissenssoziologie. Mit einer Einleitung zur deutschen Ausgabe von Helmuth Plessner. Übersetzt von Monika Plessner, Frankfurt a. M. ^{5}1977 (ND 1997).

[101] Fohrer, G., Die symbolischen Handlungen der Propheten (AThANT 54), Zürich 1968.

[102] Vgl. Fohrer, 13f.

[103] Fohrer, 14.

[104] Vgl. dazu Fohrer, 95: „Der entscheidende Unterschied besteht darin, dass trotz des Nachwirkens der Magie in Nebenerscheinungen doch das Wesen der prophetischen Handlung von der magischen nicht beeinflusst oder gar abhängig ist. Dem liegt nun aber nicht die einfache Ausschaltung des magischen Elements zugrunde, so dass die Symbolik übrig bliebe, wie es in der profanen symbolischen Handlung der Fall ist. Es handelt sich vielmehr um die innere und grundsätzliche Überwindung des magischen Elements, die sich wie seine Nachwirkung in verschiedenem Masse bemerkbar macht".

Die Abgrenzung der prophetischen von magischen Handlungen bei Fohrer ist nicht völlig überzeugend, sondern wird oft nur thetisch behauptet, sogar mit der Einschränkung, dass der Unterschied eigentlich nur dem Propheten bewusst gewesen sei: „Dagegen ist es möglich, dass sie [die prophetische Handlung] vom Volke als mit eigentümlicher Kraft wirkend betrachtet und von der magischen Handlung nicht unterschieden wurde, während für den Propheten selbst die Sachlage anders war"[105].

Die hier vorgelegten Überlegungen sollten genügt haben, zu zeigen, dass Fohrers Ansatz problematisch ist. Fohrers Verdienst bleibt jedoch, den spezifischen Aspekt der Wirksamkeit prophetischer Handlungen gegenüber dem einer auf die Darstellung beschränkten Handlung herausgearbeitet zu haben. Um diesen Aspekt hinreichend zu berücksichtigen, müsste heute mit dem Ansatz der performativen (Sprech-)Handlung gearbeitet werden. Dieser Lösungsansatz wird in den folgenden Analysen prophetischer Handlungen in den meisten Fällen jedoch nicht weiter verfolgt, da mit Hilfe der in den Kapiteln 1.3.1–1.3.3 vorgestellten Modelle schon hinreichende Deutungsergebnisse erzielt werden können. Nur, wenn die einfach(er)en Modelle keine Erklärungen mehr liefern, wird auf das in diesem Kapitel dargelegte Modell von performativen Handlungen zurückgegriffen.

1.3.5 Sprachwandel und Sprachvergleich

1.3.5.1 Sprachwandel und das Phänomen der Mode

Jedes Kommunikationssystem wandelt sich im Laufe der Zeit. Die Änderungen betreffen verschiedene Aspekte einer verbalen oder nonverbalen Sprache. Bei einer Verbalsprache ändern sich Schreibung und Wortschatz recht schnell, Lautwandel und Veränderungen auf grammatischer Ebene verlaufen langsamer. Daneben gibt es das Phänomen der „Modewörter". Oft sind solche Modewörter nicht neu erfunden, sondern werden nur häufiger verwendet und erhalten einen neuen und breiteren Verwendungskontext. Zwar trägt das Phänomen der Modewörter zum Sprachwandel bei, ist jedoch nur ein Aspekt unter vielen.

Mit einer ähnlichen Sachlage ist bei der Textilsprache zu rechnen. Änderungen des Materials, der Form, der Farbe, der Anwendung von Textilien sind möglich. Der Aspekt der Mode ist nur *ein* Aspekt beim Wandel der Textilsprache[106]. Änderungen bezüglich der textilen Ausstattung grundsätzlich nur unter dem Begriff „Mode" zu behandeln[107], ist unangemessen. Hilfreich wäre in diesem Zusammenhang eine Differenzierung der „Geschichte der Bekleidung" in Analogie zu Fernand Braudels

---

[105] Fohrer, 105.

[106] Unter „Mode" soll hier der „sich wandelnde Geschmack" verstanden werden, vgl. Art. Mode, Brockhaus 9 (1998), 325f. (325).

[107] Vgl. z.B. Kurth, W., Die Mode im Wandel der Zeiten, Berlin 1929, Brost, H., Kunst und Mode: eine Kulturgeschichte vom Altertum bis heute, Stuttgart u.a. 1984, König, R., Menschheit auf dem Laufsteg: die Mode im Zivilisationsprozeß, Frankfurt a. M. 1988 oder Peacock, J., Kostüm und Mode – das Bildhandbuch: von den frühen Hochkulturen bis zur Gegenwart, Bern u.a. 1991.

Vorschlag für den Umgang mit geschichtlichen Phänomenen[108]. Mode muss als ein Phänomen der „kurzen Zeitspanne" (histoire événementielle) angesehen werden. Davon zu unterscheiden ist ein Wandel der Textilsprache, der sich über einen langen Zeitraum erstreckt, also ein Phänomen der „langen Dauer" (histoire de la longue durée) ist.

Zwei Beispiele mögen dies illustrieren: Wandlungen in der Form, Farbe und Ausstattung von Kopfbedeckungen sowohl für Männer als auch für Frauen gehören in den Bereich der Mode. Ein tiefgreifender Wandel in der Textilsprache unserer Gesellschaft ist, dass bei uns für beide Geschlechter grundsätzlich und zu fast allen Anlässen Kopfbedeckungen nur noch fakultativ sind[109]. Sie sind von einem der Mode unterworfenen integralen Bestandteil der textilen Ausstattung zu einem modischen Accessoire geworden. Ein anderes Beispiel ist die Beinbekleidung. Die Länge, das Material oder der Schnitt von Röcken und Hosen sind der Mode unterworfen. Für das Phänomen, dass Frauen in unserer Gesellschaft heute Hosen tragen, Männer aber keine Röcke, ist der Begriff der Mode jedoch nicht passend[110]. Es ist eine Frage des kulturellen Kleidungscodes und seiner Wandlung bzw. Stabilität. Wenn es von der Mode heißt, sie sei „eine sozial strukturierende Macht, die zur Gliederung menschlichen Zusammenlebens beiträgt, indem sie Übersicht und Ordnung stiftet"[111], so ist dies nicht korrekt bzw. zu wenig differenziert. Die ordnungsstiftende Funktion von Kleidung kommt dadurch zustande, dass es eine Tiefenstruktur der „Kleidungssprache" gibt, die zwar nicht statisch ist, die sich aber nur langsam ändert.

Ob es das Phänomen der Mode zur Zeit des Alten Testaments gegeben hat, bleibe dahingestellt. Es geht in dieser Untersuchung primär um den kulturellen Code der Textilsprache, der relativ stabil war, um die „histoire de la longue durée" der Textilsprache.

1.3.5.2 Sprachvergleich

Es wird immer wieder versucht, anhand von Begriffen für Textilien aus anderen Sprachen Rückschlüsse auf das Aussehen hebräischer Textilien zu ziehen. Wie problematisch solche Rückschlüsse sind, mag das Phänomen der Wörter verdeutlichen, die ähnlich klingen, meist auch etymologisch verwandt sind, jedoch in benachbarten Sprachen unterschiedliche Bedeutungen haben („false friends"). Ein Beispiel ist die Bedeutung der Wörter „(der) See" und „(the) sea". Beide Wörter lauten gleich, haben auch etwas mit Wasseransammlungen zu tun, sind jedoch nicht synonym. Die korrekte englische Übersetzung für „(der) See" ist „lake". Komplizierend kommt aber noch hinzu, dass „(die) See" wiederum eine korrekte Wiedergabe für das englische Wort „sea" ist. Auch möglich ist die Einwanderung von Fremdwörtern, die dann neben

---

[108] Vgl. Braudel, F., Die lange Dauer [La longue durée], in: Schieder, T./Gräubig, K. (Hg.), Theorieprobleme der Geschichtswissenschaft (WdF 378), Darmstadt 1977, 164–204 (= Histoire et sciences sociales, la longue durée, in: Annales 13 [1958], 725–753).

[109] Ausnahmen sind nur die Kopfbedeckungen als Schutzmaßnahme und aus religiösen Gründen.

[110] Ob hier der Begriff der histoire de la longue durée angemessen ist, oder es sich um ein Phänomen der histoire conjoncturelle handelt, kann hier offen gelassen werden. Die histoire conjoncturelle ist eine an Konjunkturperioden angelehnte mittlere Zeitdimension, die Braudel eingeführt hat, vgl. Braudel, 170f.

[111] Zweigle, B., Art. Mode, RGG⁴ 5 (2002), 1373–1374 (1373).

einheimischen Begriffen verwendet werden – teilweise synonym, teilweise mit Bedeutungsvarianten. Durch Sprachvergleiche lässt sich lediglich feststellen, dass ein bestimmtes Wort auch in anderen Sprachen (etwa im Ägyptischen) etwas mit Textilien zu tun hat. Weitere Schlüsse sind nicht statthaft.

Was hier für den synchronen Vergleich zweier Sprachsysteme gezeigt wurde, gilt analog auch bei der Untersuchung eines einzelnen Sprachsystems über einen längeren Zeitraum, so hat z.b. das deutsche Wort „Rock" in den letzten hundert Jahren einen erheblichen Bedeutungswandel durchgemacht.

1.3.5.3 Das Problem ikonographischer Belege

Es bedarf einer Erklärung, dass das Problem ikonographischer Belege im Kapitel „Sprachwandel und Sprachvergleich" behandelt wird. Als „Lexeme" der Textilsprache wurden als „Objekte" die einzelnen Textilien bestimmt (vgl. 1.3.1.1). Einen *direkten* Zugriff auf die Textilsprache bieten deshalb nur archäologische Textilfunde. Allerdings sind die (spärlichen) Textilfunde oft aus dem Kontext gerissen (z.b. als Grabbeigaben) und deshalb schwer interpretierbar. Einen indirekten Zugriff bieten neben den Begriffen für die textilen Objekte in der Verbalsprache die Abbildungen von Textilien. Hier zeigt sich nun ein dem Sprachvergleich analoges Problem:

Für den Bereich Palästinas in der Zeit, die für die Entstehung der Texte des Alten Testaments in Frage kommt, sind aussagekräftige ikonographische Belege kaum vorhanden. Aber selbst wenn sie das wären, wäre damit noch nicht viel gewonnen. Ein Blick auf das Alte Ägypten kann das erläutern: Wir haben für die Zeit der Pharaonen reichlich Texte, Bilder und Textilfunde . Die Synthese der Quellen zu einem schlüssigen Bild des textilen Kommunikationssystems ist trotzdem schwierig: „In fact only one garment, the bag-tunic, has so far been satisfactorily linked with an Egyptian word, namely mss"[112]. Wenn man sich die Textilfunde anschaut, die in verschiedenen altägyptischen Gräbern entdeckt wurden, ist man enttäuscht. Die plumpen, sackartigen Gewänder stimmen so gar nicht mit den eleganten Abbildungen aus dem gleichen altägyptischen Kulturraum überein[113].

Für die Rekonstruktion der Kleidungsstücke und Textilien des Alten Testamentes ist die Quellenlage noch karger als für das Alte Ägypten. Im palästinischen Raum wurden vor allem Siegel und Siegelabdrücke mit bildlichen Darstellungen von Menschen und Göttern gefunden[114]. Dieses Medium lässt aufgrund der Miniaturform kaum Rückschlüsse auf Kleidungsstücke zu. Wir sind deshalb vor allem auf Darstellungen nichtisraelitischer Herkunft angewiesen. Besonders ägyptische und mesopotamische Belege kommen in Frage. Wenn man sich auf Darstellungen von Judäern und Israeliten be-

---

[112] Vogelsang-Eastwood, G., Pharaonic Egyptian clothing (Studies in Textile and Costume History 2), Leiden u.a. 1993, 8.

[113] „Ein Teil der Problematik der Rekonstruktion der äg(yptischen) T(racht) besteht darin, daß die Originale und das Bild, das die Darstellungen vermitteln, keineswegs übereinstimmen", Staehelin, E., Art. Tracht, LÄ IV (1986), 726–737 (727). Vgl. z.b. die Abbildungen bei Vogelsang-Eastwood am Schluss des Bandes.

[114] Vgl. z.b. die Zusammenstellungen bei Keel, O./Uehlinger, C., Göttinnen, Götter und Gottessymbole. Neue Erkenntnisse zur Religionsgeschichte Kanaans und Israels aufgrund bislang unerschlossener ikonographischer Quellen (QD 134), Freiburg i. Br. u.a. 1992 und Avigad, N./Sass, B., Corpus of West Semitic Stamp Seals, Jerusalem 1997.

schränkt, ist nur wenig zu finden. Man kann jedoch Darstellungen anderer Völkerschaften heranziehen, vor allem von „Syrern" – wobei problematisch ist, dass „Syrien"
im 2. und 1. Jahrtausend keineswegs eine politische, sprachliche, kulturelle oder religiöse Einheitsgröße war. Aber diese Quellen geben vor allem darüber Auskunft, wie sich
die ägyptischen bzw. mesopotamischen Künstler die Kleidung verschiedener Völker
vorgestellt haben[115]. Ein Beispiel unserer Zeit mag das Problem verdeutlichen: Einen
Schotten stellt man in einem Kilt dar, eine Bayerin im Dirndl. Über die Alltagskleidung
von Schotten oder Bayerinnen sagt dies noch nichts aus, obwohl immerhin einige
Schotten und Bayerinnen zu bestimmten Anlässen mit einem Kilt bzw. Dirndl bekleidet sind. Je weiter man sich vom eigenen Kulturkreis entfernt, desto ungenauer werden
die Vorstellungen von der Kleidung fremder Völker. Z.B. stellt man bei uns einen
Indianer mit Lederkleidung und Federschmuck dar, obwohl die meisten Indianerstäm-
me ganz anders gekleidet waren. Für das altorientalische Material gilt Ähnliches: die
Darstellungen sind nicht realistisch, sondern typisierend. Vielleicht war die Typisie-
rung korrekt, vielleicht auch nicht. Für die Auswertung der Quellen bedeutet dies, dass
ihr Wert für die Rekonstruktion von Kleidungsstücken aus dem Alten Israel äußerst
begrenzt ist.

Der hohe Wert von ikonographischem Material als „Primärquelle" für die Geschichte
Israels wird hier nicht angezweifelt[116], für die Rekonstruktion der Textilsprache muss
das ikonographische Material jedoch anders gewichtet werden. Als Primärquelle können nach dem in diesem Abschnitt Erörterten nur Textilfunde gelten. Dass assyrische
oder ägyptische Darstellungen nicht als Primärquellen für die Textilsprache in Frage
kommen, dürfte deutlich geworden sein. Aber auch Funde aus dem palästinischen
Raum sind kaum wertvoller, denn bei den Siegeldarstellungen ging es nicht um eine
authentische Wiedergabe der Bekleidung zur Zeit der Entstehung der Siegel. Man muss
damit rechnen, dass sich alte Motive lange gehalten haben, in denen der Kleidungscode
einer vergangenen Zeit (und sogar eines anderen Kulturraumes) weiter tradiert wurde.

---

[115] Vgl. dazu grundsätzlich Wäfler, M., Nicht-Assyrer neuassyrischer Darstellungen (AOAT 26), Kevela-
er/Neukirchen-Vluyn 1975. Dabei ergibt sich für Belege aus dem mesopotamischen Bereich die zusätzliche
Schwierigkeit, dass die Vorstellung von einem Volk als Sprach- und Kulturgemeinschaft kaum eine Rolle
spielte, das Land stand im Vordergrund (vgl. ebd., 15f.).

[116] Vgl. dazu Uehlinger, C., Bildquellen und ‚Geschichte' Israels. Grundsätzliche Überlegungen und Fallbeispiele, in: Hardmeier, C. (Hg.), Steine – Bilder – Texte (ABG 5), Leipzig 2001, 25–77.

1.4 Grundlinien der „Sprache des Textilen" im Alten Testament I

Der aus einer Synthese der vorgestellten Lösungsansätze gewonnene methodische Zugriff auf die Phänomene des Textilen lässt sich wie folgt zusammenfassen:

- Die hier vorgelegte Untersuchung von Phänomenen aus dem Bereich des Textilen im Alten Testament geht davon aus, dass diese Phänomene ein nonverbales Kommunikationssystem bilden. Als Modell für die Rekonstruktion des Kommunikationssystems dient die Verbalsprache.
- Die „Wörter" (Lexeme) der zu rekonstruierenden „Sprache des Textilen" bestehen aus bekleidbaren Entitäten (Lebewesen oder Gegenstände), textilen Objekten und Gesten/Handlungen. Die Lexeme der Textilsprache sind nur über die Lexeme, Sätze und Texte der Verbalsprachen des Alten Testaments zugänglich.
- Die „Sätze" der „Sprache des Textilen" bestehen aus Subjekten (bekleidbare Entitäten), Prädikaten (Gesten und Handlungen) und Objekten (Textilien). In der hebräischen Verbalsprache gibt es die Möglichkeit, die textilen Objekte mit Hilfe von Attributen hinsichtlich Material, Form oder Funktion genauer zu kennzeichnen. In der Textilsprache selbst gibt es dagegen kein Analogon zum Attribut.
- Genau wie eine Verbalsprache stellt die Textilsprache ein kulturelles Regelsystem bereit, mit dessen Hilfe „Rollen" zugewiesen, Handlungen strukturiert, Gemeinsamkeit geschaffen und individuelle Handlungen interpretiert werden können. Für diese Funktionen soll im Folgenden der Terminus „kulturimmanente Gebrauchsweise" verwendet werden[117].
- In Analogie zur Verbalsprache können innerhalb der Textilsprache einige Stilmittel, z.B. Metaphern, verwendet werden. Diese müssen als Stilmittel 1. Ordnung von Stilmitteln 2. Ordnung unterschieden werden, die auf der Ebene der Verbalsprache auf die Textilsprache Bezug nehmen.
- Stilmittel wie z.B. Metaphern ermöglichen einen innovativen Gebrauch der Textilsprache[118]. Die innovative Verwendung hat die kulturimmanente Gebrauchsweise zur Voraussetzung und nimmt auf sie Bezug.
- Es gibt in der Textilsprache die Möglichkeit, performative Kommunikationsakte auszuführen, sofern ein passender konventioneller Rahmen vorliegt.
- Die Textilsprache wandelt sich. Es ist zu unterscheiden zwischen kurzfristigen Änderungen (Mode) und einem relativ stabilen kulturellen Kleidungscode, der sich nur langsam ändert.
- Die Hauptquelle für die Rekonstruktion der Textilsprache des Alten Testaments sind die alttestamentlichen Texte selbst.

---

[117] Inhaltlich ist damit das Gleiche gemeint wie mit Ricœurs kulturimmanenter Symbolik, um jedoch Missverständnissen vorzubeugen, wird hier auf den Symbolikbegriff verzichtet.

[118] Diese Terminologie lehnt sich an Ricœurs Begriff der expliziten Symbolik mit den beiden Aspekten „semantische Innovation" und „Welterklärung" an.

1.5 Artikulatorische Phonetik von Textilien: Material und Machart

In diesem Teil wird die artikulatorische Phonetik der Wortklasse „textile Objekte" der Textilsprache vorgestellt. Es werden Herstellung, Veredelung und Eigenschaften von textilem Material erörtert, soweit dies einen Niederschlag in den Texten des Alten Testaments gefunden hat. Eine systematische und vollständige Darlegung des Gebietes ist nicht intendiert[119].

In Analogie zu einer Verbalsprache wird die Bezeichnung „artikulatorische Phonetik" verwendet[120]. Es ist zunächst zu fragen, ob der Vergleich überhaupt passend ist. Es gibt nämlich einen entscheidender Unterschied: Normalerweise sind für eine korrekte Laut-bildung in der jeweiligen Muttersprache keine theoretischen Kenntnisse in artikulatori-scher Phonetik nötig. Laute werden zwar bewusst geformt, der *Prozess* ihrer Bildung verläuft jedoch unbewusst und automatisch[121]. Grammatikbücher einer Verbalsprache können deshalb meist auf einen ausführlichen Abschnitt zur artikulatorischen Phonetik verzichten, außerhalb von Fachliteratur spielt die artikulatorische Phonetik keine große Rolle[122]. Die „Textilienbildung" dagegen ist ein aufwändiger und komplexer Vorgang, der nicht automatisch abläuft, sondern immer bewusst erlernt werden muss. Die Roh-produkte sind viel „gegenständlicher" als die der Lautbildung – dort sind es ja Schall-wellen – und müssen „gehandhabt" werden. Sie sind deshalb im täglichen Umgang mit der Textilsprache präsenter. Nur deshalb finden sich überhaupt einige Reflexe auf diesen Gegenstandsbereich in den Texten des Alten Testaments. Die artikulatorische Phonetik der Textilwörter ist ein integraler Bestandteil einer Grammatik des Textilen. Die oben dargelegten Überlegungen zeigen, dass der Vergleich mit einer Verbalspra-che zwar keine völlige Übereinstimmung ergibt, dass aber auch die Herausarbeitung von Unterschieden für das Verständnis der „Sprache des Textilen" weiterführend und erhellend ist.

1.5.1. Begriffsklärungen: Rohprodukt, Rohfaser, Garn und Stoff

Im altorientalischen Lebensraum standen zur Herstellung von Textilien pflanzliche und tierische Fasern zur Verfügung. Tierische Fasern konnten vor allem vom Schaf, aber auch von der Ziege und anderen behaarten Tieren gewonnen werden. Die abgeschorene Wolle soll als *Rohprodukt* bezeichnet werden. Das Rohprodukt wurde gereinigt und gekämmt (kardiert). In diesem Verarbeitungsstadium soll die Wolle als *Rohfaser* bzw. *Faser* bezeichnet werden. Der Prozess der Fasergewinnung aus Flachsstängeln (Roh-produkt) war sehr viel aufwändiger, endete aber auch mit dem Kämmen (Hecheln) der

---

[119] Vgl. dazu z.B. Dalman (Anm. 5) oder Forbes, R. J., Studies in Ancient Technology Vol. IV, Leiden ²1964.

[120] Vgl. dazu oben Abschnitt 1.3.1.

[121] Anders ist es beim Erlernen einer Fremdsprache mit ungewohnten Lauten. Es ist zur Einübung der neuen Laute hilfreich, theoretische Kenntnisse über die Lautbildung zu besitzen.

[122] Es findet sich jedoch sogar ein Reflex auf die artikulatorische Phonetik des Hebräischen im Alten Tes-tament: In der in Ri 12 überlieferten Erzählung vom Kampf Jephtahs gegen die Efraimiter wird den efraimi-tischen Flüchtlingen ihr Unvermögen, ein שׁ korrekt zu artikulieren, zum Verhängnis.

Rohfasern[123]. Zusammenfassend können Rohprodukt und Rohfaser auch „ungesponnene Wolle" bzw. „ungesponnener Flachs" genannt werden. Wenn im Text vorläufig offen bleiben soll bzw. es nicht so wichtig ist, welches Stadium der Textilherstellung gemeint ist, werden die Bezeichnungen Wolle und Flachs/Leinen verwendet.

Die Rohfasern können direkt zu einem Stoff verarbeitet werden, diese Art von Textilien bezeichnet man als Vliesstoff oder Filz. Einen ausreichend haltbaren Filz erhält man nur aus Wolle und einigen anderen tierischen Fasern. Flachs ist zur Filzherstellung ungeeignet. Evtl. ist das Filzen die älteste Art der Textilherstellung. In der Antike ist Filz in China, Griechenland und Rom, besonders jedoch in Nord- und Zentralasien bezeugt[124]. Auch in der jüdischen Tradition war Filz bekannt und wurde als lebādīn bezeichnet[125]. Unter dieser Bezeichnung findet sich Filz im Alten Testament nicht. Da es sich um die einfachste Art der Stoffherstellung handelte und sie sicher in der Umwelt bekannt war, könnte es jedoch gut sein, dass auch Vliesstoffe im Alten Israel hergestellt wurden[126].

Überwiegend (vielleicht auch ausschließlich) wurden die Rohfasern zu *Garn* gesponnen. Dabei werden die kurzen Fasern so miteinander verdreht, dass ein langer Faden entsteht. Haltbarer, aber in der Herstellung einen Arbeitsschritt mehr erfordernd, ist gezwirntes Garn, bei dem zwei oder mehr Fäden noch einmal miteinander verdreht werden[127].

Aus dem Garn kann entweder durch Weben oder durch Verschlingen (Stricken, Häkeln) ein *Stoff* hergestellt werden. Auf einen Stoff kann mit Hilfe verschiedener Techniken (Sticken, Knüpfen) weiteres Garn appliziert werden.

Es ist heute kaum noch möglich, den alttestamentlichen Angaben zur Textilherstellung zu entnehmen, auf welche Weise ein Stoff hergestellt oder weiterbearbeitet wurde. Dazu kommt eine „Sprachverwirrung" in der deutschen Terminologie: Die Begriffe „Wirken" und „Gewirktes" beziehen sich in einigen Sprachgegenden und/oder Kontexten auf Schlingengewebe (Gestricktes oder Gehäkeltes), in anderen dagegen auf eine spezielle Webtechnik, bei der figürliche Darstellungen in die Kettfäden eingewebt werden[128]. Da es keine Hinweise auf Schlingengewebe im Alten Testament gibt, soll im Folgenden der Begriff „*Gewirktes*" im Sinne einer speziellen kunsthandwerklichen Webtechnik verwendet werden.

Im Alten Testament wird selten zwischen den einzelnen Herstellungsstadien der Textilproduktion differenziert, deshalb muss jeweils aus dem Kontext geschlossen werden, ob Rohprodukt, Rohfaser, Garn oder Stoff gemeint ist, wenn dieser Unterschied für das Verständnis der untersuchten Stelle wichtig ist.

---

[123] Der Frage, ob und ab wann noch weitere Fasern zur Textilherstellung verwendet wurden, soll hier nicht weiter nachgegangen werden. Es gibt neuere Hinweise, dass Baumwolle und Seide doch sehr viel früher als angenommen im Alten Orient bekannt waren, vgl. dazu Kemp, B. J./Vogelsang-Eastwood, G., The Ancient Textile Industry at Amarna (Excavation Memoir / Egypt Exploration Society 68), London 2001, 23.

[124] Vgl. Forbes, 91.

[125] Vgl. dazu mit Belegen Dalman, 16.

[126] Es wird von den persischen Königen überliefert, dass sie Filzhüte trugen, vgl. Forbes, 92.

[127] Siehe dazu unten Abschnitt 1.5.4.1.

[128] Mündlicher Hinweis von Ina Willi-Plein.

1.5.2 Material: Grundstoffe (צמר: „Wolle" und פשת: „Flachs/Leinen")

In diesem Kapitel werden die beiden wichtigsten Rohstoffe für die Textilherstellung zur Zeit des Alten Testaments behandelt, Wolle und Flachs. In einem ersten Schritt muss gefragt werden, wie die beiden auf Wolle und Flachs/Leinen referierenden Lexeme der hebräischen Verbalsprache normalerweise verwendet wurden. Es wird also die kulturimmanente Gebrauchsweise der beiden Begriffe rekonstruiert (1.5.2.1). Auf diesem Hintergrund können dann ungewöhnliche, innovative Gebrauchsweisen der Begriffe erörtert werden (1.5.2.2). Den Abschluss des Kapitels bildet eine Untersuchung, die die gewonnenen Ergebnisse auf das Problem des Mischverbotes von Wolle und Leinen anwendet (1.5.2.3).

1.5.2.1 Kulturimmanente Gebrauchsweise von צמר und פשת

Dass צמר mit „Wolle" übersetzt werden muss, ist unstrittig. Schwieriger ist die Frage, ob es sich um Rohwolle, Rohfaser, Wollgarn oder gar um Wollstoff handelte, ob es eine Art „Grundbedeutung" gab. Diese Grundbedeutung wäre gleichzeitig die kulturimmanente Gebrauchsweise des Wortes.

In den Wörterbüchern finden sich Übersetzungsvorschläge, die nahelegen, dass *alle* Verarbeitungsstufen von Wolle mit צמר bezeichnet werden können[129]. Es könnte jedoch sein, dass sich die Autoren der Notwendigkeit und der Implikationen einer Differenzierung gar nicht bewusst waren[130]. Ein analoger Fall liegt bei dem Lexem פשת vor, das mit Leinen oder Flachs übersetzt wird.

Das Primärnomen צמר findet sich auch in weiteren semitischen Sprachen, z.B. im Äthiopischen und in verschiedenen aramäischen Dialekten. Das Wort kommt 16-mal im Alten Testament vor. צמר ist nur im Singular belegt. Auch das Primärnomen פשת[131] ist außer im Hebräischen im Ugaritischen, Mittelhebräischen und Punischen bezeugt[132]. Das Wort kommt 15-mal im Alten Testament vor, meist im Plural. Von der Nebenform פשתה gibt es außerdem drei Belege (Ex 9,31; Jes 42,3 und Jes 43,17). Hos 2,7 und Hos 2,11 sind die einzigen Belege für פשת im Singular. Der Konsonantentext könnte aber auch als Plural mit einem Suffix 1. Person aufgefasst werden. Daher wird diskutiert, ob die Vokalisation an dieser Stelle fehlerhaft ist und hier ebenfalls eine Pluralform vorliegt. פשתה müsste dann als Singular von פשתים aufgefasst werden und nicht als Nebenform[133].

Häufig ist das gemeinsame Vorkommen von צמר und פשת, es gibt dafür neun Belege. Die Gegenüberstellung von Wolle und Leinen erfolgt entweder antithetisch oder als Ausdruck einer Ganzheit der textilen Rohstoffe. Vier Vorkommen finden sich im Zusammenhang mit den Aussatzvorschriften für Textilien (Lev 13,47f.; Lev 13,48; Lev 13,52 und Lev 13,59), dort kommt als dritte „Textilart" Fell oder Leder (עור) vor.

---

[129] HALAT z.St, z.B. „frisch geschorene Wolle", „als Stoff für Kleidung", „als Handelsware".

[130] Ähnliches gilt für Rüterswörden, U., Art. צמר, ThWAT VI (1989), 1072–1075.

[131] Vgl. dazu auch Hönig (Anm. 6), 44 und Nielsen, K., Art. פשת, ThWAT VI (1989), 816–818 (auch für das Folgende).

[132] Vgl. dazu HALAT z. St. Vgl. zu den ugaritischen Belegen del Olmo Lete, G./Sanmartín, J., A Dictionary of the Ugaritic Language in the Alphabetic Tradition. Part Two (HO 67), Leiden/Boston ²2004, zu ptt, 688.

[133] Vgl. dazu Nielsen, 817.

In Dtn 22,11 wird das Verbot ausgesprochen, Kleidung aus einem Woll-Leinengemisch anzuziehen[134]. Die sogenannte „fleißige Hausfrau" kümmert sich um Wolle und Flachs (Pro 31,13).

Als Apposition können צֶמֶר und פֵּשֶׁת Textilien zugeordnet werden. Dies ist bei צֶמֶר jedoch recht selten (Lev 13,47 u. Lev 13,52). Häufiger wird פֵּשֶׁת mit Kleidungsstücken, aber auch anderen textilen Gegenständen verbunden, z.B. einer Schnur (Ez 40,3). Jeremia soll einen leinenen אֵזוֹר erwerben (Jer 13,1)[135] und die Priestergewänder bei Ezechiel – Kopfbund und „Unterhosen" (מִכְנָסִים) – sollen ebenfalls aus פֵּשֶׁת sein (Ez 44,17f.). Auffällig ist, dass im gesamten Komplex der priesterschriftlichen Vorschriften zur Kleidung im Kult die Ausdrücke צֶמֶר und פֵּשֶׁת *nicht* vorkommen[136].

Vergleicht man die Gebrauchsweise von צֶמֶר und פֵּשֶׁת mit anderen Materialbezeichnungen, fällt auf, dass ausschließlich צֶמֶר und פֵּשֶׁת für die jeweiligen Rohprodukte Verwendung fanden. צֶמֶר wird in 2 Kön 3,4, wo es um Wolltributlieferungen des moabitischen Königs Mescha geht, für das Rohprodukt verwendet[137]. In Jos 2,6 und Jes 19,9 werden mit פֵּשֶׁתִים Flachsstängel bezeichnet, die sich im Weiterverarbeitungsprozess zur Faser befinden. In Ri 6,37[138], Spr 31,13, Ez 27,18 ist es sehr wahrscheinlich, dass unverarbeitete Rohwolle gemeint ist.

Es ist deshalb gut möglich, dass bei den altorientalischen Rezipienten zunächst Vorstellungen der Rohmaterialien evoziert wurden, wenn צֶמֶר oder פֵּשֶׁת gehört oder gelesen wurde. Es gibt außer den oben genannten direkten Belegen noch zwei weitere Indizien für die These, dass die Grundbedeutung von צֶמֶר und פֵּשֶׁת die des Rohproduktes war. Vor allem die Verwendung von צֶמֶר in einem Vergleich für Schnee in Ps 147,16 ist aufschlussreich. Es heißt dort:

(Gott ist …) der Geber von Schnee wie Wolle –   הַנֹּתֵן שֶׁלֶג כַּצָּמֶר כְּפוֹר כָּאֵפֶר יְפַזֵּר:
Reif wie Asche streut er aus.

Der Satz ist nur auf der Ebene der Verbalsprache bildbar und deshalb strukturell mit einer Metapher 2. Ordnung vergleichbar[139].

Für die Rekonstruktion der kulturimmanenten Gebrauchsweise von צֶמֶר ist er trotzdem hilfreich, weil er einen Hinweis darauf gibt, auf welches textile Objekt das Lexem צֶמֶר referiert. Der Vergleich ist nur stimmig, wenn mit צֶמֶר unbearbeitete Woll*flocken* assoziiert werden, die an Schneeflocken erinnern. Hätte צֶמֶר das Bild eines Wollknäuels, eines Wollfadens oder eines Wollstoffes evoziert, wäre der Vergleich mit dem

---

[134] Siehe dazu Abschnitt 1.5.2.3.

[135] Siehe dazu Abschnitt 2.2.5.5.

[136] Siehe dazu Abschnitt 4.3.5.

[137] Man wird die Formulierung als eine Art Mengenangabe aufzufassen haben: Wolle von 100 000 Lämmern und 100 000 Widdern.

[138] An dieser Stelle wird צֶמֶר in einer status-constructus-Verbindung mit גֵּז verwendet. גֵּז kommt nur in diesem und den drei folgenden Versen vor und lässt sich von der Wurzel גזז „abschneiden" ableiten, so dass sich die Übersetzung „Schurwolle" anbietet. Solche präzisierenden Ausdrücke hat es in einer Kleinviehzüchtergesellschaft sicher noch mehr gegeben, sie sind nur nicht überliefert. Wahrscheinlich präzisiert der Ausdruck „Schurwolle" (גֵּזַת־הַצֶּמֶר) die Art der Wollgewinnung im Gegensatz zu „Rupfwolle". Es war vielleicht noch nicht selbstverständlich, dass die Schafe geschoren wurden, die ältere Methode, die keine Hilfsmittel benötigte, ist das Rupfen der Tiere (vgl. Dalman [Anm. 5], 10).

[139] Vgl. Abschnitt 1.3.2.

Schnee hinkend geworden[140]. Es ist die Ansicht vertreten worden, dass das tertium comparationis nicht die Form der Wolle, sondern ihre weiße Farbe sei. Dagegen spricht jedoch, dass Naturwolle nicht weiß, sondern gelblich ist[141]. Es wäre deshalb ein unge-schickter Vergleich, etwa, als würde man (ohne Ironie) sagen, ein ICE sei schnell wie ein Regionalexpress. Zwar ist ein Regionalexpress nicht langsam, aber langsamer als ein ICE. Ebenso hat Wolle zwar meist eine gelblich-beige Färbung („wollweiß"), aber Schnee ist viel weißer, er ist – bis zum heutigen Tag – der Inbegriff von Weiße („schneeweiß"). Die helle Färbung von Rohwolle verstärkt die Schlüssigkeit des Ver-gleichs, ohne als tertium comparationis in Betracht zu kommen.

Ein weiterer Hinweis auf die Grundbedeutung „Rohprodukt" bei צמר und פשת findet sich in Spr 31,13:

Sie sorgte für Wolle und Flachs und arbeitete dann mit dem Geschick ihrer Hände.	דָּרְשָׁה צֶמֶר וּפִשְׁתִּים וַתַּעַשׂ בְּחֵפֶץ כַּפֶּיהָ:

Dieser Vers leitet die Aufzählung der zahlreichen Tätigkeiten und Vorzüge der „tüchti-gen Hausfrau" ein. Das lässt vermuten, dass auf eine Tätigkeit Bezug genommen wird, die am *Beginn* der Textilherstellung steht. Es könnte gemeint sein, dass die Hausfrau zunächst dafür Sorge trägt (דרשׁ), dass ihr Rohwolle und Flachsstängel zur Weiterver-arbeitung zur Verfügung stehen[142], die Weiterverarbeitung wird dann im zweiten Teil des Verses geschildert. Bezieht man die folgenden Verse mit ein, kann die Arbeit prä-zisiert werden. In Vers 19 wird der Fleiß beim Spinnen gelobt, in Vers 22 wird das Anfertigen von Decken und Kleidungsstücken für den Eigenbedarf erwähnt, und in Vers 24 geht es um den Weiterverkauf selbstgefertigter Textilien. Vers 13 muss sich also auf den ersten Schritt der Textilverarbeitung beziehen, auf die Herstellung von Fasern aus Rohwolle und Flachsstängeln.

Aus dem Dargelegten kann die Grundbedeutung „Rohprodukt" für צמר und פשת plausibel gemacht werden. Wie kann dann aber die Verwendung von צמר oder פשת als Apposition z.B. bei Kleidungsstücken verstanden werden? Wenn man annimmt, dass durch die Appositionen צמר und פשת das Ausgangsmaterial, aus dem das Klei-dungsstück gefertigt wurde, benannt und betont werden sollte, gibt es keine Verständ-nisprobleme. Auch die Übersetzung ins Deutsche ist leicht, weil unser Wortgebrauch dem hebräischen ähnelt: „Kleidung aus Wolle" bzw. „wollene Kleidung" und nicht „Kleidung aus Wollstoff".

Wie ist es dann aber zu dem Übersetzungsvorschlag „Woll- bzw. Leinenstoff" ge-kommen? Die Antwort findet sich in Hos 2,11 und Ez 34,3: Dort heißt es, dass jemand mit Wolle und Flachs die Blöße bedeckte (Hos 2,11) bzw. dass man sich mit Wolle kleidet (Ez 34,3). Das Bedecken und noch mehr das Bekleiden mit Rohwolle oder

---

[140] Im Deutschen ist stattdessen ein Vergleich mit strömendem Regen möglich: „Es regnet Bindfäden". Bei Wollstoff wäre allenfalls die Assoziation mit einer „Schneedecke" möglich, aber dafür hätte im Hebräi-schen ein anderer Ausdruck, z.B. בגד, verwendet werden müssen.

[141] Um die These zu belegen, dass die weiße Farbe der Wolle als Bildspender diene, wird Jes 1,18 ange-führt. Es lässt sich jedoch zeigen, dass es auch dort nicht um weiße Wolle geht (siehe Abschnitt 1.5.3.3).

[142] Aufschlussreich ist dieser Vers auch für die Arbeitsverteilung zwischen den Geschlechtern: Der Anbau und die Ernte bzw. die Schur der Schafe war wohl Männerarbeit, die Weiterverarbeitung dann eher Frauen-arbeit (was nicht ausschließt, dass auch Männer z.T. diese Tätigkeiten ausgeführt haben).

Flachsstängeln ist gewiss nicht gemeint. Beide Belege sind jedoch zur Erhebung der kulturimmanenten Gebrauchsweise von צמר und פשת ungeeignet, weil sie sich innerhalb von Allegorien bzw. Sprachbildern befinden. Im Folgenden werden diese Verse untersucht unter der Voraussetzung, dass die kulturimmanente Gebrauchsweise von צמר und פשת auf die Verarbeitungsstufen *vor* dem Verspinnen beschränkt war.

1.5.2.2 Innovativer Gebrauch: Ez 34,3 und Hos 2,7.11

In Ez 34,3 werden Israels Obere mit verantwortungslosen Hirten verglichen, die zwar gern die Produkte nutzen, die sie vom Kleinvieh beziehen können, nämlich Milch, Wolle und Fleisch, sich jedoch um das Wohl der Herde nicht kümmern[143]:

Die Milch[144] verzehrt ihr, und mit der Wolle kleidet ihr euch,	אֶת־הַחֵלֶב תֹּאכֵלוּ וְאֶת־הַצֶּמֶר תִּלְבָּשׁוּ
das Fette schlachtet ihr – das Kleinvieh weidet ihr nicht.	הַבְּרִיאָה תִּזְבָּחוּ הַצֹּאן לֹא תִרְעוּ׃

Es handelt sich bei diesem Vers um eine Metapher 2. Ordnung, also eine, die nur innerhalb der Verbalsprache formulierbar ist. Das ist z.B. daran zu erkennen, dass ein Element aus dem Bereich des Textilen zusammen mit Elementen aus anderen Bereichen (Tierzucht und Nahrung) auftritt. Es werden zwei direkt vom Tier bezogene Rohprodukte (Milch und Wolle) genannt und jeweils mit Hilfe eines Verbs der Nutzen für den Menschen bezeichnet. Zum Bekleiden (לבש) ist Wolle jedoch erst nach einem aufwändigen Verarbeitungsprozess tauglich. Die Zwischenstufen werden hier jedoch übersprungen. Die „Abkürzung" des Herstellungsprozesses kommt der Aussageabsicht des Autors entgegen, der ein Bild von Menschen zeichnen möchte, die die „Herde" ausbeuten, ohne selbst einen Finger zu rühren. Es lässt sich also zeigen, dass an dieser Stelle צמר die Konnotation „Rohprodukt" behält bzw. gerade diese Bedeutungsnuance wichtig für die Aussageabsicht ist.

Ähnlich müssen Hos 2,7 und Hos 2,11 interpretiert werden.

7 Denn gehurt hat ihre Mutter; Schande getrieben hat, die sie trug. Denn sie sagte: Ich will meinen Liebhabern nachlaufen, die mir mein Brot und mein Wasser geben, meine Wolle und meinen Flachs, mein Öl und mein Getränk.	כִּי זָנְתָה אִמָּם הֹבִישָׁה הוֹרָתָם כִּי אָמְרָה אֵלְכָה אַחֲרֵי מְאַהֲבַי נֹתְנֵי לַחְמִי וּמֵימַי צַמְרִי וּפִשְׁתִּי שַׁמְנִי וְשִׁקּוּיָי׃
11 Darum nehme ich mein Korn zurück zu seiner Zeit und meinen Most zu seiner Frist und entreiße meine Wolle und meinen Flachs zur Bedeckung ihrer Blöße.	לָכֵן אָשׁוּב וְלָקַחְתִּי דְגָנִי בְּעִתּוֹ וְתִירוֹשִׁי בְּמוֹעֲדוֹ וְהִצַּלְתִּי צַמְרִי וּפִשְׁתִּי לְכַסּוֹת אֶת־עֶרְוָתָהּ׃

---

[143] Entstehungszeit und Ort, sowie wer mit den verantwortungslosen Hirten gemeint ist, spielt für diese Untersuchung keine Rolle, vgl. dazu z.B. Zimmerli, W., Ezechiel (BK XIII/2), Neukirchen-Vluyn 1969, 837 (Zimmerli hält eine Verortung im Exil für möglich, vielleicht innerhalb eines Ezechiel-Schülerkreises). Etwas anders z.B. Pohlmann, K.-F., Der Prophet Hesekiel/Ezechiel Kapitel 20–48 (ATD 22/2), Göttingen 2001, 464 („Es wird sich hier um Führungsinstanzen im Bereich der Restbevölkerung im Lande nach den Ereignissen um 587 v. Chr. handeln"). Auch die Diskussion, ob es sich bei den Handlungen der Hirten schon um eine Übertretung der Hirtenrechte oder um ein erlaubtes Verhalten handelt, ist hier nicht relevant, vgl. dazu z.B. Zimmerli, 836f. oder Greenberg, M., Ezekiel 21–37 (AncB 22A), New York u.a. 1997, 696f.
[144] In der masoretischen Vokalisation wäre die Übersetzung „Fett" eigentlich angemessener.

Im Bild von Israel als untreuer Ehefrau JHWHs wird der Frau die Sichtweise in den Mund gelegt, alle lebensnotwendigen Gaben habe sie von ihren Liebhabern – diese stehen für fremde Götter – erhalten. Nun droht Gott, von dem das alles eigentlich stammt, ihr Korn und Most vorzuenthalten und ihr Wolle und Flachs zu entreißen, mit denen sie „ihre Blöße" bedeckte. Auch hier geht es also um die Herkunft der *Rohstoffe*[145]. Wem gehören sie? Die „untreue Ehefrau" behauptet, sie gehörten ihr und sie habe sie von „ihren Liebhabern". Der „betrogene Ehemann" dagegen spricht von *seinen* Produkten, die von ihm stammen, ihm weiterhin gehören und die er ihr entziehen will[146].

Der Hinweis auf den Verwendungszweck von Wolle und Flachs in Vers 11 ist zweideutig. Auf den ersten Blick meint man, es sei ein schlichter Hinweis auf „bestimmte Funktionen von Wolle und Flachs"[147] im Leben der Frau. Solche Sichtweise würde Ez 34,3 entsprechen. Es gibt jedoch signifikante Unterschiede zu diesem Vers: In der Hirtenallegorie ist *jedem* Produkt eine Verwendung zugeordnet, in Hos 2 ist dagegen nur für Wolle und Flachs eine solche angegeben. Diese Tatsache und noch mehr die Formulierung machen stutzig: Wolle und Flachs sollten zur Bedeckung ihrer Blöße (לכסות את־ערותה) dienen. Diese Terminologie hat andere Konnotationen als das neutrale לבש in Ez 34,3. Das Gegenteil davon, „die Blöße aufdecken", ist eine Umschreibung verbotener sexueller Beziehungen. Damit wird Hos 2,11 zu einer Anspielung auf das ehebrecherische Tun der Frau, die vielleicht ausdrücken sollte: „Sie hat im übertragenen Sinne ihre Blöße nicht bedeckt gehalten, d.h. sie ist verbotene sexuelle Beziehungen eingegangen, obwohl keine materielle Not sie dazu getrieben hat. Die von mir bereitgestellten Rohstoffe hat sie nicht entsprechend eingesetzt, also nehme ich sie ihr nun weg." Im „Klartext" hieße das: „Gott hat sein Volk mit allem Lebensnotwendigen reichlich versorgt, auch, damit es nicht fremde Götter ‚anbetteln' muss, aber sie verfielen dem Irrtum, dass sie ihren Reichtum fremden Göttern verdanken und unterhielten unerlaubte Beziehungen zu ihnen. Um diesen Fehlschluss sichtbar zu machen, sieht sich Gott nun gezwungen, dem Volk die Güter wegzunehmen." Hos 2,11 bildet mit diesem komplexen Anspielungsgefüge eine Überleitung zu Vers 12, wo nun der „betrogene Ehemann" nicht nur indirekt, sondern aktiv die Scham (an dieser Stelle wird ein anderes Wort verwendet als in Vers 11) aufdeckt. Vielleicht steht dahinter eine rechtskräftige Zeichenhandlung, die eine Ehescheidung wegen Ehebruchs darstellen soll.

Die innovative Gebrauchsweise von צמר und פשת in Hos 2,11 und Ez 34,3 bestätigt bei genauerem Hinsehen die These, dass צמר und פשת primär Bezeichnungen für die textilen Rohprodukte waren.

---

[145] Dies wird auch dadurch betont, dass in der Rede des „betrogenen Ehemannes" statt Brot (לחם) Getreide (דגן) genannt wird. So wird die Entschlüsselung der Allegorie noch klarer: Es geht um die Herkunft der „Lebensmittel" der Israeliten.

[146] Vgl. dazu z.B. Andersen, F. I./Freedman, D. N., Hosea (AncB 24), New York u.a. 1985, 231: „The error in the statement made by the woman … is twofold. Jahwe is the sole giver of everything, but he never ceases to be the owner of everything".

[147] Wolff, H. W., Dodekapropheton 1. Hosea (BK XIV/1), Neukirchen-Vluyn 1965, 45. Bedauerlicherweise widmet Wolff der Textstelle keinen zweiten Blick.

1.5.2.3 Verbotene Mischungen: Lev 19,19 und Dtn 22,11

Mit Lev 19,19 und Dtn 22,11 kommen nun zwei Verse in den Blick, die keine innovative Gebrauchsweise von צמר und פשת aufweisen. In Lev 19,19 kommen die beiden Begriffe nicht einmal vor. Trotzdem müssen sie genauer untersucht werden, da es an diesen Stellen für das Verständnis des Sachverhaltes einen Unterschied macht, welches Verarbeitungsstadium der Wolle bzw. des Flachses gemeint ist.

Das Verbot eines Mischgewebes aus Flachs und Wolle findet sich zweimal im Pentateuch zusammen mit anderen Mischverboten:

Lev 19,19: Meine Ordnungen sollt ihr beachten.	אֶת־חֻקֹּתַי תִּשְׁמֹרוּ
Dein Vieh sollst du dich nicht begatten lassen verschiedenartig;	בְּהֶמְתְּךָ לֹא־תַרְבִּיעַ כִּלְאַיִם
dein Feld sollst du nicht verschiedenartig besäen,	שָׂדְךָ לֹא־תִזְרַע כִּלְאָיִם
und Textilien aus verschiedenartigem Mischgewebe sollen nicht auf dich kommen.	וּבֶגֶד כִּלְאַיִם שַׁעַטְנֵז לֹא יַעֲלֶה עָלֶיךָ:
Dtn 22,11: Du sollst dich nicht bekleiden mit Mischgewebe aus Wolle und Flachs zusammen.	לֹא תִלְבַּשׁ שַׁעַטְנֵז צֶמֶר וּפִשְׁתִּים יַחְדָּו:

In Dtn 22,11 werden Wolle und Flachs explizit genannt, in Lev 19,19 ist nur von כִּלְאַיִם und שַׁעַטְנֵז die Rede. Beide Ausdrücke kommen ausschließlich im Zusammenhang mit Mischverboten vor. כלאים kommt außer in Lev 19,19 auch in Dtn 22,9 vor. Dort geht es um die Weinbergbepflanzung, es wird untersagt, den Weinberg כלאים zu besäen. Sinnvoll wäre also eine Übersetzung mit „zweierlei" oder „verschiedenartig"[148]. Welche zweierlei Samen in Dtn 22,9 gemeint sind, weiß man nicht (außer, es handelt sich um zwei verschiedene Weinsorten), in Lev 19,19 ist mit dem „כלאים" sicherlich Wolle und Flachs gemeint, da dies die üblichen Rohstoffe für Textilien waren[149]. שעטנז kommt nur in Lev 19,19 und Dtn 22,11 vor, Herkunft und Übersetzung des Wortes sind unsicher[150].

Alle Kommentatoren nehmen ohne weitere Diskussion an, dass es sich um ein Gewebe aus Leinengarn und Wollgarn handelte[151]. Geht man von dieser Annahme aus, stellt

---

[148] Es handelt sich bei כִּלְאַיִם um eine Dualform. Tigay, J. H., Deuteronomy – דברים (JPSTC), Philadelphia 1996, 384, hält כִּלְאַיִם für eine Art Dualform von כֹל. Es gibt in anderen semitischen Sprachen (z.B. Akkadisch und Ugaritisch) ähnliche Wörter, die „beide" bedeuten, vgl. Gesenius 18. Aufl. z.St.

[149] Wegen dieses erklärenden Zusatzes wird Dtn 22,11 für jünger als Lev 19,19 gehalten. Ein anderes Indiz dafür ist die Umdeutung des Paarungsverbotes in ein Pflügeverbot. Vgl. dazu z.B. schon Noth, M., Das 3. Buch Mose. Leviticus (ATD 6), Göttingen 1962, 123 und Milgrom, J., Leviticus 17–22 (AncB 3A), New York u.a. 2000, 1658.

[150] Vgl. zu den verschiedenen Herleitungsversuchen Rothkoff, A., Sha'atnez, EJ 14 (^{2}1973), 1213f. Wegen der vielen Konsonanten ist eine nichtsemitische Herkunft wahrscheinlich. Es wurde die Ableitung vom ägyptischen śˁd3 („Maße, Gewichte u.a. verfälschen") und nḏ („Gewebe") erwogen, die auch gut zur LXX-Übersetzung κίβηλον (betrügerisch) passen, vgl. Rüterswörden (Anm. 130), 1075.

[151] Dies kommt zum Ausdruck durch die Verwendung von Formulierungen wie „aus zweierlei Fäden" (Noth, 123), „Mischung von Fäden" (Gerstenberger, S., Das 3. Buch Mose. Leviticus [ATD 6], Göttingen 1993, 249) und „yarn" (Milgrom, 1657). Diese Auslegungstradition ist sehr alt, schon bei Josephus und in der rabbinischen Literatur findet sie sich (vgl. Angaben bei Milgrom, 1662), muss aber deshalb nicht richtig sein. Es lässt sich im Gegenteil in der jüdischen Auslegungstradition häufiger eine Exegese von Geboten beobachten, die zu einer Verschärfung der Verbote führt. Die heutige jüdische Praxis hat übrigens beide Herstellungsmöglichkeiten von Mischgewebe im Blick: „Das Verbot erstreckt sich nur auf Kleidungsstücke, die zusammen aus Wolle und Leinen gesponnen oder gewebt wurden" (Lau, I. M., Wie Juden leben.

man fest, dass sich fast niemand an das Verbot gehalten hat, noch nicht einmal bei der Anfertigung der Priesterkleidung: Die meisten kultischen Textilien bestanden aus einer Mischung von Feinleinen und gefärbter Wolle[152]. Diese Diskrepanz hat zur Annahme geführt, dass Mischungen aus Leinen- und Wollfäden ausschließlich in der sakralen Sphäre erlaubt waren und lediglich ein profaner Gebrauch verboten war[153]. Dann bereitet jedoch Num 15,38f. Schwierigkeiten, wo das Anbringen von „Quasten" (ציצת) am Gewand für den täglichen Gebrauch angeordnet wird. Auf oder an den Quasten sollte nämlich eine Schnur aus violettem Purpur angebracht werden. Da die Quasten aus Leinen bestanden (auch wenn das nicht erwähnt wird, scheint es für die Ausleger selbstverständlich gewesen zu sein), lag hier ein „Mischgewebe" vor und es konnte der Eindruck entstehen, dass die Tora widersprüchlich sei.

Erwähnt werden „Misch"-Textilien auch an anderen Stellen außerhalb des sakralen Kontextes (Spr 31,22, Est 1,6, Est 8,15). Außerhalb des Alten Testament werden z.B. „mit Wolle bestickte Leinengewebe" bezeugt[154]. Archäologisch wurde ebenfalls Gewebe nachgewiesen, „bei dem die Kette aus Leinen und der Schuß aus Wolle besteht"[155]. Angesichts dieses Befundes wurden weitere Theorien entwickelt, wie die Verbote in Lev 19,19 und Dtn 22,9 gemeint waren[156]. Auf solche Theorien kann jedoch verzichtet werden, wenn man davon ausgeht, dass das Verbot des Mischgewebes auf alle geschilderten Gewebearten gar nicht zutraf. Was ist eigentlich ein Mischgewebe? Heute würde man damit einen Stoff z.B. mit folgender Spezifikation bezeichnen: 80% Schurwolle, 20% Polyester. Damit ist nun keinesfalls gemeint, dass die Kette aus Polyester und der Schuss aus Wolle besteht, sondern dass der Stoff aus einem Mischgarn gewebt wurde, das aus Fasern verschiedener Herkunft (hier Wolle und Polyester) gesponnen wurde[157]. Vermutlich ist genau das auch in Lev 19,19 und Dtn 22,11 gemeint. Dafür spricht, dass צמר und פשת in ihrer Grundbedeutung die ungesponnenen Rohfasern bezeichnen. Tatsächlich gibt es keinen Beleg für צמר und פשת, bei dem sich die Bedeutung „Garn" nahelegt, sieht man von dem hier untersuchten Vers ab.

Die Analyse des Paarungs- und Besäeverbotes mit Samenmischungen in Lev 19,19 zeigt, dass es sich nicht um ein generelles Mischungsverbot handelt. Verhindert werden sollen vor allem irreversible Mischungen. Besonders deutlich ist dies bei einer Paarung zwischen Pferd und Esel (Maultier). Die Trennung von Pflanzen, die zusammen auf ein

---

Glaube. Alltag. Feste. Aufgezeichnet und redigiert von Schaul Meislich. Aus dem Hebräischen übertragen von Miriam Magall, Gütersloh 1988, 104).

[152] Siehe dazu Abschnitt 1.5.3.

[153] So schon die rabbinische Auslegung (vgl. dazu Milgrom, 1662), aber auch moderne Exegeten halten das für möglich, z.B. Milgrom, 1660.

[154] Rüterswörden (Anm. 130), 1075, unter Verweis auf Oppenheim, A. L., Essay on Overland Trade in the First Millennium B.C., JCS 21 (1967), 235–254 (246f.).

[155] Rüterswörden, 1075 unter Verweis auf A. Sheffer bei Meshel, Z., Kuntillet ´Ajrûd. A Religious Centre from the Time of the Judaean Monarchy on the Border of Sinai, Jerusalem 1978.

[156] Recht unspezifisch wird von der Abwehr magischer Bräuche (vgl. Rüterswörden, 1075) oder einem alten Dämonenglauben gesprochen (Gerstenberger, 249). Carmichael, C. M., Forbidden Mixtures in Deuteronomy XXII 9–11 and Leviticus XIX 19, VT 45 (1995), 433–448 lehnt sogar eine „wörtliche" Lesart generell ab und behauptet, dass die Gesetzestexte eigentlich auf sexuelle Beziehungen abzielen.

[157] Bei Textilien – z.B. Geschirrhandtüchern –, die aus Mischgewebe im Sinne der Ausleger von Lev 19,19 u. Dtn 22,11 bestehen, findet sich die Kennzeichnung: Kettfaden Leinen, Schuss Baumwolle o.Ä.

Feld gesät wurden, ist zwar theoretisch möglich, praktisch aber äußerst mühsam. Eventuell sind jedoch – genau wie bei dem Paarungsverbot – unerwünschte Kreuzungen im Blick. Bei einem Stoffstück, das Kettfäden aus Leinen und einen wollenen Schussfaden hat, wäre eine Auftrennung in die Bestandteile leicht möglich. Beim Spinnvorgang dagegen werden die einzelnen Fasern so eng miteinander verdreht, dass eine Auftrennung nicht mehr möglich ist. Die tierische Wolle und der pflanzliche Flachs wären dann eine irreversible Verbindung eingegangen, die vielleicht als gegen die Schöpfungsordnung verstoßend empfunden wurde.

Es wird nur verboten, was praktisch auch möglich ist. Kann ein Woll-Leinen-Mischgarn überhaupt hergestellt werden? Die Mitarbeiter der von mir angeschriebenen Spinnereien antworteten darauf einhellig, dass es mit heutiger Technologie kein Problem sei. Nur eine Spinnerei stellt jedoch tatsächlich ein solches Gemisch her: „Wir spinnen in unregelmäßigen Abständen eine homogene Mischung 50% Schurwolle, 50% Leinen"[158]. Verwendet wird das Mischgarn zur Herstellung modischer Oberbekleidung. Damit ist jedoch noch nicht nachgewiesen, dass die Herstellung von Leinen-Wollgarn auch schon mit einfacheren Mitteln möglich war. Von Frau R. Duffner-Feiler, einem Mitglied der Handspinngilde, eines Vereins, der sich der Pflege dieser alten Kulturtechnik widmet, stammt folgende Mitteilung: „Ich selbst habe gekürzten Flachs mit Schafwolle kardieren lassen, es entstand eine sehr schöne Fasermischung, die sich auch sehr gut auf dem Spinnrad (und auf der Spindel) verspinnen lässt".

Zusammenfassend kann zum Problem des Mischgewebes gesagt werden, dass die Annahme eines Mischverbotes schon beim Spinnen, nicht erst beim späteren Arbeitsgang des Webens, sowohl gut zum alttestamentlichen Textbefund passt als auch zu den anderen Mischverboten.

Die Herleitung des Wortes שעטנז aus dem Ägyptischen („betrügerisches Gewebe") wäre sinnvoll erklärt, wenn man sich vorstellt, dass – je nachdem, welcher Rohstoff teurer war – ohne Kennzeichnung eine gewisse Fasermenge Wolle bzw. Flachs beigemischt wurde. Wahrscheinlich war das aus solch „betrügerischem" Garn gefertigte Gewebe in der Handhabung problematisch, z.B. beim heißen Waschen.

1.5.3 Material: edle Stoffe

Textilien spielten nicht nur als lebensnotwendige Güter, sondern auch als Luxusgegenstände eine wichtige Rolle. In diesem Kapitel kommen die Materialien und Verfahren in den Blick, die im Zusammenhang mit kostbaren Textilien stehen.

Es sind prinzipiell zwei Möglichkeiten denkbar, wie textile Luxusgüter entstehen: durch die Veredelung von einfachen Stoffen (z.B. mit Hilfe von Färbung) oder durch die Herstellung von hochwertigen Stoffen aus hochwertigen Ausgangsmaterialien. Die Realisierung der ersten Möglichkeit lässt sich mit dem Modell der artikulatorischen Phonetik einer Verbalsprache nur schlecht fassen: Ein Grundlaut kann nicht „veredelt", sondern nur ohne einen Qualitätszuwachs abgewandelt werden. Es gibt jedoch keine Anhaltspunkte dafür, dass die altorientalische Konzeption von Luxustextilien der Idee einer „Veredelung" entsprach. Die zweite Möglichkeit – edle Textilien bilden eine von

---

[158] Schriftliche Auskunft von Otto Schoppel, Schoppel Spinnerei und Zwirnerei GmbH in Wallhausen.

Anfang an von „einfachen" textilen Materialien gesonderte Klasse – entspricht mehr dem Befund im Alten Testament. Mit dem Modell der artikulatorischen Phonetik einer Verbalsprache kann man sagen, dass die Luxustextilien einer anderen Lautklasse entsprachen, vielleicht sogar einer „importierten", die als besonders elegant galt. Tatsächlich wurden die Luxustextilien oder zumindest ihre Ausgangsstoffe meist importiert.

Bezeichnungen für Luxustextilien und ihre Ausgangsmaterialien finden sich vor allem in den priesterschriftlichen Texten zum Kult am Zeltheiligtum, im Ezechielbuch (jedoch nicht in den Passagen über den Kult im „Neuen Jerusalem") und im Esterbuch. Für die Frage, welche Verarbeitungsstadien die Begriffe für textile Luxusmaterialien bezeichnen können, sind zwei Verse aus dem Exodusbuch aufschlussreich, die im Kontext der Vorbereitung zum Bau des Zeltheiligtums stehen:

Ex 35,23: Und jeder, der etwas an Violettpurpur und Rotpurpur, Karmesin, Feinleinen, Ziegenhaaren, rötlichen Widderhäuten oder Tahaschhäuten bei sich fand, brachte es.	וְכָל־אִישׁ אֲשֶׁר־נִמְצָא אִתּוֹ תְּכֵלֶת וְאַרְגָּמָן וְתוֹלַעַת שָׁנִי וְשֵׁשׁ וְעִזִּים וְעֹרֹת אֵילִם מְאָדָּמִים וְעֹרֹת תְּחָשִׁים הֵבִיאוּ׃
Ex 35,25: Und jede Frau, die ein weises Herz hatte, spann mit ihren Händen und brachte das Gesponnene: den Violettpurpur und den Rotpurpur, den Karmesin und das Feinleinen.	וְכָל־אִשָּׁה חַכְמַת־לֵב בְּיָדֶיהָ טָווּ וַיָּבִיאוּ מַטְוֶה אֶת־הַתְּכֵלֶת וְאֶת־הָאַרְגָּמָן אֶת־תּוֹלַעַת הַשָּׁנִי וְאֶת־הַשֵּׁשׁ׃

Aus Vers 25 muss geschlossen werden, dass in Vers 23 die Fasern gemeint sind, die dann weiterverarbeitet werden. Fasern und Garn (das Gesponnene: מַטְוֶה) werden also mit den gleichen Begriffen bezeichnet. Bei der Bezeichnung für textile Luxusmaterialien ist eine „Grundbedeutung" nicht so klar abzugrenzen wie bei פשת und צמר. Die Analyse von Ex 35,23–25 zeigt aber zumindest, dass es keine Verständnisschwierigkeiten bereitete, die ungesponnenen Ausgangsmaterialien mit den jeweiligen Begriffen zu bezeichnen.

Noch ein weiterer Schluss kann aus den Versen gezogen werden: Es wurden die ungesponnenen Fasern gefärbt, nicht Garn oder fertige Stoffe.

Im Folgenden wird nach einer Untersuchung zu feinen Leinenprodukten (1.5.3.1) und gefärbtem textilen Material (1.5.3.2) ein Vers in den Blick genommen, der auf innovative Weise Grundstoff und gefärbtes textiles Material zusammenbringt (1.5.3.3).

1.5.3.1 Feinleinen

Ein Indiz dafür, dass „einfaches" und „feines" Leinen unterschiedlichen Kategorien zugehörten, bietet die Terminologie. פשת, שֵׁשׁ und בּוּץ sind keine miteinander verwandten Wörter, an keiner Stelle werden sie aufeinander bezogen.

Als שֵׁשׁ wird ein besonders feines Leinen bezeichnet, das mit Ägypten in Zusammenhang gebracht wurde, da von dort die besten Leinenqualitäten kamen[159]. Das Wort selbst ist ägyptischen Ursprungs[160]. Der Großteil der Belege (34 von 39) für שֵׁשׁ stammt

---

[159] Vgl. Myers, J. M., Art. „Linen" und „Linen Garment", IDB III (1962), 134f.

[160] Vgl. Hönig (Anm. 6), 44 und HALAT z.St. שֵׁשׁ kann auch Alabaster bedeuten. Diese Doppelbedeutung stützt die Herleitung aus dem Ägyptischen. Dort gibt es ebenfalls die beiden Bedeutungen „Leinen" und „Alabaster", die durch unterschiedliche Determinative gekennzeichnet sind. Im Hebräischen muss je nach Kontext entschieden werden, was gemeint ist. Vgl. dazu auch Erman, A./Grapow, H. (Hg.), Wörterbuch der aegyptischen Sprache Bd. IV, Berlin 1930 [ND 1971], 539–541 zu šś.

aus den Herstellungsanweisungen und -berichten zum Begegnungszelt. Vorhänge und
Priesterkleidung sollten unter anderem aus שׁשׁ gefertigt werden, manchmal nur aus שׁשׁ.
Bei anderen Stoffen bildete wohl das Leinen die Basis, manchmal vielleicht auch nur
die später unsichtbaren Kettfäden, in die dann andere, farbige Garne eingewebt wurden. Die übrigen fünf Belege beziehen sich alle auf kostbare Kleidung oder Stoffe:
Josef wird vom Pharao anlässlich seiner Ernennung zum „Landwirtschaftsminister" mit
בגדי־שׁשׁ bekleidet (Gen 41,42), in Ezechiels Allegorie der untreuen „Ehefrau Gottes"
wird geschildert, wie diese von Gott in kostbare Stoffe gekleidet wird, unter anderem
wird auch שׁשׁ genannt (Ez 16,10.13). In der Totenklage über Tyrus wird die Stadt als
ein Luxusschiff beschrieben, das aus kostbarsten Materialien gefertigt wurde, als Segel
und „Erkennungszeichen" diente ihr z.B. ägyptisches שׁשׁ (Ez 27,7). An dieser Stelle
wird das שׁשׁ genauer gekennzeichnet als שׁשׁ־ברקמה, also feines Leinen in Buntwirke-
rei. Bedeutet dies, dass das Leinen gefärbt war? Obwohl Leinen gefärbt werden kann
und z.B. in Ägypten tatsächlich auch Leinen gefärbt wurde, ist dies nicht wahrscheinlich. Leinen zu färben[161] ist schwieriger als das Färben von Wolle[162]. Dazu kommt,
dass das Ergebnis nicht befriedigt, da die Farbintensität nicht hoch ist und die Farben
matt wirken[163]. Eher wird das gemeint sein, was bei vielen Textilien für die Stiftshütte
vorliegt: das Einweben von bunten Wollfäden in die leinene Kette. Ein solches Gewand aus Leinen mit einem (oder mehreren) kostbaren roten Zierstreifen trägt auch die
sog. „fleißige Hausfrau": שׁשׁ וארגמן (Spr 31,22).
Obwohl es an keiner Stelle erwähnt ist, wird שׁשׁ wohl gebleichtes Leinen gewesen
sein. Ungebleichtes Leinen ist cremefarben, gebleichtes weiß. Vielleicht hat שׁשׁ seinen
Namen seiner Farbe zu verdanken. Das vermutete Köhler, der schrieb: „Jedenfalls
haben der Kalkalabaster und das Edellinnen die Eigenschaft gemeinsam, dass sie beide
glänzend weiß sind. Von dieser ihnen gemeinsamen … Eigenschaft her werden sie den
gleichen Namen bekommen haben, der also wohl das Glänzendweiße bedeutet"[164].
In späterer Zeit wurde der Ausdruck שׁשׁ teilweise durch בוץ ersetzt[165]. Diese Bezeichnung für feines Leinen ist nur in den Chronikbüchern (fünfmal), dem Esterbuch
(zweimal) und bei Ezechiel (einmal) belegt[166]. Für die Tempelausstattung und die
Gewänder der Leviten wurde nach chronistischer Überlieferung בוץ verwendet
(2 Chr 2,14 und 2 Chr 5,12). David trug außer dem Efod bad ein Obergewand (מעיל)
aus בוץ (1 Chr 15,27)[167]. Im Esterbuch kommt בוץ einmal in ähnlicher Bedeutung vor

---

[161] Die Bezeichnung „fleißige Hausfrau" ist unpassend, der vorliegende Vers zeigt das Bild einer prächtig
gekleideten Herrin über ein stattliches Anwesen.
[162] Vgl. z.B. Forbes (Anm. 119), 43, über den Prozess des Leinenfärbens weiß man leider wenig (ebd., 128).
[163] Dies kann man selbst feststellen, wenn man entsprechende Färbeversuche durchführt.
[164] Köhler, L., Hebräische Vokabeln II, ZAW 55 (1937), 161–174 (167). Man muss jedoch zu Bedenken
geben, dass Alabaster oft nicht schneeweiß, sondern beige oder gelblich ist.
[165] Vgl. Hönig (Anm. 6), 44f. Hönig bleibt vorsichtig und übersetzt lieber mit „Weißzeug". בוץ kommt
nicht aus dem Ägyptischen, es ist auch im Akkadischen und Arabischen bezeugt. Vgl. dazu Hönig, 45.
[166] שׁשׁ ist nicht die einzige Stoffbezeichnung, die später ersetzt wurde, siehe dazu Abschnitt 1.5.3.2).
[167] Die zwei weiteren Belege in den Chronikbüchern sind bezogen auf Berufsbeschreibungen: Im Rahmen
der Genealogien wird innerhalb des Geschlechtsregisters des Stammes Juda eine Familie der Byssusarbeiter
genannt (1 Chr 4,21), und im Rahmen des Tempelbaus unter Salomo wird der Halb-Tyrer Hiram-Abi
erwähnt, ein vielseitiger Kunsthandwerker, der neben Schmiedearbeiten, Gravuren und Entwürfen auch mit
kostbarem textilen Material umzugehen verstand (2 Chr 2,13).

wie שש in Gen 41,42: Mordechai erhält vom persischen König königliche Kleidung, unter anderem aus בוץ und ארגמן (Est 8,15). Der andere Beleg für בוץ im Esterbuch bezieht sich nicht auf Kleidungsstücke. Die prächtige textile Ausstattung bei dem königlichen Fest, auf dem sich Königin Waschti so unangemessen verhielt, dass sie abgesetzt wurde, bestand zum Teil aus בוץ: In Est 1,6 wird berichtet, dass kostbare Behänge mit Hilfe von Schnüren aus בוץ und „Rotpurpur" (ארגמן) aufgehängt waren. In Ez 27,16 kommt der Terminus in einer Aufzählung von Handelserzeugnissen aus Edom vor, die dieses im Tausch an Tyrus abgibt[168].

Eine weitere Bezeichnung für ein kostbares textiles Material könnte חור sein. Möglich ist jedoch, dass es sich um eine Farbbezeichnung handelt, חור hat jedenfalls etwas mit „weiß" zu tun[169]. Wenn es sich um eine Bezeichnung für etwas Textiles handelt, ist nicht sicher, ob es sich um Leinen oder möglicherweise um Baumwolle handelt. Es gibt nur zwei Belege im Esterbuch (Est 1,6 und Est 8,15). In Est 1,6 steht חור zusammen mit dem (wahrscheinlich aus dem Sanskrit stammenden) hapax legomenon כרפס[170]. Was auch immer genau gemeint ist, es geht in dem Vers vor allem um eine Beschreibung der luxuriösen Ausstattung des Festsaales. Sowohl dort als auch bei der Ausstaffierung Mordechais in Est 8,15 dominieren die Purpurfarben Dunkelrot und Violett, die jeweils mit Weiß kontrastiert sind[171].

1.5.3.2 Gefärbtes textiles Material

Als Bezeichnungen für gefärbtes textiles Material finden sich vor allem ארגמן, תכלת und תלעת שני. Ähnlich wie bei שש und בוץ ist auch bei den Begriffen für gefärbte Materialien eine Änderung in jüngeren Texten des Alten Testaments zu beobachten: In den Chronikbüchern findet sich statt תולעת שני die Bezeichnung כרמיל. Obwohl es im Alten Testament nie explizit erwähnt ist, kann angenommen werden, dass es sich bei תכלת, ארגמן und תלעת שני um gefärbte Wolle, nicht um gefärbtes Leinen handelte, weil mit Wolle bessere Färbeergebnisse erzielt werden konnten.

1.5.3.2.1 Purpur

Purpurwolle gab es in verschiedenen Farbnuancen von dunkelrot bis dunkelviolett[172]. Es gibt im Alten Testament zwei verschiedene Bezeichnungen. ארגמן wird mit „roter Purpur" übersetzt, תכלת mit „violetter Purpur". Da die Phönizier das Fabrikationsmo-

---

[168] Im gleichen Kontext, nämlich der Totenklage über Tyrus, wird jedoch ein paar Verse davor auch von שש gesprochen. Vielleicht muss Ez 27,16 als späterer Zusatz angesehen werden, wahrscheinlicher ist jedoch, dass hier noch beide Begriffe mit etwas unterschiedlicher Konnotation nebeneinander stehen. Entweder wurde das Leinen je nach Herkunftsgegend unterschiedlich bezeichnet, oder es waren Qualitätsunterschiede – vielleicht spielte auch beides eine Rolle.

[169] Zur Auffassung von חור als Bezeichnung für „weiß" neigt auch Gesenius 18. Aufl. z.St.

[170] Vgl. HALAT z.St. Jedenfalls ist recht sicher, dass es sich um ein indoeuropäisches Lehnwort handelt. Im Sanskrit bedeutet karpāsa Baumwollstaude. HALAT bietet allerdings als Übersetzungsvorschlag nicht Baumwolle, sondern „feines Gewebe", „Leinen". Auch Gesenius 18. Aufl. z.St. bleibt vorsichtig: „feines Gewebe (aus Baumwolle oder Leinen)".

[171] An beiden Stellen werden die gleichen Farb- bzw. Stoffkombinationen verwendet: תכלת mit חור und בוץ mit ארגמן. Vermutlich sollten vor allem unterschiedliche Farbnuancen beschrieben werden. חור und בוץ bezeichnen wahrscheinlich unterschiedliche Weißheitsgrade und nicht unterschiedliche Materialien.

[172] Zur Purpurgewinnung vgl. Schneider, H., Purpur, DNP 10 (2001), 604f.

nopol von Purpur besaßen, musste der gesamte Bedarf von dort importiert werden. Man bezog nicht den Farbstoff, sondern die gefärbte ungesponnene Wolle, weil auch der Färbeprozess kompliziert war. Da die purpurne Wolle extrem teuer war, wurden nur sehr selten Stoffstücke vollständig aus Purpurwolle gewebt. Normalerweise wurde das wertvolle Purpurgarn nur für kleinflächige Verzierungen verwendet. In diesem Sinne ist z.B. Spr 31,22 gemeint, wo es von der Hausherrin heißt, dass ihr Gewand aus שֵׁשׁ וְאַרְגָּמָן sei. Der Grundstoff war das Feinleinen und dieses wurde dann mit Purpurwolle verziert – entweder eingewebt oder bestickt. Weil für die dunklere תכלת–Wolle mehr Farbstoff gebraucht wurde, war sie noch wertvoller als אַרְגָּמָן.

Vor diesem Hintergrund wird verständlich, warum in Ex 28,31 und Ex 39,22 betont wird, dass der Efodmantel „vollkommen aus Violettpurpurwolle" (כְּלִיל תְּכֵלֶת) gewebt werden sollte. Auch eine der Decken, die die Lade beim Transport verhüllen, ist ganz aus violetter Purpurwolle (Num 4,6) und zeigt damit die aus dem übrigen Heiligtumsinventar herausgehobene Stellung der Lade an. Aus diesen Überlegungen ergibt sich, dass an den Stellen, wo im gleichen Zusammenhang von Decken aus violetter Purpurwolle, roter Purpurwolle oder Karmesinwolle die Rede ist, an farblich verzierte Leinendecken gedacht ist, nicht an einfarbige Gewebe. Ähnlich müssen auch die anderen Belege beurteilt werden, in denen Purpurwolle als einziges Material für Bekleidung oder Textilien genannt wird (Jer 10,9; Ez 23,6; Ez 27,7.24).

1.5.3.2.2 Karmesin

תולעת שני kann mit „Wurm des Karmesin" wiedergegeben werden[173]. „תולעת" ist eine allgemeine Bezeichnung für „Wurm", es können damit verschiedene Arten von nicht genauer bestimmbaren Schadinsekten bezeichnet werden, die Lebensmittel (Ex 16,20), Pflanzen (Dtn 28,39 und Jon 4,7) und Leichen (Jes 66,24) befallen können[174]. Die תולעת שני ist im Unterschied dazu ein Nutzinsekt, dessen Identität präzise bestimmbar ist: die sog. Kermeslaus, aus der ein roter Farbstoff gewonnen wurde[175]. In den alttestamentlichen Texten dient der Ausdruck „Karmesinwurm" als Bezeichnung für die rotgefärbte Wolle und daraus gefertigte textile Produkte. An einen Wurm hat dabei wohl niemand mehr gedacht. An einigen Stellen wird תולעת weggelassen, an anderer Stelle kann jedoch תולעת auch allein als Bezeichnung für Karmesinstoffe dienen. In Lev 14,4.6.49.51 ist die Reihenfolge vertauscht, hier heißt es „Karmesin des Wurmes"[176]. An einer Stelle ist ein Verb תלע „sich in Karmesin kleiden" belegt

---

[173] Auch das Wort כרמיל geht auf die Herkunft des Farbstoffes aus einem Insekt zurück, nur, dass es sich dabei um eine indoeuropäische Bezeichnung für „Wurm" handelt (Sanskrit: kṛmī, Persisch: kirm). Vgl. dazu HALAT und Gesenius 18. Aufl. z.St.

[174] Weil Würmer keine angesehenen Tiere waren, konnte der Vergleich mit einem Wurm die Niedrigkeit eines Menschen oder eines Volkes ausdrücken (Ps 22,7 und Jes 41,14).

[175] Eine amerikanische Verwandte der Kermeslaus, die Chochenillelaus, findet noch heute als Färbemittel in Lebensmitteln Verwendung („Campari"). Als Färbemittel für Textilien wurde das tierische Produkt von synthetischen Erzeugnissen verdrängt. Man muss sich daran erinnern, dass synthetische, intensiv leuchtende Färbemittel für Textilien erst seit ca. 80 Jahren in großen Mengen, günstig, in zahllosen Farbnuancen und leicht anwendbar hergestellt werden können und erst seit dieser Zeit das Alltagsbild prägen. Zur Kermeslaus, ihrer Verbreitung, Verwandtschaft und der Färberei mit Schildläusen vgl. Forbes (Anm. 119), 102ff.

[176] Beyse, K.-M., Art. שני, ThWAT VIII (1995), 340–342 (340), zieht aus der Tatsache, dass die Farbbezeichnung ohne „Wurm" sich eher in Zusammenhängen findet, die in der profanen Sphäre verortet sind, den Schluss, dass in der kultischen Sphäre die Herkunft des Farbstoffes eine besondere Bedeutung hatte, weil

(Nah 2,4). Anders als der Purpur war Karmesin ein heimisches Produkt, die Kermes-Eichen, auf denen die Läuse leben, sind in Palästina heimisch[177]. Daraus und aus der – verglichen mit dem Purpur – relativ einfachen Anwendung lässt sich schließen, dass Karmesin nicht so teuer war wie Purpur[178]. Mit dem Farbstoff aus der Kermeslaus kann ein äußerst intensives und kräftiges Rot („knallrot") erzeugt werden.

1.5.3.2.3 Weitere Farben

Zum Schluss muss noch auf das Fehlen von Bezeichnungen für gelbe und grüne Fär-bungen hingewiesen werden. Dies liegt nicht daran, dass solche Farbtöne nicht herge-stellt werden konnten. Gerade gelbliche Färbungen waren leicht und kostengünstig zu erzeugen. Die Tatsache, dass gelblich-grünliche Farben einfach und billig waren, dis-qualifizierte sie vermutlich für den repräsentativen Gebrauch. Färbungen im gelb-grünen Bereich waren auch nicht so leuchtkräftig. Es ist jedenfalls festzuhalten, dass gelbe Stoffe – anders als z.B. im Fernen Osten – keine herrschaftlichen Konnotationen hatten. Das Material der Wahl für gelbglänzende Effekte war Gold, das auf die gefärb-ten Stoffe appliziert oder eingewebt wurde. Diese Vermutungen werden gestützt durch die Beobachtung Guralnicks, dass auf neoassyrischen Reliefs die Farben Rot und Blau in der Darstellung der Kleidung dominieren, Grün und Gelb dagegen eher selten zu finden sind[179].

1.5.3.3 Entfärbung: Jes 1,18b

Wenn eure Verfehlungen wie (der) Karmesin sind, wie (der) Schnee werden sie weißgemacht; wenn sie rot gemacht sind wie (die) Karmesin(wolle), wie (die) Wolle werden sie sein.

אִם־יִהְיוּ חֲטָאֵיכֶם כַּשָּׁנִים כַּשֶּׁלֶג יַלְבִּינוּ

אִם־יַאְדִּימוּ כַתּוֹלָע כַּצֶּמֶר יִהְיוּ׃

Der Vers ist der einzige Beleg, in dem eine Rohstoffbezeichnung (צמר und/oder פשת) in engem Zusammenhang mit einer Bezeichnung für veredelte Fasern, Garne oder Stoffe steht. Diese Tatsache allein ist Hinweis genug, dass es sich um einen innovati-ven Gebrauch von Begriffen der Textilsprache handelt. Andere Indizien stärken diese Vermutung. Die Textilbegriffe werden explizit als Vergleich für einen außerhalb der Sphäre des Textilen liegenden Sachverhalt verwendet.

Der Vers beginnt mit einem Aufruf JHWHs, mit ihm in einen Prozess einzutreten[180]. In dem darauf folgenden parallelismus membrorum werden die Sünden des Volkes im

---

dort der Wurm extra erwähnt wird. Dieser Schluss ist jedoch zu spekulativ, besonders, da sich in Klgl 4,5 in profanem Kontext die Sonderform תולע findet. Wahrscheinlicher ist, dass in der Priesterschrift eine elabo-rierte Sprache gepflegt wurde, die umgangssprachliche Abkürzungen vermied. Wenn man sich gewählt ausdrücken will, kann man auch heute noch vom „Automobil" reden. Normalerweise wird dagegen die etymologisch unsinnige Abkürzung „Auto" verwendet. In Schweden dagegen hat man die ebenso sinnlose Abkürzung „Bil". Ähnlich banal ist wahrscheinlich die Entstehung der verschiedenen Varianten bei der Bezeichnung der Karmesinfarbe.

[177] Vgl. dazu z.B. Dalman (Anm. 5), 84.

[178] Vgl. dazu Gradwohl, R., Die Farben im Alten Testament. Eine terminologische Studie, Berlin 1963, 74f.

[179] Guralnick, E., Neo-Assyrian Patterned Fabrics, Iraq 66 (2004), 221–232 (223).

[180] Jes 1,18–20 gilt häufig als eigenständiger Abschnitt, manche Forscher nehmen jedoch auch die Verse 1–17 in den engeren Kontext von Jes 1,18 auf. Solche Probleme werden hier nicht diskutiert, vgl. dazu z.B. Wildberger, H., Jesaja (BK X/1), Neukirchen-Vluyn 1972, 50–54, Blenkinsopp, J., Isaiah 1–39 (AncB 19), New York u.a. 2000, 185 und Beuken, W. A. M., Jesaja 1–12 (HThK), Freiburg u.a. 2003, 61–81.

ersten Teil mit שָׁנִי verglichen, im zweiten Teil mit תּוֹלָע. Beide Ausdrücke gehören zusammen und beziehen sich – wie oben erörtert – auf die gleiche Färbesubstanz bzw. das damit gefärbte Material, nämlich Karmesinwolle[181].

Eine Übersicht über die Struktur des parallelismus gibt folgende Tabelle:

sein/werden (היה)	wie Karmesin	wie Schnee	weiß werden (Hif'il לבן)
rot werden (Hif'il אדם)	wie Karmesin	wie Wolle	sein/werden (היה)

Der erste Teil des Spruches beginnt mit einem neutralen Verb (היה), gefolgt vom Subjekt, den Verfehlungen (חטאים) des Volkes. Diese werden mit Karmesin(wolle) verglichen. Als beispielhafte weiße Substanz wird dann Schnee genannt, es folgt kein neutrales Verb, sondern „weiß werden/machen". Im zweiten Teil des parallelismus ist es umgekehrt. Er setzt ein mit einem Verb, das mit „rot werden/machen" zu übersetzen ist und endet mit dem neutralen היה. Es wird als Vergleich wieder Karmesin(wolle) gebraucht, allerdings wird ein Synonym zu שָׁנִי verwendet.

Wenn man Jes 1,18b mit Hilfe der bisherigen Beobachtungen untersucht, entdeckt man ein kunstvolles Spiel mit textilen Konnotationen: Es beginnt damit, dass die Rezipienten bei שָׁנִי schon etwas Textiles assoziiert haben, auch wenn die *Farbe* des textilen Materials erst einmal im Vordergrund steht. Die Betonung der Farbe bleibt im zweiten Teil durch den Vergleich mit dem Schnee sowie der Wahl des Verbs erhalten bzw. wird verstärkt. Es ist deutlich, dass es um eine Farbänderung geht. Der Schneevergleich ist „textilfrei", aber im zweiten Teil des parallelismus wird man wieder mit etwas Textilem konfrontiert, der Karmesinwolle (תּוֹלָע).

Bei genauerem Hinschauen wird deutlich, wie geschickt die Bezeichnungen für die Karmesinwolle gewählt wurden. Hätte am Anfang תּוֹלָע gestanden, wären Missverständnisse möglich gewesen: Außerhalb des textilen Kontextes hätten die Rezipienten zunächst an einen Wurm gedacht und darüber gerätselt, warum ihre Verfehlungen einem Wurm gleichen sollen. Weil sie im ersten Teil durch „שָׁנִי" auf die richtige Spur geführt wurden, konnten sie „תּוֹלָע" im zweiten Teil gleich richtig einordnen.

Da das Vergleichsobjekt, die Verfehlungen des Volkes, nicht noch einmal wiederholt wird, kann sich die Aufmerksamkeit ganz auf das tertium comparationis konzentrieren. Beim Übergang auf den Schlussteil „wie Wolle werden sie sein" wird jetzt der Fokus auf dem Textilen beibehalten, d.h., der gesamte zweite Teil des parallelismus membrorum ist in der Sphäre des Textilen verortet. Üblicherweise wird dies jedoch übersehen, weil angenommen wird, dass das tertium comparationis auch hier die Farbe sei: „Der Parallelismus hebt auf die weiße Farbe der Wolle ab"[182]. Wenn diese Ansicht richtig wäre, müsste man den parallelismus als nicht sehr gelungen betrachten, da der zweite Teil nichts Neues bringt. Wolle ist außerdem kein gutes Beispiel für etwas Weißes: „zwar werden Schafe vor der Schur gewaschen ..., doch ist Schurwolle mitnichten weiß"[183].

Wenn man sich jedoch von der These löst, es würde auf das Weiß der Wolle abgehoben, wird der Blick frei für neue Aspekte des zweiten Teiles des parallelismus. צמר evozierte das Bild von Rohwolle im Gegensatz zur *gefärbten* Karmesinwolle. Beide

---

[181] Siehe dazu Abschnitt 1.5.3.2.
[182] Rüterswörden (Anm. 130), 1074.
[183] Rüterswörden, 1074.

Materialien stehen sich jedoch nicht nur als Gegensatz gegenüber, sondern sind dadurch miteinander verbunden, dass sie aus dem gleichen Grundstoff bestehen. Rohwolle lässt sich ja in Karmesinwolle überführen. Da der roten Karmesinwolle durch den Vergleich mit den Verfehlungen eine negative Bedeutung zugewiesen bekommt, wird der ursprüngliche Zustand der Wolle – צמר – erstrebenswert. Es wird ein umgekehrter Färbeprozess beschrieben, nämlich die Überführung von roter Wolle in Rohwolle. Im ersten Teil des Verses bleibt der Vorgang der „Entsündigung" als einer Farbänderung von Rot zu Weiß noch abstrakt, denn rote Wolle kann nicht in Schnee verwandelt werden. Im zweiten Teil wird der Prozess dann konkretisiert durch das Bild einer Entfärbung von textilem Material. Was auf den ersten Blick wie ein synonymer parallelismus aussieht, entpuppt sich bei genauerem Hinsehen als ein synthetischer parallelismus. Zwar war zu damaliger Zeit ein Entfärbungsprozess technisch nicht möglich, aber durchaus denkbar[184]. Wahrscheinlich lag hier die Aussage des Spruches: Das, was für Menschen zwar vorstellbar, aber nicht durchzuführen ist, kann und will Gott vollbringen. Doch ist auch eine andere Deutung denkbar: Die Entsündigung des Volkes ist genauso unmöglich wie eine Entfärbung von roter Wolle.

Die Entscheidung darüber, welche Aussageabsicht intendiert war, kann anhand der hier vorgestellten Überlegungen nicht sicher getroffen werden, dazu müsste der Kontext und die jesajanische Theologie genauer untersucht werden[185]. Die vorgelegte Einzeluntersuchung des Verses deutet jedoch eher auf die erste Möglichkeit, denn der zweite Teil des Verses ist ja keine einfache Wiederholung, sondern eine präzisierende, konkretisierende Fortführung. Wenn eine Unmöglichkeit der Entsündigung ausgedrückt werden sollte, wäre eine umgekehrte Reihenfolge sinnvoller gewesen, vom zwar Unwahrscheinlichen, aber Denkbaren, zum ganz Unmöglichen[186].

1.5.4 Machart und Schnitt

Die Analyse der Machart von Textilien kann in Analogie zu Vorgängen der Lautbildung verstanden werden, der Schnitt von Textilien enspricht der Wortbildung. Beides hat im Alten Testament wenig Spuren hinterlassen. Angaben zur Herstellung von Stof-

---

[184] Man benötigt dazu starke Oxidationsmittel wie z.B. Wasserstoffperoxid H_2O_2. Zur Entwicklung von Entfärbesubstanzen bestand jedoch keine Notwendigkeit, verfärbte Weißwäsche gehörte gewiss nicht zu den drängenden Problemen der damaligen Gesellschaft.

[185] Willis, J. T., On the Interpretation of Isaiah 1:18, JSOT 25 (1983), 35–54 (40), bemerkt dazu: „It must be admitted at the outset that at the present state of knowledge, the precise nuance of Isaiah 1:18b–c will ultimately remain open to the subjective judgement of scholars".

[186] Anders z.B. Wildberger, 52f., der vom Kontext und der jesajanischen Theologie herkommend argumentiert. Ähnlich Donner, H., Stellungnahme des alttestamentlichen Exegeten, in: Gnilka, J./Rüger, H. P. (Hg.), Die Übersetzung der Bibel – Aufgabe der Theologie. Stuttgarter Symposion 1984, Bielefeld 1985, 198–203 (201f.): „Exegetisch nun ist die positive Interpretation … sehr fraglich". Donner selbst hält sie für ausgeschlossen und deutet die beiden אם–Sätze als mit „Nein" zu beantwortende rhetorische Fragen, die auf den in den Versen 19 und 20 festgestellten Tun-Ergehen-Zusammenhang vorbereiten sollen. Willis, 40–45, diskutiert sieben verschiedene Deutungen und entscheidet sich für eine „versöhnliche" Variante, die eine prinzipielle Vergebungsmöglichkeit beinhaltet (ebd., 45). Beuken, 79, meint ebenfalls, es solle betont werden, dass es „auch für die schwersten Vergehen … Vergebung" gebe. Er hält den Abschnitt allerdings – anders als Willis – für einen Nachtrag aus der Exilszeit.

fen und deren Weiterverarbeitung finden sich nur in den Anweisungen bezüglich der Textilien für das Zeltheiligtum im Exodusbuch.

Zunächst soll die Weiterverarbeitung des einfachen Garns zu festerem Zwirn erörtert werden (1.5.4.1), dann werden verschiedene Webtechniken untersucht (1.5.4.2), und zum Schluss soll die Weiterverarbeitung der Stoffe zu zugeschnittenen Kleidungsstücken in den Blick kommen (1.5.4.3).

1.5.4.1 Gezwirntes Garn

Im Alten Testament ist der Ausdruck מׇשְׁזׇר belegt, der mit „gezwirnt" übersetzt werden kann[187]. Er findet sich in 21 Versen ausschließlich im Exodusbuch bei den Anweisungen zur Herstellung der Kulttextilien. Das Verb שׁזר kommt nur in dieser Form – Partizip Hofʿal – vor, und bis auf Ex 39,24 nur in Verbindung mit שׁשׁ. In Ex 39,24 bezieht sich מׇשְׁזׇר auf Purpurwollgarn zur Herstellung der Troddeln bzw. Quasten am Saum des Efod-Obergewandes. Den Belegen ist zu entnehmen, dass Stoff aus „שׁשׁ מׇשְׁזׇר" für normale Kleidungsstücke selten verwendet wurde, sondern ein „Bezugs- oder Dekostoff" war, aus dem die Vorhänge und Decken der Stiftshütte gefertigt wurden (Ex 26,1.31.36; Ex 27,9.16.18; Ex 36,8.35.37; Ex 38,9.16.18). Außerdem fand שׁשׁ מׇשְׁזׇר bei der Herstellung des hohepriesterlichen Efod, des Choschen und der Priesterschärpe Verwendung. Das einzige Kleidungsstück im engeren Sinne, das aus שׁשׁ מׇשְׁזׇר gefertigt war, waren die מכנסים, die „Unterhosen".

Vermutlich entspricht die Gebrauchsweise des Ausdrucks מׇשְׁזׇר dem deutschen „gezwirntes Garn" bzw. „Zwirn" und bezeichnet ein im Vergleich zu üblichen Garnqualitäten besonders festes Garn. Das bedeutet nicht, dass sonst immer nur Einfachgarn benutzt wurde. Heutzutage ist normales, nicht als „Zwirn" bezeichnetes Garn mindestens aus zwei Fäden hergestellt. Früher war das nicht anders: „Primitive spinners, either because the spun thread was weak, or because a very strong weave was required, have frequently doubled their thread"[188]. Es ist also anzunehmen, dass מׇשְׁזׇר-Garn aus mehr als zwei Einzelfäden gezwirnt wurde, z.B. aus mehreren Doppelfäden. Diese Vermutung wird auch von der jüdischen Tradition gestützt[189].

1.5.4.2 Webtechniken

In den Texten zur Fertigung des Zeltheiligtums werden drei „Macharten" unterschieden. Wahrscheinlich handelt es sich um unterschiedlich komplexe Webtechniken.

1.5.4.2.1 מעשׂה חשׁב: „Kunstweber-Machart"
Am häufigsten, nämlich achtmal, kommt die מעשׂה חשׁב vor (Ex 26,1.31; Ex 28,6.15; Ex 36,8.35; Ex 39,3.8). Die Grundbedeutung der Wurzel חשׁב kann mit „denken, rechnen, planen" umschrieben werden, bezeichnet also vor allem eine geistige Tätigkeit[190].

---

[187] Vgl. dazu auch Abschnitt 1.5.1.
[188] Forbes (Anm. 119), 157.
[189] Vgl. dazu Dalman (Anm. 5), 67.
[190] Vgl. HALAT z.St. Dort wird jedoch wenig überzeugend als Grundbedeutung „weben" angegeben, wobei sicherlich „Grundbedeutung" etymologisch aufzufassen ist. In Gesenius 18. Aufl. z.St. gibt es allerdings keinen Hinweis auf eine Grundbedeutung „weben", dort werden die auch in zahlreichen anderen semitischen Sprachen belegten Bedeutungen „denken, rechnen" genannt.

Die Ableitung vom Verb חשב zeigt, dass es sich um eine kunsthandwerkliche Tätigkeit handelte, die neben handwerklich-technischen auch kreativ-gestalterische Fähigkeiten erforderte. Der Ausdruck findet vor allem dort Anwendung, wo figürliche Gestalten – die Cherubim – auf oder in textilem Material gestaltet werden sollen, also bei der Anfertigung der Zeltdecken und des Vorhangs für das Allerheiligste.

Auch Efod und Choschen sollten in מעשה חשב angefertigt werden. Dies könnte bedeuten, dass sich die Autoren der Texte auch Efod und Choschen mit figürlichen Darstellungen bedeckt vorgestellt haben, obwohl sie dort expressis verbis nicht genannt werden. Auf der Amtskleidung von hohen Würdenträgern sind figürliche Darstellungen jedoch nichts Ungewöhnliches, zeigen doch z.B. Abbildungen den assyrischen König in Gewändern, auf denen die üblichen Motive „Flügelsonne", „Lebensbaum" und „Genien" zu sehen sind[191]. Eine nochmalige Nennung des Motivs war vielleicht im Falle von Efod und Choschen nicht nötig, da die mit Hilfe der מעשה חשב herzustellenden Figuren (Cherubim) aus den vorangehenden Passagen bekannt waren (Ex 26,1.31). Möglich wäre allerdings auch, dass die Anfertigung von Efod und Choschen so kompliziert war, dass dafür der Ausdruck מעשה חשב gebraucht werden konnte, obwohl textiler Figurenschmuck nicht vorgesehen war.

Ob die figürlichen Darstellungen in den Stoff eingewebt oder aufgestickt wurden, kann den Texten nicht entnommen werden. Mit der Übersetzung „kunsthandwerkliche Arbeit" kann man einer Entscheidung bezüglich der genauen Art der Ausführung aus dem Weg gehen[192]. Es ist jedoch wahrscheinlicher, dass es sich um eine Webtechnik handelte, denn im Falle von aufgestickten Motiven muss zunächst eine textile Grundlage angefertigt werden, auf die dann die Stickerei appliziert werden kann. Für einen Herstellungsprozess in zwei Arbeitsschritten finden sich jedoch keine Hinweise in den Texten. Ein weiteres Indiz dafür, dass מעשה חשב eine spezielle *Web*technik war, ist die Wortwahl: Die beiden anderen mit מעשה bezeichneten handwerklichen Techniken sind sicher Webarten und es wäre einleuchtend und übersichtlich, wenn auch die dritte mit dem Terminus מעשה charakterisierte Technik in diese Kategorie fiele.

1.5.4.2.2 מעשה רקם: „Buntweber-Machart"

Die Wendung מעשה רקם kommt sechsmal (Ex 26,36; Ex 27,16; Ex 28,39; Ex 36,37; Ex 38,18; Ex 39,29) vor und könnte mit Buntweberarbeit übersetzt werden. Der Ausdruck findet sich ebenfalls bei der Herstellung von Vorhängen, dabei werden jedoch nie figürliche Darstellungen genannt. Man hat sich also ein Streifenmuster, evtl. auch kompliziertere, geometrische Muster vorzustellen. Außerhalb des Pentateuch findet

---

[191] Vgl. z.B. Assurbanipal bei der Löwenjagd aus dem Palast Assurbanipals in Ninive, British Museum Raum C, Nr. 124867, Abb. z.B. bei Barnett, R. D./Forman, W., Assyrische Palastreliefs, Prag, o. J., 65. Eine Zusammenstellung weiterer Belege findet sich bei Guralnick (Anm. 179), 221–232.

[192] Auch die Darstellungen aus der neoassyrischen Kunst geben keine sicheren Hinweise auf die Machart der Kleidungsstücke. Zu gemusterten Borten an Ärmelenden und Halsausschnitt bemerkt Guralnick: „This suggests that the decorative borders may have been separately woven ribbons of fabrics, hand embroidered and sewn onto the garment. It is of course possible that these borders had their design woven by a group of highly trained and specialized weavers" (ebd., 223). Zu den figürlichen Darstellungen schreibt sie: „Generally, these seem to be too complex and detailed to have been woven, and were probably embroidered" (ebd., 230). Dies ist jedoch nur eine Vermutung. Warum sollen besonders ausgebildete Weber nicht auch Figurendarstellungen ausgeführt haben können?

sich das Nomen רקמה wohl in einer ähnlichen Bedeutung wie die מעשה רקם[193]. Bei רקמה liegt der Schwerpunkt auf dem *Ergebnis* des Buntwebens, der bunten Musterung des Stoffes. Bei zwei von den elf Belegen bezieht sich רקמה nicht auf Textilien, sondern auf bunte Steine, vielleicht für ein Mosaik (1 Chr 29,2) und bunte Federn eines Vogels (Ez 17,3), deshalb ist die Übersetzung „Buntgemustertes" sachgemäß. Deutlich ist die Betonung des Wertvollen und Kostbaren bei רקמה: Das Brautgewand der Königstochter aus Ps 45 ist buntgemustert (V. 15)[194], ebenso der Ornat der Könige in Ez 26,16, den diese dann vor Schreck ausziehen. In der Findelkind-Allegorie in Ez 16 besteht die Kleidung der „Ehefrau Jahwes" – ein Bild für Jerusalem – neben feinem Leinen und evt. Seide auch aus רקמה (Ez 16;10.13). Dieser Begriff wird auch gewählt, um die als Götterbildgewand missbrauchte Kleidung zu charakterisieren (Ez 16,18).

1.5.4.2.3 מעשה ארג: „Weber-Machart"

Außer den beiden speziellen Fertigungsarten מעשה חשב und מעשה רקם wird noch dreimal die מעשה ארג erwähnt. ארג ist das übliche Verb für „weben" und kommt in zahlreichen Zusammenhängen vor. Im Kontext der Anweisungen für die Herstellung der Kulttextilien sollte מעשה ארג am besten noch präziser mit „einfache Weber-Machart" übersetzt werden, da sich folgende Bedeutung nahelegt: ungemustert, schlicht, also *nicht* in Buntweber- oder Kunstweber-Machart. Das Obergewand des Efod, das ja ganz aus violettem Purpurwollgarn gewebt werden soll, ist dementsprechend in מעשה ארג herzustellen (Ex 39,22), ebenso die Hemdgewänder für Aaron und seine Söhne (Ex 39,27)[195]. Der Terminus konnte nicht nur auf ganze Textilien, sondern auch auf ein einzelnes Teil eines Kleidungsstückes angewandt werden: Der Halsausschnitt des Efodmantels sollte מעשה ארג sein (Ex 28,32)[196].

1.5.4.3 Schnitt

Die im Unterabschnitt 1.5.4.2.3 vorgelegte Deutung der מעשה ארג steht allerdings im Widerspruch zu einer weiteren genaueren Kennzeichnung des hohepriesterlichen Hemdgewandes. Dieses wird in Ex 28,4 als כתנת תשבץ charakterisiert. In der Herstellungsanweisung in Ex 28,39 wird das Verb שבץ verwendet. Dessen gebräuchliche Übersetzung lautet „in Mustern weben"[197]. Von שבץ leitet sich das hapax legomenon תשבץ ab, so dass תשבץ mit „aus gemustertem (Stoff) gewebt" übersetzt werden müsste. Ist diese Interpretation von שבץ und תשבץ jedoch überzeugend? Es gibt folgende

---

[193] Vgl. HALAT z.St., für רקם wird „Buntwirker" oder „Buntsticker" angegeben, für רקמה „Buntwirkerkei" (sic!) und „bunt Gewirktes".

[194] An dieser Stelle steht רקמה absolut, aber es kann wohl nichts anderes bedeuten, als dass die Braut in buntgemusterten Kleidern zum König geführt wird, die „Kleidung" (בגד) aber weggelassen wurde. Auch in Ez 16,10 wird רקמה absolut gebraucht, aber durch die Verbindung mit dem Verb לבש ist hier das Verständnis als buntgemusterte *Kleidung* unzweifelhaft.

[195] Die schlichte Gestaltung des violetten Efod-Obergewandes ist einleuchtend, so kamen die darüber liegenden buntgemusterten Textilien Efod und Choschen besser zur Geltung.

[196] Zur Bedeutung des Ausdrucks in Ex 28,32 vgl. 4.3.4.2.1.

[197] Vgl. HALAT z.St. Zu תשבץ wird im HALAT angegeben, dass die Bedeutung nicht sicher sei, es wird keine Entscheidung zwischen den Möglichkeiten „mit Randverzierungen versehen" und „aus Waffelstoff" und „würfelförmig gemustert" getroffen.

Gegenargumente: Einen Hinweis bietet die ungewöhnliche Formbildung. Man könnte doch eine zu den anderen „Macharten" analoge Formbildung „מעשה שבץ" erwarten, es findet sich stattdessen die sonderbare Form כתנת תשבץ[198]. Ein weiterer Hinweis darauf, dass die Deutung „in Mustern weben" unrichtig ist, ergibt sich daraus, dass man für eine Musterung normalerweise mindestens zwei verschiedenfarbige Garne braucht. Als Material für das Hemdgewand ist jedoch nur Feinleinen (שש) vorgesehen. Zwar ist auch ein einfarbiges Muster denkbar, das sich durch eine spezielle Webtechnik ergibt, die den Stoff in regelmäßigen Abständen erhaben sein lässt, aber wahrscheinlicher ist doch, dass es sich um etwas anderes handelt[199]. Auch die Tatsache, dass es mit dem Ausdruck מעשה רקם bereits eine Bezeichnung für das Weben in (bunten) Mustern gibt, spricht gegen die Übersetzung „in Mustern weben".

Houtman kommt nach der Analyse verschiedener Übersetzungsversuche zum Schluss, dass es sich bei dem Ausdruck nicht um eine Materialangabe in der Art „gemusterter Stoff", sondern um eine Formangabe handelt[200]. Das Hemdgewand soll enganliegend („tight fitting") sein[201]. Diese Deutung würde besser zu der anderen Bedeutungsmöglichkeit des Verbs שבץ passen. In Ex 28,20 wird das Partizip Pu'al verwendet, um auszudrücken, dass Edelsteine in Gold „eingefasst" sind. Die (erschlossene) Bedeutung des Qal-Stammes wäre etwa mit „einfassen" zu bestimmen, der Pi'el-Stamm könnte dann etwa heißen: Machen, dass etwas eingefasst ist. Eine das hebräische Verbal-Stamm-System beachtende Übersetzung von Ex 28,39 wäre also: „Mache das feinleinene Hemdgewand so, dass es (den menschlichen Körper) einfasst". Wie dieses figurnahe Kleidungsstück gefertigt wurde, ob mit einer speziellen Webtechnik oder durch Zuschneiden und Nähen, kann dem Text nicht entnommen werden. Beides ist denkbar. Betrachtet man die Aussage im Zusammenhang, wird noch deutlicher, dass die Übersetzung „buntgemustert" nicht passend ist, Ex 28,39 lautet:

a) Und schneidere das Hemdgewand aus Feinleinen.   וְשִׁבַּצְתָּ הַכְּתֹנֶת שֵׁשׁ

b) Und mache einen Kopfbund aus Feinleinen.   וְעָשִׂיתָ מִצְנֶפֶת שֵׁשׁ

c) Die Schärpe[202] aber sollst du in Buntwebermachart machen.   וְאַבְנֵט תַּעֲשֶׂה מַעֲשֵׂה רֹקֵם:

Im nächsten Satz (b) wird angeordnet, einen feinleinenen Kopfbund herzustellen, im darauf folgenden Satz (c) ist, anders als in den vorangehenden, das Objekt vorangestellt: die Schärpe, die in Buntwebermachart zu fertigen sei. Es geht also darum, sicherzustellen, dass Hemdgewand und Kopfbund uni bleiben, die Schärpe dagegen aufwändiger und bunter gestaltet wird.

---

[198] Eine ähnliche Konstruktion ist in Gen 37,3.23.32 und 2 Sam 13,13f. belegt (כתנת פסים), wo die Deutung ebenfalls unsicher ist und zwischen „Ärmelgewand" und „buntem Rock" schwankt.

[199] Vermutlich will der Übersetzungsvorschlag „aus Waffelstoff" (vgl. HALAT z.St.) genau dieses Problem lösen. Ein Waffelstoff ist ja durch seine Struktur gemustert, aber dabei einfarbig.

[200] Vgl. Houtman, C., Exodus. Vol. 3 (HCOT), Leuven 2000, 473f.

[201] Vgl. Houtman, 475.

[202] „Schärpe" ist im Hebräischen undeterminiert, aber im Deutschen ist an dieser Stelle ein bestimmter Artikel zu setzen, vgl. Gesenius-Kautzsch § 126 i. Zum „Schärpenproblem" vgl. unten 4.3.3.3 und 4.3.3.4.

1.6 Grundlinien der „Sprache des Textilen" II (Material und Machart)

Die folgenden Punkte liefern keine Zusammenfassung der Ergebnisse von Teil 1.6, sondern sollen einen groben Überblick über die „Grundlinien" der Textilsprache in Bezug auf Material und Machart geben.

- Die Untersuchungen zu צמר und פשת ergaben, dass deren Grundbedeutung „Rohwolle" bzw. „Flachsfasern" ist. Beide Begriffe referieren also primär auf die Rohprodukte vor dem Verspinnen. An Stellen, wo jemand mit פשת/צמר bekleidet bzw. bedeckt ist, handelt es sich um einen innovativen, metaphorischen Sprachgebrauch. צמר und פשת gehören neben Getreide, Wasser, Öl und Wein zu den nötigen „Lebensmitteln", weil aus ihnen die tägliche Kleidung hergestellt wurde.
- Die anderen Begriffe, die textile Materialien aus Wolle oder Leinen bezeichnen, stehen im Kontext von Reichtum und Pracht. שש und בוץ werden für Produkte aus Feinleinen verwendet, תכלת, ארגמן und שני תלעת (in späteren Texten: כרמיל) für gefärbte Wolle. Am kostbarsten war die dunkelviolette Purpurfarbe תכלת, auch das purpurrote ארגמן war sehr wertvoll, deshalb wurde Purpurwolle meist nur für kleinflächige Verzierungen verwendet. Die knallrote Karmesinwolle wurde mit Hilfe der in Palästina heimischen Kermeslaus gefärbt werden (תלעת שני / כרמיל). Luxustextilien spielen im Alten Testament häufig eine ambivalente Rolle. Nur die Texte, die sich mit dem Begegnungszelt zur Zeit der Wüstenwanderung beschäftigen, sind einer textilen Prachtentfaltung gegenüber unbefangen.
- בד war keine weitere Bezeichnung für Leinen (siehe 4.2.2) und חמוץ bedeutet nicht grellrot (siehe 2.2.1.4).
- Die das Begegnungszelt betreffenden Texte sind die einzigen, in denen sich einige Hinweise zur Textilherstellung finden. Der Ausdruck משזר (gezwirnt) bezieht sich wahrscheinlich auf besonders haltbares Garn, das aus *überdurchschnittlich* vielen Fäden hergestellt wurde. Einfaches Garn besteht ja (damals wie heute) ebenfalls aus mehreren Fäden. Es sind auch Begriffe für verschiedene Webtechniken belegt: „einfache Weber-Machart" (מעשה ארג), „Buntweber-Machart" (מעשה רקם) und „Kunstweber-Machart" (מעשה חשב), die anspruchsvollste Webtechnik, die auch die Fertigung figürlicher Darstellungen umfassen konnte. תשבץ (Ex 28,4) ist wohl kein Begriff für eine bestimmte Webart, wie meist angenommen, sondern bezieht sich auf den Schnitt eines Kleidungsstückes.

Überblickt man die Untersuchungen zur Artikulatorischen Phonetik der Textilsprache, also zu Material, Machart und Schnitt, so muss man feststellen, dass die Ergebnisse recht karg sind. Man könnte nun beginnen, die Lücken aufzufüllen, indem man auf zeitlich oder räumlich entfernteres Material zurückgreift. So könnten verschiedene Arten der Spinn- und Webtechnik erörtert, Webstühle verglichen oder „Schnittmuster" rekonstruiert werden. Für die hier vorgestellte Arbeit ist dies alles jedoch noch nicht relevant. Es geht zunächst um einen „Survey", ein oberflächliches Abtasten der Phänomene der Textilsprache. Nach einem Survey und der sorgfältigen Ordnung der entdeckten Funde wären weitere und tiefere Grabungen fruchtbar. So etwas kann jedoch nicht mehr Gegenstand dieser Untersuchung sein.

2. Hauptteil: Der Grundwortschatz der Textilsprache

In diesem Hauptteil werden einige Lexeme der Textilsprache behandelt. Wie schon in Teil 1.3 erläutert, gibt es keinen direkten Zugriff auf die „Wörter" der Textilsprache des Alten Testaments. Die angewandte Methodik setzt die Annahme voraus, dass sich die „Textilwörter" nicht allzu verzerrt in den Lexemen der hebräischen Verbalsprache widerspiegeln. Auch wenn es in den Einzeluntersuchungen nicht immer explizit wird, muss man sich der Unterscheidung zwischen dem Wort der Verbalsprache (z.B. כתנת) und dem „Wort" der Textilsprache, auf das es rekurriert (eine bestimmte Textiliensorte) bewusst bleiben.

In der hebräischen Sprache gibt es zwar zahlreiche Begriffe für Objekte und Handlungen aus dem Bereich der Bekleidung und des Textilen, ein Großteil der Belegstellen im Alten Testament entfällt jedoch auf nur zwei Ausdrücke: Das Verb לבש, das Handlungen des Bekleidens beschreibt, und das Substantiv בגד, das meist allgemein mit „Kleidung" übersetzt wird[203].

Im ersten Teil werden das Verb לבש und weitere Verben, die im Zusammenhang mit Textilien gebraucht werden, untersucht (2.1). Im letzten Kapitel dieses Teiles (2.1.5) wird die besondere Eigenschaft des Abnutzens oder Verschleißens von Textilien untersucht, die diesen inhärent ist. Es ist eine Art unwillkürliche Äußerung in der „Sprache des Textilen", einem unwillkürlich ausgestoßenen Angstschrei oder Seufzer zu vergleichen. Ein Angstschrei wird genauso wie Sprachlaute von den Sprechwerkzeugen erzeugt und hat (im Deutschen) Ähnlichkeit mit dem Laut „a", gehört aber trotzdem nicht wirklich zur Sprache dazu. Ein solches Geräusch befindet sich im Grenzbereich des systematisierten Sprachsystems. Es kann nachgemacht und innerhalb der verbalen oder verschriftlichten Sprache als Ausdrucksmittel verwendet werden. Einen ähnlichen Status hat das Phänomen des Verschleißens von Textilien.

Der zweite Teil ist den Substantiven gewidmet (2.2), die in der „Grammatik des Textilen" die Funktion von Objekten einnehmen. Die dritte „Wortklasse", die für die Bildung eines Satzes in der Textilsprache nötig ist, muss nicht in einem speziellen Teil untersucht werden. In der Funktion des Subjektes finden sich hauptsächlich menschliche Personen.

---

[203] Vgl. Jenni, E., Art. לבש, THAT (1971), 867–870 (868): „Zusammen mit bægæd ‚Kleid' … beherrscht lbš ‚sich bekleiden mit' … das Wortfeld der Bekleidung".

2.1 Teilelemente der Grammatik des Textilen: „Prädikate" (Verben)

Die Behandlung der „Handlungswörter" kann relativ knapp gehalten werden, da sie im Rahmen der weiteren Untersuchungen immer wieder in den Blick kommen werden (2.1.1 – 2.1.3: Verben des Anlegens von Textilien; 2.1.4: Verben des Ablegens von Textilien). Auch eine ausführliche Analyse der innovativen Verwendung der Begriffe erfolgt erst später. Eine Ausnahme bildet das Wort בלה, das nicht so sehr eine Aktivität beschreibt, die an und mit textilen Objekten vollzogen wird, sondern diese selbst in ihrer Substanz betrifft (2.1.5).

2.1.1 לבשׁ: „sich bekleiden"

לבשׁ kommt etwas mehr als 100–mal als Verb im Alten Testament vor, hauptsächlich im Qal und Hif'il, kann jedoch auch im Pu'al verwendet werden[204]. לבשׁ ist eine gemeinsemitische Wurzel, die auch in zahlreichen anderen Sprachen belegt ist, z.B. im Ugaritischen, Akkadischen und Arabischen[205]. In Genesius 18. Aufl. wird als Bedeutung „anziehen" und „sich kleiden" angegeben[206]. In keinem Wörterbuch werden differenzierte Übersetzungsvorschläge für Qal und Hif'il angegeben. Der kausative Aspekt des Hif'il ist bei allen der 31 Vorkommen (in 29 Versen) präsent und sollte auch in einer Übersetzung zum Ausdruck gebracht werden. Es ist durchaus ein Unterschied, ob z.B. Gott Adam und Eva die Fellröcke anzieht wie eine Mutter ihre Kinder anzieht, oder ob er sie veranlasst, sich zu bekleiden[207]. Diese und ähnliche Stellen sollten unter Betonung des kausativen Aspekts des Hif'il präziser übersetzt werden, z.B.: „Und es fertigte JHWH Gott für den Menschen und seine Frau Fellröcke und ließ sie sich (damit) bekleiden" (Gen 3,21). Diese und andere Investiturszenen werden in ihrem Ablauf sachgemäßer erfasst, wenn man sich vorstellt, dass die hochgestellte Person demjenigen, der angekleidet wird, das Kleidungsstück feierlich überreicht oder von Dienern überreichen lässt. Den eigentlichen Ankleideakt führt dann die Person aus, an der die Investitur vollzogen wird, evtl. assistiert von weiteren Personen. Alles andere würde lächerlich und unwürdig wirken.

Im Pu'al kommt לבשׁ nur als Partizip vor und hat eine spezielle Konnotation. In 1 Kön 22,10 par 2 Chr 18,9, 2 Chr 5,12 und Esr 3,10 geht es jeweils um „Amtskleidung" von Königen, Leviten oder Priestern. Dies erklärt auch das Fehlen des Objekts in Esr 3,10. Es verstand sich von selbst, dass die Priester nicht irgendwie bekleidet auftraten, sondern in ihrer speziellen Priestertracht. In 1 Kön 22,10 par 2 Chr 18,9 fungiert als Objekt בגדים, ein ganz allgemeiner Begriff für Textilien. Auch hier steckt die entscheidende Information nicht im Terminus für die Kleidung, sondern in der

---

[204] Vgl. Jenni, לבשׁ, 868; DCH z.St. nennt 112 Vorkommen.

[205] Vgl. die Belege bei Jenni, לבשׁ, 67 und J. Gamberoni, Art. לבשׁ, ThWAT IV (1984), 471–483 (473).

[206] Donner, H./Meyer, R. (Hg.), Wilhelm Gesenius. Hebräisches und Aramäisches Handwörterbuch über das Alte Testament, Berlin/Heidelberg, 18. Aufl. 1987ff., z.St. vgl. ähnliche Vorschläge z.B. in HALAT oder DCH, z.St.

[207] Benno Jakobs Befremden ist somit unbegründet: „Nicht minder auffallend ist, … daß Gott selbst die Menschen bekleidet. Anziehen hätten sie die Röcke wenigstens selber können" (Jakob, B., Das erste Buch der Tora Genesis, Berlin 1934, 123).

Verbform. Als Übersetzung für das Partizip Pu'al bietet sich „eingekleidet" an, wie es im Deutschen ebenfalls im Kontext nicht alltäglicher Bekleidungsvorgänge verwendet wird.

לבש gehört der Formenbildung nach zu den Eigenschaftsverben, die auch als stativische Verben bezeichnet werden, wie z.B. „klein sein/werden". לבש könnte also auch mit „bekleidet sein/werden" übersetzt werden. Es ist zwar reizvoll, aus dieser grammatischen Besonderheit weiter reichende Schlüsse zu ziehen in die Richtung, dass hier ein Zusammenhang mit dem Status gegeben sei, es also nicht so sehr um die Aktivität des Bekleidens, sondern um den Status gehe, der durch diesen Akt erreicht wird. Mangels Belegen für einen Gebrauch als Eigenschaftsverb sei der Gedanke hier jedoch nicht weiter verfolgt.

Vergleicht man die Gebrauchsweise von לבש mit Verben, die ebenfalls im Zusammenhang mit Kleidung und Textilien verwendet werden, fällt auf, dass die kulturimmanente Verwendung von לבש auf Textilien beschränkt ist. Die Art der Textilien kann noch spezifiziert werden: Es handelt sich meist um Kleidungsstücke, in die man sich nicht nur einhüllt wie in einen Mantel oder ein Cape. Der Bedeutungsumfang (jedenfalls beim kulturimmanenten Gebrauch) von לבש deckt sich weitgehend mit den deutschen Wörtern „sich bekleiden" und „anziehen".

2.1.2 כסה: „bedecken"

כסה ist im Qal, Nif'al, Pi'el, Pu'al und Hitpa'el belegt. Die Grundbedeutung des Verbs ist „bedecken". Von den 149 Vorkommen im Alten Testament können nur ca. 40 Belege einem Umfeld „Bedeckung mit Textilien" zugeordnet werden. Der kulturimmanente Gebrauch der Wurzel ist also sehr viel umfangreicher als bei לבש. Häufig sind z.B. Ausdrücke wie „das Wasser bedeckte sie" oder „mit Wolken bedeckt".

Bei den Textilien, mit denen etwas „bedeckt" wird, handelt es sich meist um Decken (מכסה, שמיכה[208]) oder Schleier. Auffällig ist, dass im Zusammenhang mit כסה „richtige" Kleidungsstücke selten genannt werden: Es gibt keinen Beleg für das Bedecken mit hemdgewandähnlichen Kleidungsstücken wie מעיל, כתנת oder מד.

Fünfmal wird כסה zusammen mit בגד gebraucht (1 Sam 19,13; 1 Kön 1,1 und Ez 16,18 sowie Ez 18,7.16). בגד ist allerdings ein unspezifischer Begriff und kann ebenso „Decke" bedeuten[209]. In 1 Sam 19,13 und 1 Kön 1,1 ist die Übersetzung „Decke" ohne weiteres möglich und sinngemäß. Die beiden Vorkommen in Ez 18 haben noch einmal eine spezielle Konnotation. Es geht dort um das Bedecken von Nackten mit Kleidung. Wenn es um das Bedecken von Nackten oder der Blöße geht, ist כסה der terminus technicus (Gen 9,23; Ex 26,13; Jes 58,7; Ez 16,8; 18,7.16 und Hos 2,11)[210]. Steht dieser Aspekt im Vordergrund, kann sogar ein „richtiges" Kleidungsstück, nämlich die „Unterhosen" (מכנסים), zusammen mit כסה gebraucht werden: in Ex 28,42 geht es explizit um die Zweckbestimmung der „Unterhosen" zur Bedeckung der Blöße. Wenn es um das Bekleiden mit den מכנסים geht, wird לבש verwendet (Lev 6,3 und

---

[208] Hapax legomenon: Ri 4,18.
[209] Vgl. dazu Kapitel 2.2.1.
[210] Vgl. dazu Abschnitt 3.1.1.2.

Lev 16,4). Auch in Ez 16,18 ist der Terminus „bedecken" ganz bewusst gewählt. Es geht hier um die Zweckentfremdung menschlicher Kleidung zur „Ankleidung" von Götterbildern. Eine Formulierung mit לבש wäre ungeschickt: Da es sich um eine „Investitur" handelt, müsste Hif'il verwendet werden. Diese Formulierung würde durch die kausative Konnotation den Götterbildern zu viel Eigenleben zusprechen. Sie können gar nicht durch die Überreichung von Kleidung in die Lage versetzt werden, sich selbst zu bekleiden. Es gibt zwei Belege für die Kombination von שמלה/שלמה mit כסה. Für שמלה/שלמה gilt ähnliches wie für בגד. Es ist ein unspezifischer Begriff für Textilien. Erst aus dem Kontext kann geschlossen werden, ob es sich um ein Kleidungsstück oder ein Stück Tuch handelt. In Gen 9,23 ist klar, dass Noah nicht mit der שמלה bekleidet, sondern nur notdürftig bedeckt wird. Das Anlegen des שק wird in 2 Kön 19,1f. par Jes 37,1f., 1 Chr 21,16 und Jon 3,6.8 mit dem Terminus כסה beschrieben. Dass der שק kein „richtiges" Kleidungsstück ist, kann erst im dritten Hauptteil (3.3) nachgewiesen werden.

Die Frage, ob innovative Gebrauchsweisen von כסה auf die Konnotation „Bedeckung mit Textilien" Bezug nehmen, wird eher zu verneinen sein. Ein Hinweis darauf ist die Konstruktionsweise, mit der Verb und Objekt miteinander verknüpft wurden. Der übliche Gebrauch war die Konstruktion mit ב: Dem Wort für die Textilien wurde ein ב vorangestellt bzw. die auf sie hinweisende Pronominalpartikel[211]. Die Textstellen, die für einen innovativen Gebrauch von כסה mit Textilien in Frage kommen, sind alle ohne ב konstruiert, z.B. Hi 21,26, Ps 69,8, Ps 44,16, Jer 51,51 und Ez 7,18[212]. Bei Ezechiel und Jona findet sich allerdings für כסה kombiniert mit Textilien eine Bildungsweise ohne ב. Aber auch in diesen jüngeren Texten sind die Textilien nie das Subjekt des Bedeckens. Das Gewürm (רמה) bzw. die Schande (כלמה) wurde gewiss nicht in Analogie zur Decke oder einem Gesichtsschleier aufgefasst.

Dtn 22,12 („Quasten am Mantel") ist der einzige Beleg, der für eine Übersetzung von כסה mit „bekleiden" zu sprechen scheint. Auf dem Hintergrund der vorgelegten Überlegungen soll dies kritisch überdacht werden, vgl. dazu unten 2.2.4.3.

2.1.3 Weitere Verben für das Anlegen von Textilien

2.1.3.1 עטה: „(um)werfen"

Für die 13–mal vorkommende Wurzel עטה werden im Wörterbuch die Übersetzungen „einhüllen" (Qal) und „jemanden einhüllen" (Hif'il) genannt. Außerdem wird eine gleichlautende Wurzel „entlausen" postuliert (zwei Vorkommen)[213]. Im Gegensatz zu לבש ist עטה kein Zustandsverb, sondern ein Handlungsverb. Kann man sich eine Handlung vorstellen, die auf alle 15 Vorkommen passt, so dass עטהII aus den Wörterbüchern getilgt werden kann? Dazu ist ein genauerer Blick auf die Verwendungsweise

---

[211] Ernst Jenni ordnet die genannten Vorkommen der Rubrik 17 („Beth instrumenti") zu, in der Untergruppe 1762 („Kleidungsstücke und Decken") dominiert das Verb כסה (16 von 32 Vorkommen), vgl. Jenni, E., Die hebräischen Präpositionen. Band 1: Die Präposition Beth, Stuttgart u.a. 1992, 133f.
[212] Z.B. Hi 21,26: „Zusammen liegen sie [der Gottlose und der Gerechte] im Staub und Gewürm bedeckt sie" und Ps 69,8: „Schande hat mein Antlitz bedeckt".
[213] Vgl. HALAT z.St.

hilfreich. In der Mehrzahl der Fälle wird als Objekt nicht der Gegenstand, der einge-hüllt wird, genannt, sondern der Gegenstand, der umhüllt. Dies kann ein Mantel (מְעִיל) sein (1 Sam 28,14), auch ein „Mantel der Gerechtigkeit" (Jes 61,10), oder positive bzw. negative Eigenschaften. Dabei wird manchmal mit כ ein expliziter Vergleich zu Textilien formuliert (Ps 109,19: בֶגֶד; Ps 109,29 und Jes 59,17: מְעִיל; Ps 104,2: שַׂלְמָה), aber auch die Formulierung als Metapher ist möglich (Ps 71,13; Ps 89,46 und Jes 61,10). Viermal kommt עטה zusammen mit לבש vor (Ps 104,1f.; Ps 109,18f.; Ps 109,29 und Jes 59,17). Dabei ist auffallend, dass immer als erstes לבש genannt wird, dann erst עטה. Dazu passt, dass die Textilien, die zusammen mit עטה genannt werden, meist mantelähnlich sind. Die Handlung, die mit עטה beschrieben wird, ist also wahrscheinlich das Umlegen oder schwungvolle Umwerfen eines großen Mantel-tuches. Das Resultat ist dann natürlich, dass man in das entsprechende Stoffstück ge-hüllt ist. In Ps 109,19 wird zwar das ganz unspezifische בֶגֶד verwendet, das auch für Kleidung allgemein benutzt werden kann, zusammen mit לבש wird jedoch מַד ge-braucht, der eindeutig als hemdgewandartig identifiziert werden kann (vgl. Abschnitt 2.2.6.5), so dass auch hier der Gegensatz „Kleidungsstück, in das man hineinschlüpfen muss" und „Manteltuch, das man umwirft", gewahrt wird. Können auch die anderen Belege so verstanden werden? In Lev 13,45; Ez 24,17.22 und Mi 3,7 wird beschrie-ben, wie Menschen als Zeichen von Minderung ihren Bart verhüllen – es wird mit עַל formuliert. Man kann sich vorstellen, dass das Manteltuch in solchen Fällen so umge-worfen wurde, dass nicht nur die Schultern, sondern auch der untere Gesichtsbereich bedeckt waren.

Das dynamische Umwerfen eines Mantels ist ein eindrucksvolles Bild, das von der vorbereitenden Ankleidung zu „Schöpfungs"- oder Kriegstaten überleitet und wird wohl deshalb zweimal auf Gott bezogen (Ps 104,1f. und Jes 59,17). Die schwungvolle Wurfbewegung kann jedoch auch zu etwas Gewalttätigerem werden, und so können Jes 22,17 und Jer 43,13 evtl. verstanden werden. Vielleicht haben Hirten den בֶגֶד als Unterlage benutzt und dann, wenn sie sich ihn als Mantel umlegen wollten, haben sie ihn erst einmal kräftig ausgeschüttelt (hin und her geworfen), um Schmutz und Unge-ziefer zu entfernen. In Hhld 1,7 beschreibt die Sängerin das orientierungslose Suchen nach der Herde ihres Geliebten als ein „wie eine sein, die sich gegen die Herden der Gefährten hin und hier wirft" (אֶהְיֶה כְּעֹטְיָה עַל עֶדְרֵי חֲבֵרֶיךָ). Ein wenig würdevolles Verhalten, dass durch eine genaue Ortsangabe unnötig werden würde.

2.1.3.2 Andere Verben des Anlegens

שׂים wird manchmal für das Anlegen von Textilien gebraucht, ebenso נתן. Für das Anlegen von schurzähnlichen Textilien werden die beiden Verben אזר und חגר ver-wendet. Im Abschnitt 2.2.4.1 wird auf אזר eingegangen, חגר wird im dritten Hauptteil im Abschnitt 3.3.1.2 behandelt.

2.1.4 Verben des Ablegens

Die angelegte Kleidung muss irgendwann wieder abgelegt werden. Für diese Handlung werden folgende Verben verwendet:

2.1.4.1 פשט: „ausziehen"

Die Wurzel פשט kommt insgesamt 42-mal im Alten Testament vor, wobei פשט im Qal, Pi'el, Hif'il und einmal im Hitpa'el belegt ist. Die meisten Bedeutungen kreisen um das Wortfeld „ausziehen", im Pi'el mit der Konnotation „ausplündern", im Hif'il kann es auch „die Haut ausziehen", also „abhäuten" bedeuten. Im Qal gibt es 13 Vorkommen, die sich nicht von der Bedeutung „ausziehen" her interpretieren lassen; es muss dort mit „sich ausbreiten", „überfallen" oder „einfallen" übersetzt werden[214]. In den meisten Fällen kann aber die Übersetzung „ausziehen" verwendet werden.

Auffällig ist, dass פשט nie in Verbindung mit dem Sackgewand vorkommt. Dies bestätigt die Vermutung, dass das An- und Ablegen des שׂק nicht als An- und Ausziehen vorgestellt wurde. Auch ein mantelartiges Kleidungsstück wird selten ausgezogen, elfmal dagegen ist פשט mit בגד kombiniert.

Dass die Verknüpfung von פשט mit בגד bevorzugt und eine Verbindung dieses Verbs mit mantelartigen Kleidungsstücken vermieden wurde, wird besonders deutlich, wenn beide Verben in einem Satz vorkommen. Dies ist der Fall z.B. in Ez 26,16, wo es darum geht, dass alle Fürsten des Meeres von ihren Thronen herabsteigen, ihre Mäntel (מעיל) ablegen (סור) und ihre buntgewirkten Kleider ausziehen werden.

2.1.4.2 פתח: „öffnen", סור und עבר: „ablegen"

Als weitere Begriffe für das Ablegen von Kleidung können סור und עבר jeweils im Hif'il verwendet werden. Für das Ablegen des Sackgewandes und anderer schurzähnlicher Textilien wird פתח (öffnen) im Pi'el verwendet (z.B. Jes 20,2 und Ps 30,12)[215]. Dies sind dann aber jeweils Sonderbedeutungen, die im Verhältnis zur Gesamtzahl der Stellen, an denen diese Verben belegt sind, nur einen geringen Anteil ausmachen.

2.1.5 בלה: „abnutzen", „verschleißen"

Ein Aspekt des Textilen, der mit menschlicher Bekleidung nicht direkt etwas zu tun hat, ist die Eigenschaft von Stoffen aus Fasermaterialien, zu verschleißen, sich abzunutzen und von Schadinsekten, vor allem Kleidermotten, angefressen zu werden. Damit nehmen Textilien unter den „Wertgegenständen" eine Sonderrolle ein. Gold, Silber, Edelsteine und kostbares Holz waren und sind viel haltbarer. Im Vergleich zur ebenfalls lebensnotwendigen Nahrung waren Textilien sehr teuer. Es gibt zwar im Alten Testament dafür kein Zahlenmaterial, es können aber Rückschlüsse aus den Verhältnissen im mesopotamischen Raum gewagt werden. Dort sind „Arbeitsverträge" überliefert, in denen festgehalten wurde, dass pro Jahr ein Stoffstück gestellt wurde – oder das zur Herstellung eines Kleidungsstückes notwendige Material, z.B. Wolle, je nach Personengruppe gestaffelt: Männer 1,5–2 kg, Frauen 1–1,5 kg und Kinder 0,5–1 kg[216]. Für die ärmeren Bevölkerungsschichten war es nicht möglich, zusätzlich zum

---

[214] Vgl. HALAT z. St.
[215] Auch in Gen 42,27 kommt diese Verbindung vor, aber hier handelt es sich um einen als Futtersack gebrauchten שׂק, der zur Getreideentnahme geöffnet wird.
[216] Vgl. dazu Waetzoldt, H., Art. Kleidung. Philologisch, RLA 6 (1980–83), 18–31 (24).

jährlich zugeteilten Kleidungsstück noch weitere Stoffe zu kaufen, da „ein billiger Stoff schon mehrere Monatsgehälter gekostet hätte"[217].

Daraus – wie Waetzold – zu schließen, dass die meisten Menschen nur *ein* Gewand besaßen, ist kaum zutreffend. Das alte Kleidungsstück wird nicht sofort nach Fertigung des neuen unbrauchbar gewesen sein, sondern konnte in den meisten Fällen als Wechselkleidung, wenn das neuere Kleidungsstück gewaschen werden musste, noch aufgetragen werden. Da die Textilqualität jedoch häufig mangelhaft war, konnte mit der jährlichen Stoffration keine umfangreiche Garderobe aufgebaut werden. Dies geht auch aus altbabylonischen Briefen hervor, in denen die Absender sich beklagen, kein oder nur noch ein abgenutztes Kleidungsstück zu besitzen und um Zusendung eines neuen bitten[218]. Dass es tatsächlich nicht „normal" war, nur ein Kleidungsstück zu besitzen, geht auch aus der – sicher nicht ganz wörtlich zu nehmenden – Geschichte vom „Armen Mann von Nippur" hervor. Aus Unmut über seine Armut, die sich zum einen darin äußerte, dass er hungrig zu Bett gehen musste und zum anderen darin, dass er nur ein Gewand besaß, verkaufte er dieses Kleidungsstück und bekam für die second-hand-Ware eine dreijährige Ziege. Mit allerhand Listen und Verkleidungen erwarb er sich dann eine Mine Gold[219]. Auch in Gen 35,2 wird davon ausgegangen, dass Jakob und sein Anhang Kleidung zum Wechseln hatten. Der Besitz eines Wechselgewandes war also wahrscheinlich der Normalfall, wenn die Verhältnisse geregelt waren, andererseits waren Ausnahmefälle häufig und vor allem augenfällig. Die Abnutzung von Textilien war ein alltägliches Problem, das vielen Menschen große Sorgen bereitet hat.

Im ersten Abschnitt dieses Kapitels wird zunächst die kulturimmanente Verwendung des Begriffes בלה skizziert (2.1.5.1), dann werden in den folgenden Abschnitten die verschiedenen Kontexte, in denen בלה vorkommen kann, behandelt (2.1.5.2 – 2.1.5.6).

2.1.5.1 Kulturimmanente Gebrauchsweise von בלה

Der Sachverhalt des Verschleißens von Textilien wird im Hebräischen durch die Wurzel בלה ausgedrückt. Von den zehn Belegen im Alten Testament für בלה im Qal haben acht einen eindeutigen Bezug zu Textilien. Es gibt noch weitere fünf Belege im Pi‘el, die sich alle nicht auf Textilien beziehen, jedoch auch mit „verfallen", „verbrauchen" übersetzt werden können[220]. Sie werden bei der folgenden Untersuchung nicht berücksichtigt.

Die von בלה abgeleiteten Substantive (בלה und בלוי) haben überwiegend etwas mit Textilien zu tun. בלה ist also neben לבש eine der wenigen Wortwurzeln, die spezifisch für den Komplex „Textilien und Bekleidung" sind. Die Belege für einen kulturimmanenten Gebrauch der Wurzel בלה sind spärlich. Nur Jer 38,11f. gehört in diese Kategorie. Hier wird die Rettungsaktion Ebed-Melechs zugunsten Jeremias geschildert: Um

---

[217] Waetzoldt, 24.

[218] Vgl. Waetzoldt, 24.

[219] Vgl. von Soden, W., Der Arme Mann von Nippur, TUAT III/1 (1990), 174–180. Auffällig ist, dass mit dem „nie gewechselten Gewand" nur ein Obergewand gemeint sein kann, sonst wäre der Mann ja nackt gewesen. Er scheint aber trotz seiner reduzierten Bekleidung nicht auffällig gewesen zu sein.

[220] Dabei bilden Jes 65,22 und Hi 21,13 eine bemerkenswerte Ausnahme. In beiden Belegen ist בלה positiv konnotiert: So heißt es in Jes 65,22: „Meine Auserwählten werden das Werk ihrer Hände verbrauchen". Als Gegenbild ist vorgestellt, dass andere die eigenen Erzeugnisse verbrauchen.

Jeremia schonend aus der Zisterne zu befreien, besorgte sich Ebed-Melech aus der königlichen Vorratskammer Lumpen (בלוי סחבות und בלוי מלחים). Mit diesen konnte Jeremia die Stricke abpolstern, mit denen er aus der Zisterne gezogen werden sollte, damit sie ihn nicht einschnürten. Die verwendeten Ausdrücke sind ungewöhnlich und haben gemeinsam, dass sie von Verben abgeleitet werden, die etwas mit Destruktion zu tun haben. Es sind Textilien im Zustand der Auflösung gemeint. Auffällig ist, dass gleich zwei solcher Destruktionsbegriffe kombiniert werden, also „verschlissene Lumpen" oder „abgenutzte Stoffreste". Wurde damit die letzte Stufe der Auflösung von Textilien bezeichnet, von denen Stoffreste unterschieden wurden, die noch nicht so stark zerschlissen waren und sich z.B. als Flicken noch verwenden ließen[221]? Bemerkenswert ist, dass im königlichen Haushalt solche Lumpen routinemäßig aufbewahrt wurden, so dass Ebed-Melech wusste, wo er sie sich beschaffen konnte. Wofür können sie gedient haben, sieht man von Prophetenrettungen einmal ab? Vielleicht als Füllmaterial für Kissen, Verbandmaterial oder Ähnliches.

2.1.5.2 Abnutzen von Textilien auf langen Wanderungen

Wanderer, die z.B. als Boten unterwegs waren, mussten mit dem Mitgenommenen auskommen, so dass zerschlissene Kleidung und trockenes Brot als Ausweis eines langen Weges ausreichten, um Josua und die Ältesten Israels zu überlisten, mit den Gibeoniten einen Bund zu schließen. Die List der Gibeoniten, durch abgenutzte Kleidung einen weiten Weg vorzutäuschen, wird in Jos 9,3–15 ausführlich beschrieben. Dabei wird sowohl das Verb בלה verwendet – innerhalb des nicht wahrheitsgemäßen Berichtes der Gibeoniten, ihre Kleider hätten sich auf dem langen Weg abgenutzt (Jos 9,13) – als auch das davon abgeleitete Adjektiv im Rahmen der Beschreibung der Vorbereitungen des Betruges. Dabei wird das Adjektiv nicht nur auf die Kleidung, sondern auch auf Futtersäcke, Schuhe und Weinschläuche angewandt.
Es gibt auch in der Umwelt des Alten Testamentes einen Beleg, der das Problem der Abnutzung von Textilien auf langen Wanderungen thematisiert, eine Episode im Gilgamesch-Epos[222]: Auf der 11. Tafel, Verse 245ff. wird davon berichtet, dass der verwahrloste Gilgamesch von Utnapischtim und seiner Frau neu eingekleidet wurde. Anschließend wünschte das Paar ihm, dass seine Bekleidung bis zur Erreichung seines Zieles ganz neu bleiben solle[223].
Im Alten Testament wird das Problem der begrenzten Haltbarkeit von textilem Material auch im Kontext der Wüstenwanderung nach dem Auszug aus Ägypten thematisiert. Dtn 8,3f. erinnert das Volk Israel an die Zeit der Wüstenwanderung, während der es von Gott gespeist wurde und er ihre Kleidung vor Verschleiß schützte. Gegen Ende des Deuteronomiums, im Rahmen des Bundesschlusses im Lande Moab, wird nochmals an die Ereignisse in Ägypten und während der Wüstenwanderung erinnert (Dtn 29,4f.). Im

---

[221] Im Sprichwort „Schläfrigkeit kleidet in Lumpen" (Spr 23,21) wird ein anderes Wort für Lumpen verwendet (קרעים). Vielleicht besteht der Unterschied zu בלוי darin, dass קרעים wenigstens noch zu einer notdürftigen Bekleidung dienen konnten, בלוי סחבות und בלוי מלחים dagegen nicht einmal mehr dazu taugten.
[222] Vgl. den Hinweis bei Weinfeld, M., Deuteronomy 1–11 (AncB 5), New York u.a. 1991, 390.
[223] Vgl. George, A. R., The Babylonian Gilgamesh Epic. Introduction, Critical Edition and Cuneiform Texts. Vol. 1, Oxford 2003, 720f.

Kontext eines öffentlich vorgetragenen Gebetes anlässlich eines Bußtages wird in Neh 9,20f. ebenfalls auf die Wüstenwanderung rekurriert.

In der eigentlichen Erzählung von der Wüstenwanderung (Ex 16 und 17; Num 11) wird von der wundersamen Erhaltung der Kleidung nichts berichtet, und auch in den dieses Ereignis theologisch reflektierenden sog. Geschichtspsalmen kommt nichts dergleichen vor, obwohl in einigen von ihnen auf die Versorgung mit Wasser und Nahrung rekurriert wird (Ps 78,15–31; Ps 105,40f.; Ps 106,14f.; in Ps 135 und Ps 136 fehlen derartige Anspielungen). Das Motiv „Erhaltung/Schonung von Kleidung (und Füßen)" muss also der Tradition später zugewachsen sein. Nielsen meint, dass hier „ein Moment des Wundervollen zu den übrigen Themen" hinzugefügt wurde[224]. Diese Erklärung befriedigt nicht. Der Grund für das Hinzukommen des Motivs „Erhaltung der Kleidung" wird nicht die Lust an märchenhaften Übertreibungen sein, sondern der innere Zusammenhang von Nahrungs- und Kleidungsversorgung, den die altorientalischen Interpreten der Texte gesehen haben.

Malt man sich die Lage der Israeliten zur Zeit der Wüstenwanderung aus, wird deutlich, dass die Einfügung des Motivs der wundersamen Erhaltung der Kleidung eigentlich gar nicht passend war. Die Auswanderer führten ihren gesamten Viehbestand mit sich[225], so dass Wolle zur Anfertigung von Ersatzkleidung vorhanden gewesen sein müsste. Die Autoren, die das Motiv der Erhaltung der Textilien in den Kontext der Wüstenwanderung einfügten, waren also mehr an grundsätzlichen theologischen Aussagen und Reflexionen interessiert, weniger an der Plausibilität des Geschehens. Durch den Hinweis auf den wunderbaren Erhalt der Kleidung haben sie den Status des Volkes in der Wüste als den von Wandernden herausgearbeitet. Sie interpretierten damit das Leben in dieser Zeit als einen exzeptionellen Status und nicht als ein normales, kärgliches Nomadenleben, wie es prinzipiell auch möglich gewesen wäre.

Die Art der Texte bestätigt die Vermutung, dass bei der Einfügung des Kleidungsmotivs nicht erzähltechnische, sondern systematische oder paränetische Gesichtspunkte eine Rolle spielten. Es handelt sich bei den Exodus- und Numeristellen, in denen das Verschleißmotiv fehlt, um ausgeführte Erzähltexte. Die Belege aus dem Deuteronomium sowie der Abschnitt aus dem Nehemiabuch, die vom Erhalt der Kleidung berichten, sind dagegen stark reflektierte Geschichtsrückblicke. Dabei gilt die Nehemia-Stelle (Neh 9,20f.) als jüngste, zu deren Entstehungszeit das Hauptwerk des Pentateuchs schon vorlag und der Autor aus ihm zitieren konnte. Wörtlich zitiert wird jedoch in der Nehemia-Passage nicht, es wird eine Kompilation der beiden einschlägigen Deuteronomium-Stellen vorgelegt. Z.B. wird aus Dtn 29,4 die etwas seltenere Schreibweise שלמה übernommen, mit Metathesis von ל und מ. Das Motiv der geschwollenen Füße dagegen stammt aus Dtn 8,4; in Dtn 29,4 ist vom Erhalt der Sandale die Rede.

---

[224] Nielsen, E., Deuteronomium (HAT I/6), Tübingen 1995, 105. Die Zuordnung des Abschnittes Dtn 8,(1)+2–6 ist umstritten – er wird von einigen als Grundschicht angesehen, andere weisen ihn einer Redaktion zu, so auch Nielsen, der Dtn 8,2–6 einer ersten dtr. Redaktion zuordnet und eine weitere Überarbeitungsstufe in V. 1 annimmt. Vgl. Nielsen, 104f.

[225] Das kann man den Verhandlungen zwischen Mose und dem Pharao entnehmen. Der Pharao machte Mose einen letzten Kompromissvorschlag: Frauen und Kinder dürfen ziehen, das Vieh soll bleiben (Ex 10,24). Mose lehnte auch dieses Angebot ab: „Nicht eine Klaue darf zurückbleiben" (Ex 10,26).

2.1.5.3 Das Motiv der Abnutzung von Textilien in poetischen Texten

Von der innovativen Gebrauchsweise des Motivs „Abnutzung von Kleidung auf der Wanderschaft" unterscheidet sich die Verwendung des Motivs „Verschleißen von Textilien" in poetischen Texten. Man kann die fünf Belege, in denen das Abnutzen von Textilien als Vergleich für den Verfall von Nicht-Textilem verwendet wird, in zwei Gruppen einteilen. Zwei Vorkommen beziehen sich auf gemeinhin als unzerstörbar geltende Materialien, nämlich Himmel und Erde (Ps 102,27 und Jes 51,6), an den drei übrigen Stellen wird der Mensch mit einem Stoffstück, das dem Zerfall ausgesetzt ist, verglichen (Hi 13,28, Ps 32,3 und Jes 50,9).

2.1.5.4 Vergleiche mit Menschen

Bei Hiob findet sich die Thematik „Abnutzen von Textilien" als Anfang einer Klage über die Kurzlebigkeit und hoffnungslose Sterblichkeit des Menschen (Hi 13,28):

Und er, wie Morsches zerfällt er fortwährend,   וְהוּא כְּרָקָב יִבְלֶה   כְּבֶגֶד אֲכָלוֹ עָשׁ׃
wie ein Stoffstück fraß ihn die Motte.

Bevor die Thematik des Zerfressenwerdens von Textilien genauer betrachtet werden kann, soll ein Blick auf den ersten Teil des Verses geworfen werden. Obwohl Hiob im letzten Vers (Hi 13,27) noch in der ersten Person gesprochen hat, wechselt er nun in die dritte Person, so dass man zunächst annehmen kann, dass er immer noch sich selbst meint. Im weiteren Verlauf der Klage wird dann aber deutlich, dass er vom Menschen allgemein spricht. Hiob klagt, dass er (der Mensch) zerfällt wie „רָקָב"[226]. Dieses Wort wird häufig mit „Moder" übersetzt oder auch mit „Verfaultes". Bedenkt man jedoch die kulturimmanente Gebrauchsweise von בלה, wird deutlich, dass das nicht passt. Mit Verfaultem oder Moder hat בלה nichts zu tun, sondern ist spezifisch auf den Abnutzungsprozess von Textilien bezogen. Die neben „Fäulnis" im HALAT angegebene Bedeutung „Morschheit" trifft den Sachverhalt schon besser, doch kann in Hi 13,28 noch konkreter übersetzt werden. Hiob zerfällt nicht „wie Morschheit", sondern „wie etwas Morsches", gemeint ist vermutlich „wie ein morsches Stoffstück". Der Vorteil der Übersetzung „morsch" ist, dass über die Ursache der Morschheit keine Aussage getroffen wird. Sie kann durch Abnutzung oder durch einen Zersetzungsprozess verursacht worden sein. Bei der Wahl des Begriffes „Fäulnis" oder „etwas Verfaultes" ist im Deutschen immer mitgedacht, dass ein bakterieller Zersetzungsprozess stattfindet bzw. stattgefunden hat.

Im zweiten Teil von Hi 13,28 klagt Hiob, er (der Mensch) sei wie ein Stoffstück (בגד), das von Motten zerfressen wurde[227]. Dieses Bild ist aggressiver als das des Zerfallens oder Zerschleißens. Abnutzung von Textilien ist ihr natürliches Schicksal, Mottenfraß dagegen nicht. Die Zerstörung durch Schadinsekten findet sich sonst nur, wenn das verdiente Ende von Feinden imaginiert wird, z.B. in Jes 50,9 – hier auch in Parallelität mit natürlichem Zerfall – und Jes 51,8, wo ein streng synonymer Parallelismus gewählt

---

[226] Außer Acht gelassen wird hier der Versuch, der LXX folgend in „Schlauch" (רֹקֶב) umzuvokalisieren, wie z.B. G. Fohrer mit der Begründung, רָקָב passe nicht zum Verb, vgl. Fohrer, G., Das Buch Hiob (KAT 16) Gütersloh 1963, 239.

[227] Zur Lebensweise der Kleidermotte vgl. Riede, P., Spinnennetz oder Mottengespinst? Zur Auslegung von Hiob 27,18, in: ders., Im Spiegel der Tiere (OBO 187), Göttingen 2002, 107–119.

wurde[228]. Auch der Beleg in Hos 5,12 muss hier hinzugezählt werden, obwohl in ihm Textilien nicht erwähnt werden. Dort kommen – genau wie in Hi 13,28 – רקב und עשׁ in den zwei Teilen eines parallelismus membrorum vor. An dieser Stelle wird עשׁ traditionell mit „Eiter" übersetzt. Es gibt jedoch keinen Beleg, der es rechtfertigen könnte, von der üblichen Übersetzung mit „Motte" abzuweichen[229]. Auch die LXX bietet dafür keinen Anhaltspunkt. Man kann ohne weiteres übersetzen: „Ich [es spricht Gott] bin wie die Kleidermotte für Efraim und wie der Mottenfraß für das Haus Juda" (Hos 5,12). Man muss, um eine Verbindung zum folgenden Vers herzustellen, ein wenig um die Ecke denken: vom löchrig gewordenen Stoffstück zum verwundeten Menschen. Das Bild ist trotzdem schlüssig und passt auch zu den folgenden Stellen. Gott wird hier dezidiert als die *Ursache* der Misere ausgemacht bzw. bezeichnet sich selbst so (Hos 5,14 und Hos 6,1). Eiter ist jedoch nicht Ursache, sondern *Folge* einer Verwundung. Es spricht also alles dafür, den Vergleich in Hos 5,12 als eine innovative Gebrauchsweise der Thematik „Zerfall bzw. Zerstörung von Textilien" zu deuten.

Der Beleg, der am unspezifischsten ist, findet sich in Ps 32,3. Der Beter gesteht, dass das Verschweigen seiner Verfehlungen sich negativ auf seine Gesundheit ausgewirkt hat, indem sein Gebein „zerfiel". Da kein Vergleich mit Textilien gegeben wird, ist man fast geneigt, בלה in eine Pi'el-Form umzuvokalisieren. Ein Bezug zum Bereich des Textilen ist jedoch auch hier gegeben, sofern man die Stelle mit Hi 13,28 vergleicht. Das dort mit בלה verbundene Wort רקב findet sich an drei Stellen (Spr 12,4; Spr 14,30 und Hab 3,16) in Verbindung mit עצם, das wiederum in Ps 32,3 mit בלה konstruiert wird. Es könnte also die Vorstellung präsent gewesen sein, dass die menschlichen Knochen wie Textilien Verschleißerscheinungen zeigen, die mit einer eingeschränkten Funktionsfähigkeit verbunden sind.

2.1.5.5 Die „verbrauchte" Frau: Gen 18,12 und Ez 23,43

Eine andere Konnotation hat das Verb בלה bzw. sein Derivat in Gen 18,12 und Ez 23,43. Es scheint sich in beiden Fällen auf die Gebärfähigkeit einer Frau zu beziehen. In Gen 18,12 ist das „verbraucht/zerschlissen sein" eine Selbstaussage Saras. Ihren Ehemann dagegen bezeichnet sie als זקן. In einigen Übersetzungen wird beides mit „alt" wiedergegeben[230]. Dabei wird übersehen, dass die beiden Begriffe unterschiedlich konnotiert sind. בלה ist ein negativer Begriff im Sinne von „verbraucht"

---

[228] Als Synonym für עשׁ wird סס verwendet.

[229] Der Übersetzungsvorschlag „Eiter" (engl. „pus") für עשׁ geht auf G.R. Driver zurück, vgl. Driver, G. R., Difficult Words in the Hebrew Prophets, in: Rowley, H. H. (Hg.), Studies in Old Testament Prophecy (FS Th. H. Robinson), New York 1950, 52–72 (66f.). Aus den auf Hos 5,12 folgenden Versen, wo für die Misere Israels und Judas das Bild einer Wunde gebraucht wird, schloss Driver: „Here, however, עשׁ cannot mean ‚moth', which has nothing to do with sick men and wounds" (ebd., 66). Die über diese angebliche Unstimmigkeit hinausgehenden weiteren Belege für ein hebräisches Wort עשׁ (II) = Eiter sind jedoch wenig überzeugend. Es wird ein arabisches Wort beigezogen und auf einige (wenige) abweichende griechische Übersetzungen verwiesen. Trotzdem folgten die Kommentatoren Driver, z.B. Wolff, H. W., Dodekapropheton 1. Hosea (BK XIV/1), Neukirchen-Vluyn 1965, 134, Rudolph, W., Hosea (KAT 13/1), Gütersloh 1966, 123f. und Jeremias, J., Der Prophet Hosea (ATD 24/1), Göttingen 1983, 78.

[230] Z.B. Luther (1984): „Nun ich alt bin, soll ich noch der Liebe pflegen, und mein Herr ist auch alt!" Ähnlich Elberfelder Übersetzung, anders Zürcher („welk") und Einheitsübersetzung. („alt und verbraucht").

und „nutz- und wertlos geworden", זָקֵן hat dagegen durchaus eine Komponente des Ehrwürdigen, auch wenn in diesem Kontext auf die abnehmende Zeugungsfähigkeit angespielt wird. Es ist aber bedeutsam, dass Sara an dieser Stelle ihr eigenes und das Alter ihres Mannes mit deutlich unterschiedenen Begriffen unterschiedlich bewertet[231]. In eindeutig abqualifizierender Weise wird das Adjektiv בלה („verbraucht", „abgenutzt") in Ez 23,43 verwendet. In den Schlussabschnitten der Ehebruch-Allegorie, in der Israel und Juda mit den Schwestern Ohola und Oholiba verglichen werden, wird der Ausspruch des Propheten überliefert: לַבָּלָה נִאוּפִים: „Für die verbrauchte [Frau] – Ehebruchshandlungen?!" Der zweite Teil des Verses ist wohl verderbt, es geht irgendwie um den schon bekannten Hurerei-Vorwurf[232]. Der erste Teil ist jedoch verständlich, besonders, wenn man Gen 18,12 als Vergleich heranzieht. Die Vorstellung, die bei Sara ein verlegenes oder verschämtes Lachen auslöst, nämlich die sexuelle Aktivität einer nicht mehr gebärfähigen Frau, wird von Ezechiel in anderem Kontext als etwas Unangenehmes und Abstoßendes hingestellt, das aber gut zu den als notorisch bekannten Ehebrecherinnen passt. Die Wahl des Begriffes בלה bereitet den Schlussabschnitt der Allegorie vor, in der das endgültige Ende als Vollstreckung eines Gerichtsurteils – durch Steinigung, Tötung der Kinder und Verbrennen der Häuser (Ez 23,47) – angekündigt wird. Die Wurzel בלה evoziert die Vorstellung vom bald herannahenden Ende. Textilien, die zerschlissen sind, werden bald in die Lumpenkammer geworfen. Es ist kein plötzliches, unerwartetes Ende, sondern ein natürlicher Prozess, der sich aus der Materialeigenschaft von Textilien zwangsläufig ergibt. Ob dieser Aspekt auch in der Ezechielstelle anklingen soll, ist zweifelhaft. Der Autor müsste dafür der Meinung gewesen sein, dass es die natürliche Eigenschaft von Israel und Juda sei, von Gott abzufallen und sich in Fremdgötterverehrung zu verstricken. Aus dieser grundlegenden Eigenschaft ergäbe sich das furchtbare Ende der Staaten und seiner Bevölkerung zwangsläufig. Solche Sichtweise wäre äußerst pessimistisch.

2.1.5.6 Zerfall von Himmel und Erde: Ps 102,27 und Jes 51,6

Die Konnotation des natürlichen Zerfalls, die das Verb בלה und seine substantivischen Abkömmlinge haben, ergibt in Verbindung mit Himmel und Erde eine ungewöhnliche Kombination, die sich in den beiden Versen findet, die nun erörtert werden sollen.

Ps 102,27: Sie werden umkommen, aber du selbst wirst stehen bleiben. Und sie alle werden wie ein Stoffstück abnutzen, wie Kleidung wirst du sie wechseln[233] und sie werden vergehen[234].	הֵמָּה יֹאבְדוּ וְאַתָּה תַעֲמֹד וְכֻלָּם כַּבֶּגֶד יִבְלוּ כַּלְּבוּשׁ תַּחֲלִיפֵם וְיַחֲלֹפוּ:

---

[231] Jakob (Anm. 207), 443, fasst בְּלֹתִי und עֶדְנָה als poetische Ausdrücke auf und geht nicht weiter darauf ein. Westermann, C., Genesis (BK I/2), Neukirchen-Vluyn 1981, 341, weist auf den Bezug zu Textilien hin, übersieht jedoch den Beleg in Ez 23,43, wenn er schreibt, dass בלה „nur an dieser Stelle" von einer Frau ausgesagt würde. Seebass, H., Genesis II/1. Vätergeschichte I (11,27 – 22,24), Neukirchen-Vluyn 1997, 124, bezeichnet Saras Vergleich als derbe Ausdrucksweise.

[232] BHS bezeichnet den ganzen Vers als verderbt, auch Zimmerli, W., Ezechiel (BK XIII/1), Neukirchen-Vluyn 1969, 535, hält den Vers für zerstört. Greenberg, M., Ezekiel 21–37 (AncB 22A), New York u.a. 1997, 473, übersetzt mit „I said: The jade [still] has adultury [in her]; now she and her harlotry harlots on".

[233] Die Wurzel חלף kommt auch sonst in der Bedeutung „die Kleider wechseln" vor, einmal wie in Ps 102 im Hif'il (Gen 35,2) und zweimal im Pi'el (Gen 41,14 und 2 Sam 12,20).

Im vorangehenden Vers wird Gott als derjenige angeredet, der Erde und Himmel geschaffen hat. In den beiden nächsten Versen wird dann die Vergänglichkeit und Wandelbarkeit von Himmel und Erde der Ewigkeit und Unwandelbarkeit Gottes gegenübergestellt.

Jes 51,6aβ: Fürwahr, die Himmel zerflattern wie Rauch,	כִּי־שָׁמַיִם כֶּעָשָׁן נִמְלָחוּ
und die Erde wird wie ein Stoffstück zerfallen;	וְהָאָרֶץ כַּבֶּגֶד תִּבְלֶה
und ihre Bewohner werden wie Fliegen sterben.	וְיֹשְׁבֶיהָ כְּמוֹ־כֵן יְמוּתוּן

Die mit dem Psalmvers vergleichbare Stelle im Jesajabuch enthält nur den Aspekt der zum Zerfall führenden Abnutzung. In Jes 51,6 werden Himmel und Erde nicht zusammen betrachtet, sondern es werden je unterschiedliche Bilder gebraucht für den Untergang beider Teile des Kosmos, für den Himmel „wie Rauch zerflattern" und für die Erde wie in Ps 102,27 „wie ein Stoffstück zerfallen". Durch den Vergleich mit der Jesajastelle wird deutlich, dass mittels des Motivs des Kleidungswechsels im Psalmvers noch einmal ein neuer Gesichtspunkt eingeführt ist. Sofern man die Sprachregeln des Textilen beachtet und im Auge behält, dass bei בגד die Betonung auf dem Textilen liegt, wird die Akzentverschiebung in der zweiten Vershälfte noch auffälliger. Durch die Mehrdeutigkeit des Wortes בגד wird ein glatter Übergang zum Gedanken des Kleiderwechsels geschaffen. Das Motiv des Kleiderwechsels hat in diesem Zusammenhang einen eigenen Reiz. Bleibt man im Bild, müssen Erde und Himmel als die Kleidung Gottes angesehen werden. Der Dichter der Verse geht diesem Gedanken jedoch nicht weiter nach, sondern verweilt bei dem Aspekt der Vergänglichkeit der geschaffenen Welt, indem er im letzten Wort noch einmal das „Vergehen" von Himmel und Erde konstatiert, dabei verwendet er die gleiche Wortwurzel wie für „wechseln" (חלף), nur in einer anderen Stammesmodifikation. Der nächste Vers knüpft direkt daran an mit einer Aussage über die Unvergänglichkeit und Unwandelbarkeit Gottes.

Die Erörterungen zur Abnutzung von Textilien können abgeschlossen werden mit der Feststellung, dass der innovative Umgang mit dieser Thematik zu der Idee einer möglichen Neuschaffung von Himmel und Erde führte – wenn auch nur in einer zarten Andeutung.

---

[234] Die passive Übersetzung von וְיַחֲלֹפוּ mit „verwandelt werden" (Luther 1984) ist für den Grundstamm nicht angemessen, vgl. die Übersetzungsmöglichkeiten in Gesenius 18. Aufl. z.St.

2.2 Teilelemente der Grammatik des Textilen: „Objekte" (Substantive)

Es werden in diesem Teil nur Textilien untersucht, für die es im Alten Testament mehr als fünf voneinander unabhängige Belege gibt. Damit unterscheidet sich das gewählte Vorgehen von dem Hönigs, der jedes Kleidungsstück, auch hapax legomena, sorgfältig untersuchte. Die Beschränkung ist berechtigt, da die Methodik der Wortfelduntersuchung, mit der hier gearbeitet wird, nur sinnvoll ist, wenn es eine Mindestmenge an Belegen gibt.

Die Strukturierung des Stoffes ähnelt der Hönigs: Zunächst werden allgemeine Begriffe für Textilien und Kleidung behandelt (2.2.1 – 2.2.4), dann spezielle Ausdrücke untersucht: zunächst schurzartige Kleidungsstücke (2.2.5), zum Schluss hemd- und mantelartige (2.2.6 und 2.2.7). Ein genauerer Vergleich zeigt jedoch, dass die Aufteilung der Termini in die einzelnen Gruppen z.T. erheblich differiert.

2.2.1 בגד: „Stoffstück", „Kleidung"

In der Forschung herrscht breiter Konsens darüber, dass בגד mit „Kleid", „Gewand" oder „Kleidung", an einigen Stellen auch mit „Decke" zu übersetzen ist[235]. Der Bedeutungsumfang von בגד muss jedoch noch genauer bestimmt und von anderen Kleidungsbezeichnungen abgegrenzt werden. Dies soll auch deshalb etwas ausführlicher geschehen, weil sich die Wörterbuchartikel zu בגד fast ausschließlich dem Verb mit der Bedeutung „treulos sein" widmen. Auch in Hönigs Monographie wird בגד nur auf knapp drei Seiten behandelt. Hönig stellte fest, dass es sich bei diesem Ausdruck um eine sehr allgemeine technische Bezeichnung für Kleidung handelt[236]. Hönig vermutete, dass בגד im Singular ein Obergewand meinte und konstatierte bezüglich der häufigeren Pluralformen: „Wenn schon die Singularformen näher zu bestimmen Mühe machte, ist es für die Pluralformen noch schwerer auszumachen, welche Art oder Arten von Kleidungsstücken der Begriff umfasst"[237]. Zwar ist die Übersetzung mit „Kleidung" in den meisten Fällen passend, die folgende Untersuchung wird jedoch zeigen, dass damit die besondere Konnotation des Begriffes בגד nicht ganz getroffen wird.

Im ersten Abschnitt dieses Kapitels wird zunächst eine überblicksartige Wortfelduntersuchung zu בגד vorgelegt (2.2.1.1), dann wird der Aspekt des allgemein Textilen genauer erörtert (2.2.1.2). Im dritten Abschnitt werden spezielle Wendungen in Verbindung mit בגד in den Blick genommen (2.2.1.3: Wechsel- und Beutekleidung). Der letzte Abschnitt ist der Untersuchung des Ausdruckes חמוץ בגדים in Jes 63,1 gewidmet (2.2.1.4).

---

[235] In Gesenius 17. Aufl. werden folgende Übersetzungsmöglichkeiten für בגד gegeben: „Kleid", „Oberkleid", „zerfallenes Kleid", „ganzer Anzug", „Witwenkleider", „heilige Kleidung", בגד könne jedoch auch „Decke" heißen und würde manchmal bildlich gebraucht. In HALAT und Gesenius 18. Aufl. werden ähnliche Vorschläge gemacht. Auch in DCH z. St. sind allgemeine englische Ausdrücke für Kleidung als Übersetzungsmöglichkeiten angegeben: „garment", „clothing", „vestment" und „cloth", was zwar auch Kleidung heißen kann, üblicherweise jedoch eher andere Textilien bezeichnet, z.B. Tücher oder Decken.

[236] Hönig (Anm. 6), 10.

[237] Hönig, 12.

2.2.1.1 Wortfelduntersuchung zu בגד

Der Ausdruck בגד kommt in 188 Versen des Alten Testaments vor[238]. בגד ist ein Allerweltswort und fehlt nur in wenigen Büchern (Jos, Ruth, Hhld, Dan, Ob, Jon, Mi, Nah und Zeph). Es gibt sogar eine Bezeugung in der außerbiblischen althebräischen Epigraphik[239].

Im Folgenden wird von einer ganz breiten Bedeutung von בגד ausgegangen, für die die Übersetzung „Stoffstück" oder im Plural „Textilien"[240] gewählt wird. Damit unterscheidet sich das hier gewählte Vorgehen von den herkömmlichen Ansätzen. Üblicherweise wird von der Grundbedeutung „Kleidung" ausgegangen. Nur, wenn ein Verständnis von בגד als „Kleidung" an der entsprechenden Stelle nicht möglich ist, wird auf Begriffe wie „Decke" oder „Tuch" ausgewichen[241]. Der umgekehrte Weg ist vermutlich der Wahrnehmung der Erstrezipienten angemessener: Immer, wenn nichts dagegen spricht, wird unspezifisch mit „Stoffstück" übersetzt. Nur, wenn sich aus dem Kontext erschließen lässt, dass die Textilien zu Bekleidungszwecken Verwendung fanden, wird mit „Kleidung" übersetzt.

Um einen besseren Überblick über die Verwendungsweise von בגד zu gewinnen, ist es hilfreich, die 188 Verse, in denen das Wort vorkommt, zu ordnen: Man kann 96 verschiedene Zusammenhänge unterscheiden[242]. Diese knapp 100 Belege lassen sich nun weiter unterteilen: Ca. 22 Belege beziehen sich auf das Zerreißen von Kleidung und andere Minderungsriten. Die Gruppe ist dadurch ausgezeichnet, dass die Textilien immer die Funktion von Bekleidung haben. Dieser Komplex wird im dritten Hauptteil ausführlich behandelt (siehe unten 3.2). Etwa 20 Belege (bestehend jeweils aus zahlreichen Einzelversen) gehören zum Komplex des Kultes, der im vierten Hauptteil untersucht wird (vgl. zu בגד besonders 4.2.3). Etwa zehn Belege können unter dem Stichwort „Textilien als Kostbarkeit" zusammengefasst werden. Die übrigen Belege können z.T. noch in kleinere Gruppen eingeteilt werden, z.B. gibt es fünf Stellen zum Thema „Verkleidung", jeweils vier Belege zu „Pfandrecht" und „Abnutzen/Verschleißen von Textilien", dreimal wird בגד mit Abstraktbegriffen verglichen. Ca. 30 Vorkommen,

---

[238] DCH zählt 215 Belege in der BHS. Die Differenz ergibt sich daraus, dass es einige Verse gibt, in denen בגד mehrfach vorkommt. Hier nicht berücksichtigt sind die zwei Vorkommen von בגד in der Bedeutung „Treulosigkeit" (Jes 24,16 und Jer 12,1). Beide Vorkommen sind stark von Wortspielen geprägt.

[239] Es ist hier nicht der Ort, die Bedeutung des Ostrakon 1 aus Meṣad Ḥāšavyāhū zu diskutieren, vgl. dazu Renz, J., Die althebräischen Inschriften. Teil 1: Text und Kommentar (Handbuch der althebräischen Epigraphik I), Darmstadt 1995, 315f. und Schüle, A., Die Syntax der althebräischen Inschriften. Ein Beitrag zur historischen Grammatik des Hebräischen (AOAT 270), Münster 2000, 173ff.

[240] Leider gibt es keine Singularform von „Textilien".

[241] Ein gutes Beispiel für diesen Ansatz bietet Hönig: Die Stellen, an denen es keine andere Möglichkeit gibt, als בגד mit „Decke" zu übersetzen, fügte er unter der Überschrift „Besonderes" als Anhang an seine Überlegungen zu בגד als Kleidung an, vgl. Hönig, 12.

[242] Dabei sind jeweils Parallelstellen zusammengefasst sowie Verse, die sich auf dieselben Textilien beziehen. Bsp. Josephsgeschichte: Die Verse Gen 39,12–13+15–16+18 werden als ein Beleg für בגד zusammengefasst, es handelt sich in allen Versen um Josephs Kleidungsstück, das in die Hände von Potiphars Frau gelangt und von ihr als Nachweis einer versuchten Vergewaltigung verwendet wird. Die beiden weiteren Verse der Josephsgeschichte, in denen בגד vorkommt, zählen jeweils als eigenständige Belege: Gen 37,29: Ruben zerreißt seine Kleider, weil er Joseph nicht im Brunnen vorfindet und Gen 41,42: Joseph wird vom Pharao mit kostbaren Gewändern eingekleidet.

also etwa ein Drittel der Belege, können verstanden werden, ohne dass für בגד die Übersetzung „Bekleidung" gewählt wird.

Für die These, dass בגד ein ganz allgemeiner Begriff für Textilien ist, spricht, dass בגד im Gegensatz zu anderen Termini für Textilien und Kleidungsstücke relativ häufig mit einer Näherbestimmung gebraucht wird[243]. Es gibt dafür ca. 25 Belege, also mehr als ein Viertel aller Vorkommen[244]. Nicht berücksichtigt sind dabei pronominale Näherbestimmungen wie „sein", „ihre" usw. Die Näherbestimmung kann sich auf die Funktion der Textilien beziehen: Witwenkleidung (Gen 38,14.19), Gefängniskleidung (2 Kön 25,29; Jer 52,33), Trauerkleidung (2 Sam 14,2). Auch „heilige Textilien" gehören in diese Kategorie. Es wird damit ausgesagt, dass die Textilien zur Verwendung im Heiligtum gebraucht werden können. Dass auch בד hierher gehört und nicht eine Materialangabe ist, soll erst im vierten Hauptteil gezeigt werden (siehe unten 4.2.2). Zahlreicher sind Näherbestimmungen, die über die besondere Beschaffenheit der Textilien Auskunft geben (die kostbaren [חמוד] Kleider Esaus, die seine Mutter in Verwahrung hat [Gen 27,15] , die „Prachtgewänder" [בגדי תפארת], mit denen sich zu bekleiden „Jerusalem" aufgefordert wird [Jes 52,1]). Manchmal wird die Tatsache, dass es sich um kostbare Textilien handelt, dadurch ausgedrückt, dass das wertvolle Ausgangsmaterial angegeben wird: Joseph wird vom Pharao mit feinleinenen (שש) Kleidern ausgestattet (Gen 41,42), die Decken, mit denen das Mobilheiligtum transportfähig gemacht wird, sind purpur- und karmesinverzierte[245] Tücher (Num 4,7–4,13), ähnlich auch Ri 8,26 (die erbeuteten Purpurkleider der midianitischen Könige). Auch die „neutralen" Materialangaben „leinen" und „wollen" kommen vor: Lev 13,47.59 und Ez 44,17. Weitere Möglichkeiten der Näherbestimmung von Textilien sind Angaben zur Machart: „buntgemustert"[246] (רקמה) in Ez 16,18 und Ez 26,16 oder zum Zustand der Kleidung: „Schmutzig" (צאי) sind die Kleider des Hohenpriesters Josua, die er gegen saubere austauschen darf (Sach 3,3f.). Auch Jes 64,5 wird mit „befleckte Kleidung" übersetzt. Selten sind Angaben zur Herkunft der Textilien: Auf gepfändeten Kleidern sitzen diejenigen, die Amos anklagt (Am 2,8)[247].

An einigen Stellen ist unklar, was genau gemeint ist. In Ez 27,20 findet sich der Ausdruck בְּבִגְדֵי־חֹפֶשׁ לְרִכְבָּה innerhalb der Klage über Tyrus. Da רכבה von der Wurzel רכב („reiten") abgeleitet ist, wird es sich bei den Textilien vielleicht um Satteldecken handeln, aber was das חֹפֶשׁ bedeuten soll, ist ganz unsicher.

---

[243] Ein Beispiel aus dem Deutschen mag das Phänomen illustrieren: Der Begriff „Wäsche" kann als allgemeiner Ausdruck für Textilien benutzt werden. Durch Näherbestimmungen ist eine Präzisierung möglich (Unterwäsche, Bettwäsche, Tischwäsche).

[244] Ein Sonderfall ist die Konstruktion חלפת בגדים, die sich in Ri 14,12f. und 2 Kön 5,5.22f. findet und in der בגד im status absolutus steht, siehe dazu unten 2.2.1.3.

[245] Warum es sich höchstwahrscheinlich bei שני תולעת בגד, בגד תכלת und בגד ארגמן nicht um *rein* purpurne oder karmesinfarbene Decken handelt, ist oben im Abschnitt 1.5.3.2 erläutert worden.

[246] Siehe dazu Genaueres oben 1.5.4.2.2.

[247] An dieser Stelle ist „gepfändet" eine Apposition, das Wort ist nicht so eng wie in einer constructus-Verbindung mit בגד verbunden.

2.2.1.2 בגד als allgemeine Bezeichnung für Textilien

Die Aussatzvorschriften für Textilien in Lev 13f. und damit verwandte Texte sind geeignet, den Bedeutungsumfang von בגד weiter zu präzisieren. Es sind in den meisten Fällen „Textilien" im engeren Sinne gemeint, also gewebter Stoff im Gegensatz zu Fell und Leder. Das lässt sich daraus schließen, dass an vielen Stellen neben בגד עור genannt wird. Bevor diese Stellen genauer untersucht werden, sollen jedoch zwei Belege in den Blick kommen, bei denen בגד wahrscheinlich „Textilien im weiteren Sinne" bedeutet.

In der Einleitung zu den Aussatzvorschriften für Textilien in Lev 13,47 wird in einer casus-pendens-Konstruktion בגד im Singular mit Artikel gebraucht. Es ist unwahrscheinlich, dass an dieser Stelle auf etwas zurückgewiesen wird[248]. Es muss sich um eine Determination handeln, die einen Stoff oder eine Gattung bezeichnet[249]. Auch in der zusammenfassenden „Unterschrift" zu allen Aussatzgesetzen in Lev 14,54–57 findet sich eine ähnlich weitgefasste Bedeutung von בגד. In Lev 14,55 heißt es, dass das Vorangehende לצרעת הבגד (התורה) sei, also das Gesetz bezüglich des Aussatzes von Textilien. Mit dieser Wendung sind die Aussatzvorschriften in Lev 13 gemeint, in denen nicht nur בגד, sondern auch עור, שתי und ערב genannt werden.

Im Folgenden sollen die einzelnen Gesetze zum Aussatz von Textilien in Lev 13,47–59 untersucht werden. Im weiteren Verlauf von Lev 13,47ff. wird „Textiles allgemein" (הבגד) aufgeteilt in die vier Kategorien בגד (jetzt ohne Artikel bzw. Determination!), שתי, ערב und עור. Die beiden Kategorien בגד und עור werden in einigen Versen, z.B. den einleitenden Versen Lev 13.47f. noch einmal untergliedert in Wolltextilien (בגד צמר) und Leinentextilien (בגד פשתים) bzw. Leder/Fell und Lederprodukte (z.B. כל-מלאכת עור). Die Bezeichnung ערב wird in Vers 48 nicht mit או untergliedert, sondern mit ל präzisiert: ערב לפשתים ולצמר. Das könnte ein Hinweis darauf sein, dass ערב an dieser Stelle – abgeleitet von der Verbbedeutung „sich vermengen" – „Gemisch" heißt und zu übersetzen wäre: ein Gemisch aus Leinen und Wolle[250]. Die auffällige Vertauschung der Reihenfolge, zuerst „leinen" dann „wollen", könnte damit erklärt werden, dass im Prozess der Herstellung zuerst die leinenen Kettfäden auf dem Webstuhl installiert werden, in die dann die wollenen Schussfäden eingebracht werden. Was könnte jedoch שתי bedeuten? שתי und ערב werden gewöhnlich als etwas Zusammengehöriges aufgefasst. Eine Übersetzungsmöglichkeit ist „Gewebe" und „Gewirktes" (im Sinne von „Gestricktes")[251]. Auf die LXX geht die Wiedergabe mit „Kette" und „Schuss/Einschlag" zurück. Diese Interpretation wird in der rabbinischen Auslegung bevorzugt[252]. Für שתי legen jedoch verwandte Wörter in anderen semitischen

---

[248] Möglich wäre auch ein Rückbezug auf die zerrissenen Kleider des Aussätzigen in Lev 13,45, aber dort wird בגד im Plural verwendet. Vom Kontext her ist klar, dass mit Vers 47 ein neuer Abschnitt anfängt.

[249] Vgl. Gesenius-Kautzsch, §126, l–n, wenn auch die Bibelstelle nicht als Beispiel aufgeführt ist.

[250] Wahrscheinlich ist ein Mischgewebe aus Wollgarn und Leinengarn gemeint und nicht ein verbotenes Mischgarn. Problematisch ist jedoch Lev 13,52, wo die Kategorie ערב mit או in „wollen" und „leinen" untergliedert ist. Es könnte sein, dass in diesem Vers die Näherbestimmung „verrutscht" ist und sich ursprünglich auf בגד bezog, so wie in Lev 13,59, in Lev 13,52 fehlt nämlich die Näherbestimmung von בגד.

[251] So z.B. Gesenius 17. Aufl. bei ערב.

[252] Vgl. dazu Dalman, G., Arbeit und Sitte in Palästina. Bd. 5: Webstoff, Spinnen, Weben, Kleidung, Gütersloh 1937, 103: „Da auch im Späthebräischen beide Ausdrücke stets für Kette und Einschlag verwandt

Sprachen, z.B. das akkadische šatû, das „weben" bedeutet[253], nicht nahe, dass es sich um so spezifische Ausdrücke handelt. Eher scheint die LXX-Übersetzung der Versuch zu sein, unbekannten Wörtern einen Sinn abzugewinnen. Es ist jedoch nicht einsichtig, dass es so wichtig sein soll, ob die Kett- oder Schussfäden verschimmelt sind[254]. Die Zusammengehörigkeit von שתי und ערב kann jedoch mit guten Gründen hinterfragt werden: Bei ערב wird eine Materialpräzision – „leinen" und „wollen" – vorgenommen, bei שתי dagegen nicht – vielleicht, weil eine solche nicht nötig war, da schon aus dem Wort selbst hervorging, dass nur ein bestimmtes Material gemeint sein konnte[255].

Einen Hinweis, welches Material gemeint sein könnte, gibt Num 31,20. Dort findet sich eine weitere Zusammenstellung von Gebrauchsgegenständen. Es geht an dieser Stelle um die Entsündigung von Gegenständen, die im Krieg erbeutet worden waren. Neben den beiden üblichen Bezeichnungen בגד und עור findet sich der Ausdruck כל־מעשה עזים, außerdem werden noch Holzgeräte genannt. In Lev 11,32 gibt es eine ähnliche Aufzählung. Es geht um die Kontamination von Gebrauchsgegenständen durch das Aas unreiner Tiere. Neben בגד und עור werden hier noch שק und nicht näher spezifizierte Werkzeuge genannt. Man kann folgende Übersicht aufstellen:

Beleg	1. Kategorie	2. Kategorie	3. Kategorie	4. Kategorie
Lev 11,32[256]	בגד	עור	שק	"Werkzeuge"
Lev 13,49[257]	בגד	עור	שתי	ערב
Num 31,20	בגד	עור	עזים	"Holzgeräte"

Aus der Tabelle kann abgeleitet werden, dass auch שק und שתי Bezeichnungen für Ziegenhaargewebe sind. Um diese Vermutung zu stützen, seien folgende Überlegungen zusammengetragen:

- Bei der Beschreibung der Vorbereitungen zur Fertigung des Zeltheiligtums wird das Spinnen von Ziegenhaar in einem eigenen Satz erwähnt (Ex 35,26) und damit von der Verarbeitung anderer Fasern aus Wolle und Leinen (Purpur, Karmesin und Feinleinen) abgegrenzt (Ex 35,25). Die Fertigkeit des Ziegenhaarspinnens war eine andere als die der Verarbeitung der vorher genannten Fasern – Ziegenhaare sind sehr viel kürzer als Flachs- und Wollfasern und deshalb schwerer zu verspinnen.

---

werden, ist an dieser Bedeutung derselben nicht zu zweifeln". Milgrom, J., Leviticus 1–16 (AncB 3), New York u.a. 1991, 810, stimmt dem zu.

[253] Vgl. dazu HALAT z. St. und von Soden, W., Akkadisches Handwörterbuch (im Folgenden: AHw) III, Wiesbaden 1981 zu šatû (III), dort wird die Grundbedeutung „(Fäden) knüpfen" angegeben.

[254] Die Tatsache, dass ein getrenntes Verschimmeln von Kett- und Schussfäden prinzipiell möglich ist, wertet Milgrom, 810, als Argument für die Richtigkeit der Übersetzung von שתי als „Kette" und ערב als „Schuss". Mich überzeugt die Argumentation nicht. Es ist für die Feststellung des Schimmelbefalls völlig gleichgültig, ob sich der Schimmel in den Kett- oder Schussfäden zeigt.

[255] Ein Beispiel: Früher wurde Nesselstoff aus Brennnesselfasern hergestellt, eine Näherkennzeichnung war also überflüssig, weil Nesselstoff nie aus Wolle oder Leinen war. Danach war „Nesselstoff" aus naturfarbener Baumwolle, so dass sich ebenfalls eine Näherkennzeichnung erübrigte. Nur in jüngster Zeit gibt es wieder „echten" Nesselstoff aus Brennnesseln, so dass heute tatsächlich eine Spezifizierung nötig wäre.

[256] Hier werden außerdem noch Holzgeräte genannt. Sie stehen vor בגד an erster Stelle der Auflistung.

[257] Die gleiche Reihenfolge findet sich in Lev 13,56, sonst kommt Fell/Leder an letzter Stelle: Lev 13,47f.51.52f.57–59. Diese Vertauschung ist eigentlich auch sachgemäßer, denn Fell/Leder ist noch einmal weniger textil als die anderen genannten Produkte.

- Betrachtet man die relativ wenigen Stellen, an denen Ziegenhaarprodukte vor-kommen, fällt auf, dass sich an keiner Stelle die Verbindung עזים und בגד findet. Man kann daraus schließen, dass ein Stoff aus Ziegenhaar prinzipiell kein בגד war, sondern als עזים, שק oder vielleicht auch als שתי bezeichnet wurde.
- Dafür, dass der שק aus Ziegenhaar gefertigt wurde, gibt es zahlreiche Hinweise, z.B. seine dunkle Färbung oder seine grobe Struktur[258]. Die Tatsache, dass in den beiden mit Lev 13 vergleichbaren Aufstellungen von Gebrauchsgegenständen Zie-genhaarprodukte aufgeführt sind, macht es wahrscheinlich, dass auch in den präzi-seren Aussatzvorschriften Ziegenhaar nicht fehlen durfte.

Aber auch, wenn שתי nicht mit Ziegenhaarstoff zu übersetzen sein sollte, kann auf-grund der beiden anderen Belege geschlossen werden, dass im Klassifikationssystem des Alten Israel Ziegenhaarprodukte eine eigene Kategorie des Textilen bildeten, die sich von Produkten aus Wolle oder Flachs/Leinen unterschied. In der heutigen Textil-produktion wird – wie im Alten Israel – Ziegenhaar zusammen mit Rinder- und Pfer-dehaar der Kategorie „grobe Tierhaare" zugeordnet. Weitere Kategorien sind „Wolle" und „feine Tierhaare" (unter letzterer finden sich auch spezielle Ziegenhaarsorten, z.B. von der Kaschmir- und Mohairziege). Die Einteilung, die sich im Alten Testament findet, ist also durchaus sachlich angemessen.

Die Kategorisierung von Textilien im weiteren Sinne in die drei Gruppen „Textilien im engeren Sinne", „Ziegenhaarprodukte" und „Leder" findet sich auch im nachalttesta-mentlichen Hebräisch. Im Berachot-Traktat des babylonischen Talmud gibt es zur Frage, welche Mindest-Bekleidung nötig ist, um das „Höre Israel" zu lesen, folgende Bemerkung (Ber 24b)[259]:

Ist ein Gewand aus Kleiderstoff, aus Leder, aus Sackleinwand um seine Hüften gegürtet, so ist es erlaubt, das Šemā zu lesen.

היתה טליתו של בגד ושל עור ושל שק
חגורה על מתניו מותר לקרוא קרית שמע

Es ist leicht zu erkennen, dass die Auflistung den oben untersuchten Pentateuch-Texten ähnelt. Noch deutlicher als in den Bibeltexten verbietet sich die Bedeutung „Klei-dung/Gewand" für בגד[260]. Die von Goldschmidt gewählte Übersetzung „Kleiderstoff" ist dagegen treffend, wahrscheinlich ist damit Woll- oder Leinenstoff gemeint.

Aufschlussreich ist die Verwendung von צמר als Synonym für בגד in Jes 51,8. Auch an dieser Stelle steht der Aspekt des Textilen bei dem Begriff בגד im Vordergrund. Die Übersetzung „Stoffstück/Textilien" trifft an dieser Stelle das Gemeinte besser als die übliche Wiedergabe von בגד mit „Kleid" oder „Kleidung".

2.2.1.3 Wechselkleider und Beutekleidung

Der Terminus „Wechselkleider" kann für die Konstruktion חלפת בגדים verwendet werden, die sich in Ri 14,12f. und 2 Kön 5,5.22f. findet. Ähnlich ist die Verwendung

---

[258] Vgl. dazu Dalman (Anm. 252), 5 und 17f.

[259] Mischna-Traktat „Berachot" des babylonischen Talmud. Die Seitenzählung (Vorderseite:a; Rückseite:b) richtet sich nach der Ausgabe von Daniel Bomberg (Venedig 1520–23), vgl. dazu Bergler, S., Talmud für Anfänger: ein Werkbuch (Schalom-Bücher 1), Hannover 1992, 68f. Hebräischer Text und Übersetzung aus Goldschmidt, L. (Hg.), Der babylonische Talmud. Erster Band, Haag 1933, 89.

[260] Bei Dalman, G., Aramäisch-neuhebräisches Handwörterbuch zu Targum, Talmud und Midrasch, Hildes-heim ²1938 (ND 1967) ist allerdings als Übersetzung für בגד „Gewand" angegeben.

von חלפה in Gen 45,22. Dort wird חלפה allerdings zusammen mit שמלה gebraucht, wodurch noch einmal die semantische Nähe von בגד und שמלה deutlich wird[261]. Die ungewöhnliche Konstruktion kann in der Übersetzung kaum deutlich gemacht werden. „Wechsel der Kleider" statt „Wechselkleider" ist zwar wörtlicher, aber nicht sachgemäßer. Sind die „Wechselkleider" innerhalb eines Kontextes erst einmal eingeführt, kann חלפה auch absolut stehen bzw. als Ellipse für חלפת בגדים (vgl. Ri 14,19).

Die Übersetzung mit „Wechselkleider" ist der gebräuchlicheren Wiedergabe von חלפת בגדים/שמלת mit „Fest- oder Feierkleider" vorzuziehen. Die Etymologie spricht für „Wechselkleider", da חלפה eine Nominalbildung der Wurzel חלף ist, die im Pi‘el und Hif‘il „austauschen", „auswechseln" bedeuten kann und viermal im Kontext des Kleiderwechsels Verwendung findet: im Pi‘el in Gen 41,14 und 2 Sam 12,20, im Hif‘il in Gen 35,2 und Ps 102,27, nur hier mit לבוש, sonst immer mit שמלה konstruiert. Die Konnotation „Feierkleid" klingt aber durchaus an, besonders bei den Pi‘el-Belegen, wo jeweils der Wechsel der Kleidung eine Statuserhöhung anzeigt (Entlassung Josephs aus dem Gefängnis, Aufheben des Minderungszustandes nach dem Tod seines Kindes bei David), und kann in Gen 35,2 zumindest erahnt werden: Die Leute Jakobs sollen sich „fein machen" für den Gottesdienst in Bethel, indem sie sich von Fremdgötterbildern trennen, sich reinigen und die Kleider wechseln. Ob man diese Konnotation auch in Ps 102,27 wiedererkennen will, ist Geschmackssache: Vielleicht hat der Dichter dieses Verses nach dem Vergehen dieser Welt eine „höhere" Schöpfung erhofft oder ersehnt und hat dies durch die Wahl des Wortes anklingen lassen. Bei der Nominalbildung חלפה ist der Aspekt der „Feierkleider" in Gen 45,22 und 2 Kön 5,5 deutlich erkennbar. In der Geschichte von Simsons Hochzeitswette ist aber davon auszugehen, dass es sich bei der geraubten Kleidung, mit der Simson seine Wettschuld bezahlte, nicht um besondere Gewänder gehandelt hat. Es ist unwahrscheinlich, dass sich die 30 Erschlagenen gerade in Festgarderobe befanden. Simson hat sicher einfach die erstbesten Menschen erschlagen und beraubt[262].

In Ri 14,19 kommt ein Terminus für Kleidung vor, die einem erschlagenen Feind abgenommen wird, nämlich חליצה. Dieses Wort ist auch in 2 Sam 2,21 belegt. Der Vermutung, es handele sich hier um die Bezeichnung für einen Kampfgürtel oder -schurz ist zu widersprechen[263]. Aus der Geschichte von Simsons Wette geht deutlich hervor, dass Simson nicht an Kampfgürteln interessiert war, sondern an Kleidung, mit der er seine Wettschuld begleichen konnte. Diese wird im Kontext der *Erbeutung* חליצה genannt, im darauf folgenden Satz aber als חלפה bezeichnet. Dort kommt es auf die *Funktion* der Kleidung an und nicht auf die Art ihrer Beschaffung. Sie soll als Wechselkleidung für die Gewinner der Wette dienen. Das Verb חלץ ist in der Bedeutung

---

[261] Siehe dazu mehr im nächsten Kapitel unter 2.2.2.1.

[262] Es ist auch möglich, dass in der ursprünglichen Vereinbarung tatsächlich bessere Kleidung gemeint war, Simson sich aber nicht daran gehalten hat – von den versprochenen 30 „Hemden" wird jedenfalls nichts mehr berichtet. Die Gäste haben offensichtlich nicht darauf bestanden, vielleicht, weil sie die Herkunft der 30 „Wechselkleider" argwöhnten und Simson nicht noch zusätzlich verstimmen wollten.

[263] Dass es sich bei der חליצה um einen Ringergürtel gehandelt habe, wurde erstmals von C. H. Gordon behauptet, vgl. Gordon, C. H., Belt-Wrestling in the Bible World, HUCA 23/1 (1950f.), 131–136. Die Idee fand Eingang in Wörterbücher (HALAT z.St., aber nicht Gesenius 18. Aufl.) und Kommentare (z.B. Stoebe, H. J., Das zweite Buch Samuelis [KAT 8/2], Gütersloh 1994, 110).

„ausziehen" gut bezeugt, so dass es keinen Grund gibt, hier einen Kampfgürtel anzunehmen, den Simson den Erschlagenen abgenommen haben soll[264]. Die Untersuchung zeigt deutlich, dass das Berauben von Leichen jedenfalls zu bestimmten Zeiten in der Geschichte Israels ganz üblich und wohl auch ethisch nicht verwerflich war. Es gibt einige Stellen, an denen das Verb der Wurzel פשט mit der Grundbedeutung „ausziehen" mit „ausplündern" (von Erschlagenen) übersetzt wird (vor allem im Pi'el z.B. 1 Sam 31,8 oder 2 Sam 23,10). Diese Übersetzung ist zwar nicht falsch, überdeckt jedoch die für uns sehr abstoßende Vorstellung, dass die Erschlagenen nicht nur ihrer Wertsachen beraubt, sondern ganz wörtlich bis auf die Haut ausgezogen wurden. Auch die Notiz in 1 Sam 27,9, David habe bei seinen Raubzügen während seiner Zeit in Achisch niemanden am Leben gelassen und Kleinvieh, Rinder, Esel, Kamele und Textilien mitgenommen, muss dahingehend interpretiert werden, dass die Textilien vor allem die Kleidung der ermordeten Bewohner waren. An der Tatsache, dass Leichenberaubung üblich war, wird auch noch einmal deutlich, wie wertvoll Textilien waren.

2.2.1.4 Die stinkenden und schmutzigen Kleider Gottes: Jes 63,1–6

Die Bedeutung der Kleidung in der kurzen Sequenz vom Keltertreter in Jes 63,1–6 bedarf einer gründlichen Untersuchung. Für die Thematik des Textilen sind nur die ersten drei Verse wichtig. Die Übersetzung wird weiter unten erläutert.

Jes 63,1a : Wer ist der, der von Edom kommt, in säuerlicher Kleidung von Bozra? Dieser ist prächtig in seinem Gewand, gebeugt in der Fülle seiner Kraft.	מִי־זֶה בָּא מֵאֱדוֹם חֲמוּץ בְּגָדִים מִבָּצְרָה זֶה הָדוּר בִּלְבוּשׁוֹ צֹעֶה בְּרֹב כֹּחוֹ
Jes 63,2 Warum ist Rot an deinem Gewand und sind deine Kleider wie die eines Keltertreters ?	מַדּוּעַ אָדֹם לִלְבוּשֶׁךָ וּבְגָדֶיךָ כְּדֹרֵךְ בְּגַת׃
Jes 63,3 Ich habe die Kelter allein getreten, und von den Völkern war kein Mensch bei mir. Ich zertrat sie in meinem Zorn und zerstampfte sie in meiner Erregung. Und ihr Saft spritzte auf meine Kleider, und ich besudelte mein ganzes Gewand.	פּוּרָה דָּרַכְתִּי לְבַדִּי וּמֵעַמִּים אֵין־אִישׁ אִתִּי וְאֶדְרְכֵם בְּאַפִּי וְאֶרְמְסֵם בַּחֲמָתִי וְיֵז נִצְחָם עַל־בְּגָדַי וְכָל־מַלְבּוּשַׁי אֶגְאָלְתִּי׃

Es finden sich zwei verschiedene Begriffe für Kleidung (בגד und לבוש), die als Synonyme angesehen werden können. Dies geht aus dem synonymen parallelismus membrorum in Jes 63,2 hervor.

In Vers 1 findet sich der Ausdruck חֲמוּץ בְּגָדִים[265]. Auf die Idee, dies mit „rötliche Kleidung" oder „rotgefärbte Gewänder" wiederzugeben, ist man wohl durch die LXX gekommen[266]. Die Übersetzer der LXX haben den merkwürdigen Ausdruck wahrscheinlich mit Hilfe des nächsten Verses gedeutet. Dort wird gefragt, warum die Gewandung (לבוש) rot (אדם) sei und die Kleidung wie die eines Keltertreters. Aus חמוץ kann aber keinesfalls auf Röte geschlossen werden[267]. Wenn schon vorher die Vorstel-

---

[264] Gordon weist zur Stützung seiner These auf das akkadische Wort ḫilṣu hin, das „Gürtel" heißen soll (Gordon, 132), allerdings ist ein solches Wort weder in AHw noch in CAD aufgeführt.

[265] Die Konstruktion ist ungewöhnlich, da hier בגדים als Nomen rectum fungiert. Sonst hat בגד die Position des Nomen regens, die andere Ausnahme ist der Ausdruck „Wechselkleidung" (siehe oben 2.2.1.3).

[266] Luther (1984): „rötlich"; Einheitsübersetzung: „rot gefärbt".

[267] Noch weniger ist eine Assoziation mit „grellrot" vorstellbar (Elberfelder Bibel). Für diesen Farbton hatte man die Bezeichnung תּוֹלַעַת שָׁנִי und später כַּרְמִיל. Der Übersetzungsvorschlag stammt aus modernen

lung von etwas Rotem evoziert worden wäre, könnte vielleicht an Rotweinessig gedacht worden sein. Ohne jegliche „Vorwarnung" evozierte der Ausdruck חמוץ den
Gedanken an etwas Saures oder Säuerliches. Die Grundbedeutung von חמץ ist nämlich
„sauer sein" (im Alten Testament vor allem bezogen auf Sauerteig und Essig). Man
muss bei der Interpretation der Stelle bedenken, dass dies der Einleitungssatz einer
Sequenz ist, in der sich der Sinn des Wahrgenommenen erst allmählich aufklärt. Die
üblichen Deutungen sind auf das optisch Wahrgenommene fixiert. Man kann aber
etwas Saures nur schmecken oder riechen. An dieser Stelle geht es um einen olfaktori-
schen Sinneseindruck[268], nämlich den sauren Geruch der Kleidung des Ankommenden.
Dann ist auch die Konstruktion des Ausdrucks nicht mehr verwunderlich, und es erschließt sich folgender Sinn: „Wer ist es, der kommt von Edom? (Wer nähert sich) in
säuerlich riechender Kleidung von Bozra?". Wir geruchsempfindlichen Menschen von
heute finden die Vorstellung einer sich durch unangenehmen Geruch ankündigenden
Näherung Gottes befremdlich, aber die Wortwahl lässt keinen anderen Schluss zu. Die
Frage, woher der säuerliche Geruch der Kleidung kam, klärt sich in Jes 63,2. Dort wird
die Gewandung des Herannahenden als Kleidung eines Keltertreters identifiziert. Tatsächlich verursacht Traubenmost, der in einen Gärungsprozess übergegangen ist, einen
ganz spezifischen, unangenehm säuerlichen Geruch, der gut an Textilien haftet, besonders, wenn diese mit dem Traubenmost bespritzt wurden[269].

Jes 63,2 ist als Frage an die nun herangekommene Person gestaltet und gilt dem Zustand ihrer Kleidung: „Warum ist etwas Rötliches an deiner Gewandung und sind deine
Kleider wie die eines Keltertreters?". Es stellt sich also heraus, dass die Kleidung nicht
nur stinkt, sondern auch schmutzig ist, nämlich rote Flecken hat. Das an dieser Stelle
verwendete Wort für „rötlich" (אדם) wird nie für die Beschreibung von gefärbter
Kleidung verwendet, als Farbton von Textilien kommen ארגמן und תולעת שני
(כרמיל) in Frage. Es wird durch die Wahl von אדם verhindert, dass sich die Erstrezipienten rotgefärbte Textilien vorstellten. Vielleicht ist auch ein Wortspiel mit dem aus
denselben Konsonanten gebildeten „Edom" intendiert.

Die Antwort auf die Frage nach dem Zustand der Kleidung nimmt das Bild des Keltertreters auf, allerdings mit einem anderen Wort für Kelter (פורה) und gibt eine Erklärung für die schmutzige Kleidung (Jes 63,3) . Der Keltertreter hat sie – wahrscheinlich
die Bewohner von Edom und Bozra – in seiner Wut zertreten und zerstampft. Dabei –

Wörterbüchern: HALAT z.St.: „grell gekleidet", Gesenius 18. Aufl. z.St.: „mit grellen (roten) Kleidern". Es
wird dabei auf den griechischen und lateinischen Text sowie auf Gradwohl, R., Die Farben im Alten Testament. Eine terminologische Studie, Berlin 1963, 22f., verwiesen. Alle, die sich mit dem Ausdruck
חֲמוּץ בְּגָדִים beschäftigen, hinterfragen gar nicht, dass es sich um eine *Farb*bezeichnung handelt, auch,
wenn als Wurzel חמץ („sauer sein") angenommen wird. Es werden dann verschiedene Vorschläge gemacht, wie man von „sauer" zu „gefärbt" kommt, z.B. über sauer -> scharf -> scharffarbig -> grell. Vgl.
z.B. Kellermann, D., Art. חמץ, ThWAT II (1977), 1061–1068 (1066ff.). Auch Koole, J. L., Isaiah III, Vol.
3 / Isaiah 56–66 (HCOT), Leuven 2001, 332 meint: „The meaning must be a bright, intense colour".
[268] Die Thematisierung des Kleidergeruches ist nicht singulär, alle anderen Stellen handeln allerdings vom
angenehmen Geruch der Textilien.
[269] An dieser Stelle zeigt sich, wie wichtig alltägliche Erfahrungen für das Verständnis der Texte sein
können. Ich selbst war nie in einer Kelterei, wusste deshalb von dem spezifischen Keltereigeruch nichts und
vermutete, es handele sich um Schweißgeruch. Ich verdanke den Hinweis darauf Stefan Timm. Zur Entstehungszeit des Textes gehörte der Keltereigeruch zu den alltäglichen Erfahrungen.

so geht es weiter – spritzte ihr Saft[270] auf seine Kleider und seine ganze Gewandung wurde befleckt. Das hier für „beflecken" gewählte Wort גאל ist negativ konnotiert und kann sowohl für Blutschuld (z.B. Jes 59,3) als auch für kultische Verunreinigung (z.B. Dan 1,8) stehen.

2.2.2 שלמה/שמלה: „Tuch", „Kleidung"

שמלה mit der Nebenform שלמה ist die zweite allgemeine Bezeichnung für Textilien. Es gibt insgesamt 44 Belege (28 für שמלה und 16 für שלמה, wobei keine Bedeutungsunterschiede [mehr] zu erkennen sind)[271]. Bei der Verteilung der Vorkommen auf die Bücher des Alten Testaments fällt eine Häufung in Dtn und Jos auf. Insgesamt 12 Belege (8 in Dtn und 4 in Jos), also mehr als ein Viertel der Gesamtmenge, sind dort zu finden. בגד ist dagegen mit einer Stelle in Dtn und keiner in Jos nur spärlich vertreten[272].
Der Wortfelduntersuchung zu שלמה/שמלה (2.2.2.2) ist ein Vergleich zwischen בגד und שלמה/שמלה (2.2.2.1) vorausgeschickt, da sich so die Eigenart von שלמה/שמלה besser fassen lässt. Im letzten Abschnitt des Kapitels (2.2.2.3) wird die Rolle der שלמה/שמלה innerhalb einer Zukunftsbeschreibung Jesajas (Jes 3,6f.) sowie in der Episode von Noahs Trunkenheit genauer beleuchtet (Gen 2,23).

2.2.2.1 Vergleich zwischen בגד und שלמה/שמלה

Manches spricht dafür, dass בגד und שלמה/שמלה synonym gebraucht wurden. Es finden sich für שלמה/שמלה ähnliche Verwendungszusammenhänge wie die unter 2.2.1.1 für בגד genannten, z.B. das Zerreißen von Kleidung als Minderungsritus, Kleidung zusammen mit Edelmetallen als Kostbarkeit, Kleidung im Pfandrecht oder das Abnutzen von Textilien. Um zu entscheiden, wie stark sich die Bedeutungen von בגד und שלמה/שמלה überschneiden und ob nicht doch Unterschiede zu erkennen sind, müssen die beiden Begriffe genauer miteinander verglichen werden.
בגד und שלמה/שמלה kommen – anders als man vielleicht erwarten könnte – nie in den einander zugeordneten Teilen eines parallelismus membrorum vor. Es gibt aber genug Belege für das Vorkommen beider Begriffe innerhalb eines größeren Kontextes. In der Josephsgeschichte z.B. werden בגד und שלמה/שמלה immer abwechselnd verwendet[273]. Es lässt sich kein Bedeutungsunterschied feststellen.
Eine Abweichung gegenüber den Verwendungszusammenhängen von בגד ist allerdings auffällig: das gänzliche Fehlen von שלמה/שמלה in den Kultvorschriften. Eine mögliche Erklärung ist, dass בגד und שלמה/שמלה völlig synonym waren. Autor und Redaktoren haben sich für den gebräuchlicheren Begriff für Textilien entschieden und

---

[270] Es wird hier ein merkwürdiges Wort benutzt: נצח, das sonst „Glanz", „Ruhm" oder „Dauer" bedeutet.
[271] So auch Niehr, H., Art. שמלה, ThWAT VII (1993), 822–828 (823).
[272] Um einen Eindruck von der „normalen" Häufigkeit von בגד zu gewinnen, einige Zahlen dazu: restlicher Pentateuch 91 Belege, Ri 5, Sam 11, Reg 23, Jes 14.
[273] Damit ist kein mechanisches Abwechseln gemeint. Das Kleidungsstück, das in der Affäre zwischen Joseph und Potiphars Frau eine Rolle spielt, ist immer בגד. Die Kleidung, die Joseph vor der Audienz beim Pharao wechselt, wird als שמלה bezeichnet; das Gewand, das er vom Pharao erhält, dann wieder als בגד.

diesen konsequent angewandt. Für das Synonym blieb dann kein Platz. Wahrscheinlicher ist jedoch, dass der Befund ein Hinweis darauf ist, dass בגד doch einen etwas anderen Bedeutungsumfang als שׂלמה/שׂמלה hatte.

Obwohl שׂלמה/שׂמלה durchaus mit Näherbestimmungen vorkommt (z.B. „Kleidung der Gefangenschaft" in Dtn 21,13, „Frauenkleidung" in Dtn 22,5 oder „abgenutzte Kleidung" in Jos 9,5.13), fehlen Näherbestimmungen, die sich auf das Material der Textilien beziehen, gänzlich. Die Formulierung, Joseph wäre vom Pharao mit שׂמלת שׁשׁ eingekleidet worden, war wohl nicht üblich. So kam für die entsprechende Stelle in Gen 41,42 nur בגדי־שׁשׁ in Frage. Die Komponente des ganz allgemein Textilen fehlt also bei dem Ausdruck שׂלמה/שׂמלה. Zur Veranschaulichung kann man den Unterschied zwischen den deutschen Begriffen „(ein Stück) Stoff" und „ein Tuch" beiziehen. Prinzipiell kann mit beiden Begriffen auf dasselbe Objekt referiert werden, aber der Aspekt, der jeweils betont wird, ist unterschiedlich. Bei dem Ausdruck „Stoff" steht das Textile im Vordergrund, man verwendet ihn z.B. im Kontext der Textilverarbeitung. Der Begriff „Tuch" referiert auf die Form des Objektes: ein viereckiges Stück Stoff. Je nach Kontext kann ein Tuch dann unterschiedliche Funktionen erfüllen, z.B. Kopftuch, Handtuch, Taschentuch, Halstuch, Umschlagtuch, Putzlappen, Bettlaken, Bettdecke oder (Baby-)Tragetuch.

2.2.2.2 Bedeutungsspektrum von שׂלמה/שׂמלה

Zwar darf die Analogie zum deutschen Begriffspaar Stoff-Tuch nicht überstrapaziert werden, es ist aber nicht zu übersehen, dass die Verwendungsweise von שׂלמה/שׂמלה verglichen werden kann mit der unseres Wortes „Tuch": שׂלמה/שׂמלה kann als Bettlaken (Dtn 22,17), Trage- und Aufbewahrungstuch (Ex 12,34; Ri 8,25[274], 1 Sam 21,10, Spr 30,4) oder Bettdecke (Ex 22,25f., Dtn 24,13) dienen. Wenn statt der oft gebrauchten Übersetzung „Mantel" der Ausdruck „(großes) Umschlagtuch" verwendet wird, erhöht sich die Zahl der Belege noch einmal (mindestens 1 Kön 11,29f. und Ruth 3,3). Ruth 3,3 ist besonders aufschlussreich, denn das Stoffstück, um das es geht[275], wird von Boas in Ruth 3,15 als מטפחת bezeichnet – ein Begriff, der speziell auf Umschlagtücher referiert[276]. Boas wird eine gebildete Ausdrucksweise in den Mund gelegt, die ihn als kultivierten Menschen charakterisiert.

Der spezifische Aspekt von שׂלמה/שׂמלה lässt sich also umschreiben mit „etwas Textiles in der Funktion eines großen Vielzwecktuches". Davon unberührt bleibt die dem בגד analoge Bedeutung als „Textilien/Kleidung" allgemein. Manchmal kann der Numerus einen Hinweis auf die Unterscheidung zwischen den beiden Bedeutungsnuancen „Vielzwecktuch" und „Kleidung" geben: Der Singular ist ein Indiz für die Bedeutung „Vielzwecktuch", im Plural referiert שׂלמת/שׂמלת oft auf Kleidung allgemein. Weitere Hinweise für die Zuordnung der entsprechenden Stellen bieten zusammen mit שׂלמה/שׂמלה verwendete Verben und Präpositionen: Die Verwendung mit לבשׁ

---

[274] Zwar dient die שׂלמה/שׂמלה hier zunächst als Unterlage, auf der die goldenen Ringe gesammelt werden, aber Sinn der Installation ist doch wohl das bequeme Verwahren und Abtransportieren der Wertgegenstände.

[275] Wenn man mit dem Konsonantentext gegen die Masoreten beim Singular bleibt.

[276] Der zweite Beleg für מטפחת ist in Jes 3,22 (Aufzählung von Luxusgegenständen für Frauen).

(Dtn 22,5 und Jes 4,1) ist ein Zeichen für die Bedeutung „Kleidung". שִׂים (Ruth 3,3), כסה (1 Kön 11,29), עטה (Ps 104,2)[277] und die Präposition עַל (Ruth 3,3; Jos 9,5, 1 Kön 11,30) weisen hin auf die Bedeutung „Vielzwecktuch in der Funktion eines mantelartigen Umschlagtuches".

Mit diesen Überlegungen im Hintergrund soll nun noch ein Blick auf die bisherige Forschungsmeinung zu שלמה/שמלה geworfen werden. Hönig behandelte שלמה/שמלה nicht bei den allgemeinen Bezeichnungen für Kleidung, sondern bei den einzelnen Kleidungsstücken, schrieb aber: „Man hätte śimlā (śalmā) auch unter die allgemeine Bezeichnung für Kleidung einreihen können; aber es zeigt sich, dass śimlā (śalmā) einige wenige Male mit fast voller Sicherheit als Obergewand identifiziert werden kann. śimlā bezeichnet allerdings an vielen at Stellen allgemein die Kleidung, ohne dass eine nähere Angabe über Art und Form des Kleidungsstückes gemacht werden könnte"[278]. In den Wörterbüchern werden zwei Bedeutungsfelder genannt: „Kleidung allgemein" und „Mantel, Obergewand". Dabei wird gewöhnlich u.a. auf Hönig verwiesen[279]. Das Argument Hönigs, dass שלמה/שמלה einige Male „mit fast voller Sicherheit" als Obergewand identifiziert werden kann, ist nicht überzeugend. An anderen Stellen kann – wie oben gezeigt – שלמה/שמלה mit ebenso großer Sicherheit als ein einfaches Tuch identifiziert werden (Dtn 22,17; 1 Sam 21,10; Spr 30,4).

Man hat sich zwar daran gewöhnt, dass שלמה/שמלה mit „Mantel", oder „Obergewand" wiedergegeben wird, eine Durchsicht der Stellen kann jedoch leicht zeigen, dass dies nicht zwingend ist. Obwohl die Übersetzung „Mantel/Oberkleid" nicht falsch ist, denn die שלמה/שמלה erfüllt ja in vielen Fällen die Funktion eines Mantels, ist sie oft wenig gelungen. Dies soll an 1 Sam 21,10 veranschaulicht werden. Auf der Flucht vor Saul gelangte David zum Heiligtum von Nob und erbat von den Priestern Verpflegung und eine Waffe. Es wurde ihm mitgeteilt, dass das Schwert Goliaths zur Hand sei. Die Einheitsübersetzung und Luther (revidiert) übersetzen, dass die Waffe „in einen Mantel gewickelt" gewesen sei. Im Deutschen klingt das nach einer Notlösung: Das Schwert war in einen gerade nicht gebrauchten Mantel gewickelt worden und lag unbeachtet herum. Die Übersetzung „in ein Tuch gewickelt" evoziert dagegen die Vorstellung von einer zweckmäßigen, sorgfältigen Verwahrung und ist damit wohl angemessener.

Bezieht man die anderen Belege ein, ergibt sich folgendes Bild: In einem wohlhabenden Haushalt gab es einige שלמת/שמלה, die aufbewahrt wurden, bis sie z.B. als Ersatzumschlagtuch bei besonderen Anlässen (vgl. evtl. Gen 35,2), als Brautbettlaken oder Aufbewahrungstuch Verwendung fanden. Unbenutzt waren sie eine Wertanlage und galten deshalb wohl auch als beliebte Geschenke (vgl. Gen 45,22, 1 Kön 10,25 par 2 Chr 9,24).

---

[277] Wenn diese Überlegungen stimmen, muss der Titel von Podellas Monographie „Das Lichtkleid Jahwes" hinterfragt werden, da eine korrekte Übersetzung der entsprechenden Versstelle lauten müsste: „… er wirft sich Licht um wie ein Manteltuch", vgl. dazu auch Abschnitt 2.1.3.1.

[278] Hönig, 54.

[279] Vgl. z.B. HALAT z.St. Auch Niehr, H., Art. שמלה, ThWAT VII (1993), 822–828, schließt sich Hönig an und führt einige außerhebräische Belege für die Bedeutung „Mantel" an, z.B. im Arabischen und Reichsaramäischen (vgl. Niehr, 823). Nichthebräische Belege können jedoch allenfalls Indizien sein, nie etwas beweisen. Das wird z.B am arabischen šamlat deutlich, das neben Mantel auch noch Turban bedeutet.

2.2.2.3 Einzeluntersuchungen zu Jes 3,6f. und Gen 9,23

Vor diesem Hintergrund wird Jes 3,6f. verständlich, ohne dass man annehmen muss, dass die שמלה das Zeichen einer Amtswürde ist[280]. Jesaja stellt den Menschen eine Zukunft in Aussicht, in der einem Mann die Führerschaft mit dem Argument angetragen wird, er besäße noch eine שמלה. Der שמלה–Besitzer lehnt ab mit der Begründung, in seinem Haus sei weder Brot noch eine שמלה vorhanden. Der Singular beider Formen deutet auf die Bedeutungsnuance „Vielzwecktuch". Es lässt sich folgendes Szenario rekonstruieren: Die Zustände in Juda und Jerusalem sind so desolat, dass es schon etwas Besonderes ist, wenn jemand noch ein Vielzwecktuch besitzt, das er in der Funktion eines Mantels umgelegt trägt. Dies zieht die Aufmerksamkeit der Anderen auf sich, die aus dem Vorhandensein des Tuches schließen, dass der Besitzer durchsetzungsfähig ist. Sie drängen ihn, ihr Anführer zu werden. Der Angesprochene verwahrt sich dagegen, weil es ihm seiner Meinung nach auch schlecht geht: Es fehlt der sonst übliche Vorrat an Vielzwecktüchern in seinem Haus. Er befindet sich damit in einer nur wenig besseren Lage als die, welche im Rahmen des Pfandrechts thematisiert wird (z.B. Ex 22,25f., Dtn 24,13): Er ist jemand, der nur eine einzige שלמה/שמלה besitzt, so dass sie, falls sie verpfändet würde, aus humanitären Gründen über Nacht zurückgegeben werden müsste. Man könnte die Aussageabsicht der beiden Verse so ausdrücken: Wenn schon der Reichste so arm dran ist wie früher der Ärmste, müssen es wahrlich schlimme Zustände sein!

An keiner Stelle kann plausibel gemacht werden, dass שלמה/שמלה ein spezielles Kleidungsstück ist, das einen Menschen besonders kennzeichnete. Dies muss auch bei der Interpretation von 1 Kön 11,29f. beachtet werden (vgl. dazu unten 3.2.4.1).

Zum Schluss sei noch ein kurzer Blick auf das erste Vorkommen von שמלה innerhalb des Alten Testaments geworfen: Gen 9,23. Hier dient die שמלה zur schicklichen Bedeckung der Blöße Noahs. Auffällig ist, dass die שמלה (mit dem Artikel) determiniert ist, obwohl sie an dieser Stelle erstmals vorkommt. Mit Hilfe der hier vorgestellten Überlegungen lässt sich die Episode aber gut verstehen. Es ergibt sich folgender Handlungsverlauf: Der angetrunkene Noah hat die sinnvolle Idee, seinen Rausch auszuschlafen. Dazu begibt er sich ins Zelt, entkleidet sich[281] und versucht, sich in seine Schlafשמלה einzuwickeln oder damit zuzudecken. Dies gelingt aufgrund seines alkoholisierten Zustandes nur unzureichend, so dass das Tuch verrutscht und seine Blöße nicht mehr bedeckt. Mit genau diesem Tuch bedecken dann Sem und Jafet ihren Vater.

Innerhalb der Rekonstruktion ist die Determination von שמלה verständlich und sinnvoll[282]. Es soll ausgedrückt werden, dass Sem und Jafet sich weder aus einem anderen

---

[280] So z.B. Niehr, 827. Hönig, 57f., diskutierte diese Interpretationsmöglichkeit, entschied sich jedoch dagegen und vertrat eine ähnliche Ansicht wie die hier vorgestellte.

[281] Dass man gewöhnlich entkleidet schlief, lässt sich aus Hhld 5,3 schließen, wo u.a. die Tatsache, dass die Sprecherin ihr Hemdgewand schon ausgezogen hat, als Begründung dafür angeführt wird, dass sie ihrem Geliebten nicht mehr die Tür öffnen kann.

[282] Vgl. dazu Gesenius-Kautzsch §126 q: „Eigentümlich ist dem Hebräischen die Verwendung des Artikels, um eine einzelne, zunächst noch unbekannte und daher nicht näher zu bestimmende Person oder Sache als eine solche zu bezeichnen, welche unter den gegebenen Umständen als vorhanden und in Betracht kommend zu denken sei".

Zelt eine שִׂמְלָה besorgen noch eins ihrer eigenen Tücher nehmen, sondern das sich schon im Zelt befindende Tuch. Diese Variante ist die rücksichtsvollste. Wenn der taktlose Ham das Missgeschick seines Vaters nicht herumerzählt hätte, würde Noah überhaupt nichts bemerkt haben. Hätten Sem und Jafet dagegen ein anderes Tuch genommen, würde sich der wieder nüchtern gewordene Noah gefragt haben, warum er in einer fremden שִׂמְלָה geschlafen hat.

2.2.3 לְבוּשׁ und מַלְבּוּשׁ: „Kleidung", „Gewandung"

Das vom Verb לבשׁ abgeleitete לְבוּשׁ kommt in 32 Versen des Alten Testaments vor, es sind 30 voneinander unabhängige Belege zu unterscheiden. Das von der gleichen Wurzel abgeleitete מַלְבּוּשׁ kommt siebenmal vor (sechs unabhängige Vorkommen). Man könnte im Deutschen die Bildungsweise der Begriffe nachahmen, indem man mit „Anziehsachen" übersetzt, würde mit diesem umgangssprachlichen Wort jedoch das Register von לְבוּשׁ und מַלְבּוּשׁ verfehlen. לְבוּשׁ ist gerade nicht in wörtlicher Rede bezeugt, es findet sich fast ausschließlich in poetischer Sprache. Durch die Ableitung von לבשׁ ist es das Wort, das wahrscheinlich vom Bedeutungsumfang dem deutschen Begriff „Kleidung" am nächsten kommt. Mit Rücksichtnahme auf die „gehobenere" Sprache, in der es benutzt wird, kann auch mit „Gewand" übersetzt werden. An der häufigen Verwendung in poetischer Sprache liegt es auch, dass לְבוּשׁ auffallend oft in einem parallelismus membrorum mit anderen Begriffen aus dem Textilbereich kombiniert ist (elf Belege). Dass es sich um einen „gewählten" Ausdruck handelt, erkennt man daran, dass לְבוּשׁ in Erzähltexten mit anderen Textilbegriffen zusammen verwendet wird (je nach dem, wie man zählt, etwa ein bis fünf Belege). Der jeweilige Erzähler verfügte über eine abwechslungsreiche und präzise Sprache. Einige Belege berechtigen zu der Vermutung, dass ein mit לְבוּשׁ bezeichnetes Kleidungsstück etwas Besonderes war. In 2 Sam 1,24 und Est 6,8–11 sowie Est 8,15 ist es jeweils ein Geschenk des Königs, dient in Ps 45,14 als Gewand der Königstochter und in Jer 10,9 als Bekleidung für ein Götterbild.

Für מַלְבּוּשׁ ist zwar keine signifikante Häufung der Vorkommen im Bereich poetischer Sprache zu verzeichnen, es kann aber beobachtet werden, dass auch מַלְבּוּשׁ keine gewöhnliche Kleidung ist. Die Konnotation von etwas Besonderem, vielleicht in Richtung auf etwas Offizielles, ist sogar noch ausgeprägter: In 1 Kön 10,5 sind es die „Uniformen" für die Diener Salomos und in 2 Kön 10,22 (par 2 Chr 9,4) die Kultkleidung der Baalsdiener. Ein Bedeutungsunterschied zwischen מַלְבּוּשׁ und לְבוּשׁ ist nicht (mehr) festzustellen, an zwei Stellen werden die Ausdrücke synonym verwendet (2 Kön 10,22 und Jes 63,1–3)[283]. Aufschlussreich ist die Untersuchung von Jes 63,1–3 hinsichtlich der Frage, was jeweils bezüglich des allgemeinen Ausdrucks בֶּגֶד gesagt ist und was sich auf מַלְבּוּשׁ/לְבוּשׁ bezieht. In Jes 63,1 ist בֶּגֶד mit dem säuerlichen Geruch (חמוץ) verknüpft, לְבוּשׁ mit dem Wort הָדוּר, das mit „prächtig, geschmückt" übersetzt werden kann.

---

[283] Nicht in einem parallelismus, in so einem Fall wäre es ja auch denkbar, dass es sich um einen synthetischen parallelismus membrorum handelt.

2.2.4 כסות: „Bedeckung/Decke" und מכסה: „Bedeckung/Plane"

כסות und מכסה sind Derivate von כסה („bedecken"), daraus ergibt sich das Bedeutungsspektrum „Bedeckung", „Decke", „Dach".

2.2.4.1 Wortfelduntersuchung zu מכסה

Der Bedeutungsumfang von מכסה passt gut zu dem Verb כסה, aus dem der Begriff
hervorgegangen ist. Die Verwendung dieses Wortes ist nicht auf Textilien beschränkt,
sondern kann z.B. auch auf das Holzdach der Arche (Gen 8,13) oder auf Fettstücke, die
sich – als Bedeckung – auf inneren Organen von Schlachtvieh befinden (Lev 9,19),
angewandt werden. Hauptsächlich wird מכסה im Zusammenhang mit den Decken, die
für die Stiftshütte gebraucht werden (z.B. Num 4,8.10–12), verwendet. Dabei fällt
jedoch auf, dass מכסה nur für die Fell- und Lederdecken gebraucht wird, nicht für
Textilien im engeren Sinne, für die der Ausdruck בגד bevorzugt wird. Vergleicht man
בגד und מכסה und versucht, deutsche Übersetzungen zu finden, die den Unterschied in
der Funktion deutlich machen, kommt man für בגד auf „Decke", für מכסה dagegen auf
„Plane". מכסה werden nämlich als schützende Planen zur Umhüllung der kostbaren
Decken, in die die Heiligtumsgeräte eingewickelt sind, verwendet. Andere Belege aus
dem Kontext des Zeltheiligtums lassen sich jedoch besser verstehen, wenn mit „Dach
bzw. Zeltdach" übersetzt wird (z.B. Ex 26,14; Num 3,25). Von den insgesamt 16 Belegen entfallen elf auf Angaben zum Zeltheiligtum und zwei referieren auf eine Bedachung (Gen 8,13 und Ez 27,7). Bemerkenswert sind die beiden Belege im Jesajabuch.
In Jes 14 wird der König von Babel verhöhnt und sein Abstieg in die Scheol beschrieben, Vers 11 lautet:

Hinabgestiegen zur Unterwelt ist deine Pracht, der Klang deiner Harfen. Unter dir sind Maden (als Lager) ausgebreitet und deine Decke ist Gewürm.	הוּרַד שְׁאוֹל גְּאוֹנֶךָ הֶמְיַת נְבָלֶיךָ תַּחְתֶּיךָ יֻצַּע רִמָּה וּמְכַסֶּיךָ תּוֹלֵעָה׃

Warum der Dichter hier einen so ungewöhnlichen Ausdruck verwendet hat, muss
offenbleiben. Vielleicht wollte er dadurch Missverständnisse vermeiden. Wenn er z.B.
בגד benutzt hätte, hätten einige an ein karmesinfarbiges Stoffstück, also einen Luxus-
gegenstand, gedacht. Mit der Wahl des nicht textil konnotierten Begriffes wird abgesi-
chert, dass תולעה hier wörtlich zu verstehen ist, nicht als Bezeichnung für rotgefärbte
Wolle. Trotzdem werden die Hörer diese Konnotation mitgehört und die Anspielung
verstanden haben: Früher deckte sich der König mit Karmesin-Textilien zu
(תולעת שני), heute mit Würmern (תולעה).

Jes 23,18 schließt eine Gerichtsaussage über Tyrus und Sidon vergleichsweise versöhn-
lich ab: In beiden Städten wird wieder Handel getrieben werden, aber der Gewinn wird
JHWH geheiligt sein und Menschen in seiner Nähe zugute kommen.

Aber ihr Gewinn und ihr Dirnenlohn wird JHWH heilig. Er wird nicht angesammelt und gehortet, sondern wird denen (gehören), die wohnen vor JHWH, ihr Gewinn wird dienen zum Essen, zum Sattwerden und zur ehrwürdigen Bedeckung.	וְהָיָה סַחְרָהּ וְאֶתְנַנָּהּ קֹדֶשׁ לַיהוָה לֹא יֵאָצֵר וְלֹא יֵחָסֵן כִּי לַיֹּשְׁבִים לִפְנֵי יְהוָה יִהְיֶה סַחְרָהּ לֶאֱכֹל לְשָׂבְעָה וְלִמְכַסֶּה עָתִיק׃

Die Wendung לְמִכְסֵה עָתִיק wird gemeinhin mit „prächtige Kleidung" o.Ä. wiedergegeben. Die vorgelegte Wortfelduntersuchung lässt diese Übersetzung jedoch sehr zweifelhaft erscheinen. Wie gezeigt, ist מכסה nicht textil konnotiert, עתיק wird nie in Verbindung mit Textilien verwendet, sondern ist ein Derivat der Wurzel עתק, die etwas mit „alt sein/werden, weiterrücken" zu tun hat, im Hifʿil ist die Bedeutung „weiterrücken", „etwas von seinem Platz versetzen"[284]. Die Übersetzer der LXX hatten wohl auch ihre Mühe mit dem Ausdruck, sie übersetzten nicht wörtlich, sondern mit „φαγεῖν καὶ πιεῖν καὶ ἐμπλησθῆναι εἰς συμβολὴν μνημόσυνον ἔναντι κυρίου" („zum Essen und zum Trinken und zum Genießen der erinnernden Zusammenkunft vor dem Herrn"). Die LXX trägt damit zum Verständnis der Stelle wenig bei. Aufgrund der Beleglage lässt sich vermuten, dass לְמִכְסֵה עָתִיק „ehrwürdige Bedachung" bedeutet. Das heißt, dass hier nicht auf Bekleidung, sondern auf das Wohnen angespielt wird. Vielleicht ist auch eine ganz spezifische Situation gemeint, z.B. anstehende Renovierungsarbeiten am Jerusalemer Heiligtum, das ein neues Dach brauchte.

2.2.4.2 Wortfelduntersuchung zu כסות

Für כסות finden sich acht Belege im Alten Testament. Bevor auf Dtn 22,12 ausführlich eingegangen wird, soll anhand der anderen Stellen der kulturimmanente Gebrauch von כסות umrissen werden. Ausgehend von der Verbwurzel כסה kann כסות mit „Decke" oder „Bedeckung" übersetzt werden. Anders als bei מכסה ist der Aspekt des Textilen durchgängig präsent. Hönig gibt die Bedeutung von כסות mit „Kleidung allgemein" an[285], aber ihm ist zu widersprechen. Keiner der sieben Belege (Dtn 22,12 soll ja zunächst unberücksichtigt bleiben) für כסות muss zwingend mit „Kleidung" übersetzt werden. Es überwiegt vielmehr der Aspekt der Decke, vor allem als Bettdecke (Ex 21,10; Hi 24,7; Hi 26,6 und Hi 31,19). Auch der merkwürdige Ausdruck כסות עינים in Gen 20,16 wird sicher sachgemäß als „Augendecke" übersetzt[286]. Auch in Jes 50,3 liegt ein Verständnis von כסות als Kleidung nicht nahe, da כסות mit dem שק verglichen wird und der שק kein Kleidungsstück war (siehe 3. Hauptteil). In Ex 21,10, wo es um die Pflichten eines Mannes gegenüber seiner hebräischen Sklavin geht für den Fall, dass er sich noch eine zweite Nebenfrau zulegt, werden ungewöhnliche Wendungen gebraucht. Auch hier muss nicht unbedingt – wie üblich – mit „Kleidung" übersetzt werden. Was genau an dieser Stelle gemeint ist, weiß man nicht. Es könnte sein, dass mit כסות ganz allgemein der textile Bedarf der Frau gemeint war, der sich ja nicht auf Kleidung im engeren Sinne beschränkte, sondern auch Bettwäsche, Handtücher, Tischwäsche, Schleier, Haarbänder u.Ä. umfasste.

2.2.4.3 Quasten am Mantel oder an der Bettdecke? Dtn 22,12

Quasten sollst du dir machen	גְּדִלִים תַּעֲשֶׂה־לָּךְ
an den vier Zipfeln deiner Decke,	עַל־אַרְבַּע כַּנְפוֹת כְּסוּתְךָ
mit der du dich zudeckst.	אֲשֶׁר תְּכַסֶּה־בָּהּ׃

---

[284] Vgl. HALAT z.St.
[285] Hönig, 15.
[286] Zu Gen 20,16 bemerkte Hönig, er habe „nichts mit Kleidung zu tun" (16) und beachtete ihn nicht weiter.

Üblicherweise wird durch die Übersetzung von Dtn 22,12 suggeriert, dass sich diese Vorschrift auf Kleidung bezieht, mit der man sich bekleidet. So heißt es z.B. in der Elberfelder Bibelübersetzung: „Quasten sollst du dir machen an den vier Zipfeln deines Oberkleides, mit dem du dich kleidest." כסה mit „kleiden" oder auch „tragen" – so die Einheitsübersetzung[287] – zu übersetzen, sollte jedoch vermieden werden[288]. Wenn nicht gewichtige Gründe für eine Sonderbedeutung sprechen, sollte lieber „bedecken" gewählt werden. Gründe für die Annahme einer Sonderbedeutung ließen sich allenfalls in der jüdischen Tradition finden, die davon ausgeht, dass es sich um ein Kleidungsstück handelt. Das liegt vor allem daran, dass für das „Quastenproblem" nicht Dtn 22,12, sondern Num 15,38ff. traditionsbildend gewirkt hat. Dort werden die Quasten ציצת genannt, und unter diesem Namen sind sie auch in der jüdischen Tradition bekannt.

Betrachtet man Dtn 22,12 jedoch vor dem Hintergrund der Wortfelduntersuchung für כסות und nicht vor dem Hintergrund von Num 15,38ff., wird deutlich, dass die Auffassung von כסות als „Obergewand" oder „Mantel" nicht zu halten ist. Auch die Übersetzung der LXX spricht dagegen. Man versuchte, das Wortspiel des hebräischen Textes nachzubilden. כסות wird mit περιβολαίον übersetzt, כסה mit περιβάλλω[289]. Die Vorschrift Dtn 22,12 wird leichter verständlich, wenn angenommen wird, dass es sich um eine normale Decke, etwa zum Schlafen, handelt[290]. Dann gibt es keine Probleme bei der Lokalisierung der vier Zipfel, an denen die Quasten befestigt werden sollen. Wäre jedoch an ein zugeschnittenes Kleidungsstück gedacht, hat man Schwierigkeiten, die geforderten vier Zipfel ausfindig zu machen. Auch die Einreihung des Gebotes genau an dieser Stelle wird einsichtig. Wenn angenommen wird, dass es sich um Kleidung handelt, wirkt die nächste Vorschrift zusammenhanglos. Es geht in Dtn 22,13–21 um den Vorwurf gegen eine junge Frau, bei Eintritt in die Ehe keine Jungfrau mehr gewesen zu sein. Zur Entkräftung des Vorwurfs sollen die Eltern der Frau das Bettlaken der Hochzeitsnacht vorzeigen, auf dem sich Blutspuren finden müssen, um die Jungfräulichkeit der Braut nachzuweisen. An dieser Stelle wird die Bezeichnung שמלה verwendet. Kann der Nachweis erbracht werden, wird der Ehemann bestraft, bekommt eine Geldbuße auferlegt und darf sich von der fälschlich beschuldigten Frau nicht mehr scheiden. Wenn die Jungfräulichkeit nicht bewiesen werden kann, wird die Frau gesteinigt. Nimmt man an, dass bei der כסות in Dtn 22,12 an eine Bettdecke gedacht war, ergibt sich eine assoziative Verbindung mit Dtn 22,13–21: Bettdecke und Bettlaken gehören zusammen. Wenn die Gesetze mündlich tradiert wurden, kann eine solche assoziative Verbindung zur Memorierung sehr hilfreich gewesen sein[291].

---

[287] Du sollst an den vier Zipfeln des Überwurfs, den du trägst, Quasten anbringen.

[288] Vgl. dazu oben 2.1.2.

[289] στρεπτὰ ποιήσεις σεαυτῷ ἐπὶ τῶν τεσσάρων κρασπέδων τῶν περιβολαίων σου ἃ ἐὰν περιβάλῃ ἐν αὐτοῖς. περιβολαίον ist zwar von der ursprünglichen Wortbedeutung das, was „umgeworfen" wird, hatte aber ein recht breites Bedeutungsspektrum, das auch „Bedeckung" umfasste, es gibt sogar einen Beleg für „Bettdecke", vgl. Liddell, H. G./Scott, R., A Greek-English Lexicon. A New Edition, Oxford ⁹1940 (ND 1953) z.St.

[290] Von Rose, M., 5. Mose. Teilband 1: 5. Mose 12–25. Einführung und Gesetze (ZBK 5/1), Zürich 1994, 279, wurde כסות ebenfalls für eine Bettdecke gehalten.

[291] Ähnlich sieht das Nielsen (Anm. 224), 212: „Ein Übergang zu den Familiengesetzen wird durch das Thema der ‚Kleider' (und von ‚Zipfel' und ‚verhüllen') vermittelt, und das reicht bis 23,1, wo von ‚entblößen' und ‚Zipfel' geredet wird."

Damit ist nicht gesagt, dass כסות *nur* eine Bettdecke war. Am Tage kann das Stoff-stück durchaus als eine Art Mantel verwendet worden sein, den man sich umlegte. Es ist aber zu betonen, dass כסות kein allgemeiner Begriff für Kleidung ist, sondern die von der Verbwurzel abgeleitete spezielle Konnotation der „Bedeckung" behalten hat, vor allem als Bedeckung zum Schutz vor Kälte (Ex 22,26, Hi 24,7, Hi 31,19). Kalt war es vor allem in der Nacht. Eventuell konnte die Konnotation der „Bedeckung" dann auch übertragen gebraucht werden als Schutz vor zudringlichem oder gehässigem Blick (Hi 26,6 u. Gen 20,16).

In der Parallelstelle in Num 15,38ff. werden andere Worte gewählt, sowohl für die Quasten (ציצת) als auch für das Stoffstück. Es wird der ganz allgemeine Ausdruck בגד im Plural verwendet. Die Zahl der Zipfel wird nicht angegeben, ebenso fehlt eine An-gabe dazu, ob man sich in die Textilien hüllt, sich mit ihnen bedeckt oder sich mit ihnen bekleidet. Dagegen wird genau ausgeführt, wie die Quasten aussehen sollen und welchem Zweck sie dienen: Sie sollen die Benutzer der Textilien an die Gebote Gottes erinnern und sie davon abhalten, ihren eigenen Begierden nachzuspüren und nach-zugeben. In diesem Zusammenhang wird der Ausdruck זנים verwendet, das Partizip von זנה (Num 15,39). Daraus zu schließen, dass „die Ermahnung zum gesetzlichen Leben als Warnung gegen Hurerei zu deuten" sei, wie E. Nielsen[292], ist verlockend, weil es die vorgelegte These stützt. Es muss jedoch eingeräumt werden, dass eine metaphorische Verwendungsweise von זנה für „gegen Gott treulos sein" eine lange Tradition hat. Das Quasten-Gebot steht im Numeribuch im Anschluss an eine Sabbat-entweihung und ist nicht in den Rahmen „Vorschriften gegen sexuelle Vergehen" eingereiht. Aus diesem Grund sollten beide Textstellen für sich betrachtet werden.

Es gibt für den Beleg Dtn 22,12 jedoch im Deuteronomiumbuch selbst einen Hinweis darauf, dass das Gebot tatsächlich die von Nielsen vorgeschlagene Konnotation hatte. Die Gesetzesreihe schließt mit dem Verbot, die Frau des Vaters zu heiraten (Dtn 23,1). Dieses Verbot greift wieder die „Zipfel" auf: Das Nehmen der Frau des Vaters wird gleichgesetzt damit, den Zipfel (כנף) [zu ergänzen: der Bettdecke] des Vaters aufzude-cken[293]. Ähnlich wird das gleiche Verbot in Dtn 27,20 formuliert. Bemerkenswert ist, dass כנף das einzige Wort ist, das beide Vorschriften, Num 15,39 und Dtn 22,12, ge-meinsam haben. Es gibt noch weitere Belege, an denen der Decken- oder Mantelzipfel mit dem Bereich des Sexuellen verbunden ist: In Ez 16,8 und Ruth 3,9 wird der Aus-druck „den Zipfel [eines als Bettdecke fungierenden Stoffstückes] ausbreiten" als Umschreibung der Aufnahme sexueller Beziehungen – wohl im Rahmen einer Ehe-schließung – verwendet[294].

In der jüdischen Tradition haben die Quasten mit den Schaufäden ihren Ort am Ge-betsmantel, dem טלית, gefunden, der im Alten Testament noch nicht bezeugt ist. Diese Textilien haben im Laufe der Zeit eine ausschließlich rituelle Funktion erhalten, erfüll-ten jedoch früher auch einen praktischen Zweck. In Ber 24b[295] wird erwähnt, dass es

---

[292] Nielsen (Anm. 224), 214.

[293] Übersetzt wird meist mit „Decke" oder „Bett", was sachgemäß und verständlicher ist.

[294] Davon zu unterscheiden ist der Vorstellungskomplex des Abschneidens bzw. Abreißens des Gewandzip-fels, wie er in den Saul-Samuel-David-Geschichten vorkommt.

[295] Der genauere Kontext ist eine Vorschrift dafür, wie man das „Höre Israel" rite lesen kann, wenn es so kalt ist, dass man den Kopf nicht aus dem „Schlaf-טלית" stecken möchte.

Menschen gab, die so arm waren, dass sie nur im טלית übernachten konnten, weil sie kein anderes Kleidungsstück besaßen[296]. Diese Verbindung auch des nachalttestamentlichen טלית mit dem nächtlichen Zudecken ist ein weiteres Indiz dafür, dass sich die Gebote in Num 15,39 und Dtn 22,12 auf Textilien in ihrer speziellen Funktion als Bettdecke beziehen und auf sexuelle Verfehlungen abzielen, die sich in diesem Situationszusammenhang ereignen können. Dass das gleiche Stoffstück am Tage als Mantel oder Umschlagtuch verwendet wurde, spricht keineswegs gegen die vorgestellte These, weil die Quasten ja nur am Tage gesehen werden konnten[297]. Sie erfüllten damit eine prophylaktische Funktion: Der Träger wurde am Tage daran erinnert, dass er bei Nacht keine sexuellen Verfehlungen begehen soll.

2.2.5 *חגור/חגורה, אזור: Schurze, Gürtel und Schärpen*

Es ist häufig nicht einfach, zu entscheiden, ob mit einem der Begriffe אזור, חגור/חגורה, שׂק und אפוד ein Schurz – ein die Lendengegend vollständig bedeckendes Kleidungsstück – gemeint ist oder ein Gürtel. Als Schärpen wären Textilien zu bezeichnen, die Gürtelform haben, aber nicht primär dem Gürten dienen, sondern der Repräsentation. Eine Schärpe kann auch über dem Oberkörper drapiert sein. In diesem Kapitel werden nur אזור und חגור/חגורה untersucht. Der שׂק gehört in den Kontext von Minderungsriten und wird im dritten Hauptteil (unten 3.3) in den Blick kommen. Dass der אפוד weder ein Schurz noch ein Gürtel ist, wird im vierten Hauptteil ausführlich begründet (unten 4.3.2). Als Gürtel oder Schärpe kann der אבנט bezeichnet werden. Er gehörte zum Priesterornat sowohl des Hohepriesters als auch der einfachen Priester, war jedoch auch Teil der Amtskleidung eines hohen Beamten, wie Jes 22,21 zeigt, der einzige Beleg außerhalb der Bücher Exodus und Leviticus. Dem אבנט wird hier keine genauere Untersuchung gewidmet, vgl. aber unten 4.3.3.3.
Zunächst wird die kulturimmanente Gebrauchsweise von אזור (2.2.5.1) und חגור/חגורה (2.2.5.2) erhoben. Nach einem Vergleich der Termini (2.2.5.3) werden zwei innovative Verwendungsweisen genauer untersucht: Die Feigenblätter-חגורה aus Gen 3,7 (2.2.5.4) und die Zeichenhandlung Jeremias in Jer 13,1–11 (2.2.5.5).

2.2.5.1 אזור: Wortfeld und Bedeutungsspektrum

Es gibt zwölf Belege für אזור im Alten Testament, davon entfallen sieben Vorkommen auf die Geschichte von der Zeichenhandlung, die Jeremia mit einem leinenen אזור durchführen soll (Jer 13,1–11), so dass nur sechs unabhängige Belege vorliegen. Hönig charakterisiert den אזור als „innerstes, zuerst angezogenes Schenkeltuch"[298], im HALAT findet sich eine ähnliche Beschreibung[299]. Angesichts der alttestamentlichen Beleglage und der Hinweise aus der Umwelt des Alten Testaments, die von Hönig selbst sorgfältig zusammengestellt sind, verwundert diese Definition. Hönig zeigt auf,

---

[296] Krauss, S., Art. Kleidung, EJ X (1934), 69–112 (79).

[297] Aus dieser Tatsache und der expliziten Forderung in Num 15,39, die Quasten anzusehen, wird in der jüdischen Tradition gefolgert, dass nachts keine Quastentragepflicht besteht.

[298] Hönig, 20. Der Passus ist bei Hönig als Zitat gekennzeichnet, jedoch ohne Angabe der zitierten Quelle.

[299] In Gesenius 18. Aufl. z.St. nur „Schurz".

dass sowohl von Ägyptern, als auch von Assyrern und Syrern ein Schurz *über* der anderen Kleidung getragen wurde, besonders ist ein lederner Schurz bei Kriegern bezeugt[300]. Im Bereich des Textilen sind Rückschlüsse aus anderen Kulturkreisen zwar nicht statthaft, in diesem Fall widersprechen die alttestamentlichen Belege jedoch an keiner Stelle einem Verständnis von אזור als eines *über* anderer Kleidung getragenen Schurzes. Im Gegenteil, manche Vorkommen setzen diese Sichtweise sogar voraus: In 2 Kön 1,8 wird erzählt, wie Elia anhand der Beschreibung, er sei ein „Besitzer von Haar"[301] und habe einen ledernen אזור um die Lenden gegürtet, von Ahasja erkannt wird. In der Allegorie der beiden „unzüchtigen Schwestern" Ohola und Oholiba wird in Ez 23,14–16 geschildert, wie Bilder von Assyrern das Interesse von Oholiba wecken, so dass diese Boten schickt, um die attraktiven Männer zu sich einzuladen. Es werden neben Kopfbedeckungen explizit die um die Hüften gegürteten Schurze (אזור) erwähnt. In beiden Fällen kann der אזור keinesfalls das „innerste" Kleidungsstück sein, sondern das äußerste, gut sichtbare. Ein weiteres Indiz für die Richtigkeit der Annahme, der אזור sei ein *über* anderer Kleidung getragener Schurz oder Gürtel, ist das Fehlen von Belegen im Zusammenhang von Entblößung oder Bedeckung der Scham. Der אזור hatte offensichtlich nicht die Funktion, die Blöße zu bedecken. Es spricht deshalb auch nichts dagegen, אזור mit „Gürtel" zu übersetzen. Wahrscheinlich hat man sich einen breiten, festen Gürtel vorzustellen.

Es gibt zwei Belege, in denen das Material des אזור erwähnt wird: der leinene Schurz/Gürtel in der Zeichenhandlung Jeremias (Jer 13,1–11) und der lederne אזור Elias (2 Kön 1,8). Mindestens zwei der sechs unabhängigen Vorkommen haben eine kriegerische Konnotation (Jes 5,27 und Ez 23,15), so dass an diesen Stellen evtl. ebenfalls ein lederner Kriegsschurz gemeint war. Es ist gut möglich, dass bei der Erwähnung eines אזור auch ohne Materialangabe an einen ledernen Schurz gedacht wurde[302]. Nimmt man noch die Belege für das wahrscheinlich aus אזור denominierte Verb אזר hinzu, das in 15 Versen belegt ist, verstärkt sich der Eindruck, Begriffe der Wurzel אזר seien kämpferisch konnotiert. Dazu passt, dass die Wurzel אזר nie im Zusammenhang mit Frauen vorkommt und manchmal regelrecht „männlich" konnotiert ist, z.B. in Hi 38,3 und Hi 40,7, wo Hiob aufgefordert wird, sich wie ein Mann (כגבר) die Lenden zu gürten[303].

2.2.5.2 חגורה und חגור: Wortfeld und Bedeutungsspektrum

Könnte der אזור durchgängig als Schurz verstanden werden, ist dies bei חגורה und חגור nicht so leicht möglich. Meist legt sich die Bedeutung „Gürtel" nahe[304]. Dazu scheint nun aber der Beleg in Gen 3,7 nicht zu passen, der als der interessanteste der

---

[300] Vgl. Hönig, 22–25.

[301] Vgl. dazu unten 2.2.7.

[302] Dann muss allerdings erklärt werden, warum in 2 Kön 1,8 explizit von einem ledernen Schurz die Rede ist. Wie an der Wendung „Besitzer von Haar" für „Mantel" zu erkennen, haben sich die Boten merkwürdig ausgedrückt und waren „materialfixiert". Vielleicht wollte der Autor durch das Beieinanderstehen von Ellipse und redundanter Ausdrucksweise kolloquialen Redestil nachbilden.

[303] Auch eine Frau kann sich „mit Stärke gürten", aber dann wird das Verb חגר verwendet (vgl. Spr 31,17).

[304] So auch Hönig, 76, unter Verweis auf Hönig HALAT z.St.: Gürtel, Schurz; Gesenius 18. Aufl.: חגור: Gürtel, חגורה: Gürtel, Schurz.

wenigen Vorkommen von חגורה gelten kann. Für die Erhebung der kulturimmanenten Gebrauchsweise von חגור/חגורה soll Gen 3,7 jedoch zunächst zurückgestellt und erst später untersucht werden (siehe oben 2.2.5.4).

Es gibt fünf Belege für חגורה und drei für חגור. Sie sind auf den ersten Blick wenig aussagekräftig. In 2 Sam 18,11 wird erzählt, wie Joab den Boten, der ihm Absaloms Aufenthaltsort mitteilt, aufgebracht anfährt, er hätte ihm, wenn er Absalom gleich selbst getötet hätte, zehn Silberstücke und eine חגורה geschenkt. Auch aus Jes 3,24 lässt sich schließen, dass eine חגורה ein Wertgegenstand war, denn dort wird innerhalb einer Reihe von Gegenüberstellungen von Hochwertigem und Minderwertigem die חגורה einem einfachen Strick (נקפה)[305] entgegengesetzt. Die „tüchtige Hausfrau" fertigt einen חגור zum Weiterverkauf an (Spr 31,24). Die übrigen Vorkommen von חגורה und חגור sind in einem kriegerischen Kontext verortet[306]. Bei der Einkleidung Davids durch Jonathan (manchmal fälschlich als Kleidertausch bezeichnet) wird nach Schwert und Bogen als letztes dem David übergebenes Ausstattungsstück der חגור genannt. Die Vorstellung von einem Gürtel, an dem das Schwert befestigt werden kann, liegt nahe und kann auch an anderen Stellen vermutet werden. In 2 Sam 20,8 wird der חגור im Zusammenhang mit einer kriegerischen Ausrüstung genannt[307]. In 2 Kön 3,21 wird berichtet, wer von den Moabitern zum Kampf eingezogen wird: חֲגֹרָה וָמַעְלָה מִכֹּל חֹגֵר. In den Übersetzungen und Kommentaren wird angenommen, dass diese Formulierung so etwas wie „waffenfähig sein" oder „mit Waffen umgürtet sein" bedeutet[308]. Das ist sicherlich sachlich richtig, erklärt jedoch nicht die unübliche Formulierung mit מעלה. Die Konstruktion ist ähnlich gebaut wie z.B. Num 1,3, wo es im Rahmen einer Musterung heißt: מִבֶּן עֶשְׂרִים שָׁנָה וָמַעְלָה (von den Zwanzigjährigen ab und darüber)[309]. In Analogie dazu muss 2 Kön 3,21 als eine Mindestaltersangabe verstanden werden und etwa bedeuten: „von denen an, die (schon wie Erwachsene) mit einer חגורה gegürtet sind und darüber". Das Tragen einer חגורה wäre dann das Statussymbol des (wehrfähigen) Erwachsenen. Es ist denkbar, dass das Schwert mit Hilfe der חגורה befestigt werden konnte.

Besonders in Hinblick auf 2 Kön 3,21 kann vermutet werden, dass die/der חגור/חגורה ein Statussymbol war. Es wurde damit kein besonders hoher Status ausgedrückt wie mit dem אבנט. Aus Spr 31,24 geht hervor, dass ein חגור frei verkäuflich war. Einen אבנט konnte man – ähnlich wie ein Bundesverdienstkreuz – sicherlich nicht einfach kaufen, er wurde feierlich verliehen (Jes 22,21). Wenn חגור/חגורה das normale Statussymbol eines wehrfähigen Mannes war, muss das jedoch nicht bedeuten, dass alle Gürtel gleich aussahen. Vielleicht war ein Gürtel, den ein höhergestellter Mann einem Untergebenen schenkte, reicher geschmückt oder von besserer Qualität. Ein solches Geschenk wäre dann nicht als offizielle Beförderung, sondern als informelle Gratifikation zu verstehen.

---

[305] Hapax legomenon.

[306] Es wäre möglich, auch 2 Sam 18,11 im militärischen Kontext einzuordnen: Joab erwähnte evtl. nicht ein beliebiges Geschenk, sondern ein zu einer kriegerischen Tat passendes, z.B. eine Art Wehrgehänge.

[307] Genaueres dazu siehe unten 2.2.6.5 zu מד.

[308] Z.B. Würthwein, E., Die Bücher der Könige. 1. Kön. 17 – 2. Kön. 25 (ATD 11/2), Göttingen 1984, 280: „alles, was wehrfähig war", dazu die Anmerkung „Wörtlich: jeder, der einen Gürtel trägt".

[309] Ähnlich auch z.B. Ex 30,14 oder Esr 3,8.

2.2.5.3 Vergleich zwischen חגור/חגורה und אזור

Ein Vergleich zwischen חגור/חגורה und אזור versteht sich nicht von selbst. Hönig behandelt beide Ausdrücke in verschiedenen Kapiteln. אזור in „Die einzelnen Kleidungsstücke" im Unterabschnitt „Schurze"[310] und חגור/חגורה in „Gürtel und Gürten"[311]. Ein Gürtel kann jedoch, wenn er nur breit genug ist, auch als Schurz gelten und so fragt es sich, ob eine Trennung zwischen Schurz und Gürtel überhaupt angemessen ist. Dies ist nur der Fall, wenn man unter „Schurz" einen Lendenschurz versteht, der primär dem Zwecke der Schamverhüllung dient. Dieser Aspekt ist jedoch weder für חגור/חגורה noch für אזור nachweisbar – Gen 3,7 ist ja zunächst zurückgestellt[312]. Folgende Gemeinsamkeiten und Unterschiede lassen sich bei חגור/חגורה und אזור ausmachen:

- Es gibt jeweils ein Verb der gleichen Wurzel, das mit „umgürten" übersetzt werden kann. Bei אזור dominiert die Konnotation „(militärische) Stärke", bei חגר gibt es diesen Aspekt auch, das Bedeutungsspektrum ist jedoch breiter.
- Der Aspekt der Männlichkeit ist bei beiden Wurzeln präsent, ausgeprägter bei אזור.
- Die Entblößungsthematik spielt keine Rolle.
- חגור/חגורה und אזור kommen nie gemeinsam vor, z.B. in einem parallelismus membrorum.

Ähnlich wie beim Vergleich zwischen בגד und שׂמלה ist zu beobachten, dass in bestimmten biblischen Büchern Vorlieben für den einen oder anderen Ausdruck bestehen. So wird z.B. in der Davidshausgeschichte[313] nie der Begriff אזור verwendet. Wahrscheinlich handelt es sich bei חגור/חגורה und אזור um Synonyme. Ähnlich wie bei בגד und שׂמלה waren חגור/חגורה und אזור sicherlich nicht in jedem Aspekt bedeutungsgleich, sondern hatten leicht voneinander abweichende Konnotationen. Möglich wären Unterschiede in der Befestigungstechnik (mit einer Gürtelschnalle oder Knoten, mehrfach oder einfach um den Körper gewunden), aber darüber lässt sich nichts mehr herausfinden.

---

[310] Hönig, 20ff. Hönig ging methodisch so vor, dass er „die mutmaßlich ältesten Kleidungsstücke sucht und dann die weiter fortschreitende Entwicklung, soweit sie erfassbar ist, aufzeigt" (20), deshalb behandelte er den אזור am Beginn des Kapitels. Der Ansatz ist problematisch und wird von mir nicht verfolgt.

[311] Hönig, 76f. Es gibt jedoch auch schon unter „Die einzelnen Kleidungsstücke" einen Abschnitt, in dem חגורה in der Bedeutung „Schurz" behandelt wird, bezogen auf Gen 3,7. Hönig rechnete mit einem Bedeutungswandel von „Gürtel mit daran befestigter Schambedeckung" zum Gürtel ohne Anhängsel (vgl. 28).

[312] Das einzige explizit zum Zwecke der Schamverhüllung erwähnte Kleidungsstück sind die „Unterhosen" (מכנסים) der Priester, vgl. dazu unten 4.3.1.

[313] Der Begriff „Davidshausgeschichte" wird hier und im Folgenden für die Textbereiche verwendet, die traditionell als Aufstiegsgeschichte und Thronnachfolgegeschichte Davids bezeichnet wurden. Ina Willi-Plein hat ihre These, die Textkomplexe als eine Erzähleinheit anzusehen, in einer Reihe von Aufsätzen entwickelt, vor allem anhand von Beobachtungen zur Erzählstrategie, vgl. dazu Willi-Plein, I., Frauen um David: Beobachtungen zur Davidshausgeschichte, in: Timm, S./Weippert, M. (Hg.), Meilenstein. Festgabe für Herbert Donner (ÄAT 30), Wiesbaden 1995, 349–361 (= Dies., Sprache als Schlüssel. Gesammelte Aufsätze zum Alten Testament [Hg.:T. Präckel/M. Pietsch], Neukirchen-Vluyn 2002, 349–361), Willi-Plein, I., Michal und die Anfänge des Königtums in Israel, in: Emerton, J. A. (Hg.), Congress Volume Cambridge 1995 (VT.S 66), Leiden u.a. 1997, 401–419 (= Dies., Sprache als Schlüssel, 79–96) und zuletzt Willi-Plein, I., ISam 18–19 und die Davidshausgeschichte, in: Dietrich, W. (Hg.), David und Saul im Widerstreit – Diachronie und Synchronie im Wettstreit. Beiträge zur Auslegung des ersten Samuelbuches (OBO 206), Göttingen 2004, 138–171.

2.2.5.4 Einzeluntersuchung zu חגורה: Gen 3,7

Es findet sich weder eine innovative Zeichenhandlung in Verbindung mit חגורה oder חגור noch ein innovatives Sprachbild, wenn man von Gen 3,7 absieht. Dieses Vorkommen fällt aus dem Rahmen, da z.B. das Material, aus dem die חגורת gefertigt wurden, erwähnt wird, was sonst nie vorkommt. חגורת aus Feigenblättern waren sicher unüblich. Das Ungewöhnlichste an Gen 3,7 ist jedoch, dass es hier um Schamverhüllung geht – jedenfalls wird das immer und ganz selbstverständlich angenommen. So z.B. auch von Hartenstein in dem Aufsatz zu Gen 3,7: „Indem diese Schurze vor allem den Schambereich bedecken, ... wird wohl auch schon auf die ... Minderungen des Verhältnisses zwischen Frau und Mann vorausgeblickt"[314]. Würde es jedoch wirklich nur um die Bedeckung der Blöße gehen, wäre eine andere Wortwahl angemessener gewesen, z.B. hätte ein allgemeinerer Ausdruck für Kleidung besser gepasst. Die eben herausgearbeiteten Konnotationen von חגור/חגורה weisen in eine andere Richtung und stützen damit sogar Hartensteins Hauptthese, dass Nacktheit vor allem Statuslosigkeit bedeutet und Bekleidung Status und Beziehungen repräsentiert, besser[315]. Die beiden ersten Menschen haben also, sobald sie ihrer Nacktheit und damit Statuslosigkeit inne wurden, gleich versucht, sich selbst ein Statussymbol anzufertigen. Besonders passend (und auch rührend) ist es, dass חגור/חגורה ein Symbol für das Erwachsensein ist. „Adam und Eva" „basteln" sich also mit unzureichenden Mitteln das Zeichen dafür, dass sie nun keine Kinder mehr sind. Gerade dadurch, dass sie nicht die Mittel und Fähigkeiten haben, „richtige" חגורת anzufertigen, zeigen sie jedoch, dass sie eigentlich noch nicht erwachsen sind[316]. Dadurch, dass an dieser Stelle ein inhaltlich gefülltes Wort für ein Kleidungsstück bzw. Accessoire einem allgemeineren Begriff für „Textilien" vorgezogen wird, ist von Anfang an der Bezug zur Kommunikationsfunktion des Textilen hergestellt. Wahrscheinlich spielt der Aspekt der Schamverhüllung an dieser Stelle nur eine untergeordnete Rolle. Keines der im Zusammenhang mit der Nacktheit bzw. der Bekleidung der ersten Menschen verwendeten Wörter hat eine sexuelle Konnotation. Da die Versuche der ersten Menschen, sich selbst einen Status zu verschaffen, nicht erfolgreich waren, musste ihnen von Gott selbst geholfen werden. Die Einkleidung mit den Hemdgewändern (כתנת) wird erst im folgenden Kapitel untersucht.

2.2.5.5 Einzeluntersuchung zum אזור: Jer 13,1–11

Vor dem Hintergrund der herausgearbeiteten Bedeutung von אזור sei nun Jer 13,1–11 genauer in den Blick genommen. Der Textabschnitt wird in der Literatur kontrovers diskutiert: Ist es eine Zeichenhandlung, eine Vision oder eine Erzählung ähnlich einem Gleichnis? Auf welchen Ort referiert פרתה? Steht das Exilsthema im Vordergrund oder spielt es gar keine Rolle? Wurde der אזור versteckt oder vergraben? Diente das Vermeiden des Nasswerdens des Schurzes seinem Schutz oder förderte es den Prozess

---

[314] Hartenstein, F., „Und sie erkannten, dass sie nackt waren ..." (Gen 3,7). Beobachtungen zur Anthropologie der Paradieserzählung, EvTh 65 (2005), 277–293 (289).

[315] Vgl. Hartenstein, 279 und 290f.

[316] Vgl. dazu B. Jakob (Anm. 207), 124, der zwar auf die Konnotation der חגורת nicht eingeht, das Moment des „ungeschickten Versuches" jedoch erfasst, wenn er bemerkt, die ersten Menschen hätten eine Bekleidung „in den Schurzen aus Feigenblättern ... schon wie stammelnd versucht".

des Verrottens? Spielten priesterliche Konnotationen eine Rolle? Welche Verse gehören späteren Schichten an? Auf die meisten dieser Fragen kann hier nicht eingegangen werden[317]. Zur Literarkritik ist festzustellen, dass es zwar keine auffallenden Brüche, Inkonsistenzen, Doppelungen o.Ä. gibt, die eine literarkritische Scheidung unbedingt erforderlich machen, es gibt aber einige Hinweise auf eine sekundäre Bearbeitung, z.B. den dtr Sprachgebrauch in Vers 11 und die Änderung der Bezugsgruppen (Vers 9: Juda und Jerusalem; Vers 11: Israel und Juda). Ich gehe deshalb von einem Grundbestand Jer 13,1–9 und einer Erweiterung in Vers 11 aus[318].

Jeremia bekommt zunächst den Auftrag, einen leinenen אֵזוֹר zu erwerben, ihn „auf die Hüften zu legen" (וְשַׂמְתּוֹ עַל מָתְנֶיךָ) und den Kontakt mit Wasser zu meiden (Verse 1–3). Dann erhält er die Anweisung, den Schurz in einer Felsspalte am „Euphrat"[319] zu verbergen (Verse 4–5). Nach einiger Zeit soll Jeremia den Schurz wieder hervorholen. Es stellt sich heraus, dass der אֵזוֹר verdorben ist (manifestatives Nif'al von שׁחת) (Verse 6–7). Im folgenden Deutewort droht Gott an, die stolze Pracht, den Hochmut (גאון) Judas und Jerusalems zu verderben (kausatives Hif'il von שׁחת) (Vers 9).

Wenn man davon ausgeht, dass die Zeichenhandlung tatsächlich ausgeführt wurde, ist folgendes Szenario denkbar: Jeremia erscheint mit einem neuen leinenen Zierschurz. Wenn schon in unserer heutigen Gesellschaft neue Kleidung auffällt und beachtet wird, so sicherlich um so mehr in einer Umgebung, in der Textilien seltener und wertvoller waren. Die Leute haben also Jeremias neuen Schurz bemerkt: Warum trägt der sicherlich vorher nicht durch Eitelkeit aufgefallene Jeremia neuerdings einen אֵזוֹר? Möglich wäre, dass Jeremia auf direkte Nachfrage gesagt hat, dass er den Schurz auf göttlichen Befehl gekauft habe. Nach nicht langer Zeit hat Jeremia den Schurz plötzlich nicht mehr an, da er ihn auf Gottes Befehl in der Nähe versteckt hatte. Spätestens jetzt wundern sich die Leute und fragen nach – Jeremia ist ja für skurrile Aktionen bekannt. Jeremia schildert daraufhin den Hergang, die Leute wundern sich noch ein bisschen mehr, und damit ist die Angelegenheit vorläufig beendet.

Die Bergungsaktion kann öffentlich oder nichtöffentlich stattgefunden haben. Eine öffentliche Aktion könnte etwa so ausgesehen haben: Jeremia verkündet, dass er den Befehl erhalten habe, den Schurz, den er vor längerer Zeit verstecken sollte, nun aus dem Versteck zu holen. Einige Neugierige, die sich noch an den Schurz erinnern, begleiten ihn und verfolgen die Suche[320] und das Wiederauffinden des Schurzes. Sie

---

[317] Vgl. dazu z.B. Cornill, C. H., Das Buch Jeremia, Leipzig 1905, 169–173; Weiser, A., Das Buch Jeremia (ATD 20/21), Göttingen 1966, 108–113; Rudolph, W., Jeremia (HAT 12), Tübingen ³1968, 990–95, Seybold, K., Der Prophet Jeremia. Leben und Werk, Stuttgart u.a. 1993, 25f.; 90f., Lundbom, J. R., Jeremiah 1–20 (AncB 3), New York u.a. 1999, 665–671 und Fischer, G., Jeremia 1–25 (HThK), Freiburg u.a. 2005, 445–455.

[318] Vers 10 ist für den Aspekt des Textilen irrelevant, er wird wohl auch später zugefügt worden sein.

[319] Wenn die Angabe „am Euphrat" korrekt sein sollte, ist es unwahrscheinlich, dass Jeremia die Zeichenhandlung wirklich ausgeführt hat. Jeremia hätte dann mehrere tausend Kilometer zurücklegen müssen. Man müsste eine Vision oder eine Erzählung annehmen. Diese Ansicht vertreten z.B. Weiser, 111 und Rudolph, 93. Es wurde vermutet, dass das nahe Anatot gelegene Parah gemeint sei, vgl. zur Geschichte dieser alten These Rudolph, 91. Rudolph selbst lehnt den Vorschlag ab, zustimmend äußert sich jedoch z.B. Lundbom, 668f. Mich überzeugt die These ebenfalls.

[320] Da das Versteck des Schurzes in einer Felsspalte war, muss an dieser Stelle חפר nicht „graben", sondern „suchen" heißen. Beide Bedeutungsmöglichkeiten sind belegt.

können sich überzeugen, dass das Versteck in der Felsspalte eigentlich ein Verrotten des Stoffstückes hätte verhindern sollen[321]. Sie sind ebenso wie Jeremia erstaunt darüber, dass der Schurz verdorben ist. In diese Verwunderung hinein spricht Jeremia das Deutewort. In diesem wird über das Stichwort „verderben" der Schurz mit dem Hochmut (גָאוֹן) Judas und Jerusalems verglichen. Auf dieser Vergleichsebene muss das *Volk* als der Träger des Schurzes angesehen werden, es hatte sich „mit Hochmut gegürtet".

Eine gewisse Analogie dazu bietet Jes 11,5. Im Rahmen der Schilderung des Friedensreiches wird vom König aus dem Stamm Isais Folgendes ausgesagt:

Und es wird sein Gerechtigkeit der Schurz seiner Lenden	וְהָיָה צֶדֶק אֵזוֹר מָתְנָיו
und Zuverlässigkeit der Schurz seiner Hüften.	וְהָאֱמוּנָה אֵזוֹר חֲלָצָיו׃

Der Vers ist als innovativ auf der Ebene von Sprachbildern einzuordnen. Es wird das Bild einer Person evoziert, die mit Gerechtigkeit und Zuverlässigkeit gegürtet ist. Die nächsten Verse sind der Beschreibung des friedlichen Zustandes des Landes gewidmet, in dem Löwen Gras fressen und Giftschlangen ungefährlich sind. Mit dem doppelten אֵזוֹר wird zunächst die Vorstellung von Krieg und männlicher Stärke evoziert und dann so umgeformt, dass der Aspekt der Stärke erhalten bleibt, der Aspekt des Krieges jedoch durch die folgende Schilderung eines fast märchenhaft wirkenden Friedens wegfällt. Der beschriebene Herrscher ist also kein Weichling, schafft aber trotzdem dauerhaften Frieden – das ist die Botschaft, die hier auch mit Hilfe von Begriffen aus der Sprache des Textilen gegeben wird. Auf ähnliche Weise evoziert Jeremias Deutewort das Bild von einem mit Hochmut gegürteten Juda, dessen Hochmut verderben wird.

Es bleibt noch die Frage, warum es ein leinener אֵזוֹר sein sollte. Es ist eine Verbindung mit dem Priestertum erwogen worden[322], aber dafür gibt es wenig Anhaltspunkte. Vielleicht ist der Grund ganz banal, z.B., dass diese Art von Schurzen nur leinen oder ledern erhältlich war. Da es ein Zierschurz war, brauchte er nicht zu wärmen oder zu schützen. Wenn die Gewohnheit, Schurze *über* anderer Kleidung zu tragen, von den Ägyptern übernommen wurde, wäre zu erwarten, dass der אֵזוֹר leinen statt wollen war, da in Ägypten leinene Stoffe üblich waren. Ein lederner Gürtel ist sehr viel robuster und wäre nicht schnell genug verrottet bzw. verdorben, also für den Zweck wenig geeignet gewesen. Man kann das Material des Schurzes auch auf das Vergleichsobjekt, den Hochmut Judas und Jerusalems, beziehen und erhält dann folgenden Zusammenhang: Die – vielleicht militärisch konnotierte – überzogene Selbsteinschätzung der Mächtigen war letztlich von vornherein unbegründet. Die (militärische) Stärke war nicht einem robusten Lederschurz ähnlich, sondern dem fragilen Leinenschurz[323].

Die Zeichenhandlung Jeremias erfuhr später eine Neuinterpretation (Jer 13,10 und 11). Nun werden der Schurz und das abtrünnige Volk miteinander verglichen: Die Men-

---

[321] Die meisten Forscher gehen allerdings davon aus, dass ein Verderben des Gürtels unter den beschriebenen Bedingungen unvermeidlich war, z.B. Lundbom, 669: „and surprise! the loincloth was ruined … Jeremiah is feigning surprise". Die Begründungen dafür können jedoch nicht überzeugen. Es wurde jedoch auch schon die Meinung vertreten, dass das Verderben des Schurzes unerwartet war, z.B. von Baumann, E., Der linnene Schurz Jer 13,1–11, ZAW 65 (1953), 77–81 (78).

[322] Z.B. Lundbom, 668.

[323] Je nachdem, wie stark dieser Aspekt eine Rolle spielte, ist auch eine Interpretation, die davon ausgeht, dass das Verderben des leinenen Schurzes zu erwarten war, möglich und sinnvoll.

schen selbst, nicht nur ihr Hochmut, werden das gleiche Schicksal erleiden wie der verdorbene Schurz. Durch diese Bedeutungsverschiebung muss sich auch das Vergleichsobjekt für den Träger des Schurzes ändern. Nun ist nicht mehr das Volk bzw. seine Repräsentanten gemeint, sondern Gott. Das Stichwort, an das jetzt angeknüpft wird, ist das „auf den Hüften liegen" des Schurzes[324]. Es wird jedoch beim Wiederaufgreifen der Phrase nicht die übliche Formulierung mit שִׂים gewählt, sondern eine innovative: דבק wird sonst nie mit etwas Textilem zusammen verwendet. Dagegen ist der Terminus in Verbindung mit Gott häufiger belegt[325]. Wie ein Schurz fest auf den Hüften anliegt, so hatte Gott das Volk an sich angeschlossen, damit sie für ihn לְעָם וּלְשֵׁם וְלִתְהִלָּה וּלְתִפְאָרֶת sein sollten (Vers 11)[326]. Die Abschlussbemerkung ist ernüchternd: Sie haben nicht gehört.

Der letzte Ausdruck (תפארת) der an Dtn 26,19 anklingenden Reihung kann – anders als die anderen Begriffe – auf einen textilen Gegenstand bezogen werden[327] und rundet den Schurzvergleich ab[328]. Entscheidend ist jedoch das Verb דבק, das den Schurzvergleich einleitet. Der Terminus דבק bedarf einer genaueren Untersuchung, weil eine oberflächliche Bedeutungsanalyse dieses Wortes zu folgender, sich hartnäckig haltender, Fehlinterpretation geführt hat: „Der Schurz wird direkt auf der Haut getragen und liegt eng am Körper an"[329]. Mit דבק wird in Jer 13,11 jeweils das feste Anliegen des Schurzes bzw. des Gürtels auf den Hüften des Mannes (im Qal PK mit durativem Aspekt: Es haftet der Schurz dauerhaft/immer wieder) und das feste „Anhaften" Israels und Judas an Gott (im Hif'il: „ich machte sie anhaften") beschrieben. Das „fest anhaften" wurde im Sinne von „direkt auf der Haut befindlich" gedeutet. Dagegen spricht jedoch, dass für den Zustand „direkt auf der Haut befindlich" an anderer Stelle die Wendung בשר על- benutzt wird (in 1 Kön 21,27 und 2 Kön 6,30 jeweils im Zusammenhang mit dem שׂק).

Die Verwendungsweise von דבק kann bei genauerem Hinsehen die Interpretation „direkt auf der Haut klebend/liegend" nicht stützen. Unter den 58 Versen gibt es nur einen einzigen, bei dem ausgesagt werden soll, dass ein Gegenstand einen anderen berührt (2 Chr 3,12). Ruth 2,21 kann den kulturimmanenten Gebrauch von דבק veranschaulichen: Rut ist aufgefordert worden, bei der Ernte an den Arbeitern des Boas zu haften (דבק). Es ist klar, dass damit nicht gemeint ist, Ruth habe mit den Leuten in direktem Körperkontakt gestanden. Vielmehr ist gemeint, dass sie sich in ihrer Nähe aufhalten und die Bewegung der Arbeiter – in einem gewissen Abstand von ihnen – mitvollziehen soll. So sind auch die zahlreichen Belege mit der Bedeutung „jemanden

---

[324] Damit ist nicht vorausgesetzt, dass der Befehl, den Schurz „auf die Hüften zu legen" erst später zugewachsen ist. Auch für die ursprüngliche Zeichenhandlung ist es wichtig, dass der Schurz getragen wurde.

[325] Dtn 4,4; Dtn 10,20; Dtn 11,22, Dtn 13,5; Dtn 30,20; Jos 22,5; Jos 23,8; 2 Kön 18,6; Ps 63,9; Ps 119,31 (an letzterer Stelle wird nicht das Anhaften an Gott, sondern an seinen Vorschriften thematisiert).

[326] Eine ähnliche Formulierung findet sich in Dtn 26,19 und Jer 33,9.

[327] Vgl. z.B. Ex 28,2, Jes 52,1. Häufiger als die Referenz auf Textilien ist ein Bezug auf Gegenstände aus Edelmetall. תפארת ist sehr viel „materieller" als תהלה, das nie zur Kennzeichnung von Gegenständen oder Textilien verwendet wird.

[328] Ein Kleidungsstück, das mit Schönheit, Herrlichkeit, Pracht (תפארת) in Verbindung gebracht wird, kann nicht versteckt getragen worden sein. Die priesterlichen „Unterhosen" (מכנסים) werden nicht unter den Kleidungsstücken aufgeführt, die den Priestern zu „Ehre und Schmuck" dienen sollen (Ex 28.40+42).

[329] Hönig, 21.

verfolgen" zu verstehen. Man kann die Grundbedeutung von דבק sogar noch präziser fassen: Es handelt sich um das Aneinander-Haften normalerweise unabhängig von einander agierender Parteien. Wahrscheinlich ist für die übliche Bedeutung die Vorstellung von zwei Individuen, die – vor allem in der Bewegung – aufeinander bezogen sind, ausschlaggebend. In einem zweiten Schritt können dann abstraktere Entitäten (z.B. Beutegut, Krankheiten) an Individuen oder Gruppen haftend vorgestellt werden und – noch einmal weiter von der Grundbedeutung entfernt – zwei Gegenstände als mit דבק „aneinander haftend" beschrieben werden. Die letztere Verwendungsweise trifft man vor allem in poetischen Texten an.

Die übliche Bedeutung von דבק enthält die beiden Aspekte „eine Bewegung mitvollziehen" und „sich nicht von dem Gegenstand/der Person, mit der Kontakt besteht, lösen". Diese beiden Momente sind auf ein Kleidungsstück wie einen gut befestigten Schurz übertragbar. Im Kontext des Textilen stehen dem z.B. hemd- oder mantelartige Kleidungsstücke gegenüber. Diese umwallen den menschlichen Körper locker und vollziehen nicht jede Bewegung mit.

Aus dem Schurzvergleich können folgende mögliche Aussagen konstruiert werden, die den Erstrezipienten den Ausdruck „Gott anhangen" lebendiger werden lassen sollten:

- Israel und Juda haben – anders als andere Völker, die in Bezug auf JHWH „mantelartig" sind – keine Alternative zum Fest-Anhaften an Gott, weil das ihre Bestimmung ist. Sobald sie – ob freiwillig oder gezwungen – den engen Kontakt zu ihrem Gott verlieren, verderben sie.
- So, wie ein Kleidungsstück sinn- und nutzlos ist ohne einen Menschen, der es trägt, so ist das Sein des Volkes Israel sinnlos, solange es von Gott getrennt ist.
- Für Gott selbst ist der Verlust des Volkes zwar ärgerlich – er hatte es ja vor langer Zeit „erworben", so wie Jeremia den Schurz kaufen sollte – , aber weder lebensbedrohlich noch schändlich: ein אזור wird an keiner Stelle als unbedingt nötiges Kleidungsstück skizziert.

2.2.6 *כתנת, מעיל und מד: Hemdgewänder*

Vielleicht die wichtigsten Kleidungsstücke im Alten Testament waren hemdgewandartige Textilien. Hönig nahm an, dass das Hemdgewand die übliche Bekleidung des „Durchschnittshebräers" war. Er grenzte vom Hemdgewand das „Obergewand" ab, das er jedoch für fakultativ hielt und vermutete, dass gerade ärmere Menschen nur *ein* Kleidungsstück besaßen, so dass das Hemdgewand auch als einziges Kleidungsstück dienen konnte[330]. Ikonographisch ist das Hemdgewand gut bezeugt (siehe unten 2.2.6.7). Das ist jedoch noch kein Beweis dafür, dass die einfache Bevölkerung tatsächlich durchweg Hemdgewänder trug. Auf Abbildungen oder Reliefs werden ja eher Personen aus den oberen Schichten dargestellt. Die Annahme Hönigs, der „Normalhebräer" habe Hemdgewänder getragen, muss deshalb sorgfältig überprüft werden[331].

---

[330] Vgl. zum Folgenden Hönig, 30ff.

[331] Es wird hier ein grundsätzliches Problem von Hönigs Ansatz deutlich: Er hat sich explizit die Aufgabe gestellt, etwas über die normale Alltagskleidung zur Zeit des Alten Testaments herauszufinden. Leider ist aber gerade diesbezüglich sowohl die literarische als auch die ikonographische Quellenlage sehr unergiebig.

Allgemein wird davon ausgegangen, dass der hebräische Begriff für Hemdgewand כתנת ist. Das ist unzweifelhaft richtig, die Frage ist jedoch, ob es der *einzige* Ausdruck für hemdgewandartige Kleidungsstücke war. Im Deutschen gibt es zahlreiche Ausdrücke, die auf Kleidungsstücke referieren, die die Grundform „Hemd" haben: Oberhemd, Unterhemd, Weste, Bluse, Jacke, Mantel, Pullover, T-Shirt oder Kleid.

Abbildung 1 zeigt die Grundform eines Hemdgewandes und ein daraus gefertigtes einfaches Kleid: Das Stoffstück wird gefaltet und an den Seiten zugenäht unter Aussparung der Öffnungen für die Arme. Für eine ca. 170 cm große Person wird eine ca. 2,50 m lange Stoffbahn benötigt, wenn das Kleid etwa die dargestellte Länge haben soll[332]. Es sind zahlreiche Abwandlungen der Grundform denkbar, z.B. in der Länge, durch Anfügung von Ärmeln oder durch Weglassen der Seitennähte. Auch ein vorne offenes Kleidungsstück ließe sich anfertigen.

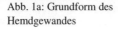

Abb. 1a: Grundform des   Abb. 1b: Einfaches
Hemdgewandes   Hemdgewand

Es soll im Folgenden gezeigt werden, dass im Alten Testament neben כתנת auch מעיל und מד auf die Grundform des Hemdgewandes zurückgeführt werden können. Jedem der Begriffe ist eine Wortfelduntersuchung gewidmet (כתנת: 2.2.6.1; מעיל: 2.2.6.3; מד: 2.2.6.5), in zwei Abschnitten des Kapitels werden einzelne Verse zu ungewöhnlichen Verwendungsweisen untersucht (die „Fellröcke" aus Gen 3,21: 2.2.6.2 und ein innovativer Gebrauch von מד in Ps 109,18: 2.2.6.6). In 2.2.6.4 wird eine mögliche Entwicklung des Aussehens des מעיל vorgestellt. Zum Schluss soll ein Blick auf das ikonographische Material geworfen werden. In diesem Kontext wird auch die These Hönigs noch einmal aufgegriffen (2.2.6.7).

---

[332] Denkbar ist auch, zwei kürzere Stoffstücke zusammenzunähen und dabei eine Kopföffnung auszusparen.

2.2.6.1 Wortfelduntersuchung zu כתנת: „Hemdgewand"

כתנת soll eines „der am weitesten verbreiteten Kulturwörter in der Welt" sein[333]. In zahlreichen semitischen Sprachen (z.B. Akkadisch, Phönizisch, Äthiopisch, verschiedenen aramäischen Dialekten) wird mit Worten dieser Wurzel die Materialbeschaffenheit beschrieben. Meist ist Leinen bzw. Flachs gemeint, im Arabischen Baumwolle. Wenn ein bestimmtes Kleidungsstück gemeint ist, herrscht auch in anderen Sprachen die Bedeutung „Hemd" vor[334]. Als andere Übersetzungsmöglichkeit kommt der etwas altmodische Ausdruck „Leibrock" in Frage[335]. Die כתנת ist in 26 Versen belegt. Es lassen sich etwa elf unabhängige Vorkommen ausmachen. Mehr als die Hälfte der Vorkommen (14) bezieht sich auf Priesterkleidung, man kann dabei vier Bereiche unterscheiden: Die priesterschriftlichen Belege im Zusammenhang mit der Einrichtung des Zeltheiligtums in Exodus und Leviticus bilden bei weitem die größte Gruppe. Eine Erwähnung findet sich im Zusammenhang mit dem Nadab-Abihu-Zwischenfall[336] und eine weitere bei der Beschreibung der Kleidungsvorschriften für den großen Versöhnungstag (Lev 16,4). Drei Belege gibt es in den Esra-Nehemia-Büchern innerhalb von Spendenaufstellungen für den neu zu errichtenden Tempel. Anders als in den priesterschriftlichen Texten werden die Hemdgewänder in Esr 2,69; Neh 7,69 und Neh 7,71 als כתנת כהנים (Priesterhemdgewänder) bezeichnet[337].

Außerhalb des kultischen Bereichs gibt es sieben unabhängige Vorkommen: Fünf Belege entfallen auf die Josephsgeschichte. Jakob lässt seinem Lieblingssohn ein „Ärmelkleid" (כתנת פסים) anfertigen (Gen 37,3.23.31.32.33). Zwei Belege betreffen die כתנת פסים, mit der Tamar bekleidet war und die sie nach der Vergewaltigung durch ihren Bruder zerriss (2 Sam 13,18f.)[338]. Außerdem finden sich noch fünf Einzelbelege: Ebenfalls in der Davidshausgeschichte wird von einem Beamten Davids, dem Arkiter Huschai, berichtet, dass er David während dessen Flucht vor Absalom mit zerrissenem

---

[333] Freedman, D. N./O'Connor, P., Art. כתנת, ThWAT IV (1984), 397–401 (397).

[334] Vgl. die Belege bei Freedman/O'Connor, כתנת, 397 und HALAT z.St. Es gibt auch ugaritische Belege, vgl. del Olmo Lete, G./Sanmartín, J., A Dictionary of the Ugaritic Language in the Alphabetic Tradition. Part One (HO 67), Leiden/Boston ²2004, zu ktn (I), 468f., dort wird „type of tunic" angegeben.

[335] Gesenius 18. Aufl. neben „Hemd" z. St. ; HALAT bietet „hemdartiger Leibrock".

[336] Es heißt in Lev 10,5, dass die verstorbenen Priester „in ihren Hemdgewändern" vor das Lager gebracht wurden. Vielleicht ist damit gemeint, dass auch die Hemdgewänder durch das unkorrekte Verhalten der Aaron-Söhne nicht mehr für den Kult zu gebrauchen waren. Diese Priestergewänder konnten also nicht – wie bei einer normalen Sukzession – weitervererbt werden. Weiterhin ist zu bedenken, dass Nadab und Abihu kinderlos gestorben waren und keiner da war, dem etwas vererbt werden konnte.

[337] Die Vermutung, Hemdgewänder seien so wertvoll gewesen, dass sich kaum jemand eines leisten konnte, wird bei einem genaueren Blick auf Neh 7,69ff. bestätigt. Zunächst wird die Spende einer Einzelperson, des Tirschata, des persischen Governeurs (vgl. Myers, J. M., Ezra. Nehemiah [AncB 14], New York u.a. 1965, 14) genannt: 1000 Golddareiken, 50 Sprengschalen und 430 Priester-Hemdgewänder. Die Gaben der Sippenhäupter beliefen sich auf 20 000 Golddareiken und 2200 Silberminen. Das übrige Volk spendete 20 000 Golddareiken, 2000 Silberminen und 67 Priester-Hemdgewänder. Die hohe Zahl an Kleidungsstücken beim Tirschata könnte damit erklärt werden, dass nur reiche Leute in der Lage waren, ein oder mehrere Priesterkleider zu spenden. Das übrige Volk spendete „Bargeld".

[338] Der Frage, was פסים bedeutet, soll hier nicht nachgegangen werden. Siehe dazu die ausführliche Diskussion bei Hönig, 31f. Die beiden Alternativen sind „bunt" oder „bis auf die Hände reichend", also ein langärmeliges Kleid. Hönig findet die letztgenannte Alternative überzeugender und ihm ist darin zuzustimmen. In Gesenius 18. Aufl. z.St. (כתנת): langes Ärmelkleid.

Hemdgewand entgegengekommen sei und ihm seine Ergebenheit bezeugt habe (2 Sam 15,32). In Hi 30,18 wird die Halsöffnung einer כתנת als Vergleichsobjekt benutzt[339]. Ein weiterer Beleg aus einem poetischen Text ist in Hhld 5,3 zu finden. Der späte Besuch des Freundes gibt Anlass zu der Frage, ob sich die Protagonistin wieder anziehen solle. Sie habe das Hemdgewand schon abgelegt und die Füße gewaschen. In Jes 22,21 wird dem hohen Beamten Schebna vorausgesagt, dass er wegen Unfähigkeit seine Stellung verlieren werde. Eljakim soll mit Schebnas כתנת bekleidet werden und dessen Schärpe umgebunden bekommen. Der Beleg für die כתנת in Gen 3,21 soll zunächst zurückgestellt werden, weil er der ungewöhnlichste ist und erst mit Hilfe der Ergebnisse aus der Untersuchung der restlichen Vorkommen interpretiert werden kann. Der Durchgang durch die Texte zeigt, dass die כתנת nie von „Durchschnittshebräern" getragen wurde, sondern von höhergestellten oder herausgehobenen Personen: einer Prinzessin, zwei hohen Beamten (Huschai und Schebna), dem Lieblingssohn eines reichen Scheichs und Priestern. Auch Hiob und die Sprecherin aus dem Hohelied zählten wohl nicht zur Normalbevölkerung. In den Texten des Alten Testaments ist also die כתנת durchweg ein besonderes Kleidungsstück, teils mit offiziellem Charakter. Hönigs Vermutung, solche offiziellen Kleidungsstücke hätten sich durch besondere Verzierungen oder Farbgebung von denen der einfachen Bevölkerung abgehoben[340], lässt sich anhand der Texte nicht belegen. Die Hemdgewänder für die „Unterpriester", die Söhne Aarons, scheinen schlicht gewesen zu sein, zwar aus hochwertigem Material, aber in „einfacher" Weberarbeit[341] und sollten ihnen doch – zusammen mit der Kopfbedeckung und der bunten Schärpe – zu „Ehre" (כבד) und „Schmuck" (תפארת) gereichen. Zur Länge der כתנת ist zu sagen, dass sie sicherlich lang war, mindestens bis zu den Unterschenkeln. Man hat allerdings aus der Kombination mit den „Unterhosen" (מכנסים) fälschlich geschlossen, dass sie manchmal nur kurz war. So argumentierte Hönig: „Wäre die kuttōnēt länger gewesen, würde sie die Blöße (die Geschlechtsteile) völlig bedeckt und so die Beinkleider überflüssig gemacht haben"[342]. Es gibt für dieses Problem eine andere Lösung: Die „Unterhosen" waren nur in den Momenten zur Bedeckung der Blöße unerlässlich, wo ein Kleiderwechsel stattfand, also bei der Investitur, der Altarreinigung und dem Prozedere des großen Versöhnungstages. Dies sind auch genau die Stellen, an denen die מכנסים erwähnt werden[343]. Man kann das herausgearbeitete Bild der כתנת im Alten Testament folgendermaßen zusammenfassen: ein langes, hemdartiges Kleidungsstück, das einen hohen Status, jedoch innerhalb einer Hierarchie noch nicht den höchsten erreichbaren Stand anzeigte. So findet sich die כתנת nie als Bekleidung für Könige, und der Hohepriester trägt – anders als die einfachen Priester – über der כתנת noch den מעיל.

---

[339] Dieser Vers ist wichtig, weil er belegt, dass die כתנת ein Kleidungsstück mit einer Kopföffnung war.

[340] Vgl. Hönig, 30f.

[341] Siehe dazu oben Unterabschnitt 1.5.4.2.3.

[342] Hönig, 34. Hönig präzisiert, dass im Stehen die כתנת zur Bedeckung der Blöße noch ausgereicht habe, in Bewegung jedoch nicht (vgl. 34), Houtman ist etwas vorsichtiger, wenn er schreibt: „one should perhaps conclude that the ‚tunic' was not all that long" (Houtman, C., Exodus. Vol. 3 [HCOT], Leuven 2000, 519).

[343] Vgl. dazu unten 4.3.1.

2.2.6.2 Einzeluntersuchung zu Gen 3,21

Liest man vor diesem Hintergrund Gen 3,21, wird deutlich, dass Gott den ersten Menschen nicht irgendeine „Normalkleidung" anfertigte, sondern sie mit einem Kleidungsstück ausstattete, das einen gehobenen Status anzeigt. Aus der Beleglage ergibt sich auch, dass der mit der כתנת angezeigte Status höher war als der durch die selbstgebastelten Feigenblatt-Gürtel signalisierte (siehe oben 2.2.5.4). Es wird ein Kleidungsstück gewählt, das die Nähe zur königlichen Sphäre andeutet, aber durchaus z.B. durch den מעיל noch überboten werden kann. Gott erfüllt also den Wunsch der ersten Menschen, einen auch sichtbar angezeigten Status zu besitzen. Es wird aber deutlich – besonders, wenn man die Grammatik der „Sprache des Textilen" genau beachtet –, dass die Menschen sich diesen Status nicht selbst beschaffen können. Die meisten Vorkommen von לבש im Hif'il stehen im Zusammenhang mit einer ehrenvollen Investitur, z.B. Gen 41,42[344], Lev 8,7.13, Est 6,9.11, Jes 22,21, Ez 16,10 oder Sach 3,5. So klingt also in Gen 3,21 nicht die Bekleidung armseliger Nackter an, sondern es wird zurück- und vorausgewiesen auf die eigentliche – und trotz des Falles eben nicht aufgehobene – Bestimmung des Menschen: als Sachwalter Gottes auf Erden zu herrschen.

Zum Material der Hemdgewänder kann aufgrund der alttestamentlichen Belege nichts gesagt werden. In der jüdischen Tradition hat die lautliche Ähnlichkeit von עור und אור zu Spekulationen über die „Lichtkleider" der ersten Menschen geführt[345]. Beachtet man die „Sprache des Textilen", ist diese Assoziation weit hergeholt, da es sich bei der כתנת ja um ein zugeschnittenes Kleidungsstück handelt, in das man hineinschlüpfen muss. Anders verhält es sich bei der einzigen Stelle, in der Licht und Textiles in einen Zusammenhang gebracht werden, in Ps 104,2, wo es von Gott heißt: עֹטֶה־אוֹר כַּשַּׂלְמָה („Er wirft Licht um sich wie ein Tuch")[346]. Verb und Substantiv sind an dieser Stelle unspezifischer und die Vorstellung, etwas oder jemand sei in Licht gehüllt, ist eingängiger, als dass jemand ein Lichtkleid anzieht. Der Grund für die Wahl der Bezeichnung „Fell-Hemdgewänder" könnte ein ganz banaler sein. Es wirkt realistischer, wenn Gott – genau so wie die ersten Menschen – aus schon Vorhandenem Kleidung herstellt. Hätten die Kleider aus Wolle oder Leinen bestanden, hätte Gott ja den Stoff erst anfertigen müssen. Vielleicht hätten sich die Rezipienten daran gestört, da die Textilherstellung zu sehr genuin menschliche Tätigkeit ist. Man kann allerdings fragen, wo Gott die Felle hergenommen hat, aber vielleicht fanden die Hörer, dass Fellherstellung weniger Arbeit mache als Stoffherstellung[347]. Eine andere Möglichkeit wäre, dass hier an ein

---

[344] Bemerkenswert ist an der Josephsgeschichte, dass erst Pharao an Joseph eine „Investitur" durchführt. Jakob „macht" zwar – ganz ähnlich wie Gott in Gen 3,21 – das Hemdgewand für Joseph. Dass Jakob es Joseph auch anziehen lässt, wird nicht berichtet. Es hätte vielleicht zu „offiziell" geklungen.

[345] Vgl. dazu z.B. Vogelzang, M. E./van Bekkum, W. J., Meaning and Symbolism of Clothing in Ancient Near Eastern Texts, in: Vanstiphout, H. L. J./Jongeling, K. u. a. (Hg.), Sripta Signa Vocis. Studies about Scripts, Sriptures, Scribes and Languages in the Near East (FS J.H. Hospers), Groningen 1986, 265–284 (275f.) und Gleßmer, U., Mehrdeutigkeit des Bibeltextes und theologische Sprachfindung „Kleider der Haut" oder „Kleider des Lichtes" in Gen 3,21, Mitteilungen und Beiträge der Forschungsstelle Judentum der Theologischen Fakultät Leipzig 12/13 (1997), 65–86.

[346] Vgl. dazu oben 2.1.3.1.

[347] Diese Frage wurde tatsächlich ernsthaft und mit tiefgreifenden theologischen Konsequenzen gestellt und spielte z.B. bei dem Häresie-Vorwurf gegen Origenes eine wichtige Rolle, vgl. Vogt, H. J., Der Häretiker-

besonders haltbares Material gedacht ist[348]. Da es noch eine Weile dauern sollte, bis die ersten Menschen selbst Textilien produzieren konnten, mussten die von Gott gefertigten Kleidungsstücke bis dahin halten. Auf diese Weise konnte das „Verschleiß-Problem" noch eine Weile aufgeschoben werden.

2.2.6.3 Wortfelduntersuchung zu מעיל: „Poncho/Mantel"

Der מעיל kommt 27-mal im Alten Testament vor. Zehn Belege beziehen sich auf den hohepriesterlichen מעיל und zählen deshalb nur als ein unabhängiger Beleg. Zwei Belege referieren auf das Obergewand Esras[349] und zwei auf den Mantel Sauls[350] bzw. einen Zipfel desselben, so dass nur 16 voneinander unabhängige Vorkommen zu zählen sind, die sich z.T. noch einmal in Gruppen zusammenfassen lassen: Drei Belege sind mit der Figur Samuels verknüpft, zwei finden sich im Prosateil des Hiobbuches[351], es gibt vier Belege in poetischen Texten innerhalb von Vergleichen oder Metaphern[352]. Insgesamt sind zehn Gruppen auszumachen.

In den Samuelisbüchern ist der מעיל sehr beliebt, es finden sich dort sieben Belege und fünf מעיל–Träger (Samuel, Saul, Jonathan, David und Tamar). Samuel trägt von klein auf dieses Kleidungsstück, sein מעיל bleibt ihm sogar in der Totenwelt, und Saul erkennt ihn daran. Saul selbst trägt einen מעיל, und David schneidet ein Stück davon ab. Sauls Sohn Jonathan ist ebenfalls מעיל-Träger und stattet auch David damit aus[353]. Von der unglücklichen Tamar wird berichtet, dass sie eine Art מעיל trug[354].

Untersucht man die mit dem An- und Ablegen des מעיל verbundenen Verben, ergibt sich kein einheitliches Bild[355]: Viermal wird לבש für das Anlegen verwendet (Ex 29,5; Lev 8,7; 2 Sam 13,18, Hi 29,14), viermal עטה (1 Sam 28,14; Jes 59,17; Jes 61,10[356]; Ps 109,29)[357]. Für das Ablegen des מעיל wird je einmal פשט (1 Sam 18,4) und סור (Ez 26,16) gebraucht. Die eine Hälfte der Belege lässt an umhangähnliche Textilien

---

vorwurf des Hieronymus an Theoderet und Origenes, in: ders., Origenes als Exeget (Hg.: W. Geerlings), Paderborn u.a. 1999, 265–276 (265f.) (= Lies, L. [Hg.], Texte zum Hauptseminar, Origiana Quarta [IThS 19], Innsbruck 1987, 100–111).

[348] Es gibt jedoch auch noch eine andere Möglichkeit, die כתנות עור zu verstehen. Sie geht davon aus, dass עור keine Materialangabe ist. עור kann ja neben „Fell/Leder" auch „menschliche Haut" bedeuten. כתנות עור sind dann nicht Fellröcke, sondern Hemdgewänder für die Bedeckung der Haut.

[349] Esr 9,3.5: Esra berichtet, wie er angesichts der Mischehen nicht nur seine Kleidung, sondern auch seinen מעיל zerreißt bzw. im zerrissenen מעיל dasitzt.

[350] 1 Sam 24,5 und 1 Sam 28,14.

[351] Hiob und seine Freunde zerreißen angesichts Hiobs Unglück ihren מעיל (Hi 1,20 und Hi 2,12).

[352] In der Ich-Form spricht der Beter in Jes 61,10 davon, dass Gott ihn in den „Mantel der Gerechtigkeit hüllt", und in Jes 59,17 ist es Gott selbst, der sich Eifer (קנאה) wie einen מעיל umwirft. Hi 29,14 ist seltsam und müsste übersetzt werden: „Es kleidete mich wie מעיל und צניף meine Gerechtigkeit". Solche Konstruktion ist sonst nirgends belegt. Ps 109,29 nimmt eine Sonderrolle ein, weil es hier ein negativ konnotiertes Abstraktum (Schande, בשת) ist, das mit dem מעיל verglichen wird.

[353] 1 Sam 18,4. Nur die Chronik berichtet, dass David beim Ladetanz einen מעיל trug (1 Chr 15,27).

[354] 2 Sam 13,18.

[355] Hönig quält sich sechs Seiten lang (60–66) mit dem Aussehen des מעיל herum, ohne eine eindeutige Lösung zu finden.

[356] In Jes 61,10 muss man die Vokalisation ändern, sonst ist vom nur hier belegten Verb יעט auszugehen.

[357] Die Partizip Passiv Form in 1 Chr 15,27 ist ein hapax legomenon und kann deshalb bei der Entscheidung, welche Form der מעיל gehabt hat, nicht weiterhelfen.

denken, in die man sich hüllt und die abgelegt werden, die andere Hälfte deutet auf Kleidungsstücke, die man an- und ausziehen kann. Einen zusätzlichen Hinweis auf ein hemdartiges Aussehen gibt die Herstellungsbeschreibung des Hohepriester-מְעִיל: Er soll eine spezielle, wahrscheinlich eingewebte, runde Halsöffnung erhalten[358]. Auch die Tatsache, dass Hanna für Samuel jährlich einen neuen kleinen[359] מְעִיל fertigt, könnte ein Indiz dafür sein, dass es sich um ein Kleidungsstück handelte, aus dem man „herauswächst". Aufschlussreich ist die Anmerkung zum Gewand der Tamar[360]. Es heißt in 2 Sam 13,18a:

Und auf ihr (war) ein Ärmelkleid,										וְעָלֶיהָ כְּתֹנֶת פַּסִּים
denn so waren gekleidet die Königstöchter, die			כִּי כֵן תִּלְבַּשְׁןָ בְנוֹת־הַמֶּלֶךְ הַבְּתוּלֹת מְעִילִים
Jungfrauen (waren), (in) Hemdgewänder.

Hier scheint die Bezeichnung מְעִיל als Oberbegriff verwendet zu werden, unter den eine bestimmte Art Hemdgewand subsummiert wird. Andererseits deuten häufige Gegenüberstellungen des מְעִיל, den man überwirft (עטה) und Kleidern (בגד), die man angezogen (לבש) hat, auf ein vorne offenes, mantelähnliches Kleidungsstück[361].
Alle Träger des מְעִיל sind höhergestellte Persönlichkeiten. Es gibt noch eine weitere Gemeinsamkeit aller Belege: Wenn mehrere Kleidungsstücke genannt sind, ist der מְעִיל immer der zu äußerst liegende Teil der Ausstattung[362]. Das muss jedoch noch nicht heißen, dass in jedem Fall noch andere Schichten vorhanden waren, dass es zum „Obergewand" immer ein „Untergewand" gab[363].
Zu diesem disparaten Befund passt auch, dass die Übersetzung von מְעִיל in der LXX und der Vulgata uneinheitlich ist. Houtman zählt sieben griechische und acht lateinische Begriffe auf, mit denen מְעִיל übersetzt wurde[364].

2.2.6.4 Rekonstruktion von Grundform und Entwicklung des מְעִיל

Der disparate Befund ist nur verständlich, wenn von einer Weiterentwicklung der Form des מְעִיל ausgegangen wird. Als Grundform des מְעִיל (und anderer Hemdgewänder) kann ein langes, rechteckiges Stück Stoff angenommen werden, in das eine Kopföffnung eingearbeitet ist (vgl. Abb. 1a). Ein solches Stoffstück kann einfach als eine Art

---

[358] Siehe dazu unten 4.3.4.2.1.

[359] Vermutlich ist mit dem „klein" nicht die „Konfektionsgröße" gemeint – es versteht sich von selbst, dass Samuel ein seiner Größe entsprechendes Kleidungsstück erhielt – sondern die Länge bzw. Kürze: Samuel trug wahrscheinlich einen kurzen מְעִיל. Die Bezeichnung ist analog zum „Kleinen Schwarzen". In dieser Wendung referiert „klein" ebenfalls auf die Länge des Kleidungsstückes. Es ist aber auch möglich, dass sich dieser Hinweis vor allem auf die Arbeitsverhältnisse bezieht: Samuel ist nicht bei Eli „angestellt" wie der junge Levit bei Micha (vgl. Ri 17,10) und erhält deshalb auch keine Kleidung als Gehalt, sondern er selbst bzw. seine Familie muss für seine Ausstattung aufkommen.

[360] Hönig, 65, hält die Stelle für verderbt. Statt מְעִילִים soll es מֵעוֹלָם (von alters her) geheißen haben. Es gibt dafür allerdings keine textkritischen Anhaltspunkte. Auch die LXX übersetzt מְעִילִים.

[361] Jes 59,17; Jes 61,10; Ps 109,29 (dort nur לבש), Esr 9,3.5 (dort nur בגד) und Ez 26,16 (בגד und פשׁת).

[362] Der hohepriesterliche Ornat sieht freilich noch Efod und Choschen über dem מְעִיל vor, aber das zeigt nur, dass Efod und Choschen keine Kleidungsstücke waren. Dies bemerkt richtig schon Hönig, 64.

[363] Es wird immer ganz selbstverständlich angenommen, dass Hanna für den kleinen Samuel auch noch ein Untergewand gefertigt hat. Genauso möglich ist jedoch, dass der מְעִיל Samuels einziges Kleidungsstück war (außer evtl. Unterwäsche).

[364] Vgl. Houtman (Anm. 342), 507.

Poncho getragen werden (vgl. Abb. 2a). Die Seiten bleiben dabei offen, gegebenenfalls kann der „Poncho" gegürtet werden (vgl. Abb. 2b). In dieser Form ist der מעיל nur

Abb. 2a: Ponchoform des מעיל   Abb. 2b: gegürteter מעיל

Abb. 3a: Mantelform des מעיל   Abb. 3b: Capeform

einsetzbar, wenn noch Unterkleidung vorhanden ist.

Es ist gut möglich, dass die in Abb. 2 rekonstruierte Form in früheren Zeiten charakteristisch für den מעיל war. Es lassen sich jedoch nicht alle Vorkommen damit erklären. Man muss weitere Möglichkeiten für das Aussehen des מעיל in Betracht ziehen: Werden die Seiten unter Auslassung von Öffnungen für die Arme zusammengenäht, entsteht ein hemdartiges Gewand, das prinzipiell auch als einziges Kleidungsstück dienen konnte (vgl. Abb. 1b). Vielleicht sah Samuels kleiner מעיל so aus. Für den Hohepriester-מעיל, über den es recht genaue Angaben gibt, ist eine solche Form sehr wahrscheinlich, obwohl gerade dort noch ein Untergewand vorhanden war[365]. Mit angesetzten Ärmeln ergibt sich vielleicht der von Tamar getragene מעיל, der noch genauer als כתנת פסים bezeichnet wurde. Solche מעיל–Modelle würden sich allerdings nicht vom כתנת–Hemdgewand unterscheiden. Dieser Sachverhalt rechtfertigt aber noch nicht eine grundsätzliche Ablehnung der Vermutung. Tatsächlich wissen wir einfach nicht mehr genug über die „Grammatik des Textilen" im Alten Testament. In unserer eigenen Textilsprache sind unterschiedliche Bezeichnungen für formgleiche Kleidungsstücke jedenfalls keine Seltenheit[366]. Warum sollte dieses Phänomen nicht auch im Alten Orient vorgekommen sein?

Später entwickelte sich der מעיל zu einem Mantel weiter, in den man sich hüllte, den man also nicht über den Kopf ziehen musste. Die Entstehung aus der Hemdgewand–Grundform ist leicht vorstellbar. Bei einem seitlich zugenähten Hemdgewand (vgl. Abb. 1b) wird der Ausschnitt-Schlitz der Kopföffnung soweit verlängert, dass ein vorne offenes Kleidungsstück entsteht (vgl. Abb. 3a). Die beiden langen Kanten mussten sorgfältig versäumt werden, aber da es sich um Luxuskleidung handelte, war das kcin Nachteil, sondern bot Gelegenheit zu bunten Verzierungen. Möglich wäre auch ein vollständiges Zunähen der Seitennähte (vgl. Abb. 3b). Es ergäbe sich ein capeartiges Kleidungsstück, zu dem das Verb עטה (umwerfen) noch besser passt.

Die vorgestellte Rekonstruktion ermöglicht es, alle Belege im Alten Testament von einer gemeinsamen Grundform abzuleiten. Im Folgenden sollen einige Stellen noch genauer untersucht werden.

Die Belege in den Samuelisbüchern geben einen Hinweis darauf, wie es dazu gekommen ist, dass unter dem מעיל noch weitere Kleidungsstücke getragen wurden: Unbeeinflusst von Vorannahmen kann man bei 1 Sam 2,19 (Kinderkleidung, evtl. Priesterkleidung) und 2 Sam 13,18 (Frauenkleidung) zunächst einmal annehmen, dass es nur diese eine „Schicht" Kleidung gab, dass also der מעיל seitlich geschlossen war. Im militärischen Kontext trug man jedoch unter dem מעיל den מד oder etwas Ähnliches (1 Sam 18,4 und Jes 59,17), jedenfalls als höherer Offizier. Hönig bereitete dabei jedoch die „Vorstellung, dass der Krieger mit wehendem Mantel in die Schlacht gezogen sei"[367] Schwierigkeiten. Die Lösung ist einfach: Vor der Schlacht zog der Krieger seinen מעיל aus. Das lässt sich gut aus dem Vergleich der beiden Ausrüstungsszenen Davids schließen: Zur Ausstattung, die Saul David direkt vor seinem Kampf mit Goliath gab, gehörte kein מעיל (1 Sam 17,38). Nur die Ausrüstung, die David von Jonathan unabhängig von einem unmittelbar bevorstehenden Kampf bekam, enthielt einen מעיל (1 Sam 18,04)[368]. Schnelles An- und Ausziehen ist bei einem seitlich offenen Kriegs-מעיל leicht möglich. Am unteren Ende eines solchen Kleidungsstückes befinden sich

---

[365] Siehe unten 4.3.4.2.

[366] Z.B. Top und Unterhemd; Bluse und Hemd.

[367] Hönig, 63.

[368] Damit ist nichts über den Realitätsgehalt der Episoden ausgesagt, für die Rezipienten mussten sie jedoch zumindest plausibel sein.

vier Zipfel; dies ist zum Verständnis von 1 Sam 15,27[369] und 1 Sam 24,5.12 wichtig. Es wird dort jeweils beschrieben, wie Zipfel von einem מעיל abgerissen bzw. abgeschnitten werden. Für den hohepriesterlichen מעיל ist dagegen eine geschlossene Form ohne Zipfel anzunehmen, weil die Troddeln und goldenen Glöckchen ringsum (סביב) am Saum des מעיל angebracht werden sollten (Ex 28,33). Der hohepriesterliche Ornat war jedoch auch nicht entworfen worden, um Beinfreiheit und bequemes An- und Ausziehen zu ermöglichen. Sicherlich ist die Entstehung der priesterschriftlichen Texte nicht vorexilisch, aber kultische Kleidung ist immer „unmodern" und verändert sich nicht so schnell. Es ist also nicht weiter verwunderlich, in diesem relativ jungen Text eine alte Form des מעיל vorzufinden. In 1 Sam 28,14 wird allerdings berichtet, wie Samuel „einen Mantel übergeworfen" aus dem Totenreich steigt. Die Episode spielt in vorexilischer Zeit, trotzdem wird die „moderne" מעיל-Form beschrieben. Die Entstehungszeit der Erzählung von Saul und der Totenbeschwörerin ist allerdings sehr umstritten. Viele Forscher nehmen an, dass die Episode später in den Zusammenhang eingefügt wurde. Einige rechnen mit einer alten Quelle, andere mit einer „erfundenen" Erzählung. Dem muss in diesem Zusammenhang nicht weiter nachgegangen werden. Ein kleines Indiz für eine späte Entstehung oder Überarbeitung könnte allerdings der „Anachronismus" sein, dass Sauls Totengeist nicht mit einem מעיל bekleidet, sondern von demselben umhüllt ist[370].

Einen Hinweis für eine Weiterentwicklung der Nomenklatur und/oder des Aussehens gibt auch 1 Chr 15,27. Hier wird beschrieben, dass nicht nur David, sondern auch die levitischen Ladeträger und Sänger מעילים aus Feinleinen trugen. Es fällt auf, dass die מעילים mit den in der Priesterschrift genannten כתנת aus Feinleinen vergleichbar sind, nicht mit dem allein dem Hohepriester vorbehaltenen מעיל. 2 Sam 13,18 ist also nicht der einzige Hinweis darauf, dass מעיל und כתנת enger miteinander verwandt waren als gemeinhin angenommen – zumindest eine Zeit lang. Auch der junge Chroniktext zeigt wieder die konservative Tendenz bei der Kultkleidung. Die anderen jungen Texte (Jes 59,17; Jes 61,10; Ps 109,29 und Ez 26,16) gehen von der späten, vorne offenen Mantelform aus und befinden sich damit in Übereinstimmung mit der rekonstruierten Entwicklung[371].

---

[369] Es ist anzunehmen, dass der erwachsene, hoch angesehene Samuel nicht mehr wie im Kindesalter einen hemdartigen, kurzen מעיל trug.

[370] Donner, H., Die Verwerfung des Königs Saul, SbWGF Bd. 19/5 (1983), 229–260 (239) (= ders., Aufsätze zum Alten Testament aus vier Jahrzehnten [BZAW 224] Berlin/New York, 133–163), hält die Episode im Kern für prädeuteronomisch, ebenso Mommer, P., Samuel. Geschichte und Überlieferung (WMANT 65), Neukirchen-Vluyn 1991, 175. Foresti, F., The Rejection of Saul in the Perspective of the Deuteronomistic School. A Study of 1 Sm 15 and Related Texts (Studia Theologica – Teresianum 5), Rom 1984, 134, hält 1 Sam 28 für das Werk eines dtr Bearbeiters. Dietrich, W., Die frühe Königszeit in Israel. 10. Jahrhundert v. Chr. (BE 3), Stuttgart u.a. 1997, 246, geht von einem stark überarbeiteten Grundbestand aus. Veijola, T., Geographie im Dienst der Literatur in ISam 28,4, in: Veijola, T., Geographie im Dienst der Literatur in ISam 28,4, in: Dietrich, W. (Hg.), David und Saul im Widerstreit – Diachronie und Synchronie im Wettstreit. Beiträge zur Auslegung des ersten Samuelbuches (OBO 206), Göttingen 2004, 256–271 (266f.), ist ebenfalls der Auffassung, es handle sich um eine alte Überlieferung, die in prophetischdeuteronomistischen Kreisen bearbeitet und eingefügt wurde.

[371] Eine Ausnahme ist Hi 29,14, aber dieser Beleg ist sowieso problematisch, vgl. Fußnote 352.

Die Etymologie von מעיל ist unsicher[372]. Man könnte eine Ableitung von einem Verb עיל erwarten, aber das Verb gibt es im Hebräischen nicht. Palache schlug eine Ableitung vom Verb מעל („treulos sein") vor[373], was aber doch recht weit hergeholt wirkt. Möglich wäre auch eine Ableitung vom Verb עלה, wie Hönig behauptete: „Er [der Ausdruck מעיל] bedeutet schon seiner Etymologie nach „Obergewand", etwas was „darüber", d.h. über dem Körper oder über einem anderen Gewand sich befindet"[374]. Diese These wirkt zunächst überzeugender. Allerdings ist die Grundbedeutung von עלה diese: die einen Höhenunterschied überwindende Bewegung („nach oben gelangen")[375]. Die Betonung der Vertikalen bleibt auch bei abgeleiteten Bedeutungen der Verbwurzel erhalten[376]. Dieser Aspekt fehlt jedoch bei dem „Obergewand" völlig. Die vertikale Bewegung der Grundbedeutung, allerdings in umgekehrter Richtung, klingt bei ממעל an. Von da aus könnte man מעיל verstehen als: „von oben über den Kopf zu ziehen", eine hebräische Entsprechung zum englischen „Pullover".

2.2.6.5 Wortfelduntersuchung zu מד „Hemd/Weste"

Es gibt sieben unabhängige Vorkommen für מד[377]. Außerdem sind noch die Sonderformen מדו in 2 Sam 10,4 par 1 Chr 19,4 und מדין in Ri 5,10 zu berücksichtigen, sowie מדה in Ps 133,2. In Ri 5,10 sind die מדין keine Kleidungsstücke, sondern Sitzgelegenheiten. Für die Wortfelduntersuchung wird diese mutmaßlich sehr alte Stelle – sie ist Teil des Deborah-Liedes – nicht berücksichtigt. Schon im letzten Abschnitt wurde ja gezeigt, dass es Entwicklungen im Aussehen der einzelnen Kleidungsstücke gab, so dass vermutet werden kann, dass die מדין aus Ri 5,10 nicht unbedingt mit anderen ähnlich benannten Textilien vergleichbar sind. Als sehr jung hat das Vorkommen in Ps 133,2 zu gelten[378]. In Ps 109,18 wird מד in innovativer Weise verwendet und muss deshalb für die Erhebung des kulturimmanenten Gebrauchs des Begriffes unberücksichtigt bleiben. Beide Psalmstellen werden im Anschluss an die Erhebung des kulturimmanenten Gebrauchs gesondert untersucht (2.2.6.6).
Traditionell wird מד mit allgemeinen Ausdrücken für Kleidung übersetzt[379]. Die Einordnung dieses Abschnittes im Kapitel „Hemdgewänder" nimmt das Ergebnis der hier vorgelegten Untersuchung vorweg: der מד hatte ein hemdgewandartiges Aussehen. Ein Indiz dafür ist die Verwendung von לבש für das Anlegen des מד. Das weist auf ein genähtes Kleidungsstück hin, das man anzieht und weder umgürtet noch umwirft.

---

[372] So Gesenius 18. Aufl. z.St.

[373] Palache, J. L., Semantic Notes on the Hebrew Lexicon, Leiden 1959, 10 und 45. Der Vorschlag stand im Rahmen einer Untersuchung des Zusammenhanges zwischen Wörtern aus dem Bereich des Textilen und der Färbetechnik zu solchen, die etwas mit Täuschen und Betrug zu tun haben.

[374] Hönig, 60.

[375] Vgl. Fuhs, H. F., Art. עלה, ThWAT VI (1989), 84–105 (85).

[376] Vgl. Fuhs, 89.

[377] Lev 6,3; Ri 3,16, 1 Sam 4,12, 1 Sam 17,38f., 1 Sam 18,4, 2 Sam 20,8 und Ps 109,18.

[378] Vgl. Seybold, K., Die Psalmen (HAT I/15), Tübingen 1996, 500.

[379] Hönig (18) meinte, dass man nicht viel zur Form herausfinden könne und zitierte zustimmend Dalman, der מד für eine allgemeine Bezeichnung für eine „die Blöße bedeckende Gewandung" (vgl. Dalman [Anm. 252], 208) hielt. HALAT z.St.: „Gewand im allgemeinen", Gesenius 18. Aufl. z.St.: „Gewand", „Kleidung", „Kleider".

Überschaut man die Belege, so fällt auf, dass der מד nur von Männern getragen wurde und häufig in einem militärischen Kontext steht[380]. Häufig, aber nicht immer, wird die Übersetzung „Waffenrock"[381] verwendet. Aus der Verwendung des מד im Kampf lässt sich schließen, dass der Unterschied zu den beiden anderen hemdgewandartigen Kleidungsstücken in der Länge lag: Der מד war deutlich kürzer. Im Kampf wäre ein langes Gewand unpraktisch, da es zügiges Marschieren, schnelles Laufen und den Nahkampf behindert.

Auffällig ist weiterhin, dass meist die Pluralform benutzt wird. Im Singular steht מד nur in Lev 6,3, 2 Sam 20,8 und Ps 109,18. In den Übersetzungen wird dies nicht immer berücksichtigt und mit „Waffenrock" oder „Gewand" übersetzt, auch dann, wenn eine Pluralform vorliegt (1 Sam 17,38f., 1 Sam 18,4, Ri 3,16). Beachtet wird der Plural nur in 1 Sam 4,12. Dort wird mit „seine Kleider" übersetzt. Der Kontext ist eine (verlorene) Schlacht, der der Bote in seinen zerrissenen מדים entkommen ist. Eine Übersetzung mit „Waffenrock" wäre also durchaus angemessen[382].

Wenn man sich nicht mit der Hypothese, מד sei eine allgemeine Bezeichnung für Kleidung, zufriedengeben will, muss eine Erklärung für die Pluralform gefunden werden. Möglich wäre, dass ein vollständiger מד aus zwei Stücken bestand. Die Einzahl wäre dann an den Stellen angebracht, die nur auf den einen Teil der Kombination referieren. Dies ist der Fall in Lev 6,3, wo es um die Altarreinigung geht. Zu diesem Zwecke soll der diensthabende Priester seinen speziellen מד sowie spezielle „Unterhosen" (מכנסים) anziehen und nach der Reinigungsprozedur die Kleider (Plural von בגד) wieder ausziehen[383]. Die Gleichung, die sich aus Lev 6,3 aufstellen lässt (מד + מכנסים = בגדים), spricht nicht für Hönigs These, מד sei ein allgemeiner Ausdruck für Kleidung[384]. Warum sollte ein allgemeiner mit einem speziellen Ausdruck für Kleidung kombiniert werden und im nächsten Satz für die Kombination beider ein anderer allgemeiner Begriff für Kleidung verwendet werden?

Auch wenn aus dem speziellen priesterlichen מד nicht ohne weiteres auf den Militär-מד geschlossen werden darf, so kann mit Blick auf Lev 6,3 vermutet werden, dass eine מד-Kombination aus einem den Oberkörper bedeckenden Teil und einem den Schambereich verhüllenden Stoffstück bestand. Dabei war der wichtigere, namengebende Teil das Oberteil, das jedoch ohne Unterteil nicht tragbar war[385]. Diese Tatsache drückte sich in der Pluralform aus. Ob nun das Unterteil immer hosenartig war, muss offen

---

[380] Ausnahmen sind Lev 6,3 und 2 Sam 10,4 par 1 Chr 19,4. Dass die von David zu Hanun gesandten Boten einen מד anhatten, obwohl sie nicht für einen Krieg ausgerüstet waren, ist jedoch verständlich. Sowohl zum Wandern als auch zum Reiten ist ein מד gut geeignet. Zu Lev 6,3 vgl. unten 4.4.2. Im Ugaritischen, wo md ebenfalls belegt ist, gab es die Einschränkung auf Männer nicht, vgl. die Belege bei del Olmo Lete, G./Sanmartín (Anm. 132) zu md (I), 524. Als Übersetzung ist dort „cape, covering" angegeben.

[381] So auch Fabry, H.-J., Art. מדד, ThWAT IV (1984), 708, jedenfalls für 1 Sam 17,38f., 1 Sam 18,4 und 2 Sam 20,8. Allerdings hält er ansonsten den מד für ein „unverdächtiges Kleidungsstück".

[382] Hönig geht auf das Problem mit dem Numerus nicht ein.

[383] Es handelt sich um בד–Kleidung, für dieses Wort wurde hier die Umschreibung „speziell" verwendet, weil die übliche Übersetzung „leinen" nicht korrekt ist, vgl. dazu unten 4.2.2.

[384] Hönig, 17f. Zu Lev 6,3 meinte Hönig allerdings, dies sei die einzige Stelle, an der מד genauer bestimmt werden kann. Er setzt ihn gleich mit dem Hemdgewand (כתנת) (vgl. ebd. 18).

[385] Man kann sich das Problem anhand eines modernen Anzugs veranschaulichen, der zwar nur aus Hose und Jackett besteht, jedoch meist nicht ohne Hemd getragen wird.

bleiben. Möglich wäre auch eine Art Lederschurz. Im Folgenden wird – ähnlich wie im Hebräischen – mit מד, wenn nicht anders angegeben, das Oberteil der Kombination bezeichnet.

Der מד muss von der Hüfte ab mindestens ein Gomed (גמד)[386] lang gewesen sein, damit Ehud sein Schwert bzw. seinen Dolch, darunter verstecken konnte (Ri 3,16):

Und es machte sich Ehud einen Dolch, und zwar	וַיַּעַשׂ לוֹ אֵהוּד חֶרֶב
zweischneidig, ein Gomed lang. Und er gürtete ihn	וְלָהּ שְׁנֵי פֵיוֹת גֹּמֶד אָרְכָּהּ
unter sein מד auf seine rechte Hüfte.	וַיַּחְגֹּר אוֹתָהּ מִתַּחַת לְמַדָּיו עַל יֶרֶךְ יְמִינוֹ:

Man kann sich den מד also als eine Art längere Weste vorstellen. Auf Hönigs Frage in Bezug auf Ehuds מד: „Welches Kleidungsstück ist damit gemeint? Ein Obergewand, ein Mantel, der das Wehrgehänge verbirgt?"[387] muss geantwortet werden: Auf keinen Fall ein Mantel. Man müsste sonst das Verhalten von Eglons Hofleuten für grob fahrlässig halten, wenn sie einen Mann, der unter seinem Mantel ein ganzes Waffenarsenal verbergen könnte, mit dem König allein lassen. Weil normalerweise das Schwert *über* dem מד gegürtet wurde, vermutete niemand eine Waffe bei Ehud. Da er linkshändig war, bildete sich an der linken Seite, wo sich bei Rechtshändern üblicherweise das Schwert befindet, noch nicht einmal eine verdächtige Beule. Es könnte sogar sein, dass Ehud noch ein zweites Schwert an der linken Seite über den מד gegürtet hatte, um die Tarnung zu vervollständigen. Dieses hätte er dann vor der Audienz abgegeben[388].

Schwieriger zu verstehen ist 2 Sam 20,8b[389]:

Und Joab (war) gegürtet – seine Weste (war) seine Klei-	וְיוֹאָב חָגוּר מִדּוֹ לְבֻשׁוּ[392] וְעָלוֹ חֲגוֹר
dung und auf ihr[390] ein Gürtel –	חֶרֶב מְצֻמֶּדֶת עַל מָתְנָיו בְּתַעְרָהּ
ein Schwert (war aber) angeschnallt auf seinen Hüften in	וְהוּא יָצָא וַתִּפֹּל:
seiner Scheide. Und sobald er zog, fiel es (heraus)[391].	

Zum Vergleich sei 1 Sam 17,39a diesem Satz gegenübergestellt:

Und es gürtete David sein Schwert über seine Weste.	וַיַּחְגֹּר דָּוִד אֶת־חַרְבּוֹ מֵעַל לְמַדָּיו

So einfach und klar wird es ausgedrückt, wenn ein Schwert rite am מד befestigt wird. Für die hinterhältige Vorrichtung, die Joab sich erdacht hatte, brauchte es mehr Worte. Joab hatte sein Schwert direkt auf die Hüften geschnallt, also *nicht* wie David mit Hilfe des חגור über der מד-Weste gegürtet. Um sich vor Verletzungen zu schützen, befand

---

[386] גמד ist ein hapax legomenon, die genaue Länge ist unbekannt, eine Vermutung ist, dass es etwas kürzer (2/3) als eine normale Elle war. Eine Elle war ca. 45cm lang, vgl. Strobel, A., Art. Maße und Gewichte, BHH 2 (1964), 1159–1169 (1159).

[387] Hönig, 18.

[388] Zu Hergang und Implikationen des Attentats vgl. Scherer, A., Überlieferungen von Religion und Krieg (WMANT 105), Neukirchen-Vluyn 2005, 38–75.

[389] Zum Vergleich die Übersetzung der revidierten Lutherbibel: Joab aber trug einen Waffenrock und darüber einen Gürtel mit einem Dolch; der war befestigt an seiner Hüfte in der Scheide, und wenn diese heraustrat, entfiel ihr der Dolch. Hönig, 77, findet die Stelle unproblematisch: „Es scheint auch hier eindeutig zu sein, dass das Schwert am Gürtel festgemacht wurde."

[390] Oder „auf ihnen", wenn man sich nach dem Qᵉre richtet, die Masoreten sind wohl von der pluralischen Bedeutung von מִדּוֹ ausgegangen. Die Einzahl ist jedoch sinnvoll, es geht hier nur um das westenartige Oberteil der מד–Kombination.

[391] Oder, wenn sich das auf die Scheide bezieht: Sobald sie heraustrat, entfiel das Schwert.

[392] Qᵉre: וְעָלָיו

sich die Waffe in einer Scheide, die so konstruiert war, dass man keinen zweiten Handgriff – und vor allem keine zweite Hand – benötigte, um blankzuziehen. Wahrscheinlich ist der Einschub, dass seine Kleidung ein מד war, eingefügt, weil sonst die ganze Konstruktion nicht vorstellbar war. Wäre er z.B. mit einem langen Hemdgewand bekleidet gewesen, hätte er dieses hochziehen müssen, um an seine Waffe zu kommen — eine ungewöhnliche und sicher nicht schickliche Handlung. Um die Tarnung zu vervollständigen, hatte Joab einen Gürtel umgebunden, an dem normalerweise das Schwert befestigt war. Der Trick war, dass dort kein Schwert zu sehen war, so dass sich Amasa einem scheinbar waffenlosen Mann näherte. Joab war sicherlich kein Linkshänder. Das wäre bekannt gewesen und dann wäre es auch aufgefallen, dass er Amasa mit der rechten Hand am Bart packte (2 Sam 20,9). Als geübter Kämpfer konnte Joab aber bestimmt notfalls auch mit der linken Hand eine Waffe führen. Das Erdolchen eines überraschten Mannes erforderte außerdem keine besondere Kraft oder Geschicklichkeit.

Für die Rekonstruktion des Geschehens in Ri 3,16 und 2 Sam 20,8b ist es nötig, anzunehmen, dass der מד nicht bis unten zugenäht war, denn dann hätte man ihn hochziehen müssen, um an die Waffe zu gelangen. Entweder war der מד immer nur ein rechteckiges Stück Stoff mit einer Kopföffnung (Hemdgewand-Grundform, nur kürzer, vgl. Abb. 1a), oder es gab verschiedene Ausführungen, z.B. auch solche, die ab der Taille

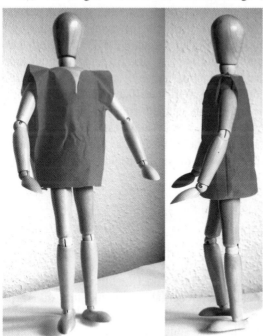

Abb. 4a: Rekonstruktion des מד   Abb. 4b: מד mit Schwert

mit Seitenschlitzen versehen waren. Mindestens solche in Taillenhöhe beginnenden Seitenschlitze müssen vorhanden gewesen sein, damit Ehud und Joab bequem ihre Mordwerkzeuge greifen konnten. Seitenschlitze oder seitlich gänzlich offene „Kampfwesten" sind auch ohne Meuchelmord-Absichten sinnvoll, weil sie größtmögliche Beinfreiheit gewähren.

Vergleicht man das Bedeutungsspektrum von מַד mit dem der anderen Wörter für „hemdgewandartige Kleidungsstücke", fällt auf, dass der מַד kein Statussymbol war. Am besten wird er wahrscheinlich als Arbeitskleidung charakterisiert, deren man sich aus praktischen Gründen bediente. Wahrscheinlich wurde eine מַד–Kombination bei zahlreichen Tätigkeiten getragen. Es liegt an der Schwerpunktsetzung des Alten Testaments, dass nur wenige Arbeitsbereiche in den Blick kommen: Krieg, Botendienst und Reinigungsarbeiten. Ikonographisch ist ein kurzes Hemdgewand auch als Kleidung bei Bautätigkeiten bezeugt (siehe unten 2.2.6.7). An keiner Stelle wird von Frauen berichtet, die einen מַד trugen. Der Grund ist möglicherweise, dass für Frauen grundsätzlich längere Kleidung vorgeschrieben war. Aufgrund der größeren benötigten Rohstoffmenge war längere Kleidung teurer als kurze, deshalb war es auch eine Kostenfrage, wie lang das Gewand einer Person war. Aus diesem Grund werden viele Menschen nur einen מַד und keine längere Kleidung besessen haben. In diesem Sinne ist dann der Übersetzungsvorschlag „Gewand im Allgemeinen" gar nicht so verkehrt, wahrscheinlich war der מַד die normale Kleidung vieler einfacher Menschen im Alten Israel.

Es wird angenommen, dass מַד von der Wurzel מדד (messen) abgeleitet ist. Sicherlich ist diese Herleitung nicht im Sinne von „Maßanzug" gemeint. Vielleicht war mit מַד eine Art Standardmaß für ein rechteckiges Stück Stoff gemeint, das sich mit einem einfachen Webstuhl anfertigen ließ. Man benötigte wohl für einen מַד etwa ein Stoffstück mit den Maßen 150cm × 60cm. Diese Stoffgröße könnte außer für Hemdgewänder auch noch für andere Zwecke gedient haben, z.B. als Sitzgelegenheit. Vielleicht lässt sich so das Vorkommen in Ri 5,10 erklären. Ein Stoffstück mit diesen Maßen könnte auch als Lendenschurz gedient haben. Wird das Tuch diagonal zerschnitten, erhält man zwei langgestreckte Dreiecke, die als windelförmige „Unterhosen" gedient haben könnten (vgl. unten 4.3.1). Für die Kernzeit des Alten Testaments war für מַד die Bedeutung „kurzes Hemdgewand" jedoch vorherrschend. Die Stoffqualität muss gut gewesen sein, nicht locker, sondern fest gewebt, damit das Kleidungsstück als Arbeitskleidung tauglich war.

2.2.6.6 Einzeluntersuchungen zu Ps 109,18 und Ps 133,2

Ps 109,18: Er zog eine „Verwünschung" an wie seine Weste, [und sie drang wie Wasser in sein Inneres, wie Öl in seine Gebeine.]

וַיִּלְבַּשׁ קְלָלָה כְּמַדּוֹ
וַתָּבֹא כַמַּיִם בְּקִרְבּוֹ וְכַשֶּׁמֶן בְּעַצְמוֹתָיו׃

Die Verse 6–19 werden meist als „Feindzitat" eingeordnet[393]. Innerhalb des Feindzitates werden die Verse 16–19 von Seybold als „Wiedergabe der konkreten Anklagepunkte" angesehen. Wenn, wie in der hier vorgelegten Untersuchung, die masoretischen Zeitformen beibehalten werden, ist es allerdings sinnvoll, nur die im Narrativ gehaltenen Verse 16–18 zu der Wiedergabe der Anklagepunkte zu rechnen[394]. In Vers 17 wird

---

[393] Vgl. dazu Kraus, H.-J., Psalmen. 2. Teilband: Psalmen 60–150 (BK XV/2), Neukirchen-Vluyn ⁵1978, 920 und Seybold, K., Die Psalmen (HAT I/15), Tübingen 1996, 434f. Anders jedoch z.B. Wright, D. P., Ritual Analogy in Psalm 109, JBL 113 (1994), 385–404 (396).

[394] Seybold rechnet damit, dass einige der Narrativ-Formen in Ps 109,17ff. sekundär sind (vgl. ebd., 435).

die verquere Einstellung beschrieben, die der Angeklagte angeblich gegenüber Fluch und Segen haben soll. Es heißt in Vers 17a: „Er liebte Verfluchung (קללה) und sie kam zu ihm". In Vers 18a wirft man dann dem Beter vor, dass er „Fluch" anzog „wie seinen מד". Von der Etymologie her gesehen müsste man קללה mit „Geringschätzung" übersetzen, denn die gemeinsemitische Wurzel קלל bedeutet „klein sein/machen"[395]. Überblickt man das Wortfeld, wird jedoch deutlich, dass deutsche Wörter wie „Geringschätzung" oder „Verachtung" das Gemeinte oft nicht treffen. Scharbert meinte, dass קללה „sowohl ein formelles Verfluchen als auch ein formloses Beschimpfen und Verwünschen bezeichnen" konnte[396]. Wenn man die in 1.3.4 erörterte Klassifizierung benutzt, kann man sagen, dass קללה sowohl für performative als auch für konstative Sprechakte verwendet wurde[397]. Wahrscheinlich ist jedoch, dass auch bei den „formlosen Beschimpfungen" damit gerechnet wurde, dass diese eine gewisse Wirkmächtigkeit besaßen, die Übersetzung mit „Fluch" kann deshalb beibehalten werden[398].

Zunächst ist festzustellen, dass es sich bei dem Satz in Vers 18a um ein Stilmittel 2. Ordnung handelt, der Satz ist nur in der Verbalsprache bildbar. Das Anziehen des מד fungiert als Bildspender, um das Verhalten des Aktanten gegenüber der „Verwünschung" zu illustrieren. Der zweite Versteil ist merkwürdig, er stört die Bildfolge aus dem Kontext des Textilen, denn jetzt wird der Fluch statt mit Textilien mit liquiden Materialien verglichen. Zunächst soll deshalb der Versteil 18b übersprungen und Ps 109,19 erörtert werden, denn dort wird die Bildfolge aus dem Bereich des Textilen weitergeführt:

Ps 109,19: Sie [die Verwünschung] sei für ihn wie ein Stoffstück, das er (dauerhaft/fortwährend) umgeworfen hat und (wie) ein Gürtel[399], den er beständig umgebunden hat.

תְּהִי־לוֹ כְּבֶגֶד יַעְטֶה

וּלְמֵזַח תָּמִיד יַחְגְּרֶהָ

In diesem Vers gibt es keinen Handlungsfortschritt im Narrativ mehr, es wird mit einer Jussiv-Form formuliert. Wenn man annimmt, dass מד und בגד Synonyme sind, ist der Wunsch, der Fluch solle wie einhüllende Kleidung werden, irritierend, da er nichts anderes ausdrückt als das, was der Angeklagte selbst schon freiwillig durch das Anziehen des מד herbeigeführt hatte. Zum Verständnis der Aussage sind die Überlegungen zur Gestalt und Verwendungsweise des מד hilfreich: ein מד wurde nicht ständig getragen, sondern nur zu bestimmten Gelegenheiten als Arbeitskleidung. Es besteht also ein Unterschied zu בגד, das hier die Bedeutung von *täglicher* Kleidung bekommt – erkennbar an der PK-Form mit durativem Aspekt. Vers 19b bestätigt die beabsichtigte Differenz zwischen kurzfristig getragener Kleidung und Dauerkleidung durch das Bild eines Gürtels, der ständig (תמיד) umgebunden ist.

---

[395] Vgl. Scharbert, J., Art. קלל, ThWAT VII (1993), 40–49 (41).

[396] Scharbert, 47. Siehe dort auch die Abgrenzung gegenüber anderen hebräischen Wörtern, die im Deutschen mit „Fluch" wiedergegeben werden können.

[397] Vielleicht ähnlich wie das deutsche Wort „Verurteilung". Es kann sich dabei um einen performativen Akt vor Gericht mit den entsprechenden Konsequenzen handeln oder um einen konstativen Akt, in dem lediglich die schlechte Meinung ausgedrückt wird, die eine Person einer anderen gegenüber hegt.

[398] So auch Seybold, 432.

[399] מזח ist sonst nur in Jes 23,10 belegt, wahrscheinlich ist es ein akkadisches Lehnwort, vgl. HALAT z.St.

Nun muss noch herausgearbeitet werden, was mit diesen Vergleichen über die קללה,
die „Verfluchung", ausgesagt werden soll. Es stehen sich zwei unterschiedliche Konzepte, wie man mit קללה umgehen kann, gegenüber. Der Angeklagte soll angeblich
die Sichtweise haben, dass er „Verwünschung" wie eine „Arbeitsweste" für eine bestimmte Gelegenheit, irgendwelche schmutzigen Geschäfte vielleicht, eingesetzt hat.
Nach vollbrachter Tat meint er, ihm sei davon nichts anzumerken, er habe seinen guten
Ruf (gegenüber seinen Mitmenschen und gegenüber Gott), nicht eingebüßt. Wenn man
im Bild bleiben möchte, könnte man sagen, dass er denkt, den מד gegen normale,
statusanzeigende Kleidung, z.B. eine כתנת, auswechseln zu können. Der Wunsch, die
„Verfluchung" möge für ihn werden wie ein Kleidungsstück, das er täglich trägt, meint
einfach, dass er damit nicht durchkommen soll. „Verwünschung" lässt sich nicht auf
diese Art instrumentalisieren, sondern haftet dauerhaft demjenigen an, der denkt, er
könne sie sich nutzbar machen.
In Vers 18b wird die gefährliche Eigenschaft der קללה, ihren Anwender zu kontami-
nieren, mit Hilfe anderer Bilder ausgedrückt und sogar noch verschärft, da die „Verfluchung" hier nicht nur am Anwender anhaftet, sondern sogar in ihn eindringt. Es wird
hier also durch eine Kombination verschiedener Bilder die Dynamik des „Verwün-
schens" prägnant herausgearbeitet: Eine „Verwünschung" ist letztlich für den Anwender selbst gefährlich und entlarvt ihn als „Bösewicht", indem die generelle Haltung der
Geringschätzung nach außen sichtbar wird.

Ps 133,2 ist in einiger Hinsicht ungewöhnlich, es heißt dort:

Wie gutes Öl auf den Kopf hinabfließt,	כַּשֶּׁמֶן הַטּוֹב עַל־הָרֹאשׁ יֹרֵד
auf den Bart, den Bart Aarons,	עַל־הַזָּקָן זְקַן־אַהֲרֹן
wie es[400] herabfließt auf die Halsöffnung seines Hemdgewandes.	שֶׁיֹּרֵד עַל־פִּי מִדּוֹתָיו:

Zunächst fällt auf, dass es sich grammatisch nicht um die maskuline Form מד handelt,
sondern um eine nur hier in der Bedeutung „Kleidungsstück" belegte feminine Sonderform מדה[401]. Jüdisch-aramäisch ist das Wort מדא „Ehrenkleid" bezeugt, vielleicht
besteht da eine Verbindung. Ungewöhnlich ist auch, dass eine Form von מד hier mit
dem Hohepriester Aaron in Verbindung gebracht wird. In den priesterschriftlichen
Texten, die sich mit dem hohepriesterlichen Ornat beschäftigen, fehlt der Terminus
(vgl. unten 4.3.3.4 und 4.3.4). Nur als Arbeitskleidung bei der Altarreinigung wird der
מד genannt (Lev 6,3). In Ps 133,2 liegt jedoch wohl ein feierlicher Anlass vor, bei dem
der Hohepriester einen Salbkegel trug[402], oder es wird auf die Salbung Aarons im
Rahmen seiner Investitur als Hohepriester angespielt (Ex 29,7). Merkwürdig ist auch
die Mischung von Singular- und Pluralformen: Es ist nur von einer Kopföffnung (פה)
die Rede, aber von mehreren Kleidungsstücken. Der Befund ist nur zu erklären, wenn
man annimmt, dass der alte מד, der wegen seiner Kürze nur in Kombination mit „Un-

---

[400] Es könnte auch der herabwallende Bart Aarons gemeint sein, aber einleuchtender ist es, dass der langsa-
me Weg des Salböls vom oben auf dem Kopf befindlichen Salbkegel zum Kopf, dann zum Bart und zum
Schluss in den Halsausschnitt nachgezeichnet werden soll.
[401] Vgl. Gesenius 18. Aufl. zu מד. מדה ist zwar ebenfalls belegt, aber nur in der Bedeutung „Maß", vgl.
Gesenius 18. Aufl. zu מדה.
[402] Vgl. Seybold, 500.

terhosen" getragen werden konnte, seine Pluralform behielt, auch, als er im Laufe der Zeit länger wurde und nicht mehr eine einfache Arbeitsweste war. Evtl. ersetzte (ה)מד in späterer Zeit die כתנת, da dieser Begriff als Materialbezeichnung für „Flachs/Leinen" immer gebräuchlicher wurde[403]. Die Grundform „Hemdgewand" ist jedoch auch beim „jüngeren" מד erhalten geblieben, das wird durch die Erwähnung der Kopföffnung deutlich.

2.2.6.7 Ikonographische Belege für Hemdgewänder

Eine Geschichte der Kleidung im vorhellenistischen Palästina aufgrund des ikonographischen Materials wurde von Helga Weippert skizziert[404]. Trotz der geäußerten methodologischen Bedenken (vgl. oben 1.3.5.3) wird ihre Beobachtung zutreffen, dass das Wickelgewand im 1. Jahrtausend v. Chr. weitgehend dem Hemdgewand gewichen war[405]. Strommenger bemerkte in ihrem Artikel zum archäologischen Befund bezüglich altorientalischer Kleidung noch: „Überall dort, wo die Reproduktion altvorderas(iatischer) Gewänder erfolgreich war, hat es sich gezeigt, dass es möglichst vermieden wurde, die gewebten rechteckigen Stoffbahnen schräg zu zerschneiden. Die Obergewänder … sind im Allgemeinen gewickelt. Genäht hat man möglichst wenig"[406].

Ein Überblick über das ikonographische Material ergibt jedoch, dass das Hemdgewand das typische Kleidungsstück von Bewohnern des syrisch-palästinischen Raumes war. In der ägyptischen Kunst werden Syrer gern in langen, engen Hemdgewändern dargestellt (vgl. ANEP Abb. 45,46,47). Es sind langärmelige und kurzärmelige Gewänder belegt. Manchmal ist das Hemdgewand kombiniert mit einer mehrfach um die Hüften gewundenen Schärpe (ANEP Abb. 47). Vielleicht handelt es sich um Analogien zu כתנת und אבנת. Diese Kombination ist ja nicht nur im sakralen, sondern auch im profanen Kontext bezeugt. Bei der Auswertung von ägyptischen Belegen ist jedoch zu beachten, dass sie deutlich früher entstanden sind als die Texte des Alten Testamentes.

Auch im mesopotamischen Raum ist das Hemdgewand für Bewohner des syrisch-palästinischen Raumes bezeugt. So trägt z.B. Jehu auf dem „Schwarzen Obelisk" ein langes, kurzärmliges, gegürtetes Hemdgewand, dessen Saum verziert ist[407]. Die Tributbringer tragen über einem langen Hemdgewand einen Mantel, die Form ist nicht sicher auszumachen, es könnte sich um die ältere oder die jüngere מעיל–Form handeln[408].

---

[403] Vgl. Josephus, III 7,2 zitiert nach Clementz, H., Des Flavius Josephus Jüdische Altertümer, Halle 1899 (ND Wiesbaden [13]1998), 161.

[404] Weippert, H., Textilproduktion und Kleidung im vorhellenistischen Palästina, in: Vögler, G./Welck, K. v. (Hg.), Pracht und Geheimnis. Kleidung und Schmuck aus Palästina und Jordanien (Ethnologica NF 13), Köln 1987, 136–142 (139–141).

[405] Vgl. Weippert, 140.

[406] Strommenger, E., Art. Kleidung. Archäologisch, RLA 6 (1980–83), 31–38 (31).

[407] Vgl. z.B. Wäfler (Anm. 115), 75, Abb. 37. Dabei muss jedoch beachtet werden, dass der auf dem ersten Register – oberhalb Jehus – dargestellte Sua aus Gilzanu ebenfalls ein langes, befranstes, kurzärmeliges Hemdgewand trägt.

[408] Vgl. Wäfler, 75. Abb. 38 und 40 sieht mehr nach der älteren, Abb. 41 mehr nach der jüngeren Form aus. In ganz ähnlichen, befransten „Ponchos", die über langen Hemdgewändern getragen werden, sind auch Exulanten aus der Stadt Astarot dargestellt, vgl. Uehlinger (Anm. 116), 60.

Judäische Tracht hat Wäfler anhand des Lachisch-Reliefs untersucht. Dabei hat er zwei unterschiedlich ausgestattete Judäer ausgemacht. Eine Gruppe, die in langen, ungegürteten Hemdgewändern (כתנת) dargestellt ist, scheint höhergestellt zu sein[409]. „Einfache" Judäer werden in kurzen, gegürteten Hemdgewändern abgebildet[410], die wahrscheinlich in der hebräischen Nomenklatur als מד bezeichnet wurden. Ein kurzes Hemdgewand als Kriegskleidung ist z.B. auf hethitischen Reliefs erkennbar[411].

2.2.7 *אדרת*: „Mantel"

2.2.7.1 Vorkommen und Bedeutung

Die Beleglage zur אדרת ist dürftig, es gibt zwar zwölf Einzelbelege, aber davon entfallen fünf auf Elias Mantel (1 Kön 19,13.19; 2 Kön 2,8.13f.) und zwei auf den aus Banngut entwendeten schönen Mantel, der Achan das Leben kostete (Jos 7,21.24). Von den sieben unabhängigen Vorkommen sind zwei innovativ und beziehen sich auf Vegetation, nicht auf menschliche Bekleidung (Ez 17,8 und Sach 11,3), so dass zur Erhebung der kulturimmanenten Gebrauchsweise für אדרת nur fünf Vorkommen zur Verfügung stehen. Als eine Art Berufskleidung von Propheten muss die אַדֶּרֶת שֵׂעָר in Sach 13,4 gelten, und es spricht einiges dafür, dass auch Elias Mantel „haarig" war[412]. Die anderen Vorkommen beziehen sich jedoch nicht auf Propheten: אַדֶּרֶת שֵׂעָר dient als Vergleich für Esaus Körperbehaarung in Gen 25,25, in Jon 3,6 wird mit אדרת ein Königsmantel bezeichnet und in Jos 7,21.24 ein kostbares Stoffstück aus dem mesopotamischen Gebiet.

Man kann die Vorkommen für אדרת noch einmal in zwei Gruppen einteilen[413]: kostbare Kleidungsstücke, die einen Bezug zu Mesopotamien haben (in Jos 7,24 explizit, in Jon 3,6 dadurch, dass es der Mantel des Königs von Ninive ist) und – sicherlich weniger wertvolle – Fellmäntel, die wohl eine Zeit lang spezifisch für Propheten waren.

2.2.7.2 Elias Mantel

Im Elia/Elisa-Zyklus spielt die אדרת Elias eine besondere Rolle. An drei voneinander unabhängigen Stellen wird sie expressis verbis genannt (1 Kön 19,13 und 19 sowie 2 Kön 2,8.13f.), in 2 Kön 1,8 wird wahrscheinlich auch auf das spezifische Kleidungsstück des Propheten Elia angespielt. Die Boten, die Ahasja zum Gott von Ekron sandte, wurden von einem geheimnisvollen Mann aufgehalten und zur Umkehr gezwungen. Anhand der Beschreibung, die die Boten von dem Mann gaben, erkannte ihn Ahasja als den Propheten Elia: אִישׁ בַּעַל שֵׂעָר וְאֵזוֹר עוֹר אָזוּר בְּמָתְנָיו. Der zweite Teil der Aussage referiert auf einen Ledergürtel, also einen kleidungsstückähnlichen Gegen-

---

[409] Vgl. Wäfler, 65, Abb. 22f.

[410] Vgl. Wäfler, 65, Abb. 19–21.

[411] ANEP Abb. 37 und 39. Etwas längere, knielange Hemdgewänder tragen Soldaten auf einem Relief aus Arslan Tash (vgl. ANEP Abb. 173f.). Dort schaut unter dem Gewand jeweils ein dreieckiger Zipfel hervor. Solche Zipfel sind auch sonst manchmal unter den kurzen Hemdgewändern zu sehen, vielleicht sollte damit die „Unterhose" in Form einer dreieckigen Windel angedeutet werden.

[412] Siehe dazu unten.

[413] So z.B. auch Hönig, 66f. und (sich darauf beziehend) HALAT z.St.: „Prachtskleid" und „Fellkleid".

stand. Was ist jedoch mit dem ersten Ausdruck „Besitzer von Haar" gemeint? Es gibt verschiedenen Möglichkeiten:
1. Elia hatte ungewöhnlich lange Haare.
2. Elia hatte eine außergewöhnlich starke Körperbehaarung ähnlich wie Esau.
3. Es handelt sich um eine Ellipse und man hat אדרת zu ergänzen, den Mantel Elias, der auch in anderen Geschichten über diesen Propheten eine Rolle spielt.

Die Möglichkeit, es sei an eine Langhaarfrisur gedacht, wird dadurch unwahrscheinlich, dass gewöhnlich „ראש" ergänzt ist, wenn vom Kopfhaar die Rede ist (Num 6,5.18; Ri 16,22; 2 Sam 14,26 und Esr 9,3). Nur in poetischer Sprache kann auch ohne ראש formuliert werden (Hhld 4,1; 6,5). Es läge also ebenfalls eine Ellipse vor, wenn die Boten aussagen wollten, Elia habe lange Haare gehabt. Für die Möglichkeit der „Haarigkeit" gibt es keine wirklich vergleichbaren Belege, obwohl sich die LXX für diese Variante entschieden zu haben scheint (ἀνὴρ δασύς). Die Haarigkeit Esaus wird ja nur durch den Vergleich mit einer אדרת שער ausgedrückt. Es spricht einiges für die dritte Möglichkeit. Die Kombination von אדרת und שער ist zweimal belegt (Gen 25,25, Sach 13,4), jeweils wie ein geprägter Begriff. Warum ist dann aber die אדרת in 2 Kön 1,8 nicht explizit genannt? Vielleicht sollte das Weglassen die Spannung steigern oder die Rede der Boten authentischer machen – wir wissen wenig über solche Stilfragen. Die merkwürdige Formulierung „Besitzer von" passt auch am besten zu einem – möglichst kostbaren oder ungewöhnlichen – Gegenstand. Auch Hönig hält die Möglichkeit „Fellmantel" für die wahrscheinlichste[414].

Seinen „ersten Auftritt" in einer kleinen Nebenrolle hat der Mantel Elias im Kontext der Gottesbegegnung am Horeb. Elia verhüllt mit der אדרת sein Gesicht (1 Kön 19,13). Gewichtiger ist das zweite Vorkommen: Elia wirft Elisa seinen Mantel zu[415] und designiert ihn so zu seinem Nachfolger (1 Kön 19,19). Die ungewöhnlichste Verwendung der אדרת wird in 2 Kön 2,9ff. geschildert: Mit ihrer Hilfe teilt Elia die Wasser des Jordan. Nach der Entrückung Elias wiederholt Elisa mit dem zurückgelassenen Mantel die Wundertat. Der erste Beleg für Elias Mantel ist so unspektakulär, dass man ihn übersehen kann. Das zweite Vorkommen kann man als eine angedeutete Investitur verstehen, auch wenn die Form in verschiedener Hinsicht ungewöhnlich ist: Im Beauftragungsbefehl (1 Kön 19,16) heißt es, Elia solle Elisa zum Propheten salben (משח). Von einer Salbung ist dann aber nicht die Rede, nur vom Mantelwurf. Im Text wird von keiner begleitenden Sprechhandlung berichtet und trotzdem scheint Elisa gleich zu wissen, was Elia meint. Gleichgültig, ob man die Handlung als einzigen Beleg für die kulturimmanente Handlung „Ruf in die Prophetennachfolge" ansieht oder eine innovative Abwandlung einer anderen kulturimmanenten Handlung, von der sich keine Spuren erhalten haben, postuliert, innerhalb der bisher skizzierten „Sprache des Textilen" ist die Handlung noch interpretierbar. Die Verwendung des Mantels zur Wasserteilung dagegen fällt aus dem Rahmen.

---

[414] Vgl. Hönig, , 67f..
[415] Es wird allerdings immer übersetzt, dass Elia den Mantel „über" Elisa warf. Tatsächlich heißt es jedoch im Codex Leningradensis „אל". Nur wenige Handschriften haben das erwartete על, denjenigen mit אל müsste jedoch als lectio difficilior der Vorzug gegeben werden.

In der alttestamentlichen Forschung hat sich bezüglich Elias Mantel die Idee, dieses Kleidungsstück besäße magische Eigenschaften, hartnäckig gehalten[416]. Wenn man sich dem nicht anschließen möchte, muss man auf das in 1.3.4 dargelegte Modell der performativen Handlungen zurückzugreifen. In Abwandlung von Austins Vorlesungs-reihe „How to Do Things with Words" könnte man die Episode betiteln mit „How to Do Things with Cloth". Die Analyse mit Hilfe der von Austin aufgestellten Voraussetzungen für eine erfolgreiche performative Sprechhandlung zeigt schnell, worauf es bei der wundersamen Wasserteilung ankommt: Entscheidend für den Erfolg ist, dass es eine konventionelle Prozedur gibt, die Umstände angemessen sind und die beteiligten Personen ebenfalls. Für die Wasserteilung ist die konventionelle Prozedur schnell gefunden, wenn sie auch nicht häufig durchgeführt wurde: Der Durchzug durchs Schilfmeer, bei dem Mose mit Hilfe seines Stabes die Wasser teilte, damit das Volk trockenen Fußes durchziehen konnte (Ex 14,16.21). Damit ist auch klar, welche Eigenschaft die ausführende Person haben muss, damit die Handlung Erfolg hat: Es muss sich um einen besonders ausgezeichneten Propheten handeln[417]. Die jeweiligen Hilfsmittel müssen in keiner Weise „magisch" aufgeladen sein, ebenso wenig wie das Hämmerchen, mit dem ein Auktionsleiter eine Auktion beendet, magische Kräfte hat. Das Hämmerchen hat nämlich die auktionsbeendende Kraft nur, wenn es vom Auktionsleiter betätigt wird. Wenn sich irgendeine andere Person des Werkzeugs bemächtigt und die Handlung ausführt, ist die Prozedur „unhappy", nicht erfolgreich. In genau dem gleichen Sinne war Elias Mantel nur dann zur Wasserteilung tauglich, wenn er von einem „echten" Propheten gehandhabt wurde. Die Aussageabsicht der Sequenz ist also, durch die erfolgreich von Elisa durchgeführte Wasserteilung klarzustellen (innerhalb des Textes für Elisa selbst sowie die zuschauenden Prophetenjünger, außerhalb des Textes für die Rezipienten), dass auch Elisa ein echter Prophet ist und die Nachfolge Elias angetreten hat.

Uns bereitet die Geschichte Schwierigkeiten, weil wir einem Stab oder Textilien grundsätzlich keine wasserteilende Kraft zubilligen, gleichgültig, ob sie von einem Propheten gehandhabt werden oder nicht. Man sollte sich jedoch bewusst machen, dass auch wir bestimmten Personen selbstverständlich besondere Kräfte zubilligen, die

---

[416] Vgl. z.B. Schäfer-Lichtenberger, C., ‚Josua' und ‚Elischa' – eine biblische Argumentation zur Begründung der Autorität und Legitimität des Nachfolgers, ZAW 101 (1989), 198–222 (212): „Der Mantel Elijas besitzt magische Qualitäten". Otto, S., Jehu, Elia und Elisa. Die Erzählung von der Jehu-Revolution und die Komposition der Elia-Elisa-Erzählungen (BWANT 152 = Folge 8, Heft 12), Berlin u.a. 2001, schreibt zwar dem Mantel nie explizit magische Eigenschaften zu, kann jedoch ganz selbstverständlich behaupten, Elisa würde dem König „durch Übertragung eines Teils seiner magischen Kräfte" zum Sieg über die Aramäer verhelfen (ebd. 222). Sogar, wenn reflektierter mit dem Magie-Konzept umgegangen wurde, ist eine gewisse Unsicherheit spürbar, vgl. z.B. Würthwein, E., Die Bücher der Könige. 1. Kön. 17 – 2. Kön. 25 (ATD 11/2), Göttingen 1984, 275: „Handelt es sich um einen Zaubermantel …? Ja und nein!" An anderer Stelle behauptet Würthwein jedoch, der Mantel sei „erfüllt von der Macht seines Trägers" (ebd. 233).

[417] Die Beobachtung, dass es bei den Elia-Geschichten Anspielungen auf die Mose-Figur gibt, ist schon alt. Vgl. die Zusammenstellung der Positionen bei Seidl, T., Mose und Elija am Gottesberg. Überlieferungen zu Krise und Konversion der Propheten, BZ.NF 37 (1993), 1–25 (3). Meist wird eine literarische Abhängigkeit der Texte aus den Königsbüchern von denen aus dem Exodusbuch angenommen, es gibt jedoch auch die These, dass das Abhängigkeitsverhältnis umgekehrt sei. Seidl selbst meint, beide Komplexe würden unabhängig voneinander auf einen traditionsgeschichtlichen Hintergrund rekurrieren (ebd. 20f.). Für den hier behandelten Aspekt sind solche Fragen nicht relevant.

ihnen kraft ihres Amtes zukommen, z.B. ein Urteil sprechen, einen Krieg erklären, eine Sitzung eröffnen, eine Auktion beenden.

Hat man erst einmal die Wasserteilungen als Darstellung dessen erkannt, dass hier Elia und Elisa als echte, in der Tradition des Mose stehende Propheten gekennzeichnet werden sollen, wird auch das zunächst unspektakuläre erste Vorkommen des Mantels auf diesen Aspekt hin transparent: Das Verhüllen des Gesichts im Zusammenhang mit einer vertraulichen Unterhaltung zwischen dem Propheten und JHWH ist auch in der Moseüberlieferung präsent (Ex 34,29–35).

2.3 Grundlinien der „Sprache des Textilen" III (Grundwortschatz)

- Das Verschleißen oder Abnutzen ist die einzige „Handlung", bei der die Textilien selbst das Subjekt sind. בלה und seine Derivate referieren auf diese Vorgänge. Aufgrund des hohen Preises von Textilien – auch gerade im Vergleich zu Nahrungsmitteln – war die Sorge um deren Verschleiß bei ärmeren Menschen groß, sie konnten sich ein neues Stoffstück nicht so einfach kaufen. Übertragen konnte בלה auch für Nichttextiles verwendet werden, wenn die Vergänglichkeit z.B. der Erde und des Himmels, aber auch von Menschen, ausgesagt werden sollte.

- Beim An- und Ablegen von Textilien haben diese die Position von Objekten, Subjekte sind meist Menschen. Das wichtigste Verb für das Anziehen von Kleidung und das Bekleidet-Sein ist לבש. Im Hif'il wird es im Kontext von Investituren gebraucht. Der Bedeutungsumfang von לבש deckt sich mit dem deutschen „anziehen", also dem Hineinschlüpfen in ein Kleidungsstück. לבש unterscheidet sich damit von anderen Begriffen, die für das Anlegen von Kleidung verwendet werden können, wie z.B. כסה und עטה. עטה bezeichnet das schwungvolle Umwerfen eines mantelähnlichen Kleidungsstücks. Die Grundbedeutung von כסה ist bedecken, außerdem wird es gebraucht, um die Versorgung von Nackten mit Kleidung auszudrücken. Das Anlegen schurzähnlicher Kleidungsstücke wird mit den Begriffen אזר und חגר beschrieben.

- פשט wird benutzt, wenn ein Kleidungsstück ausgezogen wird, für das Ablegen schurzähnlicher Kleidungsstücke wird פתח (lösen) verwendet und für das Ablegen mantelähnlicher Kleidungsstücke u.a. סור (ablegen).

- Die zahlreichen hebräischen Wörter für Textilien lassen sich in drei Hauptgruppen einteilen: 1. Allgemeine Begriffe für Textilien und Kleidung, 2. Hemdgewandartige Kleidungsstücke und 3. Schurze, Gürtel und Schärpen. Einige Textilien lassen sich nicht einer der Gruppen zuordnen, z.B. die אדרת, wohl ein Mantel und die windelartigen „Unterhosen" (מכנסים) (siehe 4.3.1).

- Wichtigstes Ergebnis der Untersuchungen zu den allgemeinen Begriffen ist, dass die Grundbedeutung von בגד – der häufigste Begriff im Bereich des Textilen – nicht „Kleidung" ist. בגד ist eine allgemeine Bezeichnung für Textilien. Für שלמה/שמלה gilt ähnliches. Dagegen können לבוש und מלבוש als allgemeine Bezeichnungen für Kleidung gelten. כסות und מכסה wiederum werden für menschliche Bekleidung höchstens im übertragenen Sinne verwendet und sollten mit „Bedeckung", „Decke" (כסות) oder „Plane" (מכסה) übersetzt werden.

- בגד kann zwar auch als Gattungsbezeichnung für Textilien im weiteren Sinne, also für Leinen-, Woll- und Ziegenhaarprodukte sowie Fell/Leder, verwendet werden, die Grundbedeutung ist jedoch „Stoff aus Wolle oder Leinen". Für andere Fasern, z.B. Ziegenhaar und Leder wird eine Verbindung mit dem Wort בגד vermieden. Die Bedeutung „Kleidung" für בגד bzw. בגדים ergibt sich nur aus dem Kontext, also wenn eine Näherbestimmung vorliegt (z.B. „Witwenkleidung", „Gefangenenkleidung"), eine Personalendung angefügt ist („seine/ihre Kleidung") oder בגד mit den Verben לבש oder פשט kombiniert ist. An den anderen Stellen sind Übersetzungen wie „Stoffstück", „Textilien" oder „Decke" angemessener.

- Bei שלמה/שמלה ist der Aspekt des Textilen nicht so stark betont wie bei בגד. Im Plural können die Wörter zwar auch „Kleidung" heißen, die Grundbedeutung ist aber die eines großen Vielzwecktuches, das die Funktion eines Mantels, einer Schlafdecke oder eines Aufbewahrungs- und Transporttuches haben kann.

- Das wichtigste Ergebnis bei der Untersuchung hemdgewandartiger Kleidungsstücke ist, dass neben כתנת auch מד und מעיל zu dieser Kategorie gehören. Ein מד war kurz und wurde als funktionale Arbeitskleidung gebraucht, ein מד war wahrscheinlich ausschließlich Männerkleidung, Frauen trugen längere Gewänder. Die כתנת war länger und diente als Statussymbol. Ein noch höherer Status wurde durch den מעיל angezeigt, dessen Aussehen wahrscheinlich im Laufe der Jahrhunderte Veränderungen unterworfen war. Hemdgewandartige Textilien hatten auch schon in vorexilischer Zeit die älteren Wickelgewänder als hauptsächliche Kleidung verdrängt.

- Bei der Untersuchung von Schurzen, Gürteln und Schärpen war wichtig, dass deren Funktion nicht primär die Bedeckung der Schamgegend war. Diesen Zweck erfüllten die „Unterhosen" (מכנסים). Ob man nun אזור und חגור/חגורה als Schurze oder Gürtel bestimmt, ist deshalb nicht so entscheidend, weil sie meist *über* anderer Kleidung getragen wurden. חגור/חגורה waren die einfachsten Statussymbole, nämlich das Kennzeichen eines waffenfähigen Mannes. Wahrscheinlich diente die Umgürtung generell der Statusanzeige, der אבנט war z.B. das Kennzeichen hoher Beamter und Priester. Nicht ganz vergleichbar mit אזור, חגור/חגורה und אבנט ist der שק, denn er musste wahrscheinlich mit einem extra Strick umgürtet werden (siehe 3.3.1), der אפוד musste ebenfalls auf diese Weise befestigt werden, war jedoch nicht schurzähnlich (siehe 4.3.2).

Ein lebendiges Bild der Textilsprache ergibt sich natürlich erst aus der Einzelanalyse. Einige solcher Einzeluntersuchungen wurden im 2. Hauptteil durchgeführt, die Ergebnisse sollen hier jedoch nicht wiederholt werden.

3. Hauptteil: Textilien im Rahmen von Minderungszuständen

3.1 Grundlagen

Im zweiten Hauptteil wurde der „Grundwortschatz" der Textilsprache skizziert. Nur am Rande wurden dabei Fragen zur Ebene der „Syntax" angeschnitten. In diesem und dem folgenden Hauptteil kommen nun komplexere Sätze und Satzfügungen in den Blick. Im dritten Hauptteil wird die Textilsprache im Kontext von Erniedrigung und Minderung des Menschen behandelt. Bevor in 3.2 und 3.3 zwei wichtige „Sätze" untersucht werden, Kleiderzerreißen und Sacktragen, werden in 3.1 Sätze und Satzfügungen erörtert, die nicht ganz so häufig im Alten Testament vorkommen, jedoch hilfreich sind, um in den Kontext „der erniedrigte Mensch" einzuführen. Um diesen Kontext adäquat verstehen zu können, muss man jedoch einen Schritt zurückgehen und sich der Grundvoraussetzungen der „Textilsprache" vergewissern.
Dazu sei zunächst wieder ein Vergleich mit einer Verbalsprache beigebracht. Es gibt zwei Voraussetzungen, um mit Hilfe einer Verbalsprache kommunizieren zu können: erstens die Fähigkeit, selbst Laute, Wörter und Sätze formulieren zu können, zweitens die Fähigkeit, die eigenen und die von anderen gesprochenen Wörter und Sätze zu hören und zu verstehen. Fehlt eine dieser Fähigkeiten, ist also ein Mensch stumm oder taub, ist die verbale Kommunikation erschwert oder unmöglich. Für das Kommunizieren mit Hilfe der Textilsprache sind andere Voraussetzungen wichtig: zum einen das Sehvermögen, zum anderen der Besitz von Textilien. D.h. ein nackter Mensch ist ein verstummter Mensch. In der Textilsprache kann er nicht mehr kommunizieren. Um die Textilsprache besser zu verstehen, muss deshalb zunächst kurz das Phänomen der Nacktheit in den Blick kommen. Eine gründliche Untersuchung braucht hier nicht zu erfolgen, dafür wäre eine eigene Monographie nötig, bezüglich des Alten Testaments ein Desiderat.

3.1.1 Nacktheit und Bekleidung

Kleidung gehört zu den Grundbedürfnissen des Menschen. Sie ist stärker als das Bedürfnis nach Nahrung mit der spezifisch menschlichen Konstitution verbunden, weil Bekleidung (und damit auch ihr Gegenteil, Nacktheit) ein Proprium des Menschen ist. Sie ist meist nicht überlebensnotwendig, aber trotzdem unabdingbar. Als Schutz vor Kälte kann ihr jedoch unter bestimmten Bedingungen (unter den klimatischen Bedingungen, die im Alten Orient herrschten, vor allem in den Nächten) eine lebenserhaltende Funktion zukommen. Es ist wichtig, festzuhalten, dass Nacktheit „als kulturelles Faktum verstanden werden" muss[418]. Es führt in die falsche Richtung, Nacktheit mit Natur, Bekleidung mit Kultur zu verbinden, weil der Mensch immer schon ein kulturelles Wesen ist. Im „normalen" Zustand ist der Mensch bekleidet oder hat seine Körperoberfläche durch kosmetische Prozeduren oder chirurgische Eingriffe bewusst gestaltet. „Nacktheit gilt als Kontrastbild zum bekleideten Zustand und nicht umgekehrt"[419].

---

[418] Lietzmann, A., Art. Kleidung und Nacktheit, ⁴RGG 4 (2001), 1417f. (1417).
[419] Lietzmann, 1417.

3.1.1.1 Menschwerdungsgeschichten im Alten Orient

Wie stark Kleidung zum Menschen gehört, zeigen die „Menschwerdungsgeschichten". Im sumerischen Schöpfungsepos „Mutterschaf und Getreide" (U_8 und AŠNAN) wird eine Vorzeit geschildert, in der zwar Götter und Menschen schon da waren, nicht jedoch Getreide und Kleinvieh. Ebenso fehlte noch der „Faden der Uttu" (Z. 4) und Vorrichtungen zur Stoffherstellung[420]. In Z. 20–25 heißt es: „Die Menschen der Urzeit wußten nicht, Brot zu essen, wußten nicht, sich mit Kleidern zu bekleiden, die Menschen gingen auf Händen und Füßen, fraßen wie Schafe Gras, tranken Wasser aus den Gräben"[421]. Der Lebensstandard der Götter war ebenfalls nicht zufriedenstellend, weshalb sie Getreide und Mutterschaf erschufen. Von deren Erträgen konnten sich die Götter jedoch nur kümmerlich ernähren. Erst als die Menschen mit Lebensodem (im Sinne von Verstand) versehen und mit Ackerbau und Viehzucht beauftragt wurden, ging es sowohl Menschen als auch Göttern besser. Wie sich das Bekleidungsproblem löste, wird jedoch in dem uns erhaltenen Text nicht mehr erörtert oder ist nicht erhalten.

Eine andere „Menschwerdungsgeschichte" wird im Gilgamesch-Epos geschildert, die sog. Zähmung Enkidus. Nach der Standardversion des Epos verhält sich der direkt aus Ton erschaffene Enkidu zunächst tierisch, er lebt mit den Tieren, frisst Gras und kennt keine Kleidung, ist allerdings stark behaart. Problematisch wird die Existenz des wilden Menschen, weil er umsichtiger und intelligenter ist als die Tiere: Er zerstört die Fallen eines Jägers, um seine tierischen Freunde zu schützen. Der Vater des so geschädigten Jägers beschwert sich, und es wird ein Zivilisationsprozess in Gang gesetzt, der von der Prostituierten Schamchat initiiert und betreut wird. Er findet in drei Schritten statt: 1. Entdeckung der Sexualität 2. Bekleidung 3. Einführung in menschliche Ess- und Trinkgewohnheiten. Die Bekleidung Enkidus findet noch in der Wildnis statt, Schamchat hatte ein zweites Kleidungsstück mitgeführt[422]. Menschliches Essen und Trinken lernt Enkidu kennen, nachdem er von Schamchat in ein Hirtenlager geführt wurde.

Die ältere babylonische Fassung enthält einen bemerkenswerten Zusatz bzw. in ihr hat sich ein Teil der Erzählung erhalten, der wahrscheinlich auch in der Standardversion stand, die an der entsprechenden Stelle heute eine Lücke aufweist[423]. Nachdem Enkidu

---

[420] Uttu war die Göttin der Webkunst, die im Epos „Enki und die Weltordnung" von Enki zur Betreuung der Stoffherstellung eingesetzt wurde, nachdem er selbst eigenhändig die ersten Stoffe gewebt hatte (Z. 379–284). Vgl. Falkenstein, A., Sumerische religiöse Texte. 5. „Enki und die Weltordnung", ZA 22 (1964), 44–129 (111) und Bottéro, J./Kramer, S. N., Lorsque les dieux faisaient l'homme. Mythologie mésopotamienne, Paris 1989, 512.

[421] Zitiert nach Pettinato, G., Das altorientalische Menschenbild und die sumerischen und akkadischen Schöpfungsmythen (AHAW 1971/1), Heidelberg 1971, 88. Vgl. auch Chiera, E., Ewe and Grain. Sumerian Religious Texts, Upland, Pa. 1924, 361 und Ebach, J., Weltentstehung und Kulturentwicklung bei Philo von Byblos: ein Beitrag zur Überlieferung der biblischen Urgeschichte im Rahmen des altorientalischen und antiken Schöpfungsglaubens (BWANT 108), Stuttgart 1979, 361f.

[422] Erschaffung Enkidus, wildes Leben, Einführung in die Sexualität: Tafel I, 95–300, vgl. George, A. R., The Babylonian Gilgamesh Epic. Introduction, Critical Edition and Cuneiform Texts. Vol. 1, Oxford 2003, 543–557; Bekleidung durch Schamchat, Essen und Trinken: Tafel II, 34–51, vgl. George, 561–563.

[423] Vgl. George, 455.

im Hirtenlager gegessen und getrunken hatte, ließ er sich seine Körperbehaarung vom Barbier entfernen, salbte sich, bekleidete sich und nahm seine Tätigkeit als Wachmann für die Hirten auf[424]. Erst damit scheint der Menschwerdungsprozess abgeschlossen zu sein.

Die „Menschwerdungsgeschichte" des Alten Testamentes weicht von den Beispielen aus dem mesopotamischen Bereich erheblich ab, zum einen hinsichtlich der Nahrung: Einerseits ist es „klar, daß der Mensch Adam dazu geschaffen ist, den Ackerboden Adama zu bebauen"[425], andererseits gibt es im Paradiesgarten nur Obst. Das Bebauen des Ackerlandes ist erst die Aufgabe des aus dem Obstgarten vertriebenen Menschen. Aber dass überhaupt der Garten in Eden „ein besonnener Bauerntraum vom Paradies mit lauter Obstbäumen"[426] ist, erstaunt gerade vor dem Hintergrund der mesopotamischen Überlieferung, wo es statt Obst nur Gras gab und das Essen nicht reichte. Auch hinsichtlich der Kleidung ist Gen 2+3 komplexer: Der Mensch ist im Urzustand schon ein richtiger Mensch und trotzdem nicht bekleidet. Ähnlich wie im Gilgamesch-Epos ist der Bekleidungsprozess zwar zweischrittig, jedoch nicht im Sinne eines Zuwachses an Autonomie. Enkidu wird erst von Schamchat bekleidet, dann bekleidet er sich selbst, bei Adam und Eva ist es umgekehrt[427].

3.1.1.2 Das Wortfeld „Nacktheit"

Nacktheit im Sinne vom Unbekleidet-Sein des menschlichen Körpers wird im Hebräischen mit dem Adjektiv עירום/ערום ausgedrückt[428]. ערום wird am besten mit „nackt" übersetzt. Dabei muss oft offenbleiben, ob jeweils das Fehlen jeglicher Bekleidung oder nur unzureichende Bekleidung gemeint ist[429]. Die Etymologie ist umstritten[430]. Es ist unsicher, ob ein Zusammenhang mit der ebenfalls mit Nacktheit in Verbindung stehenden Wurzel ערה besteht, von der sich die Wörter מער, ערוה und עריה[431] ableiten. Derivate von ערה werden am besten mit „Blöße" (oft im Sinne von „Schambereich", „Geschlechtsteile") übersetzt. Besonders ערוה hat eine so negative Konnotation, dass manchmal auch mit „Schande" übersetzt werden kann. Das Wortfeld „Nacktheit" mit seinen Konnotationen wird klarer, wenn עירום/ערום und die ערה–Derivate miteinander verglichen werden (siehe Tabelle auf der nächsten Seite).

---

[424] Col iv, 106–118, vgl. George, 176f.

[425] Willi-Plein, I., Sprache als Schlüssel zur Schöpfung. Überlegungen zur sogenannten Sündenfallgeschichte in Gen 3 (1992), in: dies., Sprache als Schlüssel. Gesammelte Aufsätze zum Alten Testament (Hg.: T. Präckel/M. Pietsch), Neukirchen-Vluyn 2002, 24–40 (25).

[426] Willi-Plein, 24.

[427] Hier ist nicht der Ort, sich mit der Paradieserzählung ausführlicher zu beschäftigen, vgl. die umfangreiche Literatur zu diesem Thema z.B. in Arnet, M., Durch Adams Fall ist ganz verderbt … Studien zur Entstehung der alttestamentlichen Urgeschichte (FRLANT 217), Göttingen 2007.

[428] Es gibt ein gleich lautendes Wort mit der Bedeutung „klug/listig", das in Gen 3,1, 1 Sam 23,22 und Spr 12,16.23; 13,16; 14,8; 22,3; 27,12 (8 Belege) vorkommt. In den genannten Büchern kommt das Wort auch jeweils in der anderen Bedeutung „nackt" vor.

[429] Der in HALAT neben „nackt" gegebene Übersetzungsvorschlag „leicht (nur in Unterkleidern) angezogen" ist deshalb als Übersetzung abzulehnen, als Erklärung des Gemeinten jedoch korrekt.

[430] Vgl. dazu Niehr, H., Art. ערום, ThWAT VI (1989), 375–380 (376f.).

[431] Unterschiede zwischen ערוה und עריה sind schwer festzustellen, evtl. ist עריה etwas weniger negativ.

	ערום/עירום	ערה–Derivate
unabhängige Vor-kommen[432]	15	23
Verben, die zum bezeichneten Zustand führen	פשט (ausziehen)[433] und פתח (lösen eines schurzähnlichen Kleidungsstückes)[434]	גלה (aufdecken, entblößen) als Folge: ראה (sehen der Blöße)
Verb, das den be-zeichneten Zustand beendet	כסה (bedecken)	
Kontexte	Nacktheit am Anfang und Ende des Lebens soziale und nationale Notlagen (Niederlage, Exilierung, Armut)	Rechtsvorschriften, die das Aufdecken der Blöße ver-hindern sollen Blöße des Vaters sowie Blöße der Ehefrau als schändlich empfundene, selbstverschuldete Notlagen
Konnotationen	eher sachlich keine sexuelle Konnotation	meist sehr negativ, Bezug zu – meist sexuellem – Fehlver-halten
Kombination	ערם und עריה in Ez 16,7.22.39; 23,29: es geht um den Zu-stand der „Jungfrau Jerusalem"	
Grund für den Zu-stand	unverschuldet, keine Angabe, „natürlich"	fast immer eigenes Ver-schulden

Durch den Vergleich wird deutlich, dass „einfache" Nacktheit zwar kein erstrebens-werter Zustand war, aber nicht von vornherein als entwürdigend galt. Die Texte des Alten Testaments tragen der Tatsache Rechnung, dass Nacktheit am Anfang des Le-bens unausweichlich und deshalb „natürlich" ist, allerdings nicht als Dauerzustand.

Wenn man „Nacktsein" mit „Verstummtsein" vergleicht, wird der Sachverhalt noch klarer: Ein kleines Baby wird man kaum als „stumm" bezeichnen, obwohl es noch nicht sprechen kann. Auch Gen 2,25 zeigt, dass ערום/עירום nicht generell negativ war, weil die Vorstellung einer Nacktheit ohne Scham unter bestimmten Bedingungen zu-mindest vorstellbar war. Für einen erwachsenen Menschen, der normalerweise beklei-det ist und sprechen kann, ist jedoch Nacktsein und Verstummtsein ein bedrohlicher, unpassender und unangenehmer Zustand. In der Ethik des Alten Testaments ist deshalb die Versorgung Bedürftiger mit Kleidung eine wichtige Forderung[435].

---

[432] Genauere Aufschlüsselung der Belege siehe Niehr, H., Art. ערה, ThWAT VI (1989), 369–375 (369f.).

[433] 1 Sam 19,24; Hi 22,6; Hos 2,5.

[434] Jes 20,2.

[435] Auch anderswo im Alten Orient ist das Thema „Bedeckung von Nackten" belegt, z.B. lautet ein Toten-buch-Spruch: „Ich habe den Gott mit dem zufrieden gestellt, was er liebt: Ich habe Brot gegeben dem Hungrigen und Wasser dem Durstigen, Kleider dem Nackten und eine Fähre dem Schifflosen" (Übersetz-ung von H. Brunner in: Beyerlin, W. [Hg.], Religionsgeschichtliches Textbuch zum Alten Testament [GAT 1], Göttingen 1985, 92).

Fasst man die Ergebnisse zu עירום/ערום zusammen, kann formuliert werden: Der nackte Mensch führt eine Existenz am Rand und an der Grenze: Die in Hi 24,7.10 geschilderten nackten Armen vegetieren am Rande des Kulturlandes dahin, die Situation der Gefangenschaft und des Exils, wie sie von den Propheten Jesaja und Micha durch Nacktheit und Barfußlaufen dargestellt wird, ist ebenfalls eine Grenzsituation, ebenso die Nacktheit am Beginn des Lebens.

Die Schwierigkeit bei der Grenzsituation der Nacktheit ist, dass es nur ein kleiner Schritt ist zum Zustand der vollen Entwürdigung und Schande. Das kommt besonders gut im ersten Beleg für ערום im Alten Testament zum Ausdruck: „Sie waren nackt, aber sie schämten sich nicht voreinander (Gen 2,25)". Die heikle Grenzsituation kann nicht lange aufrechterhalten werden und „kippt" nach dem Verzehr der Frucht vom Baum der Erkenntnis: Nun schämen sich die beiden vor einander und vor Gott ihrer Nacktheit. In Gen 2+3 geht alles noch verhältnismäßig glimpflich aus. Die für „entwürdigende Blöße" verwendeten Begriffe „ערוה" und „גלה" werden hier noch nicht verwendet. Die beiden Stichworte fallen erst in Gen 9,21f. Es ist Noah, der unter Alkoholeinfluss „entblößt" im Zelt liegt. Sein Sohn „erblickt" Noahs „Blöße" und berichtet davon. Ähnlich wie in Gen 9,21 ist das „Entblößtwerden" meist selbstverschuldet. Beim Topos „ein Land/eine Stadt als Frau" dient das Aufdecken der Blöße als Strafe für Fehlverhalten. Bei als Strafe aufgefassten Entblößungen ist eine Bedeckung der Blöße nicht vorgesehen. Das Entwürdigende beim Aufdecken der Blöße ist nicht das Fehlen von Kleidung, sondern das Sichtbarwerden von eigentlich bedeckt zu haltenden Körperteilen *trotz* vorhandener Textilien. Dies wird in Gen 9,21f. explizit dargestellt und an anderen Stellen thematisiert (z.B. Ex 20,2; 28,42; Ez 16,36, Hos 2,11). Anders als עירום/ערום, das ein recht enges Bedeutungsspektrum hat und abgesehen von einer Stelle nur auf Menschen bezogen wird, ist das Bedeutungsspektrum von ערוה breiter und schwer zu bestimmen, es wird z.B. auch im Zusammenhang mit verbotenem Geschlechtsverkehr zwischen Blutsverwandten verwendet. Es handelt sich jedoch nicht um einen einfachen Euphemismus. Das wird deutlich, wenn Lev 18 und Lev 20 miteinander verglichen werden, z.B. Lev 18,8 und Lev 20,11:

Lev 18,8: Die Blöße der Frau deines Vaters darfst du nicht aufdecken, die Blöße deines Vaters ist sie.	עֶרְוַת אֵשֶׁת־אָבִיךָ לֹא תְגַלֵּה עֶרְוַת אָבִיךָ הוּא:
Lev 20,11: Und jeder, der schläft mit der Frau seines Vaters, die Blöße seines Vaters hat er aufgedeckt.	וְאִישׁ אֲשֶׁר יִשְׁכַּב אֶת־אֵשֶׁת אָבִיו עֶרְוַת אָבִיו גִּלָּה

Es geht jeweils um den gleichen Sachverhalt, das Verbot, mit der Frau des Vaters Geschlechtsverkehr zu haben. Dies wird in Lev 18,8 mit „die Blöße aufdecken", in Lev 20,11 jedoch mit „schlafen mit" ausgedrückt. Das eigentlich Verwerfliche ist jedoch die Auswirkung, die die Handlung auf den Vater hat: Seine Blöße wird aufgedeckt. Es handelt sich also genau genommen um eine Abkürzung, nicht um einen Euphemismus[436]. Das die Handlung des Geschlechtsverkehrs beschreibende Verb (שׁכב, קרב, לקח) wird weggelassen und nur das Ergebnis der Handlung benannt, nämlich die

---

[436] Gegen Schorch, S., Euphemismen in der Hebräischen Bibel (OBC 12) Wiesbaden 2000, 107 und 221, der „die Blöße einer Frau aufdecken" als Synekdoche bestimmt, „in der eine mit weniger bedenklichen Konnotationen versehene Partikularhandlung für die beabsichtigtermaßen zu bezeichnende Handlung steht" (ebd. 107).

Entwürdigung der Person bzw. einer anderen. Problematisch bei dieser Art der Entblö-
ßung ist, dass sie zwar real, aber nicht sichtbar ist, deshalb auch nicht auf so einfache
Art wie in der Geschichte vom betrunkenen Noah behoben werden kann[437].
Fasst man die Ergebnisse zu den ערה–Derivaten zusammen, so lässt sich sagen, dass
der „entblößte" Mensch zutiefst entwürdigt ist. Der nackte Mensch führt zwar nur eine
Randexistenz, ist aber immerhin auf ein soziales System bezogen. Beim entblößten
Menschen dagegen ist dieser Bezug weggefallen. Er ist „asozial" und aus der mensch-
lichen Gemeinschaft ausgeschlossen. Besonders deutlich wird das bei den krassen
Schilderungen in Ez 16. Eine „Resozialisierung" ist beim entblößten Menschen
schwierig, manchmal sogar unmöglich.

3.1.1.3 Die Kommunikationsfunktion von Nacktheit und Bekleidung

Die in 1.3.3.3 skizzierte Funktion der Symbolisierung von Rollen und Status kann mit
Hilfe der vorgelegten Überlegungen nun präzisiert werden. Die folgende Skala soll
einen groben Überblick über den Zusammenhang zwischen Bekleidungsgrad und Status geben[438]:

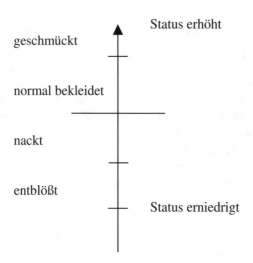

---

[437] 1 Sam 20,30 ist schwer zu verstehen. Klar ist nur, dass der aufgebrachte Saul Jonatan ob seiner Partei-
nahme für David beschimpft. Dramaturgisch passend ist es, wenn das schlimmste Schimpfwort den Abschluss bildet: בֶּשֶׁת עֶרְוַת אִמֶּךָ. Man mag annehmen, dass Saul in seinem jähzornigen Ausbruch einfach
die übelste Beleidigung wählte, die ihm einfiel. Auch heute noch gibt es eine ganze Reihe von sexuell
konnotierten Schimpfwörtern, die vor allem beleidigen und nicht Realität abbilden sollen.
[438] Hartenstein, F., „Und sie erkannten, dass sie nackt waren …" (Gen 3,7). Beobachtungen zur Anthropologie der Paradieserzählung, EvTh 65 (2005), 277–293 (279), verweist grundsätzlich schon auf den Zusammenhang zwischen Status und Bekleidung, die Unterscheidung zwischen „nackt" und „entblößt" wird
jedoch noch nicht pointiert herausgearbeitet. Obwohl in den Grundlinien dem dort Vorgelegten zugestimmt
werden muss, werden in der hier vorgelegten Arbeit Einzelheiten anders gesehen, bzw. es wird eine andere
Terminologie verwendet. Z.B. wird der Begriff „Statuslosigkeit" vermieden, weil man ihn missverstehen
kann in Richtung eines „Nullpunktes". Nackte und vor allem entblößte Menschen haben jedoch durchaus
einen Status, nur keinen positiven, sondern einen negativen.

Die Skala kann unterschiedlich interpretiert werden. Für eine einzelne Person gilt, dass „normal bekleidet" verschiedene Textilien beinhalten kann, je nachdem, welche Position ein Mensch innehat. Bei einem König bedeutet „normal bekleidet" etwas anderes als bei einem Beamten oder einer Ehefrau. Die einzelne Person kann dann durch Manipulation von Textilien jeweils einen niedrigeren oder höheren Status zugewiesen bekommen oder selbst herbeiführen. Die Skala kann auch auf eine Personen*gruppe* angewandt werden. Dabei können die einzelnen Personen je nach Status und Rolle angeordnet werden. Der König würde dem Bereich „geschmückt" zugeordnet werden.

Für die Kommunikation von Rolle und Status liegt der Vorteil der Textilsprache gegenüber einer Verbalsprache auf der Hand: Statt immer wieder den Satz „Ich bin eine Witwe" zu wiederholen, kann eine Person, die sich im Status der Witwenschaft befindet, durch entsprechende Kleidung ihren Zustand jeder Person mitteilen, die über ein ausreichendes Sehvermögen sowie die Kenntnis des Kleidercodes verfügt.

Übereinstimmend mit der Erkenntnis Lietzmanns, Bekleidung sei der normale Zustand des Menschen (vgl. oben 1.1.3), wird als Nullpunkt der Skala nicht die Nacktheit, sondern ein Zustand der Bekleidung gewählt. Nacktheit zeigt einen erniedrigten Status des Menschen an, sie liegt schon im „Minusbereich". Der Vergleich aus der Verbalsprache „verstummt = nackt" muss in Anbetracht der Skala präzisiert werden: Sowohl „verstummen" als auch „nackt sein" bedeutet nicht „aufhören zu kommunizieren". Man kann durch das (beabsichtigte oder unbeabsichtigte) Verstummen etwas mitteilen, z.B. Verachtung, Unverständnis, Hilflosigkeit. Auch das Nacktsein teilt etwas mit: einen erniedrigten Status.

Wie ist nun Entblößtsein zu verstehen, das in der Skala noch unter dem Zustand des Nacktseins angeordnet ist? Ein Vergleich mit der Verbalsprache ist nicht direkt möglich. Die Textilsprache hat mit der Möglichkeit der Entblößung eine zusätzliche Dimension, die über die Möglichkeiten der Verbalsprache hinausgeht. Man kann den „Mehrwert" der Textilsprache im Vergleich mit der Verbalsprache folgendermaßen umschreiben: In einer Verbalsprache kann ein Mensch übel beschimpft werden. Eine solche Beschimpfung und Beleidigung kann zwar von der Person, die beschimpft worden ist, zutiefst verletzend empfunden werden. Sie leidet meist länger darunter als nur während der Zeit, in der die Schimpfwörter ausgesprochen wurden. Hörbar ist die verbale Beschimpfung dann jedoch nicht mehr. Entblößung dagegen ist ein wirksames Mittel, Beschimpfung und Beleidigung über einen längeren Zeitraum sowohl demjenigen, der beschimpft wird, als auch den Mitmenschen präsent zu halten. Das Perfide daran ist, dass die Person, die beleidigt und beschimpft wird, diesen Zustand meist selbst herbeiführen oder daran mitwirken muss. Auf diese Weise gleicht die Entblößung einer erzwungenen permanenten Selbstbeschimpfung[439].

In der Graphik nicht dargestellt sind Zustandsübergänge. Es sind nicht alle Übergänge möglich, man kann z.B. vom Nacktheits-Zustand nicht zum Entblößungs-Zustand gelangen, da Entblößung vorangegangene Verhüllung voraussetzt.

---

[439] Ein Beispiel aus nicht ganz so ferner Vergangenheit, wie mit Hilfe von Textilien Entwürdigung „dargestellt" wurde, sind die Judensterne aus der Zeit des Dritten Reiches, die etwa nach dem gleichen perfiden Muster wie die Entblößung zum Zwecke der Entwürdigung funktionierten. Die Menschen waren gezwungen, die Judensterne *selbst* an ihrer Kleidung anzubringen.

Der Übergang vom normal gekleideten zum geschmückten Menschen soll Investitur genannt werden. Bei Investituren ist es immer so, dass eine höhergestellte Person – bzw. eine von ihr beauftragte Person – diejenige ist, die die Einkleidung einer niedriger gestellten Person vornimmt. Dabei wird לבשׁ im Hifʻil verwendet. Eine Investitur erhöht den Status einer Person und wird deshalb erst im vierten Hauptteil behandelt.

Der Übergang vom nackten oder entblößten Menschen zum schicklich bekleideten ist zwar auch eine Einkleidung, soll jedoch nicht als Investitur bezeichnet werden, sondern – in Anlehnung an die hebräische Terminologie – als Bedeckung Nackter. Es wird nämlich im Falle der Bedeckung nackter oder entblößter Menschen statt לבשׁ (bekleiden) כסה (bedecken) verwendet, obgleich כסה in solchen Fällen oft mit „bekleiden" übersetzt wird[440]. Ein Hinweis darauf, dass diese Einteilungen keine realitätsfernen Konstruktionen sind, findet sich in Ez 16. In Ez 16 wird die Bekleidung „Jerusalems" in zwei Schritten vollzogen: Zunächst ist sie „nackt und bloß" und Gott bedeckt (כסה) ihre Blöße (V. 7f.), erst danach (und nach einer Waschung) wird die Frau königlich eingekleidet (לבשׁ) (V. 10f.)[441].

Zwischen den Zuständen „normal bekleidet" und „nackt" ist in der graphischen Darstellung ein relativ großer Raum gelassen. Es gab nämlich im alttestamentlichen Israel außer dem Nacktsein und dem Entblößtsein noch andere Möglichkeiten, mit Hilfe der Textilsprache einen erniedrigten Zustand darzustellen, z.B. durch das Zerreißen der Kleidung oder das Anlegen spezieller Textilien (שׂק). Der Abschnitt zwischen „Nacktsein" und „normal bekleidet sein" soll als Bereich der Minderungsgesten bezeichnet werden. Der Unterschied zum Zustand des Nackt- oder Entblößtseins kann am besten mit Hilfe eines Vergleichs aus der Leistungsbewertung deutlich gemacht werden: In einer Notenskala von 1–6 kann man die Noten 2 (gut) oder 3 (befriedigend) mit dem Zustand „normal bekleidet" vergleichen. Die Note 4 gilt dann für den Bereich „Minderungsgesten". Zwar ist eine 4 nur ausreichend, also *nicht* befriedigend, liegt jedoch noch im Bereich „bestanden". Erst die Noten 5 und 6 bedeuten „nicht bestanden" und unterscheiden sich damit von den ersten vier Bewertungen in für den Betroffenen oft existentiell bedeutsamer Weise. Genauso sind „nackt" und „entblößt" noch einmal eine andere Kategorie. Kann man bei dem nackten Menschen von einer Randexistenz sprechen, so befindet sich der Mensch im geminderten Zustand noch „im Rahmen", wenn auch im unteren Teil des Rahmens.

Die graphische Darstellung ist also wie folgt zu vervollständigen:

---

[440] Einzige Ausnahme ist 2 Chr 28,15, wo לבשׁ zusammen mit dem wohl in den Kontext „Nacktheit" fallenden hapax legomenon מערם verwendet wird. Da es sich jedoch um die einzige Belegstelle für מערם handelt, kann nicht ausgeschlossen werden, dass מערם eine Sonderbedeutung hatte.

[441] Der zweischrittige Bekleidungsprozess ähnelt in mancher Hinsicht dem Zivilisationsprozess Enkidus, auch dort ist eine Reinigung und Salbung zwischengeschoben.

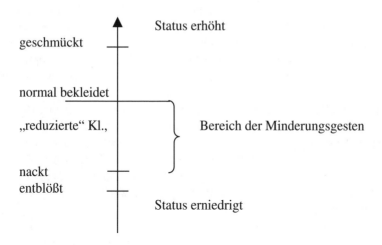

3.1.2 Terminologie und Methodik

In den folgenden Untersuchungen wird es vor allem um den Bereich der Minderungsgesten gehen. Dabei soll der Zustand zwischen „bekleidet" und „nackt" untersucht werden. Außerdem muss der Übergang von „normal bekleidet" zu „gemindert" und umgekehrt der Übergang vom „geminderten" Zustand zum „normalen" Zustand betrachtet werden. Zunächst ist jedoch die Terminologie zu klären. Dazu wird im nächsten Abschnitt (3.1.2.1) der Ansatz von Ernst Kutsch zu Trauerbräuchen und Selbstminderungsriten im Alten Testament vorgestellt. Nach Klärung der Terminologie sollen der „Übergang vom normalen zum geminderten Zustand" (3.1.4), die Darstellung des geminderten Zustandes (3.1.5) und die Beendigung des Minderungszustandes (3.1.6) im Überblick vorgestellt werden. In Teil 3.2 wird dann die typische Handlung für den Übergang zum geminderten Zustand, das Kleiderzerreißen, genauer untersucht. In Teil 3.3 wird das Tragen des Sackgewandes (שׂק) als typische Symbolisierung des geminderten Zustandes erörtert.

3.1.2.1 Minderungsriten und Selbstminderungsgesten nach Kutsch

Ernst Kutschs Aufsatz „‚Trauerbräuche' und ‚Selbstminderungsriten' im Alten Testament"[442] aus dem Jahr 1965 wird zwar im Zusammenhang mit Trauerbräuchen immer zitiert, meistens werden seine Thesen jedoch weder diskutiert noch folgt man ihnen[443]. Vielleicht liegt das an der methodischen Erwägung, die Kutsch an den Anfang seiner

---

[442] Kutsch, E., „Trauerbräuche" und „Selbstminderungsriten" im Alten Testament, in: Schmidt, L./Eberlein, K. (Hg.), Kleine Schriften zum Alten Testament, Berlin/New York 1986, 78–95 (= Erstveröffentlichung in: Kurth Lüthi/Ernst Kutsch/Wilhelm Dantine, Drei Wiener Antrittsreden [ThSt 78], Zürich 1965, 23–42). In diesem Kapitel wird nur das Grundkonzept von Kutsch vorgestellt, das er anhand von Untersuchungen zahlreicher Einzeltexte gewinnt. Die Texte werden im Verlauf dieses Hauptteiles jeweils noch untersucht, deshalb kann an dieser Stelle auf das Referieren der Ergebnisse Kutschs verzichtet werden.
[443] So z.B. Welten, P., Art. Bestattung II. Altes Testament, TRE 5 (1980), 734–738. Podella, T., Ṣôm - Fasten. Kollektive Trauer um den verborgenen Gott im Alten Testament (AOAT 224), Kevelaer/Neukirchen-Vluyn 1989, 76, erwähnt Kutschs Ansatz ebenfalls, ohne ihn zu diskutieren.

Erörterungen stellt. Kutsch hält Vergleiche mit anderen Kulturkreisen für die Interpretation von Trauerbräuchen für verfehlt und beschränkt sich weitgehend auf die israelitisch-jüdischen Verhältnisse[444]. Zunächst zählt Kutsch die traditionell als Trauerbräuche bezeichneten Handlungen auf: Kleiderzerreißen, Ablegen von Kopfbund und Sandalen, Anlegen des Sackgewandes, Haareraufen, Haare ungepflegt lassen, Abscheren der Haare (vollständig, Rand- oder Stirnglatze), Stutzen des Kinnbartes, Verhüllen des Lippenbartes und/oder des Hauptes, Fasten, Unterlassen des Salbens, Brust- oder Lendenschlagen, Hautritzungen, verschiedene Erd- und Staubriten, Weinen oder Klagen[445]. Er zeigt dann, dass die Bezeichnung „Trauerbräuche" für viele Belege nicht passend ist, wenn man unter Trauer die Reaktion auf einen Todesfall oder ein Unglück versteht. Anlass für den Vollzug der geschilderten Handlungen kann auch ein *drohendes* Unheil sein, das man abzuwenden hofft, z.B. die Zerstörung Ninives oder der Tod des Kindes von David und Batseba.

Kutsch fasst beide Möglichkeiten unter dem Begriff der „Minderungsriten" zusammen: „Dieselben Bräuche … drücken sowohl eine Selbstminderung als auch ein Gemindertsein aus"[446]. In Fällen, wo ein Unglück droht, stellt man dem Verursacher bzw. dem, der dieses abwenden könnte (oft Gott, es kann aber z.B. auch ein siegreicher König sein), seinen „Minderwert" ihm gegenüber dar, um ihn gnädig zu stimmen. Dies ist dann ein Selbstminderungsgestus[447]. Ist ein Unglück eingetreten, z.B. der Tod eines Verwandten, ist der Betroffene von anderer Seite „gemindert" und stellt dies dann in gleicher oder ähnlicher Form dar[448].

Kutsch weist auch auf die im Zusammenhang mit den beschriebenen Handlungen stehende Wortwahl hin, die seine These, die Handlungen würden das Gemindertsein ausdrücken, stützen: Es sind Verben des Gebeugt- und Gedemütigtseins. Einen genaueren Blick wirft er auf das Verb אבל, das traditionell mit „trauern" übersetzt wird. Eine weitere Bedeutung von אבל, nämlich „austrocknen", wird manchmal einer zweiten Wurzel zugeordnet[449]. Kutsch zeigt nun jedoch, dass die Grundbedeutung „sich vermindern, minder werden" beide Aspekte umgreift: „Dieses umschließt ein ‚Minderwerden durch Vertrocknen' und ein ‚durch Unglück Minderwerden oder Gemindertsein'"[450]. Besonders eindrücklich sind Kutschs Überlegungen zu אבל im Hitpaʿel. Der Aspekt des Selbstreflektiven dieser Stammesmodifikation kommt bei der von ihm vorgeschlagenen Übersetzung „sich selbst mindern" gut zum Ausdruck. Seine These wird dadurch gestützt, dass אבל im Hitpaʿel „mit den sog. ‚Selbstminderungsriten' zusammensteht, d.h. sich dort findet, wo die hier behandelten Riten eine Umkehr zu Gott … begleiten"[451].

---

[444] Kutsch, 78.

[445] Kutsch, 79. Ähnliche Auflistungen gibt Podella, 14 und 73f.

[446] Kutsch, 88.

[447] Vgl. Kutsch 81ff.

[448] Vgl. Kutsch, 87f.

[449] So z.B. noch in Gesenius 18. Aufl. z.St.

[450] Kutsch, 89. Weitgehend gefolgt ist Kutsch z.B. Baumann, A., Art. אבל, ThWAT II (1973), 46–50.

[451] Kutsch, 89.

3.1.2.2 Eigene Terminologie und Methodik

Der Ansatz von Kutsch ist kompatibel mit der in dieser Arbeit grundsätzlich vorherrschenden Herangehensweise, möglichst wenig Voraussetzungen zu machen und die Schlüsse erst aus vorsichtiger Textbetrachtung zu gewinnen. Der Ansatz von Kutsch nimmt jedoch im Spektrum der Deutungen von Trauer eine Außenseiterposition ein. Als „Mainstream" kann die von Podella in seiner Monographie „Ṣôm -Fasten" vorgestellte Deutung gelten[452]. Seine Grundthese – „Trauer als Spiegel jenseitiger Ordnung"[453] – kann letztlich weder bestätigt noch widerlegt werden, da „das Alte Testament selbst keinerlei Hinweise … zum Verständnis der TR [Trauerriten] gibt", wie er selbst bemerkt[454]. Ähnlich wie bei der Auswahl der Ansätze für die Entwicklung der grundlegenden Methodik (Hauptteil 1) wird hier auf eine ausführliche Diskussion alternativer Interpretationen für den Bereich „Trauer" verzichtet und mit Kutschs Idee der „Minderungsriten" weitergearbeitet. Dabei werden die Schwerpunkte selbstverständlich etwas anders gesetzt. Podella unterscheidet bei seinen Auflistungen der Minderungsgesten zwischen Kleiderriten, Selbstverstümmelungen und Staub- bzw. Erdriten, davon grenzt er verbale Traueräußerungen ab[455]. Weil es in meiner Arbeit um die „Sprache des Textilen" geht, beschränken sich die Untersuchungen auf die Kleiderriten. Obwohl der Einbezug der abstrakteren Begriffe für Minderungen lohnend wäre, muss darauf verzichtet werden. Es sei dazu verwiesen auf Kutschs Überlegungen zu אבל (siehe oben) und Podellas Untersuchung zu צום (Fasten).

Der Schwerpunkt meiner Untersuchung liegt auf der Herausarbeitung des kommunikativen Aspektes bei den Minderungsriten: Welche Möglichkeiten der Darstellung von Minderung gab es im Kontext des Textilen? Welche Regeln herrschten (kulturimmanenter Gebrauch)? Wie wurde mit den Regeln „gespielt" (innovativer Gebrauch). Die Frage nach der Bedeutung und dem tieferen Sinn der Minderungsriten wird weitestgehend ausgespart und nur behandelt, wenn sich dazu Aussagen in den Texten selbst finden. Um kulturimmanente Regeln anwenden zu können, muss man nämlich nicht unbedingt ihren Sinn verstehen. Man braucht sie einfach nur zu befolgen, notfalls „ohne Sinn und Verstand". Es ist auch möglich, dass sich die Menschen selbst „ihren Reim" auf alte, überkommene Verhaltensweisen machen. So mag deshalb offen bleiben, ob z.B. צום-Fasten der Ausdruck „kollektiver Trauer um den verborgenen Gott" war, ob die verschiedenen Minderungsriten mehr darauf abzielten, die Lebenden vor dem Zugriff des Todes zu schützen, Solidarität mit dem Toten herzustellen oder ob ein Verständnis als Übergangsritus die Bedeutung am präzisesten fasst.

3.1.3 Der Übergang vom „normalen" zum „geminderten" Zustand

Zum Verständnis der Rolle, die Kleidung bei der Ausführung von Minderungsriten hat, muss beachtet werden, dass es einen ganz bestimmten kulturellen Code gibt, der vorschreibt, welche Körperteile normalerweise verhüllt werden und welche unverhüllt

---

[452] Podella (Anm. 443). Vgl. vor allem 73–85, dort auch Literatur.
[453] Podella, 78.
[454] Podella, 75f.
[455] Vgl. Podella, 74.

bleiben. Der überwiegende Teil der Minderungsriten und Demütigungsgesten drückt die Statuserniedrigung durch *Entblößung* normalerweise bedeckter Körperteile aus oder durch Verringerung bzw. Beschädigung von Kleidung. Daraus kann geschlossen werden, dass der „normale", nicht geminderte Zustand durch weitgehende Verhüllung des Körpers angezeigt wird. Der Bereich des Gesichtes bildet jedoch eine Ausnahme, er wird normalerweise unverhüllt gehalten. Minderung kann deshalb auch durch *Bedeckung* von Gesicht und Bart dargestellt werden.

Eventuell ist die Unterscheidung „normalerweise bedeckt gehaltene Körperteile" – „normalerweise unbedeckte Körperteile" hilfreich beim Verständnis von Ps 104,5f. Dort heißt es:

V. 5: Er gründete fest die Erde auf ihre Stützen; sie   יָסַד־אֶרֶץ עַל־מְכוֹנֶיהָ בַּל־תִּמּוֹט עוֹלָם וָעֶד׃
wird nicht wanken in alle Ewigkeit.

V. 6: (Die) Urflut – wie das Kleid bedeckte sie [das   תְּהוֹם כַּלְּבוּשׁ כִּסִּיתוֹ עַל־הָרִים יַעַמְדוּ־מָיִם׃
Angesicht der Erde][456], über den Bergen standen
die Wasser.

Wenn hinter diesem Bild die Vorstellung von den das Angesicht der Erde bedeckenden Wassern steht, wie es z.B. in der Sintfluterzählung vorkommt (Gen 8,8.9.13), lässt sich folgern, dass hier ein geminderter Zustand der Erde gemeint ist. Da Erde und Berge normalerweise nicht von Wasser bedeckt sind, hat das Bild keine positive Konnotation, anders z.B. als der „Lichtmantel Gottes", von dem am Anfang des Psalms die Rede war.

In diesem Kapitel sollen nun Handlungen untersucht werden, die sich besonders dazu eignen, den *Übergang* vom „normalen" Zustand zum Zustand der Minderung darzustellen, erst im nächsten Kapitel wird die Darstellung von dauerhaften Minderungszuständen in den Blick kommen. Die „klassische" Handlung, die den Übergang zu einem Minderungzustand anzeigt, ist das Zerreißen der Kleidung. Sie wird unten in 3.2 ausführlich behandelt.

3.1.3.1 Ablegen von Kleidung

Die Darstellung eines Minderungszustandes durch Ablegen von Kleidung ist nur dann sinnvoll, wenn vorher ein auffälliges Kleidungsstück getragen wurde. Da dies nur für hochgestellte Persönlichkeiten galt, ist diese Ausdrucksform auf einen kleinen Personenkreis beschränkt. Die Vorkommen sind sehr spärlich. Es ist deshalb schwer, zwischen kulturimmanenter und innovativer Gebrauchsweise zu unterscheiden. Eine relativ normale Beschreibung gibt vielleicht Jon 3,6[457]: Bevor sich der König in den שׂק hüllt, erhebt er sich von seinem Thron, legt seinen (königlichen) Mantel ab (עבר im Hif'il) und setzt sich dann in den Staub. Einen freieren Umgang mit dem Schema zeigt Ez 26,16. Es wird geschildert, wie die „Prinzen der See" von ihren Thronen steigen, ihre Mäntel ablegen (סור im Hif'il) und ihre Kleider ausziehen. Statt mit einem שׂק

---

[456] Es ist wahrscheinlich, dass das Suffix 3.p.m. auf das „Angesicht der Erde" referiert und nicht auf die Erde, da auf ארץ im Vers davor mit einem Suffix 3.p.f. zurückgewiesen und das Verb מוט mit femininem Präformativ gebildet wird.

[457] Die Innovation kommt an einer anderen Stelle, siehe 3.3.3.1.

bekleiden sie sich anschließend jedoch mit „Zittern". Ob Ez 21,31 zu dieser Kategorie zählt, ist fraglich. Es wird berichtet, dass Gott den Fürsten Israels aufruft, den Kopfbund (מצנפת) wegzutun und die Krone (עטרת) abzunehmen. Kopfbund und Krone sind ja im engeren Sinne keine Kleidung, allerdings sind die an den beiden anderen Stellen abgelegten Mäntel auch keine normale Alltagskleidung, sondern beides kann unter der Rubrik „königlicher Ornat" zusammengefasst werden.

3.1.3.2 Ablegen der Fußbekleidung und Barfußlaufen

Nur das *Ablegen* der Fußbekleidung ist eine Darstellung des Übergangs zu einem geminderten Zustand. Aus pragmatischen Gründen wird es an dieser Stelle jedoch gemeinsam mit dem Barfußlaufen behandelt, das zur Darstellung des Minderungs*zustandes* dient.

Es werden zwei Begriffe für „barfuß" verwendet: יחף und שולל, wobei häufig nur an einer der drei Stellen mit „barfuß" übersetzt wird, nämlich in Mi 1,8. In Hi 12,17 und Hi 12,19 wird mit „führt gefangen/beraubt weg" übersetzt[458]. Die Übersetzung „lässt (barfuß) gehen" kommt aber dem Hif'il von הלך in Kombination mit שולל am nächsten. Untersucht man die Personengruppen, die barfuß gehen bzw. denen dies angedroht wird, fällt auf, dass es sich fast ausschließlich um höherstehende Personen handelt: Ratgeber (Hi 12,17), Priester (Hi 12,19) und König David (2 Sam 15,30). Zweimal sind Propheten die Subjekte der Handlung „barfußgehen": Micha (Mi 1,8) und Jesaja (Jes 20,2–4). Jer 2,25 steht in einem Kontext, in dem es um Anklagen an die Oberen geht. „Barfuß" ist dabei immer negativ konnotiert, anders als die Wendung „die Sandale ausziehen". Das Ausziehen der Sandale konnte unterschiedliche Bedeutungen haben. Es musste dem Kontext entnommen werden, ob es negativ, neutral oder sogar positiv zu deuten war. Wegen der Mehrdeutigkeit des Ablegens der Fußbekleidung war diese Handlung zur Darstellung eines Übergangs zu einem geminderten Zustand nur bedingt geeignet.

3.1.3.3 Weitere Möglichkeiten

- Abschneiden von Kleidung: 2 Sam 10,4 ähnlich 1 Chr 19,4: Hanun, der König der Ammoniter, lässt Davids Gesandten, die dieser geschickt hatte, um Hanun über den Tod seines Vaters zu trösten, die Kleider bis unter den Gürtel abschneiden und den Bart halb abscheren.
- Aufheben der Kleidung (z.B. Hos 2,12 und Nah 3,5)
- Verhüllen von Bart und Gesicht (z.B. Ez 24,22 und Mi 3,7)

3.1.4 Darstellung von (dauerhaften) Minderungszuständen

Das Tragen eines Sackes ist der „klassische" Ausdruck für den Status der Selbstminderung. Der שק wird unten ausführlich behandelt (3.3). Beim שק kommt es nicht primär

---

[458] Man mag Dtn 25,10 vermissen, wo Männern, die die Schwagerehe verweigern, mit dem Schimpfnamen „des Barfüßers Haus" gedroht wird. An dieser Stelle wird jedoch keiner der angeführten Begriffe verwendet, es heißt dort „Haus dessen, dem die Sandale ausgezogen wurde" (בֵּית חֲלוּץ הַנָּעַל).

auf die Handlung des Anlegens an, sondern auf den Zustand des Tragens. Anders ist es beim Kleiderzerreißen. Hier ist die Handlung das Entscheidende und das Herumlaufen in zerrissener Kleidung nebensächlich. Eine Ausnahme sind Unglücksboten, die in zerrissener Kleidung erscheinen, aber daran ist die Zeitverzögerung schuld. Sie haben das Unglück gesehen und daraufhin ihre Kleider zerrissen. Auf diese in der Vergangenheit liegende Handlung weist ihr Zustand hin und stellt sie dem Empfänger der Botschaft vor Augen. Eine wirkliche Ausnahme scheint nur die „Warnkleidung" der Aussätzigen zu sein, wie sie in Lev 13,45 beschrieben wird. Es gab also eine „regelhafte" Möglichkeit, den Zustand der Minderung auszudrücken, nämlich das Tragen eines שׂק, und eine irreguläre Möglichkeit, das dauerhafte Herumlaufen in zerrissener Kleidung.

3.1.5 Beendigung von Minderungszuständen

Das Ablegen degradierender Kleidung und/oder das Anlegen anderer Kleidung ist eine Möglichkeit, die Beendigung eines Minderungszustandes auszudrücken.

Es gibt im Alten Testament deutlich weniger Belege für die Beendigung eines Minderungszustandes als für den Beginn desselben. Dies ist auch nicht verwunderlich. In den meisten Fällen wird nämlich der Minderungszustand nur beiläufig erwähnt. Im Vordergrund steht der *Anlass* für den Minderungszustand. Deshalb ist es schwierig, über die kulturimmanente Gebrauchsweise der Beendigung von Minderungszuständen etwas herauszufinden. Es gibt nur ein Beispiel, das überliefert wurde. In 2 Sam 12,20 wird Davids Verhalten nach dem Tod seines Kindes geschildert:

Da erhob sich David von der Erde, wusch sich, salbte sich, wechselte seine Kleidung[459], ging zum Haus JHWHs[460] und warf sich nieder. Und als er nach Hause kam, bestellte er (Essen). Und man trug ihm Speise auf und er aß.	וַיָּקָם דָּוִד מֵהָאָרֶץ וַיִּרְחַץ וַיָּסֶךְ וַיְחַלֵּף שִׂמְלֹתוֹ וַיָּבֹא בֵית־יְהוָה וַיִּשְׁתָּחוּ וַיָּבֹא אֶל־בֵּיתוֹ וַיִּשְׁאַל וַיָּשִׂימוּ לוֹ לֶחֶם וַיֹּאכַל׃

Mit dem Wechseln der Kleidung sind zwei Vorgänge zusammengefasst: Das Ablegen alter und das Anziehen neuer Kleider. Zwischen den beiden Vorgängen wird das Waschen und evtl. auch das Salben durchgeführt worden sein. Ob es sich bei dem abgelegten Kleidungsstück Davids um den שׂק gehandelt hat, weiß man nicht, es ist aber zu vermuten[461]. Mit dem Verb חלף (wechseln) wird auch beschrieben, wie sich Joseph nach seinem Gefängnisaufenthalt auf die Audienz beim Pharao vorbereitete (Gen 41,14). In Jer 52,33 und 2 Kön 25,29 wird geschildert, wie Jojachin die „Kleider seines Gefängnisses" ändert bzw. wechselt und am Tisch des Königs essen darf. Welcher Art seine neuen Kleider waren, wird nicht berichtet.

---

[459] Pluralisch vokalisiert als „seine Kleider": שִׂמְלֹתָיו.

[460] Zum hier nicht relevanten Problem, dass es nach den sonstigen Überlieferungen einen Jahwetempel zu Davids Zeit nicht gab, vgl. z.B. Stoebe, H. J., Das zweite Buch Samuelis (KAT 8/2), Gütersloh 1994, 299.

[461] Die LXX hat zwar nicht an dieser Stelle, jedoch dafür bei der in 2 Sam 12,16 beschriebenen Minderungsgeste „auf der Erde liegend die Nacht verbringen" den Sack ergänzt (II Reg 12,16b: … ηὐλίσθη ἐν σάκκῳ ἐπὶ τῆς γῆς). Die Übersetzer haben sich also wohl vorgestellt, dass David mit dem שׂק umgürtet war und „in" ihm übernachtet hat. Das Sacktragen war wahrscheinlich in dem Ausdruck „ein Fasten fasten" (וַיָּצָם דָּוִד צוֹם) enthalten und musste deshalb in der hebräischen Fassung nicht extra erwähnt werden.

Im dritten Fall, in dem es um eine Art Zwischenzustand geht (Dtn 21,13), heißt es von einer Kriegsgefangenen, die sich jemand zur Frau nehmen möchte, dass sie ins Innere des Hauses gebracht werden, sich die Haare abschneiden, die Nägel beschneiden und die Kleider ihrer Wegführung ablegen (סור im Hif'il) soll. Dann wird ihr ein Monat Trauerzeit zugestanden. Erst nach dieser Frist soll die Ehe vollzogen werden. Bemerkenswert an dieser Vorschrift ist, dass hier nicht einfach ein Minderungszustand beendet und dann die Betreffende „mit Freude umgürtet" wird, sondern die Ex-Kriegsgefangene muss zunächst in einen Zustand versetzt werden, in dem sie rite „Vater und Mutter beweinen" kann. Wie die Kleidung aussieht, die sie anlegen kann, nachdem sie die Gefangenenkleidung abgelegt hat, wird nicht beschrieben. Diese Beobachtungen können durch Jes 20,3 bestätigt werden. Der Status der Gefangenschaft liegt noch deutlich unter dem Minderungszustand, in den man z.B. durch den Tod naher Verwandter gelangt und der durch verschiedene Minderungsgesten ausgedrückt wird. Wie die Gefangenenkleidung aussah, wissen wir nicht, aber es ist wahrscheinlich, dass es sich um irgendwie veränderte Alltagskleidung gehandelt hat. Ob die Veränderung durch die Betreffende selbst vollzogen wurde – etwa durch Zerreißen – oder durch die Soldaten, weiß man nicht. Möglich wäre auch, dass die zerrissenen Kleider noch einmal abgeschnitten wurden. Da es bei der Veränderung von Kleidung in „Kleidung der Wegführung" auch um eine nach außen sichtbare Rollenzuweisung geht, wird das bloße Zerreißen nicht gereicht haben, denn dann könnte man die Betreffende ja mit einer in einem anderen Minderungszustand befindlichen Person verwechseln.
Die Beendigung eines Minderungszustandes umfasste wohl folgende Elemente:

a) Ablegen degradierender Kleidung
b) Körperpflege, um das verwahrloste Erscheinungsbild zu korrigieren
c) Anlegen neuer Kleidung (oder auch derselben, gewaschen oder geflickt)
d) Nahrungsaufnahme

Meist wurden nicht alle Elemente erwähnt. Da es sich um ein kulturimmanentes Schema handelte, wurden die fehlenden Elemente von den Lesern einfach mitgedacht[462].

---

[462] Vor diesem Hintergrund müsste Sach 3 genauer untersucht werden: Der Hohepriester Joschua steht in schmutzigen Kleidern vor einem himmlischen Gericht (V. 3). Auf Veranlassung eines Engels werden ihm die schmutzigen Kleider abgenommen (סור im Hif'il) (V. 4) und Feierkleider angelegt (V. 5).

3.2 Kleiderzerreißen

In diesem Teil wird eine Handlung aus dem Bereich der Minerungsgesten untersucht, die besonders geeignet ist, den Übergang vom Normalzustand zum geminderten Zustand darzustellen. Dazu wird im ersten Kapitel eine Wortfelduntersuchung zum Kleiderzerreißen durchgeführt, in die auch außerbiblische Belege einbezogen sind (3.2.1). Die Ergebnisse der Untersuchung werden dann zu einem Aufriss der kulturimmanenten Verwendungsweise des Kleiderzerreißens geordnet und zusammengefasst (3.2.2). In den beiden folgenden Kapiteln werden über die kulturimmanente Verwendung hinausgehende Vorkommen untersucht. In 3.2.3 kommen Reflexionen über die kulturimmanente Verwendungsweise in den Blick und in 3.2.4 der umfangreiche Komplex, der mit dem Verlust des Königtums in Zusammenhang steht.

3.2.1.Wortfelduntersuchung zum Kleiderzerreißen

3.2.1.1 Kleiderzerreißen im Alten Testament

Für den Vorgang des Kleiderzerreißens wird im Alten Testament das Verb קרע im Qal verwendet[463]. Auch wenn es zunächst überrascht, muss der Begriff zum Wortfeld „Textilien" gerechnet werden, denn mehr als zwei Drittel (44) der Belege haben direkt etwas mit Textilien zu tun. 37 der 60 Belege im Alten Testament beziehen sich auf das willentliche Kleiderzerreißen, vor allem in erzählenden Passagen. Wenn man die Belege auf diese Weise ordnet, ergeben sich drei Gruppen[464]:
1. Belege für den direkten Bezug zu Textilien, darin die Untergruppe des Kleiderzerreißens im Trauerfall (44)[465].

---

[463] Vgl. zum Folgenden Thiel, W., Art. קרע, ThWAT VII (1993), 189–195.

[464] Thiel teilt die Belege anders ein: 1. Kleiderzerreißen als Ausdruck von Schreck oder Trauer, 2. Ausdruck für das Entreißen der Königsherrschaft, 3. Zerreißen oder Abreißen von Gegenständen, 4. Metaphorischer Gebrauch und 5. Sonderfälle. Die beiden ersten Gruppen sind relativ klar umrissen, auch die Einführung einer dritten Gruppe ist sicherlich sinnvoll. Problematisch ist jedoch die Gruppe „Metaphorischer Gebrauch". Wieso gelten Jes 63,19, Hos 13,8 und Jo 2,13 als „metaphorisch"? In Hos 13,8 spricht Gott: „Ich falle sie an wie eine Bärin, die der Jungen beraubt ist, und zerreiße den Verschluß ihres Herzens". Zunächst ist zu beachten, dass der Bildspender in dieser Metapher die Handlungsweise einer Bärin ist, die Angreifern „den Verschluß ihres Herzens" (סגור לבם) zerreißt – wohl den Brustkorb. An der Aussage selbst ist noch nichts Metaphorisches, es wird das Verhalten einer bedrohten Bärin beschrieben. Erst durch die Übertragung des Tierverhaltens auf das Verhalten Gottes kommt die metaphorische Aussage zustande. Es wäre also konsequent, den Beleg der Gruppe „Zerreißen oder Abreißen von Gegenständen" zuzuordnen, in diesem Fall wäre das Objekt der Brustkorb. Ähnliches gilt für Jes 63,19. Der Gegenstand, der „aufgerissen" werden soll, ist der Himmel. In welcher Form sich die Rezipienten dieses „Aufreißen" vorstellten, wissen wir nicht. Es spricht aber nichts dafür, die beiden Belege als „metaphorisch" auszugrenzen. Zu den Sonderfällen zählt Thiel Jer 4,30 und Jer 22,14. Es ist dort vom „Aufreißen" der Augen mit Hilfe von Schminke (Jer 4,30) und dem „Ausreißen" von Fenstern (Jer 22,14) die Rede.

[465] Die sieben Belege, die kein willentliches Kleiderzerreißen im Trauerfall enthalten, beziehen sich auf das Verhindern des Einreißens am Halsausschnitt des hohepriesterlichen מעיל (Ex 28,32 u. Ex 39,23 – jeweils Nif'al, vgl. 4.3.4.2.1), das Abreißen eines aussätzigen Stoffstückes (Lev 13,56), das versehentliche Abreißen des Mantelsaumes durch Saul (1 Sam 15,28 – Nif'al), die Gegenüberstellung „zerreißen-zusammennähen" (Pred 3,7) sowie das Wegreißen von Kopfhüllen und Binden (Ez 13,20f.).

2. Belege, die im Kontext „Wegreißen des Königtums" stehen (8).
3. Übrige Belege (8).

In der zweiten Gruppe gibt es mehrere Belege, in denen der Ausdruck „Wegreißen des Königtums" in direktem Bezug zum Zerreißen eines Kleidungsstückes steht. Geht man davon aus, dass die anderen Belege wiederum von diesen Stellen abhängen, kann man die ganze Gruppe 2 als indirekt auf Textilien bezogen einordnen, mindestens jedoch 1 Sam 15,28 und 1 Kön 11,31.

Lassen sich auch für die letzte Gruppe („Übrige Belege") Bezüge zu Textilien herstellen? Zumindest bei einigen ist dies möglich. Auch wenn für uns der Ausdruck „Ausreißen" von Fenstern (Jer 22,14) ungewöhnlich wirkt, kann der Vorgang in Analogie zum Ausreißen eines aussätzigen Stoffstückes (Lev 13,56) gut verstanden werden. In Jer 36,23 besteht eine indirekte Verknüpfung durch den Bezug auf den nächsten Vers, wo vom nicht erfolgten Kleiderzerreißen die Rede ist (siehe auch unten 3.2.3). Hinter dem Ausdruck vom „Zerreißen" des Himmels in Jes 63,19 könnte die Vorstellung vom Himmel in Analogie zu einem textilen Objekt stehen, wie sie z.B. in Ps 104,2, Jes 40,22 und evtl. auch in Jes 51,16 zu finden ist. Dass dies eine feste Vorstellung war, kann jedoch nicht behauptet werden, da es auch Belege gibt, in denen der Himmel das *Objekt* ist, das bekleidet wird, z.B. Jes 50,3 (siehe auch unten 3.3.3.4).

Es bleiben vier Vorkommen, in denen keine Verbindung zu Textilien hergestellt werden kann: 1 Kön 13,3.5 – das „Zerreißen des Altars" und Ps 35,15 – dort steht קרע ohne Objekt, allerdings ist die Stelle unsicher, evtl. verderbt und zu ändern, sowie Jer 4,30 („Aufreißen" der Augen mit Hilfe von Schminke) und Hos 13,8 (Zerreißen des Brustkorbs). Dies sind jedoch nur vier von 60 Belegen. Es kann sein, dass die Textverfasser in irgendeiner Form einen Zusammenhang mit Textilien sahen, der für uns nicht mehr erkennbar ist.

Gestützt wird die Vermutung, dass קרע ganz eng mit Textilien bzw. Kleidung verknüpft ist, durch den Gebrauch des Terminus תפר – „zusammennähen"/„heften", der in Pred 3,7 als Gegenbegriff zu קרע verwendet wird. Jeder der drei weiteren Belege von תפר hat etwas mit Kleidung zu tun: Auch wenn das Material für die „Schurze", die Adam und seine Frau „zusammennähen", etwas ungewöhnlich ist, handelt es sich in Gen 3,7 eindeutig um die Herstellung von Kleidung. Hiob „näht" in Hi 16,15 den שׂק auf seine Haut. Auf jeden Fall geht es hier ebenfalls um Kleidungsstücke (siehe auch unten 3.3.3.5). In Ez 13,18 werden textile „Accessoires" erwähnt. Gott droht an, das Zusammengenähte wieder zu zerreißen. Hier wird auch wieder das Gegensatzpaar קרע – תפר verwendet.

Noch eine Beobachtung kann man anhand des Gegensatzpaares קרע – תפר machen: קרע ist negativ konnotiert. Es meint immer etwas Zerstörerisches. Dieser negative Anklang lässt sich auch bei fast allen anderen Vorkommen von קרע feststellen.

Andere Verben, die im Deutschen oft mit „zerreißen" wiedergegeben werden, stehen nie im Zusammenhang mit Kleidung, selten sind sie mit im weitesten Sinne textilen Materialien verbunden. Es sind dies בקע, das in Jos 9,4.13 und Hi 32,19 für das Reißen von Weinschläuchen verwendet wird; טרף, dessen Hauptbedeutung das Reißen als Jagdverhalten wilder Tiere, speziell Löwen, beschreibt und נתק, das das Durchreißen von Stricken, Riemen oder Fesseln bezeichnet, aber nie mit Kleidung oder Stoffen verknüpft ist.

Das seltene Verb פרם dagegen wird nur im Kontext des Kleiderzerreißens verwendet, und zwar in Lev 10,6, Lev 13,45 und Lev 21,10. פרם ist wohl ein Spezialausdruck für das *rituelle* Kleiderzerreißen.

3.2.1.2 Kleiderzerreißen in der Umwelt des Alten Testaments

Auch in der altorientalischen Umwelt ist die Handlung des Kleiderzerreißens gut bezeugt, es seien hier nur zwei Beispiele gegeben.

Schon in der Erzählung vom „Armen Mann von Nippur" kommt das Motiv des Kleiderzerreißens vor. In der akkadischen Variante des „Kleider machen Leute"-Themas zerreißt der „Arme Mann" seine (geliehene) Kleidung, um seinem Entsetzen wegen des (fingierten) Diebstahls seines (ebenfalls geliehenen) Geldes überzeugend Ausdruck zu verleihen[466].

Der aramäische Aḥiqar-Roman stammt aus dem fünften Jahrhundert v. Chr. Der Offizier Nābû-šum-iškun hat vom König Asarhaddon den Befehl bekommen, Aḥiqar zu töten. Bevor er Aḥiqar diese Nachricht mitteilt, zerreißt er seine Kleider und klagt[467]. Nābû-šum-iškun führt den Tötungsbefehl dann jedoch nicht aus, sondern versteckt Aḥiqar bei sich und lässt stattdessen einen seiner Sklaven töten.

Auch im ägyptischen Raum war das Kleiderzerreißen als Ausdruck von Klage und Trauer bekannt[468]. Man kann annehmen, dass die Geste im ganzen Alten Orient verstanden wurde. Kleiderzerreißen ist ein Beispiel dafür, dass einige „Sätze" der Textilsprache nicht auf Israel beschränkt, sondern allgemein verbreitet waren. Daraus zu schließen, dass die Sprache des Textilen im ganzen Alten Orient gleich war, ist jedoch voreilig. Vergleichbar ist das Phänomen eher mit ähnlich lautenden (oder auch nur ähnlich geschriebenen) Wörtern in verwandten Verbalsprachen. Wahrscheinlich differierte die kulturimmanente Gebrauchsweise des Kleiderzerreißens bezüglich der Anlässe und der Ausführung in verschiedenen altorientalischen Gesellschaften.

3.2.2. Die kulturimmanente Verwendungsweise des Kleiderzerreißens

Im Rahmen des kulturimmanenten Symbolsystems diente das Kleiderzerreißen vor allem zur Strukturierung von Handlungszusammenhängen und zur Interpretation individueller Handlungen. Es können jedoch auch die anderen Funktionen eines kulturimmanenten Symbolsystems wiedererkannt werden: „Zuweisung von Rollen", „Schaffung von Gemeinsamkeit" und „Bereitstellung eines kulturellen Regelsystems analog zum genetischen Regelsystem" (vgl. oben 1.3.3).

Wann wurde Kleidung bewusst zerrissen? Z.B. im Trauerfall, wenn ein naher Angehöriger gestorben war. Es gibt dafür allerdings nur sechs Belege (Bsp.: Jakobs Trauer beim vermeintlichen Tod Josephs – Gen 37,34), öfter wird die Kleidung wegen eines anderen Unglücksfalles zerrissen. Dabei können zwei Fälle unterschieden werden: Beschädigung der Kleidung *nach* Eintritt des Unglücksfalls (Bsp.: Vergewaltigung –

---

[466] Vgl. von Soden, Der Arme Mann von Nippur, TUAT III/1 (1990), 174–180, vgl. auch oben 2.3.1.3. Die zeitliche Einordnung ist unsicher, von Soden erwägt als Entstehungszeit das 8. Jahrhundert, vgl. ebd. 174.

[467] PCow Aḥiqar col III 41: בזע כתונה ... Allgemeines zum Roman und Literatur siehe unten 3.3.1.4.

[468] Vgl. Brunner-Traut, E., Art. Gesten, LÄ II (1977), 573–585 (581).

2 Sam 13,19) und Durchführung der Handlung bei *drohendem* Unglücksfall (Bsp.: der König von Israel nach dem Lesen eines Briefes des Königs von Aram; er hielt den Inhalt für eine versteckte Kriegsdrohung – 2 Kön 5,7f.).

Es ist festzuhalten: Im kulturimmanenten Symbolsystem der Welt des Alten Orients stellte die Handlung des Kleiderzerreißens zusammen mit anderen Gesten eine Minderung an Lebensqualität dar – würden wir heute sagen. Als ein Symbol partizipiert es an dem, was es darstellt[469]. Sowohl der Gebrauchswert als auch die Schönheit des Kleidungsstückes werden ja durch die Beschädigung gemindert.

2 Kön 5,7f. ist ein gutes Beispiel für die Funktion von kulturimmanenten Symbolhandlungen bei der Interpretation individueller Handlungen. In den zwei Versen kommt dreimal der Ausdruck „Zerreißen der Kleider" vor, vollzogen vom König von Israel.

V. 7: Als der König von Israel den Brief gelesen hatte, zerriss er seine Kleider und sprach: Bin ich Gott, zu töten und lebendig zu machen, dass der jemanden zu mir schickt, damit ich ihn von seinem Aussatz befreie? Ja, merkt doch und seht, dass er einen Anlass (zum Krieg) mit mir sucht.

וַיְהִי כִּקְרֹא מֶלֶךְ־יִשְׂרָאֵל אֶת־הַסֵּפֶר
וַיִּקְרַע בְּגָדָיו
וַיֹּאמֶר הַאֱלֹהִים אָנִי לְהָמִית וּלְהַחֲיוֹת
כִּי־זֶה שֹׁלֵחַ אֵלַי לֶאֱסֹף אִישׁ מִצָּרַעְתּוֹ
כִּי אַךְ־דְּעוּ־נָא וּרְאוּ כִּי־מִתְאַנֶּה הוּא לִי:

V. 8: Als der Gottesmann Elisa hörte, der König von Israel habe seine Kleider zerrissen, sandte er dem König (Botschaft): Warum hast du deine Kleider zerrissen? Er soll doch zu mir kommen, und er wird merken, dass es in Israel einen Propheten gibt.

וַיְהִי כִּשְׁמֹעַ אֱלִישָׁע אִישׁ־הָאֱלֹהִים
כִּי־קָרַע מֶלֶךְ־יִשְׂרָאֵל אֶת־בְּגָדָיו
וַיִּשְׁלַח אֶל־הַמֶּלֶךְ לֵאמֹר לָמָּה קָרַעְתָּ בְּגָדֶיךָ
יָבֹא־נָא אֵלַי וְיֵדַע כִּי יֵשׁ נָבִיא בְּיִשְׂרָאֵל:

Die beiden Verse sind ähnlich aufgebaut und beschreiben jeweils die Handlungen des Königs und Elisas:

1. Erklärung der Umstände mit כ + Inf.
2. Handlung
3. Sprechakt

Dem Lesen eines Briefes mit für den König beängstigendem Inhalt folgt die Handlung des Königs, das Zerreißen der Kleider. Dann wird eine sprachliche Präzisierung des drohenden Unglücks gegeben (V. 7). In V. 8 wird beschrieben, wie Elisa davon hört, dass der König seine Kleider zerrissen hat. Seine Handlung besteht im Senden einer Botschaft, die den Sprechakt enthält. Elisa hört nur, dass der König von Israel seine Kleider zerrissen hat. Er geht auch nur auf diese Handlung ein, indem er seine Botschaft einleitet mit der Frage: „Warum hast du deine Kleider zerrissen?" Das Kleiderzerreißen wird hier also als eine Chiffre eingesetzt, die für den komplexen Sachverhalt diplomatischer Verwicklungen steht. Kurz und bündig drückt sie für die Rezipienten des Textes das entscheidende Moment aus: Der König ist entsetzt, weil er einen Krieg fürchtet. Er reagiert auf die Verlesung des Briefes wie auf eine schlechte Nachricht. Die syntaktische Form: Einsatz mit ויהי, Beschreibung, wie der Rezipient von der Sache erfährt (hören, sehen, lesen) und Reaktion im Narrativ ist häufiger, manchmal auch etwas abgewandelt, aber es ist immer das Schema „Erfahren → Kleider zerreißen".

---

[469] Anders als ein Zeichen. Z.B. kann Kopfschütteln je nach Kultur „ja" oder „nein" ausdrücken, es ist jedoch schwer vorstellbar, dass in einer Kultur das Tragen zerrissener Kleidung für Lebensfreude und Glück steht (die Punk-Subkultur widerlegt diese Beobachtung gerade nicht).

Zwei Beispiele für die gemeinschaftsschaffende Funktion der Symbolhandlung „Kleiderzerreißen" sind 2 Sam 3,31 (als Reaktion auf die Ermordung Abners durch Joab fordert David Joab und das Volk auf, die Kleider zu zerreißen und den Sack umzugürten) und Hi 2,12 (Hiobs Freunde vollziehen Trauerriten beim Anblick Hiobs).

Als Beispiele für Rollenzuweisungen lassen sich die Stellen nennen, an denen ein Bote in zerrissener Kleidung auftritt (1 Sam 4,12, 2 Sam 1,2, 2 Kön 18,37 par Jes 36,22). Eine solche Person hat die Rolle eines schlechte Nachrichten überbringenden Boten.

Allgemein kann man sagen, dass der kulturelle Code des Kleiderzerreißens den genetischen Code der Ausdrücke menschlicher Trauer (z.B. durch Weinen) regelt und ergänzt. Es können mit diesem Regelsystem menschliche Emotionen kanalisiert und zum Ausdruck gebracht werden. Andererseits ist auch möglich, solche kulturellen Ausdruckshandlungen unabhängig von spontanen Gefühlsausbrüchen zu vollziehen. Letztere Möglichkeit ist äußerst nützlich, z.B. um Gemeinschaft aufrechtzuerhalten. Joab, der Abner kaltblütig erstochen hatte, wäre wahrscheinlich nicht fähig gewesen, auf Befehl Davids Tränen zu vergießen. Seine Kleidung zu zerreißen und den שׂק zu umgürten war ihm dagegen leicht möglich. Auf diese Weise blieb der innere Friede in einer kritischen Situation gewahrt.

3.2.3. Reflexionen über die kulturimmanente Symbolik

In Jo 2,13 werden Sinn und Motivation des Kleiderzerreißens problematisiert:

Zerreißt eure Herzen und nicht eure Kleider,	וְקִרְעוּ לְבַבְכֶם וְאַל־בִּגְדֵיכֶם
und kehrt um zu JHWH, eurem Gott! Denn gnädig	וְשׁוּבוּ אֶל־יְהוָה אֱלֹהֵיכֶם כִּי־חַנּוּן
und barmherzig ist er, langmütig und reich an Güte,	וְרַחוּם הוּא אֶרֶךְ אַפַּיִם וְרַב־חֶסֶד
und es reut ihn das Übel.	וְנִחָם עַל־הָרָעָה:

Der Verfasser dieses Appells möchte den Blick schärfen für das Symbolhafte des rituellen Kleiderzerreißens. Es geht nicht nur um die vordergründige Handlung, sondern um die Bedeutung, die „dahinter" liegt. Falsch wäre die Annahme, der hier sprechende Prophet würde den Brauch des Kleiderzerreißens bekämpfen. Hier ist – ähnlich wie bei der sog. Kultkritik – nicht ein „entweder Kleiderzerreißen oder echte Buße des Herzens" intendiert. Es wird vielmehr auf die Doppelbedeutung des Symbols hingewiesen. Man kommt ohne das Vordergründige nicht aus, und sei es in der Negation. Innovativ ist der Gebrauch des kulturimmanenten Symbols „Kleiderzerreißen" in Jo 2,13 nicht. Es liegt der Versuch vor, seine implizite Bedeutung explizit zu machen. Formal handelt es sich um eine Metapher 2. Ordnung. Sie ist nur auf der Ebene der Verbalsprache bildbar.

Sehr viel indirekter ist der Bezug zum Kleiderzerreißen in Jer 36,23f. König Jojakim lässt die von Jeremia diktierte Schriftrolle mit Hilfe eines Schreibermessers „zerreißen". Anschließend werden die Schnipsel verbrannt. Statt der Rolle hätten er und seine Leute als Reaktion auf den verlesenen Inhalt jedoch ihre Kleider zerreißen sollen. Dass sie dies nicht taten, wird im folgenden Vers explizit festgestellt. Es wird wahrscheinlich indirekt auf 2 Kön 22,11.19 par 2 Chr 34,19.27 rekurriert. Josia jedenfalls verhält sich dort in einer ähnlichen Situation korrekt. Er zerreißt seine Kleider, was im Hulda-Orakel lobend erwähnt wird. Dass Jer 36 eine „Gegengeschichte" zu 2 Kön 22 ist, wurde schon oft aufgezeigt[470], das Spiel mit der textilen Konnotation beim Zerreißen (קרע) der Rolle dagegen übersehen. Die damaligen, mit der „Sprache des Textilen" vertrauten Rezipienten haben die Assoziation dagegen sicherlich nachvollziehen können.

3.2.4. „Wegreißen des Königtums"

In diesem Kapitel werden Stellen untersucht, die zur 2. Gruppe der Belege zum Kleiderzerreißen gehören (siehe oben 3.2.1.1). Die zugrundeliegende These ist weiterhin, dass die Zeichenhandlungen und verbalen Fügungen auf dem Hintergrund des kulturimmanenten Gebrauchs des rituellen Kleiderzerreißens besser verstanden werden können. Dabei lassen sich in dieser Gruppe zwei Kontexte unterscheiden: Die Reichsteilung (3.2.4.1 und 3.2.4.3) und das Scheitern Sauls als König von Israel (3.2.4.2).

3.2.4.1 Das zerfetzte Königreich: 1 Kön 11,29ff.

Die Geschichte von der Designation Jerobeams zum König über Israel durch Ahija, die in 1 Kön 11,29ff. geschildert wird, kann als ein innovativer Umgang mit der Symbolik des Kleiderzerreißens gedeutet werden. Die Zeichenhandlung, um die es geht, besteht darin, dass Ahija seinen neuen Umhang in zwölf Teile zerreißt und Jerobeam auffordert, zehn Stücke davon an sich zu nehmen.

V. 29: Als in jener Zeit Jerobeam einmal aus Jerusalem herauskam, fand ihn auf dem Weg der Prophet Ahija aus Schilo.

Dieser war mit einem neuen Umhang bedeckt.

Und die beiden waren allein auf freiem Feld.

V. 30: Und es packte Ahija den neuen Umhang, der auf ihm war, und zerriss ihn in zwölf Fetzen.

V. 31: Und er sprach zu Jerobeam: Nimm dir zehn Fetzen; denn so spricht JHWH, der Gott Israels: Siehe, ich reiße das Königtum aus der Hand Salomos und gebe dir die zehn Stämme.

וַיְהִי בָּעֵת הַהִיא וְיָרָבְעָם יָצָא מִירוּשָׁלָ‍ִם
וַיִּמְצָא אֹתוֹ אֲחִיָּה הַשִּׁילֹנִי הַנָּבִיא בַּדֶּרֶךְ
וְהוּא מִתְכַּסֶּה בְּשַׂלְמָה חֲדָשָׁה
וּשְׁנֵיהֶם לְבַדָּם בַּשָּׂדֶה:
וַיִּתְפֹּשׂ אֲחִיָּה בַּשַּׂלְמָה הַחֲדָשָׁה אֲשֶׁר עָלָיו
וַיִּקְרָעֶהָ שְׁנֵים עָשָׂר קְרָעִים:
וַיֹּאמֶר לְיָרָבְעָם קַח־לְךָ עֲשָׂרָה קְרָעִים
כִּי כֹה אָמַר יְהוָה אֱלֹהֵי יִשְׂרָאֵל
הִנְנִי קֹרֵעַ אֶת־הַמַּמְלָכָה מִיַּד שְׁלֹמֹה
וְנָתַתִּי לְךָ אֵת עֲשָׂרָה הַשְּׁבָטִים:

Mit der LXX und zahlreichen Kommentatoren wird in der folgenden Untersuchung davon ausgegangen, dass das Stoffstück, das zerrissen wurde, Ahija gehörte, nicht Jerobeam. Auch der masoretische Text kann ohne Schwierigkeiten so gedeutet werden. Mordechai Cogan weist darauf hin, dass grammatisch auch Jerobeam der Besitzer der שלמה sein könnte und entscheidet sich für diese Möglichkeit[471]. Tatsächlich kann sich die Passage והוא מתכסה בשלמה חדשה sowohl auf Ahija als auch auf Jerobeam

---

[470] Vgl. z.B. Fischer, G., Jeremia 26–52 (HThK), Freiburg u.a. 2005, 285.

[471]Cogan, M., 1 Kings (AncB 10), New York u.a. 2000, 339. Für die Variante, es handele sich um Ahijas Umhang, entscheiden sich z.B. Noth, M., Könige 1 (BK IX/1), Neukirchen-Vluyn 1968, 245; Würthwein, E., Die Bücher der Könige. 1 Könige 1–16 (ATD 11/1), Göttingen 1977, 143 und Hentschel, G., 1 Könige (NEB 10), Würzburg 1984, 78.

beziehen, da והוא oft einen Subjektwechsel anzeigt[472]. Es gibt jedoch auch genug Belege, in denen dies nicht der Fall ist. Ein Argument gegen Cogans These ist die fehlende Renominalisierung im Passus ויתפש אחיה בשלמה החדשה אשר עליו: „Und es fasste Ahija den neuen Umhang, der auf ihm war". Statt עליו würde man Jerobeams Namen erwarten.

Cogan begründet seine These auch mit der Beobachtung, dass die Wendung ויתפש in Gen 39,12 für das Ergreifen des Kleidungsstückes einer *anderen* Person verwendet wird. Überzeugend ist dies aber nicht. Wäre der Sprachgebrauch so spezifisch, müsste in 1 Sam 15,27 – Saul ergreift den Mantelzipfel Samuels – ebenfalls תפש benutzt werden, dort wird jedoch חזק verwendet. תפש kann auch für das Packen des eigenen Schwertes verwendet werden (Ez 21,16; 30,21). Sprachlich ähnelt 1 Kön 11,30 Dtn 9,17: Mose berichtet von der Zerstörung der Gebotstafeln: „Ich packte sie, warf sie aus meinen beiden Händen und zerbrach sie." Hier ist das ויתפש die Einleitung eines Aktes der Zerstörung eines Gegenstandes, der sich im Besitz des Handelnden befindet. Analog dazu muss 1 Kön 11,30 verstanden werden, d.h die neue שלמה gehörte Ahija.

Warum sind diese Erörterungen nötig? Anders als für die übrigen Interpretationen ist es für den hier verfolgten Ansatz einer Grammatik des Textilen entscheidend, *wem* das Vielzwecktuch gehörte, das Ahija zerriss. Ein Zugriff auf Jerobeams Umhang würde die Handlung von vornherein „unlesbar" machen, weil diese Geste in der „Kleidungsgrammatik" ganz andere Assoziationen wecken würde – z.B. einen Raubversuch. Auch an das Festhalten einer Person, um sie am Weggehen zu hindern, könnte gedacht werden (Potiphars Frau und Joseph in Gen 39,12 oder auch Samuel und Saul – dazu unten in 3.2.4.2 mehr). Diese Handlungen können aber nicht als zur kulturimmanenten Kleidersymbolik gehörend angesehen werden, auch wenn es sich um Manipulationen an Textilien handelt. Das Zerreißen eigener Kleidung dagegen kann gedeutet werden. Der Handlung Ahijas liegt der ganze Komplex des Kleiderzerreißens zugrunde, der zur kulturimmanenten Kleidungssymbolik gehört. Die Handlung erscheint also zunächst einmal „lesbar". Ein Zuschauer würde als Grund wohl – wie bei den Beispielen oben – einen Todesfall in der Familie oder einen anderen schlimmen Unglücksfall annehmen.

Aber schon die Tatsache, dass Ahija das Tuch nicht nur einreißt, sondern durchreißt, liegt nicht mehr im Rahmen des Üblichen. Wenn auch einmaliges Durchreißen von Textilien als Zeichen besonders starker Minderung manchmal vorkam[473], so doch nicht das Zerreißen in zwölf Stücke. Ahijas Aufforderung an Jerobeam, zehn Stücke zu nehmen, zeigt dann endgültig, dass hier etwas anderes vorliegt als ein konventionelles Zerreißen von Kleidung.

Die geschilderte Szene kann man als das verstehen, was Ricœur „semantische Innovation" nennt (siehe oben 1.3.3.2), aber nicht auf sprachlicher Ebene, sondern auf der Ebene der Textilsprache. Es handelt sich also um eine Metapher 1. Ordnung. Sie setzt die kulturimmanente Gebrauchsweise von Textilien als bekannt voraus und kann nun damit spielen, analog zur Metapherbildung in einer Verbalsprache.

Das Neue, also die semantische Innovation, ist zunächst die Zuweisung eines Teiles der Stoffstücke an Jerobeam. Da dieser Handlungsteil nicht kulturimmanent ist, muss

---

[472] Die LXX verdeutlicht die Passage, indem sie הוא durch ὁ Αχιας ersetzt.

[473] Vgl. die Handlung Elisas beim Tod seines Meisters (2 Kön 2,12).

er erklärt werden. Um ihn zu verstehen, muss die Ebene der Kleidungsgrammatik verlassen werden und auf der sprachlichen Ebene eine Deutung gegeben werden: die Verknüpfung der Fetzen mit dem zerbrechenden Staat Israel. Vielleicht ist der Ausdruck „Deutung" schon zu stark – „Deutehilfe" wäre angemessener, weil die sprachliche Deutung die Bedeutung der expliziten symbolischen Handlung nie ausschöpft.

Zunächst ist festzuhalten, dass hier eine Handlung aus dem Komplex der Minderungsgesten als bildgebendes Element der Metapher dient. Durch die Angleichungen

Umhang – Königreich

Zerreißen des Umhangs – Zerfall des Königreiches

wird ein neuer Geltungsbereich eröffnet, in dem Implikationen der kulturimmanenten Handlung „Kleiderzerreißen" auf die Reichsteilung übertragen werden. Mit diesem Modell können nun neue Bereiche von Wirklichkeit entdeckt werden bzw. Wirklichkeit in einer Weise gedeutet werden, die ohne das Modell nicht zugänglich wäre. Es lässt sich folgender neuer Aspekt entdecken: Der Zerfall des neuen Einheits-Königreiches wird negativ gewertet, als ein Ereignis, das Minderung bedeutet. Wer ist jedoch der „Geminderte"? Die Antwort scheint zunächst eindeutig: Salomo bzw. das davidische Königshaus verliert den Hauptteil seiner Macht. Beachtet man jedoch die „Kleidungsgrammatik", müsste es Ahija sein, denn er ist ja der Tucheigner. Hinter Ahija jedoch steht als Initiator der Zeichenhandlung יהוה אלהי ישראל (V. 31) JHWH, der Gott (Gesamt-)Israels, der durch den Zerfall des (Einheits-)Israels eine Minderung erfahren hat[474].

Das Festhalten an einer prinzipiellen Einheit „Israel" wird auch bei genauerer Analyse der Handlung deutlich: Es bleiben nur noch „Fetzen" übrig, also etwas weniger Nützliches als ein heiles Vielzwecktuch. Die übliche Übersetzung von קרעים mit „Stücke" ist zu neutral, die Nachbildung der figura etymologica „er zerriss ihn in zwölf Zerrissene" schwerfällig. „Fetzen" dagegen passt gut zur Verwendung in Spr 23,21 („und in Fetzen kleidet Schläfrigkeit"), auch die Wiedergabe mit „Lumpen" ist angemessen. Hätte Ahija Jerobeam z.B. zehn Pfeile aus einem zwölf Pfeile enthaltenden Köcher nehmen lassen, wäre die Eigenständigkeit der Stämme betont worden. Zwölf Pfeile sind zwar besser als einer, der einzelne Pfeil erleidet jedoch durch die Trennung von den anderen keine Einbuße an Funktionalität.

Die Gewaltsamkeit des Vorgangs ist ein weiterer Hinweis darauf, dass für den Autor des Textes die Trennung des noch neuen Einheitsreiches kein natürlicher Zerfall war, sondern etwas Zerstörerisches. Es wird besonders erwähnt, dass das zerrissene Tuch neu war. Die üblichen Erklärungen für die Neuheit des Mantels weichen von dem hier Angedachten ab: Schon Jirku meinte, dass die Neuheit des Gegenstandes „ein oft zu beobachtender Zug der hebräischen Magie" sei[475]. Auch Hönig bescheinigte dem Neuen eine besondere Kraftwirkung[476]. Noth konstatierte: „Eine symbolische Handlung, die als solche zugleich wirkungskräftig war und sein sollte, erforderte ein intaktes

---

[474] Es ist nicht von vornherein unmöglich, dass ein Gott Minderungsgesten durchführt. Kutsch (Anm. 442), 80 u. 87, führt einen Text aus Ugarit an, der von Trauerriten berichtet, die El durchführt.

[475] Jirku, A., Zur magischen Bedeutung der Kleidung in Israel, ZAW 37 (1917/18), 112 (Anm.).

[476] Hönig (Anm. 6), 155.

Objekt für ihre Durchführung"[477]. Würthwein schloss sich ihm an[478]. Es mag sein, dass es Stellen gibt, an denen die Neuheit der verwendeten Gegenstände eine Bedeutung hatte, die dem, was gemeinhin unter „magisch" verstanden wird, nahekommt. Festzustellen ist jedoch, dass durchaus nicht bei jeder prophetischen Zeichenhandlung ein neuer Gegenstand benutzt wurde. Zunächst sollte deshalb nach einer näherliegenderen Erklärung gesucht werden. Hier bietet sich die besondere Eigenschaft von textilem Material an, nämlich der Hang zum Verschleiß. Anders als in der heutigen Zeit, in der Textilien in den wenigsten Fällen dieses Stadium erreichen, waren zerschlissene Textilien ein üblicher Anblick, lagen im Erfahrungsbereich eines jeden und dienten auch anderswo als bildgebendes Element für Metaphern[479]. Wenn nun kein altes, zerschlissenes Stoffstück, sondern ein neues zerrissen wurde, so ist damit der Akzent auf das Empörende und eigentlich nicht zu Erwartende gelegt.

Eine weitere Möglichkeit, die Neuheit des Tuches zu deuten, die auch nichts mit Magie zu tun hat, wäre, einen Bezug zu dem für Israel relativ neuen Königtum herzustellen, das vom Propheten „getragen" – d.h. legitimiert und begleitet – wird[480]. Vielleicht sollte durch die Aufteilung der Fetzen unter Jerobeam und Salomo die wachsende Selbstständigkeit der Könige symbolisiert werden. Ahija jedenfalls „trägt" am Ende der Szene keinen Umhang mehr. Das Projekt eines (Einheits-)Königtums, das nicht nur prophetisch initiiert ist, sondern in dem der Prophet eine wichtige politische Rolle spielt, wird damit für gescheitert erklärt.

All dies wird auf sprachlicher Ebene nicht gesagt, aber in der Textilsprache kommuniziert. Auf der nichtsprachlichen Ebene wird – angestoßen durch die sprachliche Deutehilfe – eine ganz spezifische Deutung des Geschehens gegeben. Für diese Art der Deutung haben die meisten Kommentatoren wenig Verständnis. Sie beachten nur die sprachliche Erklärung und erörtern z.B. sehr ausführlich das Problem der Fetzenanzahl – Jerobeam soll zehn nehmen und dem Haus David bleibt einer übrig, es sind jedoch zwölf Fetzen vorhanden. Die verschiedenen Thesen, wie es zur Entstehung dieser Diskrepanz kam, sollen hier nicht diskutiert werden[481]. Es kann aber gefragt werden, warum die Unstimmigkeit denn nicht wenigstens in einer der von den meisten Autoren angenommenen Überarbeitungen „verbessert" worden ist[482]. Es ist doch anzunehmen, dass auch die Erstleser der Erzählung rechnen konnten. Wenn man die Berichtigungsversuche durchspielt, merkt man schnell, dass die alttestamentlichen Autoren und Redaktoren ihre Gründe hatten, die Zahlen unverändert zu belassen. Der Grund liegt in

---

[477] Noth (Anm. 471), 259.

[478] Würthwein (Anm. 471), 143.

[479] Siehe Kapitel 2.1.5 zu בלה.

[480] So auch Weippert, H., Die Ätiologie des Nordreiches und seines Königshauses (1 Kön 11,29–40), ZAW 95 (1983), 344–375 (350), die jedoch die Deutung nicht zu dem vom Propheten „getragenen" Königreich ausweitet.

[481] Es werden textkritische (z.B. Kittel, R., Die Bücher der Könige [Göttinger Handkommentar zum Alten Testament], Göttingen 1900, 99: „wofür natürlich 11+1 oder 10+2 gestanden haben muß."), literarkritische (Würthwein, 141) und „inhaltliche" (z.B. Noth, 259f.: Entweder der Stamm Juda oder der Stamm Levi werden ausgeschieden) Lösungsmöglichkeiten angeboten. Noth deutet jedoch eine dem hier Dargestellten ähnliche Möglichkeit an, wenn er zu bedenken gibt: „Aber möglicherweise ist solch genaues Rechnen überhaupt nicht angebracht" (260).

[482] Wie dann in der LXX geschehen.

der Symbolträchtigkeit der Zahlen. Es ist nicht gleichgültig, ob Ahija seinen Mantel in elf oder zwölf Stücke reißt, eine Teilung in elf Stücke wäre sehr sonderbar, da zwölf eine Zahl ist, die Ganzheit ausdrückt. Ebenso drückt die Zahl zehn, also die Jerobeam zugeteilten Fetzen, eine gewisse Vollständigkeit aus. Andererseits kann aber dem Haus David von der Zahlensymbolik her gesehen nur *ein* Stamm verbleiben, um auszudrücken, dass es sich um so etwas wie eine Minimalversion der gegebenen Verheißung handelt. Die Zahl zwei hätte da andere Konnotationen, nämlich die des Paares und der Doppelheit. Aus diesen Gründen muss hingenommen werden, dass an dieser Stelle 12 = 10 + 1 ist[483].

Reizvoll wäre jedoch auch, unabhängig von jeder Zahlensymbolik den Gedanken durchzuspielen, dass Ahija einen Fetzen zurückbehalten hat.

Ob Noth seine zutreffende Erkenntnis „Dtr hat das davidisch-salomonische Staatswesen … als eine Einheit betrachtet"[484] nun aus der Zahlen- oder Kleidungssymbolik gewonnen hat, aus den *verbalen* Aussagen Ahijas kann er sie jedenfalls nicht abgeleitet haben. Plausibilisieren lässt sich Noths These vor allem durch die vorgeführte Analyse von Ahijas Zeichenhandlung mit Hilfe der „Sprache des Textilen".

3.2.4.2 Der abgerissene Mantelzipfel: 1 Sam 15,27f.

In 1 Sam 15, 27f. wird berichtet, wie Saul den Mantelzipfel Samuels ergriff, dieser dabei abriss und Samuel Saul daraufhin den Verlust des Königtums verkündete.

Als Samuel sich umwandte, um zu gehen, griff	וַיִּסֹּב שְׁמוּאֵל לָלֶכֶת
Saul den Zipfel seines Mantels, doch der riss[485].	וַיַּחֲזֵק בִּכְנַף־מְעִילוֹ וַיִּקָּרַע׃
Da sagte Samuel zu ihm: JHWH hat heute das	וַיֹּאמֶר אֵלָיו שְׁמוּאֵל
Königtum Israel von dir gerissen und gibt es	קָרַע יְהוָה אֶת־מַמְלְכוּת יִשְׂרָאֵל מֵעָלֶיךָ הַיּוֹם
deinem Nächsten, der besser ist als du.	וּנְתָנָהּ לְרֵעֲךָ הַטּוֹב מִמֶּךָּ׃

Die Einordnung und Bewertung der Sequenz ist umstritten[486]. Ähnlich wie in 1 Kön 11 lässt die Satzkonstruktion auch zu, dass es Samuel war, der Saul den Mantelzipfel

---

[483] In der heutigen Umgangssprache findet sich noch ein Rest von „Zahlensymbolik": Z.B., wenn jemand seine Siebensachen packt, verlangt niemand, dass es genau sieben sind. Vgl. zur Verwendungsweise dieser und ähnlicher Redensarten den Art. Siebensachen in: Grimm, J./Grimm, W., Deutsches Wörterbuch 10/1 (Seeleben–Sprechen), Leipzig 1905, 816f. In dieser Wendung stehe „die zahl sieben ohne besondere bedeutung als typische zahl überhaupt" (ebd. Art. Sieben, 798).

[484] Noth, 260.

[485] Die Satzkonstruktion lässt sich in der deutschen Sprache kaum nachbilden. Subjekt von וַיִּקָּרַע ist der Mantel, an dem sich das Zerreißen manifestiert (Nif'al).

[486] Zu Einordnung und Datierung von 1 Sam 15 siehe z.B. Dietrich, W., David, Saul und die Propheten. Das Verhältnis von Religion und Politik nach den prophetischen Überlieferungen vom frühesten Königtum in Israel (BWANT 122), Stuttgart 1987, 10f.: Früher wurde die Erzählung früh angesetzt, neuere Forschungen tendieren zur Spätdatierung. Dietrich macht ältere Traditionsstücke aus (V. 4–8.12b–13a.32–33) (13), eine noch vor-dtr. Überarbeitung von „fanatisch-jahwistischen Prophetenkreisen Nordisraels" (15) und dtr. (DtrP und DtrN) Redaktionsschichten. Den Prophetenkreisen ordnet Dietrich auch V. 27ff. zu, allerdings mit Ausnahme von V. 28a (20f.), DtrP habe dann diese Szene „in 1. Kön 11,39ff. [gemeint ist 1 Kön 11,29ff.] etwas hölzern imitiert" (20). Donner, H., Die Verwerfung des Königs Saul, SbWGF 19/5 (1983), 229–260 (248) (= ders., Aufsätze zum Alten Testament aus vier Jahrzehnten [BZAW 224], Berlin/New York, 133–163 [152]), postuliert eine umgekehrte Entstehungsgeschichte.

abriss, was einigen Kommentatoren einsichtiger erscheint[487]. Vom Erzählzusammenhang her ist es jedoch klar, dass Saul den wegstrebenden Samuel aufhalten will, indem er ihn beim Mantel packt[488]. Dass Samuel, gerade im Begriff zu gehen und schon mit dem Rücken zu Saul, sich wieder umwendet (was jedoch nicht berichtet wird) und plötzlich Sauls Mantelsaum greift, nur um zum dritten Mal die Verworfenheit Sauls zu verkünden, wäre zumindest recht merkwürdig.

Unter Hinweis auf prophetische Aktionen und Verkündigungen in Mari hat Conrad nachzuweisen versucht, dass Saul Samuel den Gewandzipfel absichtlich abgerissen habe, um ihn zu demütigen und der Falschprophetie zu verdächtigen[489]. Solche Rückschlüsse sind jedoch problematisch. Die Stellung der Mari-Propheten war mit der Stellung der alttestamentlichen Propheten zu Beginn des Königtums kaum zu vergleichen, jedenfalls so, wie sie uns nun dargestellt wird. Wenn es tatsächlich Ähnlichkeiten mit der Prophetie in Mari gegeben haben soll, muss die dtr Geschichtsschreibung das Prophetenbild bis zur Unkenntlichkeit überformt haben. Nach der vorliegenden Darstellung des Textes in 1 Sam 15 ist Saul nicht in der Position, Samuel zu demütigen oder zu verdächtigen.

Etwas vielversprechender scheint der Bezug zu dem im Akkadischen belegten Ausdruck „den Mantelsaum des Y fassen"[490]. Der Gestus der Unterwerfung und Schutzsuche könnte die von Saul intendierte Handlung erklären[491]. Es ist zwar möglich, dass der Gestus des Mantelsaumfassens auch im Alten Israel kulturimmanent war, durch Texte belegbar ist dies jedoch nicht. Vielleicht kannte z.B. die Elite die Bedeutung des Gestus, das einfache Volk jedoch nicht. Auch wenn es eine schöne Erklärung für Samuels Verhalten wäre, nötig ist der Rückgriff auf eine fremde, zumindest nicht nachweisbar alttestamentliche kulturimmanente Symbolhandlung nicht, um die Sequenz zu verstehen. Samuel will gehen, und Saul versucht ihn zurückzuhalten. Es ist naheliegend, dass er zu diesem Zwecke Samuel an seiner Kleidung festhält (siehe auch Potiphars Frau, die aus anderen Motiven ähnlich handelt), dabei reißt eine Ecke ab. Daraufhin wiederholt (zumindest auf der Endtextebene) Samuel die schon vorher zweimal ausgesprochene Verwerfung Sauls.

---

[487] Z.B. Löhr, M., Die Bücher Samuels erklärt von Otto Thenius. Dritte, vollständig neugearbeitete Auflage (KEH 4), Leipzig 1898, 73. Andere überlegen auch, ob nicht Samuel seinen eigenen Mantel zerrissen hat, z.B. Grønbaek, J. H., Die Geschichte vom Aufstieg Davids (1. Sam. 15 – 2. Sam. 5). Tradition und Komposition (AThD 10), Kopenhagen 1971, 42.

[488] Die Mehrheit der Interpreten ist auch dieser Ansicht, ebenso die LXX.

[489] Vgl. Conrad, D., Samuel und die Mari-„Propheten". Bemerkungen zu 1 Sam 15:27, ZDMG Suppl. 1 (1969), 273–280 (280). Conrad diskutiert zunächst die Möglichkeit, „daß Saul … den Mantelsaum des Samuel ergreift und durch diese symbolische Handlung sich ihm politisch unterwirft" (275), verwirft diese Deutung jedoch, weil es ungewöhnlich sei, dass sich ein König einem Propheten so unterwirft. Conrad übersieht, dass in der Endgestalt des Textes ganz deutlich eine politische Unterlegenheit Sauls beschrieben wird: Samuel gibt Befehle und Saul muss sie ausführen, Saul bittet Samuel um Verzeihung.

[490] Akk.: sissiktam ṣabātu, vgl. Belege für diese Phrase als Bittgestus AHw III, 1050f.

[491] Es gibt vielleicht eine Anspielung auf das Mantelsaumfassen im aramäischen Aḥiqar-Roman bzw. den angehängten weisheitlichen Sprichwörtern: הן יאחדן רשיעא בכנפי לבשך שבק בידה „[We]nn der Frevler den Saum deines Kleides packt, lass (es) in seiner Hand" (pCow col xi 171), Übersetzung aus Kottsieper, I., Die Geschichte und die Sprüche des weisen Achiqars, TUAT III/2 (1991), 320–347 (332).

Vergleicht man diese Stelle mit 1 Kön 11,29ff., fällt als erstes auf, dass die Texte eigentlich sehr unterschiedlich sind: Am Ende stehen Saul und Jerobeam mit (einer unterschiedlich großen Anzahl) Prophetentextilienfetzen in der Hand da. Dem einen wird ein Königreich versprochen, dem anderen abgesprochen. Aber auch ein Vergleich zwischen den beiden „Verlierern" Saul und Salomo bzw. Rehabeam hinkt: Ist bei Salomo die Zuteilung eines Fetzens Symbol für den Erhalt wenigstens eines Teiles seines Herrschaftsbereiches, wird Saul mit dem Verlust des gesamten Königreiches bedroht, obwohl er doch auch ein Stück des Mantels in den Händen behielt. Beiden wird jedoch mit ähnlichen Worten das Wegreißen des Königtums angekündigt.

In der Episode mit Samuels Mantel wird der Vergleich „Mantel – Königreich" „Zerreißen des Mantels – Zerreißen des Königtums" nicht in die Richtung ausgebaut: „einzelne Fetzen = einzelne Teile des Königreiches". Diesen Aspekt sollte man deshalb dort auch nicht suchen, vor allem, weil es gar nicht um eine Reichsteilung geht, sondern um einen Herrscherwechsel.

Kann die Handlung Sauls mit rituellem Kleiderzerreißen als Minderungsritus assoziiert werden? Zunächst einmal scheint keine Verbindung zu bestehen, da es zwei entscheidende Unterschiede zur üblichen Ausführung der Handlung gibt[492]. Normalerweise wird sie an der eigenen Kleidung und absichtlich durchgeführt. In diesem Fall zerreißt eine Person unabsichtlich die Kleidung eines anderen. Vielleicht ist dies jedoch gerade die „semantische Innovation" des Textes, und man kann auch hier die kulturimmanente Gebrauchsweise des Kleiderzerreißens als Deutungsfolie benutzen. Anders als in 1 Kön 11 ist jedoch nicht das ungewöhnliche Zerreißen eines Kleidungsstückes das Neue, sondern die *Deutung* auf den Symbolzusammenhang „Kleiderzerreißen" hin. Ob dies spontan im Anschluss an ein „wirklich" stattgefundenes Ereignis oder erst nachträglich geschehen ist, oder ob sowohl Vorfall als auch Deutung Fiktion sind, ist für die Einordnung als „semantische Innovation" unerheblich.

Folgende Beobachtungen sind mit Hilfe der Deutungsfolie „Kleiderzerreißen als Minderungsgestus" zu machen: Die Person, die sich nach dem Vorfall in einem geminderten Zustand befindet, ist Samuel, nicht Saul. Das mag auf den ersten Blick überraschen, wird doch Saul der Verlust seiner Herrschaft angekündigt, ist aber vom Setting her klar: Es ist Samuel, der mit dem beschädigten Mantel bekleidet ist (1 Sam 15), auch wenn er diesen Zustand nicht selbst herbeigeführt hat. Saul dagegen ist schon völlig abgeschrieben, deshalb kann er auch keine Selbstminderungsriten mehr durchführen – er hatte es versucht (1 Sam 15,24f.), hatte damit aber keinen Erfolg. Es gibt keine Möglichkeit mehr, das Verworfensein Sauls wieder rückgängig zu machen. Der letzte Versuch, Samuel auf seine Seite zu ziehen und wenigstens das Gesicht zu wahren, scheitert jetzt auch noch auf eine tragische Weise. Das Abreißen des Mantelzipfels ist deshalb eher für Samuel ein Zeichen – das Zeichen, dass die Verbindung und Beziehung zwischen ihm und Saul nun endgültig zerrissen ist. Samuel zieht daraus die Konsequenzen: Er vermeidet eine weitere Begegnung und „trauerte". So wird meist über-

---

[492] Wilhelm Caspari (Caspari, W., Die Samuelbücher [KAT 7], Leipzig 1926, 179f.) hatte zwar auch eine ähnliche Assoziation, wurde aber z.B. von Stoebe, H. J., Das erste Buch Samuelis (KAT 8/1), Gütersloh 1973, 291, mit dem Hinweis auf die LXX abgewiesen. Stoebe will das Abreißen des Zipfels von 1 Kön 11,30 her gedeutet wissen. Dass sich die Bezüge auf Trauerbräuche und 1 Kön 11,30 gerade nicht ausschließen, sondern ergänzen, werden die folgenden Überlegungen zeigen.

setzt, zutreffender ist jedoch für הִתְאַבֵּל: „Er setzte sich in einen Zustand, der von Minderungsgesten bestimmt war"[493] – der abstrakte Zustand der Minderung konnte ja nur symbolisch dargestellt werden mit Hilfe der entsprechenden Gesten. Den zerrissenen Mantel kann man als ein vorweggenommenes Zeichen für den in 1 Sam 15,35 allgemein bezeichneten Minderungszustand deuten. Bei der von Kutsch vorgeschlagenen Übersetzung bleibt offen, ob Samuel wie um einen Toten trauerte oder Selbstminderungsriten durchführte, um evtl. noch eine Verbesserung der Situation herbeizuführen. Wahrscheinlicher ist das Erstere, auszuschließen das Zweite aber nicht[494]. Entschieden wird das Ganze erst mit dem Auftrag an Samuel, den Nachfolgekönig zu salben. Mit diesem Akt endet dann auf Gottes Anweisung hin der Minderungszustand Samuels.

Eigenartig mutet bei dieser Szene an, dass Saul – derjenige, um den Samuel „trauert" bzw. Selbstminderungsriten durchführt – unabsichtlich selbst den Ritus durchführt. Dies kann an einem Beispiel aus unserer Kultur verdeutlicht werden: Es gibt den Brauch, in einem Haus, in dem gerade jemand gestorben ist, alle Spiegel zu verhängen[495]. Es ist eine Situation vorstellbar, in der jemand, der schwer krank ist, einen Spiegel verhängt haben möchte, z.B. mit der Begründung, die Reflektion würde ihn blenden. Allen, denen der Brauch bekannt ist, im Todesfall die Spiegel zu verhängen, würde bei einem solchen Ansinnen mulmig zumute. Einen ähnlich verstörenden und unheimlichen Eindruck sollte vielleicht die in 1 Sam 15,27ff. erzählte Episode bei ihren Lesern/Hörern erzeugen. Man kann die Szene auch als eine geschickte Vorbereitung der „Hexe von Endor-Geschichte" lesen: Nach 1 Sam 15 sah Saul Samuel nicht mehr „bis zum Tag seines Todes", danach fand dann ein letztes Wiedersehen statt. Saul erkennt den Geist Samuels an dessen Mantel. Man kann sich das Gespenst in just dem Mantel vorstellen, den Saul zerrissen hatte. Samuels Geist wiederholt dann etwas abgewandelt und im Narrativ die Worte, die er früher zu Saul gesprochen hat (1 Sam 28,17, vgl. 1 Sam 15,28).

3.2.4.3 Das weitere Schicksal der „innovativen" Kleidungsmetapher

Nachdem die entscheidenden Unterschiede in der Ausarbeitung der Metapher „Mantelzerreißen entspricht Königreich weg/zerreißen" zwischen 1 Sam 15 und 1 Kön 11 wahrgenommen sind, sollen nun Gemeinsamkeiten in den Blick kommen.

In beiden Fällen ist – jedenfalls auf der Endtextebene – die Prophetie schon an anderer Stelle verkündet worden: In der Samuel-Saul-Episode wird sie zum vierten Mal wiederholt. In 1 Sam 15,11 teilt Gott Samuel die Verwerfung Sauls mit, innerhalb der langen Rede, die Samuel daraufhin an Saul richtet, spricht er in V. 23 erstmals die

---

[493] Vgl. auch Kutsch (Anm. 442), 89.

[494] Die Konstruktion von אבל mit אל kommt nur hier und in 1 Sam 16,1 vor, sonst wird mit על konstruiert oder אבל steht absolut. Bei der Konstruktion mit על sind es in der Mehrzahl Tote, um derentwillen getrauert wird: Gen 37,34 (Joseph ist zwar nicht wirklich tot, aber Jakob ist aufgrund der Indizien fest davon überzeugt); 2 Sam 19,2 (David trauert um Absalom), 2 Chr 35,24 (das Volk trauert um Josia); nicht ganz klar sind 2 Sam 13,37 (trauert David um den getöteten Amon oder den verbannten Absalom?) und Jes 66,10 (es wird aufgerufen, über Jerusalem zu jubeln, über das man vorher getrauert hatte). In Esr 10,6 vollzieht Esra Selbstminderungsriten wegen des Treuebruches der aus dem Exil Zurückgekehrten.

[495] Vgl. Bieler, L., Art. Spiegel, HWDA 9 (1941), 547–577 (567f.).

Verwerfung aus, in V. 26 wiederholt er sie nach Sauls Vergebungsbitte und in V. 28 nimmt er das Abreißen des Mantelzipfels zum Anlass, die Verwerfung noch einmal zu bestätigen, jetzt mit anderen Worten. Er redet nicht mehr von Verwerfung (מאס), einem Leitwort, das sich durch die ganze Geschichte der Installation des Königtums zieht, sondern davon, dass Gott das Königtum von Saul „abgerissen" habe. Eine Überraschung ist die Aussage für den Leser an dieser Stelle nicht mehr. Außer der Umformulierung gibt es noch eine Kleinigkeit, die überraschend wirken könnte, die Zeitangabe: היום. „Heute" geschieht dieses Wegreißen. Im Narrativ, also als bereits geschehen, wiederholt Samuel diese Worte noch einmal, allerdings nicht mehr zu Lebzeiten, erst als Geist – von Saul am Mantel erkannt –, wie in 1 Sam 28,17 berichtet. Er sagt damit zwar nichts Neues – was von einem Geist auch nicht erwartet werden kann – variiert jedoch seine frühere Formulierung[496].

Von Verwerfung (מאס) wird in 1 Kön 11 nicht gesprochen, es wird durchgehend die „Wegreißen"-Phrase verwendet, beginnend mit 1 Kön 11,11, wo Gott ganz unvermittelt zu Salomo spricht und ihm genau Kenntnis gibt von den Ereignissen, die seine Abgötterei zur Folge haben wird. In 1 Kön 11,11 spricht Gott zunächst ganz allgemein und sehr bestimmt (figura etymologica) davon, Salomo das Königtum zu entreißen. In den darauffolgenden Versen wird die Drohung eingeschränkt und präzisiert[497]. V. 12: Erst den Sohn soll es treffen. V. 13: Wenigstens ein Stamm wird erhalten bleiben. Der Inhalt des Ahija-Orakels wird mit dieser Passage schon vorweggenommen. Es bleibt aber doch spannend, wer denn der „Knecht" sein wird, dem Gott Salomos Königreich geben wird. In V. 31 wird V. 11 wiederholt, diesmal ohne verstärkende figura etymologica und statt im futurischen PK im präsentischen, partizipialen Nominalsatz und anschließendem ו-AK.

Mit Hilfe der Metapher „Weg- oder Abreißen" wird der Verlust des Königreiches bzw. eines Teiles des Königreiches ausgedrückt. Das ist das Gemeinsame beider Texte. Eine weitere Übereinstimmung ist, dass dies auf der Endtextebene als bestätigende Wiederaufnahme und nicht als Überraschung konzipiert ist. Dabei ist die Formulierung der Wendung nicht starr, sondern variiert leicht. In den Königsbüchern gibt es noch zwei Vorkommen, in 1 Kön 14,8 – Jerobeam wird im Rahmen der Ankündigung der Auslöschung seiner Dynastie daran erinnert, dass Gott das Königtum vom Hause David weggerissen (Narrativ) und ihm gegeben habe – und in 2 Kön 17,21, wo es zwei signifikante Abweichungen vom sonst gebrauchten Formular gibt: Nicht das Königtum wird hier abgerissen, sondern Israel wird vom Hause David abgerissen. Der zweite Teil, der sonst immer sinngemäß lautete: „Gott gibt das Königtum einem anderen" ist hier in 2 Kön 17,21 abgewandelt zu: „Und sie machten zum König Jerobeam, den Sohn Nebats."

Es ist festzuhalten, dass von den acht Vorkommen sechs auf die Reichsteilung bezogen sind, nur zwei auf das Scheitern Sauls. Die sechs auf die Reichsteilung bezogenen Belege sind nicht einheitlich, der letzte, innerhalb einer Abhandlung über die Gründe

---

[496] In 1 Sam 15,28 wird der Ausdruck ממלכות ישראל verwendet, in 1 Sam 28,17 הממלכה. Zudem steht in 1 Sam 28,17 „aus deiner Hand" (מידך), in 1 Sam 15,28 dagegen „von dir weg" (מעליך).

[497] In 1 Kön 11 wird durchgängig der Ausdruck הממלכה verwendet, aber die Formulierung des Objektes variiert auch hier: „von dir weg" (מעליך) in V. 11 und „von deiner Hand" (מיד) in V. 12, absoluter Gebrauch liegt in V. 13 vor.

des Untergangs des Nordreiches, gibt eine deutlich andere Interpretation des Geschehens.

Lässt sich eine Geschichte der Phrase „A Mantle Torn is a Kingdom Lost" rekonstruieren[498]? Eine Möglichkeit wäre, dass mit der Ahija-Geschichte die Metapher „erfunden" wurde, dass also an dieser Stelle – ob nun als literarische Fiktion oder als Geschehen – die semantische Innovation stattfand. Die zunächst noch lebendige Metapher wurde – vielleicht vom Deuteronomisten – aufgenommen, vom bildgebenden Element des Mantelzerreißens abgelöst und als eigenständige Wendung weiter verwendet. Schwieriger ist die Verbindung mit 1 Sam 15,27 zu verstehen. Dort und 1 Sam 28,17 wurde die dahinsiechende Metapher reanimiert, indem sie in einen neuen Kontext gestellt wurde. Hier fand zum zweiten Mal eine semantische Innovation statt, mit der wieder andere Aspekte von Wirklichkeit entdeckt werden konnten. Der Ausgangspunkt war die schon erstarrte Phrase. Diese musste zunächst von ihrer spezifischen Verbindung mit der Reichsteilung gelöst und wieder mit dem ursprünglichen bildgebenden Element, einem zerrissenen Stoffstück, verknüpft werden. War dies geschehen, ergab sich eine eigenständige Ausgestaltung der Metapher.

---

[498] Vgl. dazu den gleichnamigen Aufsatz von Åke Viberg: „A Mantle Torn is a Kingdom Lost": The Tradition History of a Deuteronomistic Theme (I Kings xi 29–31) in: Schunck, K. D./Augustin, M., „Lasset uns Brücken bauen …" Collected Communications to the XVth Congress of the International Organization for the Study of the Old Testament, Cambridge 1995 (BEAT 42), Frankfurt a.M. u.a. 1998, 135–140.

3.3 Sack-Tragen als Selbstminderungsgestus

3.3.1 Wortfelduntersuchung zu שׂק

3.3.1.1. Alttestamentliche Belege und Bedeutung

Das Wort שׂק kommt 48-mal im hebräischen Alten Testament vor – in 1 Kön 21,27 und Gen 42,35 doppelt, deshalb in 46 Versen[499]. Sechsmal ist damit ein Futtersack gemeint, sonst wird der שׂק als eine Art Kleidungsstück im Kontext von Minderungsriten verwendet[500].

Die griechische Wiedergabe von שׂק ist σάκκος, davon gibt es nur eine Ausnahme[501]. Der Vers Ez 27,31 kommt in der LXX nicht vor, zusätzlich wird σάκκος in II Reg 12,16, III Reg 20,16 (+ III Reg 20,27) sowie in Jes 32,11 benutzt. In den sog. Apokryphen sind in den Büchern Judith, Makkabäer, Psalmen Salomos und Baruch insgesamt 13 Vorkommen zu verzeichnen. An allen Stellen sind damit Textilien gemeint, die im Rahmen von Minderungsgesten verwendet werden.

חגר, כסה, לבשׁ, עלה und שׂים werden in Verbindung mit dem שׂק gebraucht, um auszudrücken, dass das Stoffstück angelegt wird. Mit zwölf Belegen ist חגר bei weitem am häufigsten, כסה ist sechsmal belegt, לבשׁ und שׂים je viermal. עלה kommt nur einmal vor. Da חגר der gebräuchlichste Begriff für das Anlegen des שׂק war, ist zu vermuten, dass in Jo 1,13 die Aufforderung „Gürtet (חגר) euch und klagt, ihr Priester", eine elliptische Aussage ist und bedeutet: „Gürtet euch mit dem שׂק". Eine weitere Stelle, an der שׂק zu ergänzen ist, findet sich in Jes 32,11[502]. Dort werden die Frauen von Jerusalem aufgefordert, sich auszuziehen (פשׁט), zu entblößen (ערר) und sich die Hüften zu umgürten. Nach den dort beschriebenen Minderungsgesten des Kleiderablegens muss ein weiterer Minderungsritus folgen, nämlich das Umgürten des Sackgewandes. In der LXX ist deshalb an dieser Stelle σάκκος ergänzt. Es folgt im nächsten Vers die Voraussage, dass man sich „an die Brust schlagen wird" – wieder ein Selbstminderungsgestus. Werden die beiden Belege Jes 32,11 und Jo 1,13 mitgezählt, kommt man auf 44 Stellen, an denen der שׂק im Kontext von Minderungsgesten vorkommt.

Normalerweise wurde der שׂק als Sack verwendet, als Bekleidungsstück für Menschen muss der שׂק auffallend gewesen sein. Die hohe Anzahl der Belegstellen für שׂק als „Bußgewand" gegenüber denen, wo ein Sack gemeint war, darf nicht darüber hinwegtäuschen, dass Säcke täglich verwendet wurden und Minderungsgesten nicht ganz so

---

[499] Wahrscheinlich war שׂק ursprünglich eine Materialbezeichnung. Diese Bedeutung ist z.B. in Lev 11,32 erhalten, vgl. dazu auch Schwally, F., Miscellen, ZAW 11 (1891), 169–183 (169) und Stählin, G., Art. σάκκος, ThWNT VII (1964), 56–64 (59). Es wurde immer wieder vermutet, dass es sich dabei um Ziegenhaargewebe handelt, auch in dieser Untersuchung, vgl. oben 2.2.1.2. Möglich wäre jedoch auch, dass ein pflanzliches Material ähnlich wie Jute oder Hanf gemeint ist. An den meisten Stellen steht aber sowohl in der hebräischen als auch in der griechischen Version des Alten Testaments die Funktion im Vordergrund, sei es als Futtersack oder Trauergewand, so dass die Frage nach dem Material unbeantwortet bleiben kann. Vgl. zum Folgenden auch Hönig (Anm. 6),102ff.

[500] Vorkommen von שׂק in der Bedeutung von Futtersack: Gen 42,25.27.35 und Jos 9,4.

[501] Zur Ausnahme (Gen 42,27) und deren Erklärung vgl. Thiel, W., Art. שׂק, ThWAT (1993), 850–855 (854).

[502] Vgl. Hönig, 104.

häufig waren. Über das tägliche Leben wird in der Bibel nur nicht so viel berichtet. Der Stoff des שׂק war sicherlich sehr grob und deshalb unangenehm zu tragen, er kratzte[503]. Das שׂק-Tragen war damit auch eine konkrete, körperliche Kasteiung.

Man kann annehmen, dass der שׂק als Trauergewand wie ein schurzähnliches Kleidungsstück behandelt wurde. Dafür spricht die häufige Kombination mit חגר. An einigen Stellen wird formuliert, dass der Sack „um die Hüften gelegt" wird (Gen 37,34; 1 Kön 20,31), „auf den Hüften ist" (Jer 48,37) oder „von den Hüften gelöst wird" (Jes 20,2). Wie hat man sich das Anlegen des Sackgewandes vorzustellen? Die Untersuchung des Verbs חגר kann dabei weiterhelfen.

3.3.1.2 Exkurs: Das Verb חגר in seinen verschiedenen Kontexten

An mehr als der Hälfte der Stellen, wo שׂק mit einem Verb, das das Anlegen des Sackes ausdrücken soll, kombiniert wird bzw. sicher שׂק zu ergänzen ist, findet sich חגר. חגר kommt als Verb 44–mal im Alten Testamentes vor, es ist nur im Qal bezeugt[504]. An allen Stellen kann mit „gürten" übersetzt werden: „sich/seine Lenden gürten" oder „etwas umgürten". Dabei ist das Charakteristische an dem Vorgang, dass ein Gürtel, Strick oder ähnliches um die Hüften gewunden wird. Diese genaue Bestimmung mag selbstverständlich scheinen, aber es ist ein Unterschied, ob man sich ein handtuchartiges Stück Stoff ohne weitere Hilfsmittel um die Hüften wickelt oder unter Verwendung eines Gürtels[505]. Außerdem kann man mit Hilfe eines Gürtels oder Strickes auch nichttextile Gegenstände befestigen und andere Kleidungsstücke drapieren.

Die Mehrzahl der Belege verteilt sich auf zwei Komplexe – zum einen das Sackumgürten (13-mal verbal, in Jes 3,24 nominal – „die Umgürtung", ein hapax legomenon) und zum anderen das Waffenumgürten (insgesamt 15 Vorkommen in zwölf Versen). Entweder werden allgemein Kriegsgeräte (כלי מלחמה) oder das Schwert (חרב) umgegürtet[506]. חגר war ein so allgemeiner Ausdruck für „kampfbereit", dass er auch mit fehlendem Objekt diese Bedeutung behielt[507]. Hönig führt zwei Gründe für das Gürten des Soldaten an. Dieser müsse zum einen zur Erhöhung der Bewegungsfreiheit sein langes Gewand aufschürzen und zum anderen seine Waffen am Gurt befestigen[508]. Wie oben in 2.2.6 gezeigt, ist es unwahrscheinlich, dass Soldaten im Kampf ein langes Hemdgewand trugen. Es kann also gefolgert werden, dass „gürten" (חגר) im Kontext von Kampf und Krieg sehr spezifisch auf das Umgürten der Waffen bezogen war. Es ergibt

---

[503] Thiel, 850 vermutete mit Hönig, 102, dass der שׂק aus einem rauhen, groben Stoff, zunächst aus Ziegenhaar, dann Kamelhaar, gefertigt wurde und schwarz war. Vgl. dazu auch 2.2.1.2.

[504] 2 Sam 22,46 soll hier unberücksichtigt bleiben, vgl. die Angaben in Gesenius 18. Aufl. zu חגר und Johnson, B., Art. חגר (gürten), ThWAT II (1977), 744–748 (746).

[505] Dabei ist zu bedenken, dass auch über einem Schurz, der ohne Gurt befestigt wird, noch ein Gürtel oder eine Schärpe getragen werden konnte, z.B. zur Zierde oder als zusätzlicher Schutz vor dem Lösen des Schurzes.

[506] כלי מלחמה: Dtn 1,41; Ri 18,11.16f; חרב: Ri 3,16; 1 Sam 17,39; 1 Sam 25,13; 2 Sam 20,8; Ps 45,4.

[507] Vgl. Hönig (Anm. 6), 76, der zustimmend Dalman, G., Arbeit und Sitte in Palästina. Bd. 5: Webstoff, Spinnen, Weben, Kleidung, Gütersloh 1937, 236 zitiert: „… der gegürtete Mann ist der ‚waffenfähige, zum Kampfe bereite Mann'". Elliptische Ausdrücke: 1 Kön 20,11, evtl. Ps 76,11. Auch 2 Sam 21,16 muss man hier hinzuzählen, statt des Schwertes wird nur dessen Eigenschaft erwähnt: חגור חדשה. 2 Kön 3,21 bedarf einer genaueren Untersuchung, siehe dazu unten.

[508] Vgl. Hönig, 76.

sich für den Komplex „Waffenumgürten" ein ähnliches Bild wie für das Sackumgürten. Eine Verwechselung von Sackgewand und Waffen bei den elliptischen Aussagen
ist nicht zu befürchten, weil jeweils aus dem Kontext hervorgeht, ob es um den Bereich
„Selbstminderung" oder um den Bereich „Krieg" geht.

Da das Aufschürzen des Gewandes vom Waffenumgürten getrennt betrachtet werden
muss, ergibt sich noch ein dritter Bereich, in dem חגר (gürten) die Bedeutung „sich
reisefertig machen" hat. Der vierte Kontext, in dem חגר verwendet wird, ist die Priesterkleidung, der Efod wurde umgegürtet, ebenso der אבנט, die Priesterschärpe.

Auf welchen Kontext die „metaphorischen" Verwendungen des Gürtens bezogen waren, ist heute schwer zu bestimmen. In Ps 65,13 wird beschrieben, wie sich die Hügel
„mit Jubel umgürten". Die „tüchtige Hausfrau" gürtet ihre Hüften „mit Stärke" (עוז)
(Spr 31,17). In Ps 109,19 wünscht der Beter, dass dem Frevler der Fluch wie ein Gürtel
sei, den er ständig umgürtet hat[509]. Eine Zuordnung der oben genannten Stellen zu
einzelnen Komplexen erfordert eine Einbeziehung der anderen Verben aus dem Bereich „Gürten". Vorerst kann nur festgestellt werden, dass sich keine der „metaphorischen" Verwendungen auf den vierten Kontext bezieht, die Priesterkleidung.

3.3.1.3 Das Anlegen des שׂק

Aus der Untersuchung des Verbs חגר ist zu schließen, dass die ältere und gebräuchli-
chere Art, einen שׂק anzulegen, darin bestand, den Sack mit Hilfe eines Strickes um die
Hüften zu gürten[510]. Denkbar wäre auch die Benutzung eines aufgeschnittenen Sackes
oder eines noch nicht weiter verarbeiteten Stoffstückes in einfacher Lage. Wahrscheinlicher ist jedoch die Verwendung eines unaufgeschnittenen Sackes, da dieser immer
zur Hand war. In diesem Fall ergibt sich eine doppelte Lage Stoff. Es muss ein recht
großer Sack gewesen sein, für einen Getreidesack sind die benötigten Maße
ca. 100 cm (Länge) H 50 cm (Breite) jedoch realistisch. Weil die Textilien unter Verwendung eines Strickes befestigt wurden, brauchten sie – anders als Wickelschurze –
kaum überlappen. Entweder wurden die Stricke an die Enden des Sackes angenäht oder
der Befestigungsstrick wurde ohne Fixierung um den Sack gewunden. Um bei dem
wahrscheinlich relativ unflexiblen Material genügend Halt zu gewährleisten, musste
der Strick mittig angesetzt werden, was wenig kleidsam aussieht. Das unästhetische
Aussehen entspricht jedoch genau dem Zweck der Minderungsgesten. Beide Methoden
des Sackanlegens haben den Vorteil, dass der Sack intakt bleibt und nach Beendigung
des Minderungszustandes wieder seiner ursprünglichen Verwendung zugeführt werden
konnte. Auf dem Hintergrund der im zweiten Hauptteil herausgearbeiteten Tatsache,
dass Textilien wertvoll waren und nicht unnötig verschwendet wurden, wird die Annahme, dass normale Getreidesäcke nicht oder kaum modifiziert wurden, um als Min-
derungstextilien zu dienen, noch plausibler.

---

[509] מזח ist ein sehr seltenes Wort, das nur an dieser Stelle vorkommt sowie in Jes 23,10, wo die Bedeutung
unklar ist – vgl. Gesenius 18. Aufl. z.St. Vgl. auch die Überlegungen Hönigs, 78, der Vergleiche mit dem
arabischen berim-Gürtel anstellt, der Tag und Nacht direkt auf der Haut getragen worden sein soll und
dessen Funktion nicht mehr bekannt ist. Eine Parallele wäre möglich, ich bleibe jedoch skeptisch.
[510] So auch Strack, H. L./Billerbeck, P., Kommentar zum Neuen Testament aus Talmud und Midrasch, 4/1
München 1928, 103.

Ob sich die Form des שׂק im Laufe der Zeit weiterentwickelt hat und der שׂק in späterer Zeit nicht mehr oder nicht mehr ausschließlich als Schurz getragen wurde, kann nicht mehr sicher eruiert werden. Ein Indiz für eine Weiterentwicklung ist das Zurückgehen des Verbs חגר für das Anlegen des שׂק in jüngeren Texten. Stattdessen wurde z.B. לבשׁ verwendet wie in Est 4,1f. oder Ps 35,13 und Ps 69,12 sowie Jon 3,5[511]. Vorstellbar ist, dass in einen großen Getreidesack Kopf- und Armlöcher geschnitten wurden. Es entstand damit ein kurzes Hemdgewand. Für das Anlegen eines in dieser Weise hergerichteten Sackes wäre לבשׁ das passende Verb.

Der Nachteil an dieser Art der Verwendung des שׂק für Minderungsgesten war, dass der Sack dabei beschädigt wurde und nach Beendigung der Minderungszeit geflickt werden musste, bevor er wieder als Futter- oder Getreidesack benutzt werden konnte. Dies könnte der Grund dafür sein, dass sich die Hemdgewand-Form des שׂק auch in jüngerer Zeit nicht überall durchgesetzt hat, sondern nur von wohlhabenden Menschen verwendet wurde, die sich einen speziellen שׂק für Minderungsriten leisten konnten.

3.3.1.4 Außerbiblische Belege

שׂק ist ein Primärnomen und kommt in den meisten semitischen Sprachen vor, allerdings nicht im Ugaritischen und Arabischen[512]. Eine Ableitung aus dem Ägyptischen wäre möglich. Dort gibt es ein Verb mit dem Bedeutungsumfang „zusammenfügen, zusammenraffen, zusammenziehen" und evtl. auch ein Nomen mit der Bedeutung „Sack". Diese mögliche Ableitung hilft jedoch hinsichtlich der Bedeutung des Sackgewandes für Minderungsriten nicht weiter, da der ś3ḳ in Ägypten wohl nicht als Kleidungsstück verwendet wurde[513].

Das Nomen s/šaqqu, im Altassyrischen, Alt- und Neubabylonischen sowie in Mari bezeugt, kann die Bedeutung „(Getreide-)Sack" haben und kommt vor allem in Wirtschaftstexten vor. Als Kleidungsstück mit dem Determinativ „TÚG" (=Textilien /Kleidung) ist der saqqu in einigen Listen zu finden. Es gibt nur einen Beleg für die Verwendung im Kontext von Minderungsriten[514]. Er findet sich auf der neubabylonischen Adad-guppi-Stele. Adad-guppi (so die traditionelle Namensform) (649–547 v. Chr.) war die Mutter des letzten neubabylonischen Königs Nabonid. Aus ihrem Namen und ihrer Ergebenheit für den Mondgott Sin von Haran wird geschlossen, dass sie Aramäerin war und aus Haran stammte[515]. Auf ihrer Stele, die wohl erst nach dem Tod Adad-guppis errichtet wurde, stellt sich diese in Ich-Form selbst vor und berichtet von ihren Taten. Sie beschreibt, wie sie in einer Notsituation, die durch den Fortgang des Gottes Sin aus seiner Stadt ausgelöst wurde, Selbstminderungsgesten vollzog, die nach 95 (!) Jahren von Erfolg gekrönt wurden. Sin zog wieder in seine Stadt ein und Adad-guppis Sohn konnte als neuer König Sins Tempel und Kult besonders prächtig

---

[511] So auch Schwally (Anm. 499), 175: „Im Zusammenhang mit der Verfeinerung der Cultur mag der Saq *größer* geworden sein. Deshalb wird wohl Esth. 4,1.2 Jon. 3,5 vom Anziehen desselben לבשׁ gebraucht."

[512] Vgl. Thiel (Anm. 501), 850.

[513] Erman, A./Grapow, H. (Hg.), Wörterbuch der aegyptischen Sprache Bd. IV, Berlin 1930 [ND 1971], 26 zu ś3ḳ: „eine Matte (aus Papyrus oder aus Rohr)".

[514] Vgl. CAD Vol. S, 169, AHw III, 1027 zu s/šaqqu(m).

[515] Vgl. dazu und zur Namensform Schaudig, H., Die Inschriften Nabonids von Babylon und Kyros' des Großen samt den in ihrem Umfeld entstandenen Tendenzschriften (AOAT 256), Münster 2001, 9f.

ausstatten. Die Königsmutter zählt folgende Handlungen auf: Ergreifen von Sins Saum (Col I, 12; 17), Gebet und Nasestreichen (19). Nach dem im Wortlaut wiedergegebenen Gebet um Rückkehr des Gottes gibt Adad-guppi an, zur Beruhigung der Götter auf prächtige Kleidung, Schmuck und Salben verzichtet zu haben (Col. I, 22–24) und stattdessen mit einem zerschnittenen Gewand bekleidet gewesen zu sein: (24) … ṣu-bat nak-su (25) la-ab-šá-ku-ma mu-ʿṣe-eʾ-a saq-qu-um-mu[516]. Zu übersetzen wäre: „… mit einem zerschnittenen Gewand war ich gekleidet; als meine Übergewänder (diente) ein Saq"[517]. Im letzten Abschnitt des Textes werden dann die ausgedehnten Trauer-handlungen beschrieben, die Nabonid zu Ehren seiner verstorbenen Mutter veranstalten ließ. Zu diesen bemerkte C.J. Gadd: „The mourning customs described in these lines, obscured though they are by damage to the text, are unattested in Babylonian religion"[518]. Ihm war schon die Ähnlichkeit zu Trauergebräuchen der biblischen Welt auf-gefallen, die sicher auch für den oben zitierten Text gilt[519].

Es gab für „Trauergewand" im Akkadischen auch noch das Nomen bašāmu (bešāmu), das neben der Bedeutung „Sack" ebenfalls im Kontext von Minderungsriten verwendet wurde. Aber auch dafür gibt es nur einen Beleg. In dem sog. Gottesbrief Assarhaddons bzw. Assurbanipals wird von den Minderungsriten eines namentlich nicht genannten Königs von Šubria berichtet. Der König von Šubria hatte Flüchtlingen Asyl gewährt und ihre Auslieferung verweigert. Auf einen Drohbrief des Königs von Assyrien rea-gierte er dann aber völlig verstört und vollzog Minderungsgesten: „(3) Sein königliches Gewand zog er aus und bekleidete seinen Leib mit einem Sack, dem Kleide eines Büs-sers; (4) sein Äusseres verunstaltete er, wurde zum Sklaven und gesellte sich zu seinen Knechten. (5) Mit Flehen, Bitten und Demütigung kniete er auf der Mauer seiner Stadt, (6) indem er gepresst Wehschreie ausstiess und mit geöffneten Händen meine Herr-schaft anflehte. (7) Immer wieder kündete er die Stärke meines Herrn Assur und das Lob meiner Tapferkeit und rief: ‚Gnade!'"[520]. Danach schrieb der bedrängte König einen Ergebenheitsbrief, der jedoch erfolglos blieb. Assarhaddon belagerte und erober-te die Hauptstadt Uppume. Daraufhin ließ der (vorher geflohene) König ein Bild (ṣa-lam) anfertigen, dieses in den bašāmu hüllen und zum assyrischen König herausbrin-gen. Aber auch das nützte nichts: (49) „Ich sprach ihm nicht Verzeihung zu"[521].

---

[516] Schaudig, 503. Warum Podella (Anm. 443), 39f., zwar die Zeile bis zu dieser Stelle wiedergibt, dann aber mu-ʿṣe-eʾ-a saq-qu-um-mu nicht übersetzt, ist rätselhaft. Hat er diesen Abschnitt übersehen?

[517] Die letzte Selbstminderungshandlung Adad-guppis ist das „lautlose Ausgehen". Was damit genau gemeint ist, bleibt unklar, aber auch für diesen Gestus gibt es eine alttestamentliche Parallele in 1 Kön 21,27. Nach Anhören der Unheilsweissagung über ihn zerreißt Ahab seine Kleider, legt den Sack um, fastet, schläft im Sack und „geht still/sanft einher". Da das „stille bzw. lautlose Ausgehen" nur bei Selbstminderungshandlungen eines Königs und einer Königsmutter genannt wird, könnte damit der Ver-zicht auf ein sonst übliches mit Musik (z.B. Blasinstrumente) untermaltes Ausgehzeremoniell gemeint sein.

[518] Gadd, C. J., The Harran Inscriptions of Nabonidus, AnSt 8 (1958), 35–91 (55); vgl. zum Folgenden 55f.

[519] Schaudig, 502, scheint die biblischen Parallelen nicht wahrgenommen zu haben, sonst würde er die Ablehnung der These, „daß Adad-guppi eine Priesterin gewesen sei", nicht nur mit dem aramäischen Brief aus Elephantine begründen, wo Sacktragen als Ausdruck der privaten Frömmigkeit belegt ist (der Brief Cow 30 wird in diesem Abschnitt unten genauer besprochen).

[520] Umschrift und Übersetzung aus Borger, R., Die Inschriften Asarhaddons Königs von Assyrien (AfO.B 9), Graz 1956, 102ff.

[521] Ebd.

Im Mittel- und Neuassyrischen gab es das Wort sagu, laut AHw evtl. eine Art Arbeitsschurz, den man (zur Strafe) um die Hüften band. In einem Text Tiglathpilesers III. beschreibt dieser, wie ein verängstigter König „sich mit einem sagu bekleidete"[522].

Im Aramäischen ist ein Beleg aus dem 5. Jahrhundert überliefert: ein Bittschreiben der jüdischen Kolonie in Elephantine an den persischen Statthalter in Juda. Es sind zwei Kopien erhalten, die in Ägypten gefunden wurden. Der besser erhaltene ist unter der Bezeichnung pCow 30 bekannt[523]. Der Inhalt ist folgender: Bei antijüdischen Unruhen – als Hauptschuldige werden die Ḫhnum-Priester und der Gouverneur Widrang genannt – wurde der Jahu-Tempel zerstört. Nun bittet Jedoniah, wahrscheinlich der Priester der Kolonie[524], zusammen mit seinen Kollegen den Statthalter von Judäa um Hilfe beim Wiederaufbau. Er beklagt sich, schon vergeblich an seinen Jerusalemer Amtsbruder Johanan appelliert zu haben. Nach der Tempelzerstörung fastete und betete die Bevölkerung (pCow 30,15)[525]:

Und sobald das geschehen war, kleideten wir uns mit	וכזי כזנה עביד אנחנה עם נשין ובנין
unseren Frauen und Kindern in Säcke und wir fasteten	שקקן לבשן הוין וצימין
und beteten zu Jahu, dem Herrn des Himmels.	ומצלין ליהו מרא שמיא

In den Zeilen 20f. wird das Fasten genauer erläutert, indem die Annehmlichkeiten, auf die man verzichtet, aufgezählt werden: Körperpflege und Weingenuss. Der Verzicht auf Geschlechtsverkehr wird nur diskret angedeutet mit der Umschreibung, dass ihre Frauen „wie eine Witwe" seien[526].

Und seit diesen Tagen sind wir in Säcke gekleidet	20 ועזנה יומא אנחנה שקקן לבשן
und wir fasten. Und unsere Frauen: wie eine Witwe wurden	וצימין נשיא זילן כארמלה עבידין
sie. Mit Öl salbten wir uns nicht	משח לא משחין
und wir tranken keinen Wein.	21 וחמר לא שתין

---

[522] Erstedition D. J. Wiseman, Iraq 13, 1951, 21 ff. (Pl. XI) = ND 400 = jetzt BM 131982; vgl. neben R. Borger in Galling, K. (Hg.), Textbuch zur Geschichte Israels, Tübingen ³1979, 56 jetzt Tadmor, H., The Inscriptions of Tiglath-Pileser III. King of Assyria: Critical Edition, with Introductions, Translations and Commentary, Jerusalem 1994, Summary Inscription 8, 156–179 (176ff.). Nach Tadmor, 176, ist TÚG sagu kein weiteres Wort neben Akkadisch s/šaqqu, sondern eine phonologische/dialektale Variante.

[523] Es ist wohl der Entwurf des Originalbriefes (viele Streichungen und Einfügungen sowie schlechte Handschrift), vgl. dazu Cowley, A., Aramaic Papyri of the Fifth Century B.C., Oxford 1923, 111.

[524] Die Meinung, Jedoniah sei Priester gewesen, wird nicht von allen Forschern geteilt, vgl. Cowley, 110f.

[525] Text nach Porten, B./Yardeni, A., Textbook of Aramaic Documents from Ancient Egypt. Vol. 1: Letters, Winona Lake 1986, 68 (identisch mit Cowley, 112).

[526] Diese Deutung ist sowohl der Sache als auch der Textart angemessen. Sexuelle Enthaltsamkeit wird zwar im Alten Testament im Zusammenhang mit dem rituellen Fasten nicht explizit erwähnt, in der jüdischen Tradition jedoch ganz selbstverständlich angenommen, zusammen mit den auch hier genannten Elementen Alkoholabstinenz und Verzicht auf das Salben, vgl. dazu Strack/Billerbeck (Anm. 510), 105. – Podella (Anm. 443), 119f., nimmt an, dass die Frauen als Gemahlinnen des Gottes um ihn trauern, der sie verlassen hat und führt dazu Jes 54,4–5 an: „Den trauernden Frauen in Elephantine entspricht in Jes 54 die Vorstellung vom personifizierten Jerusalem, so daß ein Vergleich der Texte gerechtfertigt ist. Mit der Aussage über die Witwenschaft setzen sie die Vorstellung voraus, daß Jahwe/Jahu als Gemahl seiner Verehrer angesehen werden kann, und daß die Zerstörung seines Heiligtums als Aufhebung dieser ‚ehelichen' Beziehung gilt" (120). Diese Interpretation des Textes ist nicht überzeugend, da die Aussage, dass die Frauen „wie eine Witwe" seien, mitten in einer Aufzählung von Selbstminderungshandlungen steht. Es ist unwahrscheinlich, dass solche Reihung durch eine allegorisch-theologische Aussage, die auch falsch verstanden werden konnte, unterbrochen wurde.

Der Vers wird fortgesetzt mit der Klage, dass seit damals bis zur Abfassung des Briefes kein Opferbetrieb mehr stattgefunden habe. Darauf folgt der dringende Appell, für den Wiederaufbau des Tempels zu sorgen[527].
Geradezu verblüffend ist die antithetische Parallele zu den einzelnen Elementen in Pred 9,7–9 – nur die Reihenfolge ist anders.

7 Geh, iss mit Freude dein Brot	לֵךְ אֱכֹל בְּשִׂמְחָה לַחְמֶךָ
und trink mit frohem Herzen deinen Wein!	וּשֲׁתֵה בְלֶב־טוֹב יֵינֶךָ
Denn schon gefielen Gott deine Werke.	כִּי כְבָר רָצָה הָאֱלֹהִים אֶת־מַעֲשֶׂיךָ׃
8 Zu jeder Zeit seien deine Kleider weiß,	בְּכָל־עֵת יִהְיוּ בְגָדֶיךָ לְבָנִים
und an Salböl auf deinem Kopf soll es nicht mangeln.	וְשֶׁמֶן עַל־רֹאשְׁךָ אַל־יֶחְסָר׃
9 Genieße das Leben mit der Frau, die du liebst,	רְאֵה חַיִּים עִם־אִשָּׁה אֲשֶׁר־אָהַבְתָּ
alle Tage deines nichtigen Lebens.	כָּל־יְמֵי חַיֵּי הֶבְלֶךָ

Ob es ein generelles Phänomen war, dass Selbstminderungshandlungen in der Weisheit nicht beliebt waren, kann nur vermutet werden, besonders reichhaltig sind die Vorkommen in den biblischen Weisheitstexten jedenfalls nicht. Es ist jedoch sehr gut möglich, dass es in der lebensbejahenden Weisheit darum ging, einer übertriebenen und unangemessenen Praxis von Selbstminderungshandlungen entgegenzuwirken.

Ein jüngeres Beispiel für das außerbiblische Vorkommen des Sackes ist die Erzählung von Rabbi Jona (um 350 v. Chr.). Es heißt, dass sich Rabbi Jona bei Regenmangel einen Sack geben ließ und seinen Leuten mitteilte, er wolle Getreide holen. Dann versteckte er sich jedoch, hüllte sich in den Sack und bat um Regen[528]. Diese Erzählung stützt die Vermutung, dass tatsächlich ganz normale, intakte Getreidesäcke bei den Selbstminderungshandlungen verwendet wurden.
σάκκος kommt zwar auch im klassischen Griechisch vor[529], aber der Bezug auf Minderungsriten scheint nicht bestanden zu haben[530]. Über das Griechische fand der שק Eingang ins Lateinische (saccus) und gelangte so als Lehnwort in die deutsche Sprache[531]. Auch hier findet sich ein breiter Bedeutungsumfang. Der einzige sich auf Minderungszustände beziehende Ausdruck „in Sack und Asche" ist jedoch aus der Bibel übernommen und damit im Deutschen etymologisch wohl nicht mit dem „normalen" Sack verwandt, sondern hat eben diesen Überlieferungsweg genommen.
Es ist festzuhalten, dass das שק–Tragen als Darstellung eines Minderungszustandes ursprünglich auf den westsemitischen Raum beschränkt war. Vielleicht war es sogar nur im hebräischen und aramäischen Kulturkreis (man denke an das Fehlen in Ugarit) gebräuchlich. Es ist jedoch anzunehmen, dass das Wissen um diesen „kulturellen Code" nicht auf das Gebiet, in dem die Handlung kulturimmanent war, beschränkt war.

---

[527] Der Bittbrief wurde positiv aufgenommen, wie aus pCow 32, einer Aktennotiz über die mündlich überbrachte Botschaft, hervorgeht (vgl. Cowley, 122f.). Es kam jedoch trotzdem nicht zum Wiederaufbau des Tempels, denn in pCow 34 wird von der Verhaftung Jedoniahs berichtet (vgl. Cowley, 126f.).
[528] Vgl. Strack/Billerbeck (Anm. 510), 111 (bTaan 23a, 32).
[529] Vgl. Liddell, H. G./Scott, R., A Greek-English Lexicon. A New Edition, Oxford ⁹1940 (ND 1953), z.St.
[530] Stählin (Anm. 499), 59. Dort auch weitere Bedeutungsmöglichkeiten für σάκκος.
[531] Vgl. Kluge, F., Etymologisches Wörterbuch der deutschen Sprache, Berlin/New York ²⁴2002, 779. Die dort behauptete Herleitung aus dem Assyrischen ist sehr unsicher. Problematisch ist jedenfalls – wie oben (166) gezeigt – die Übersetzung von šaqqu als „Sack, Büßergewand".

Da das שק–Tragen nur ein Element aus einer Reihe weiterer Minderungsgesten war, kann angenommen werden, dass es auch für Fremde „lesbar" war.

3.3.2 Kulturimmanente Verwendungsweise

3.3.2.1 Anlässe für das שק-Tragen

Man kann zwei verschiedene Anlässe für Minderungsgesten unterscheiden: eingetretene Unglücksfälle und drohende Schicksalsschläge, die man mit Selbstminderungsgesten noch abzuwenden versucht[532]. שק-Tragen steht selten in Verbindung mit eingetretenem Unglück, häufiger im Rahmen von Selbstminderungsgesten bei drohender Katastrophe. Es lässt sich die These aufstellen, dass auch an Stellen, wo der שק nach einem zweifelsfrei eingetretenen Unglücksfall angelegt wird, eher noch weiteres Unheil, das aus dem eingetretenen Unglück vielleicht noch entstehen könnte, im Blick ist. Ein Todesfall ist ein eingetretenes Unglück. Zweimal wird das שק-Tragen im Rahmen der Totenklage erwähnt: Gen 37,34 und 2 Sam 3,31. Es ist jeweils kombiniert mit dem Kleiderzerreißen. In Gen 37,34 zerreißt Jakob seine Kleider und gürtet den שק um, weil er aus dem blutigen Hemdgewand, das die älteren Söhne ihm überreichen ließen, auf den Tod seines Lieblingssohnes Joseph schließen muss. Besonders schlimm ist dieser Tod, weil Joseph nicht bestattet werden kann, da sein Leichnam nicht aufzufinden ist. Aus diesem Grund kann Jakob die Trauerbräuche nicht rite durchführen. Vielleicht könnte sich auch noch weiteres Unheil ergeben, weil der Leichnam unbestattet geblieben war.

Um einen auf andere Art problematischen Todesfall handelt es sich in 2 Sam 3,31. Abner ist von Joab ermordet worden, Joab wird aber dafür zunächst nicht von David zur Rechenschaft gezogen. David beteuert nur seine eigene Unschuld an dem Verbrechen und verordnet Kleiderzerreißen und שק-Tragen. Erst in 1 Kön 2,5 wird ausgesprochen, was den Rezipienten wahrscheinlich schon längst klar war: Joab hat „den Frieden mit Kriegsblut belastet" und verdient dafür den Tod. Das שק–Tragen kann also in diesem Fall als ein Versuch gelten, das wegen ungesühnter Blutschuld drohende Unheil abzuwenden.

Thiel ordnet auch einige weitere Stellen als „Reaktion auf eine bereits eingetretene Katastrophe" ein, z.B. Jer 6,26, Am 8,10 und Jo 1,8. Besonders an dem von ihm genauer erläuterten Beispiel 1 Kön 20,31 wird deutlich, wie stark die Einordnung von der Deutung beeinflusst ist. Thiel hält das Anlegen des שק in diesem Fall für die „Konsequenz der vernichtenden Niederlage, die die Aramäer gegen Israel erlitten haben"[533]. Eine textnahe Interpretation legt jedoch nahe, dass Benhadad und seine Leute den שק anlegen, um dem drohenden Tod zu entgehen. Diese Begründung für ihr Handeln wird

---

[532] Ich verwende die Regel, dass ein drohender Unglücksfall immer dann vorliegt, wenn ein Unglück noch nicht eingetroffen ist. Manchmal wird die Untergruppe „zwar noch nicht eingetroffen, aber als mit Sicherheit eintreffend angesehen" postuliert, entsprechend werden dann noch nicht eingetroffene Unglücksfälle zu den doch schon eingetroffenen gezählt. Eine so dehnbare Klassifikation ist unbefriedigend. Thiel (Anm. 501), 851ff., arbeitet mit der beschriebenen Einteilung, deshalb stimmen meine Beobachtungen nicht mit denen Thiels überein.

[533] Thiel, 852.

ihnen jedenfalls selbst in den Mund gelegt. „Sieh doch, wir haben gehört, dass die Könige des Hauses Israel gnädige Könige sind. Lass uns doch Sacktuch um unsere Hüften legen und Stricke um unsere Köpfe und zum König von Israel hinausgehen! Vielleicht lässt er dich am Leben"[534].

Auch wenn wie in Jer 6,26, Am 8,10 und Jo 1,8 als *Vergleich* die Trauer um den einzigen Sohn bzw. den Verlobten genannt wird, muss das nicht bedeuten, dass es sich bei dem *Grund* für die Trauer um ein schon eingetretenes Unglück handelt. Wahrscheinlicher ist, dass damit etwas über die *Intensität* der Trauer ausgesagt werden soll. In Jer 6,26 z.B. wird im PK formuliert, was auf ein künftiges Unheil schließen lässt.

Es lässt sich festhalten, dass die Tendenz bestand, den שׂק bei *drohendem* Unglücksfall zu tragen, bei schon eingetroffener Katastrophe dagegen die Kleider zu zerreißen. Ein Indiz dafür ist auch, dass Kleiderzerreißen viel öfter im Zusammenhang mit einem schon zweifelsfrei eingetretenen Unglück steht, ca. 20–mal.

Anlässe für das Anlegen des Sackes konnten neben problematischen Todesfällen und den schon genannten Anlässen Kalamitäten verschiedener Art sein, z.B. Ankündigung des eigenen Todes (1 Kön 21,27), Belagerung einer Stadt (2 Kön 6,30; 2 Kön 19,1f.), drohender Pogrom (Est 4,1f.), allgemeine Kriegsnot, z.T. mit Exilierung oder Zerstörung der Wohnorte verbunden (Jes 3,24, Jer 6,26, 49,3), Hungersnot (Jo 1,8.13).

3.3.2.2 Nächtliches שׂק-Tragen

Eine Verschärfung der Selbstminderung war das Übernachten im שׂק. Dass die Priester in Jo 1,13 zusätzlich zum Sacktragen bei Tage aufgefordert wurden, auch die Nacht im שׂק zu verbringen, spricht dafür, dass dies eine Verstärkung der Minderung war. Auch in 1 Kön 21,27 wird berichtet, dass Ahab den שׂק anlegt und darin schläft. Evtl. wird dies auch in Est 4,3 und Jes 58,5 angedeutet.

Dass der שׂק auch als Schlafunterlage im Kontext von Minderungsriten verwendet wurde, könnte aus Est 4,3 geschlossen werden. Für שׂק יצע ואפר לרבים müsste es dann heißen: „Sack und Asche war vielen als Lager ausgebreitet". Sowohl diese als auch die einzige andere Belegstelle in Jes 14,11 kann jedoch auch so verstanden werden, dass die Betreffenden *in* die genannten Gegenstände „gebettet" bzw. mit ihnen bedeckt oder umhüllt waren. Da es keinen eindeutigeren Beleg für den שׂק als Schlafunterlage gibt, ist davon auszugehen, dass es diesen Brauch in alttestamentlicher Zeit nicht gab.

3.3.2.3 Die Funktionen des Symbolsystems „שׂק-Tragen":

Durch das Anlegen und Tragen des שׂק wurde dem Betreffenden eine bestimmte Rolle zugewiesen, die des Trauernden und Büßenden. Wichtig daran ist, dass dieser Status durch das שׂק–Tragen nach außen sofort und unverwechselbar sichtbar wurde.

Auch bei der Strukturierung von Handlungszusammenhängen spielte der שׂק eine wichtige Rolle. Wie kaum eine andere Geste aus dem Repertoire der Selbstminderungsriten

---

[534] Ähnlich Ps 35,13: Thiel sieht als Anlass die eingetretene Krankheit selbst. Genauso möglich ist es aber, dass der drohende Tod durch die Krankheit Auslöser für die Durchführung von Minderungsriten war. Weitere von Thiel als Reaktion auf eingetroffenes Unheil klassifizierten Stellen sind Jes 15,2 und Jer 48,37.

symbolisierte das Tragen eines שק einen länger dauernden Zustand. Auch wenn gerade keine Handlung (z.B. Kleiderzerreißen, Staub-Werfen, An-die-Brust-Schlagen) vollzogen wurde, blieb der Minderungszustand im Bewusstsein sowohl des Betroffenen (durch das durch den groben Stoff verursachte unangenehme Hautgefühl) als auch der Zuschauenden. Wo der שק auch als Nachtlager diente, war der geminderte Zustand sogar in dieser Zeit präsent. Anders als das Zerreißen der Kleidung konnte das Anlegen des שק nicht spontan stattfinden, da ja ein solches „Kleidungsstück" nicht sofort zur Hand war.

Mit dem שק–Tragen verknüpft war ein kulturelles Regelsystem, das zwar über die Jahrhunderte hinweg nicht konstant blieb, aber für jede Zeit in Kraft war. So konnte man in persischer Zeit z.B. im שק nicht ins Tor des Königs gehen. Dieses Wissen war sicherlich vor Ort allen gemeinsam, vielleicht jedoch nicht in Gegenden, die weit von der Residenz entfernt waren. Wahrscheinlich waren die meisten anderen mit dem שק verbundenen Regeln so allgemein bekannt, dass sie in den Texten nicht vermerkt wurden. So wissen wir z.B. nicht, ob der Tempelbesuch im שק möglich war. In 2 Kön 19,1 wird davon berichtet, dass Hiskia im שק ins Haus des Herrn geht, aber ob das für jeden galt oder nur für den König in einer gesamtgesellschaftlichen Notsituation, wissen wir nicht.

Die gemeinschaftsschaffende Funktion des שק–Tragens ist offensichtlich, die Mehrzahl der Belege handelt vom kollektiven שק–Tragen, z.B. 2 Sam 3,31, Jer 4,8, Jer 49,3 (Töchter von Rabba) oder Klgl 2,10 (die Ältesten). Diese gemeinschaftsschaffende Funktion scheint eine solche Ausstrahlungskraft gehabt zu haben, dass der Topos in innovativer Weise verwendet wurde, z.B., um in Jon 3 die Leidensgemeinschaft von Mensch und Tier zu symbolisieren.

Für die Erstrezipienten war die שק–Symbolik hervorragend geeignet, um individuelle Handlungen zu interpretieren – nicht nur Handlungen, die dem kulturimmanenten Schema entsprachen, sondern auch solche, die ungewöhnlich waren, z.B. Rizpas Ausbreiten des Sackes (2 Sam 21,10). Das Problem für die heutige Leserin ist, dass sie den kulturellen Code, der hinter den Handlungen steckt, nur noch bruchstückhaft kennt. Deshalb bleibt für sie manche Handlung uninterpretierbar.

3.3.3 Innovative Gebrauchsweise des שק-Tragens

Es ist heute schwer, die Grenzen des kulturimmanenten Bedeutungsumfeldes „שק-Tragen" festzulegen. Gehörte z.B. das Anlegen des שק auch für das Vieh in besonders schlimmen Lagen zur kulturimmanenten Symbolik? Es gibt nur den einen Beleg in Jon 3,8. Ist die Handlungsweise Rizpas (2 Sam 21,10) etwas Ungewöhnliches oder liegt ihr eine kulturimmanente Symbolik zugrunde, deren Struktur uns nicht mehr bekannt ist? Gab es die Sitte, unter gewissen Umständen einen שק *unter* der normalen Kleidung zu tragen, wie in 2 Kön 6,30 von einem Nordreich-König berichtet wird?

Im Folgenden wird davon ausgegangen, dass es jeweils um ungewöhnliche Handlungen geht. Die genannten Stellen sind deshalb ausführlicher zu untersuchen. In den letzten beiden Abschnitten werden Belege untersucht, die in poetischer Sprache abgefasst sind und in denen mit der שק–Symbolik innovativ umgegangen wird.

3.3.3.1 Das Vieh im שׂק: Jon 3

Nachdem Jona einen Tag lang in Ninive gepredigt hatte „noch 40 Tage und Ninive ist zerstört" und sich die Nachricht herumgesprochen hatte, rief man ein Fasten (צום) aus. Als konkrete Handlung wird berichtet, dass sich Groß und Klein in שׂקים kleidete. Wer genau dieses Fasten ausrief, wird nicht präzisiert. Es sind irgendwelche „Männer" (אנשׁי נינוה) (V. 5), von denen nicht berichtet wird, ob sie dazu legitimiert waren. Im nächsten Vers wird erzählt, wie „das Wort" – also Jonas Ausspruch – dem König zu Ohren kam[535]. Auch er vollzog danach sofort Selbstminderungsgesten:

1. Heruntersteigen vom Thron
2. Ablegen des Mantels
3. Einhüllen in den שׂק
4. In den Staub setzen.

Außerdem ließ er einen offiziellen Befehl geben, wie das Fasten genau stattfinden solle (der Terminus צום wird allerdings nicht verwendet) und wer davon betroffen sei: Menschen und Vieh sollen weder essen noch trinken und sich in Säcke hüllen. Nachdem diese „äußerlichen" Handlungen befohlen worden sind, kommen die „innerlichen": Zu Gott rufen, umkehren, sich von den bösen Taten sowie vom Unrecht, das an den Händen klebt, abwenden (V. 8). Der letzte Satz (V. 9) drückt die Hoffnung aus, dass das Unglück noch abzuwenden sei.

Alles scheint den Regeln zu entsprechen bis auf den Befehl des Königs, auch die Tiere in die Selbstminderungshandlungen einzubeziehen. Eine mögliche Erklärung für die ungewöhnliche Ausdehnung des Fastens und שׂק-Tragens auch für das Vieh wäre die, dass der Autor das eigenartige und „fremde" Verhalten der Niniviten darstellen wollte. Eine solche ironische Darstellung fremder „kulturimmanenter" Symbolik scheint den alttestamentlichen Autoren jedoch fremd gewesen zu sein. Wahrscheinlicher ist, dass hier eine Steigerung der Wirkung beabsichtigt ist. Die „Leute" Ninives hatten ja schon ein Fasten ausgerufen, an das sich alle hielten. Der König hätte dies nur bestätigen können oder – so wie er es dann auch tat – eine Verschärfung anordnen müssen. Der Autor hätte nun eine kulturimmanente Verschärfung wählen können, z.B. das Übernachten im שׂק. Es kann aber auch sein, dass der Verfasser bewusst die Grenzen der kulturimmanenten Symbolik sprengen wollte. Diese Möglichkeit passt zum Duktus der Erzählung am besten. Die Grenze der kulturimmanenten Symbolik wird in der Erzählung gesprengt durch die Anwendung einer kulturimmanenten Handlung auf eine gewöhnlich nicht davon betroffene Gruppe, die Haustiere. Durch diesen Kunstgriff des Erzählers wird eine weitere sprachliche Erklärung vermieden. Es liegt ein innovativer Gebrauch von Textilsymbolik vor: In Ninive hat eine Bußbewegung von noch nie da gewesener Intensität stattgefunden.

---

[535] Da mit einem Narrativ formuliert ist, muss von einem ganz normalen Erzählfortschritt ausgegangen werden. Den Vers als „nachholende Explikation zu verstehen", wie es Hans Walter Wolff und einige andere tun, ist zwar möglich, aber unwahrscheinlich, vgl. Wolff, H. W., Dodekapropheton 3. Obadja und Jona (BK XIV/3), Neukirchen-Vluyn 1968, 120. In der von Wolff beigebrachten Vergleichsstelle Jon 1,10b ist im AK mit כי formuliert, so dass der Vergleich sehr problematisch ist. Der Text ist auch ohne einen plusquamperfektischen Gebrauch des Narrativ gut verständlich. Bedauerlich ist, dass auch Lux, R., Jona. Prophet zwischen ‚Verweigerung' und ‚Gehorsam'. Eine erzählanalytische Studie, Göttingen 1994, 134ff., ohne weitere Diskussion von einer nachholenden Erklärung ausgeht.

Obwohl hier ein innovativer Gebrauch der kulturimmanenten Symbolik vorliegt, hilft die Beschreibung als Metapher nicht weiter, evtl. könnte man von einer Art Intensivbildung innerhalb der „Grammatik des Textilen" sprechen, also einer Steigerung im Sinne von „groß – größer – am größten". Auch die Beschreibung als Hyperbel könnte die Sache treffen. Wichtig ist, dass es sich um ein Stilmittel 1. Ordnung handelt, das innerhalb der Textilsprache bleibt und innerhalb dieser „lesbar" ist.

Bekleidung ist eine spezifisch menschliche Angelegenheit, da mutet es seltsam an, dass in Jon 3 auch die Tiere „bekleidet" werden sollen – sofern denn שׂק als Kleidung zu gelten hat. Es ist wichtig, genau zu beachten, welche Aussageabsicht der Verfasser des Textes hatte. Es ging ihm wahrscheinlich darum, darzustellen, dass Menschen und (Haus-)Tiere eine Gemeinschaft sind. In einem Fall, in dem auch die Vernichtung des Viehes droht, muss dieses in die Rituale der Selbstminderung mit einbezogen werden. Auch wenn die Jona-Erzählung fiktional ist, innerhalb der Geschichte ist das Geschehen sinnvoll: Die Tiere leiden nicht nur unter Entzug von Nahrung und Wasser, sondern auch unter störenden Stoffstücken, die ihnen umgehängt werden. Da der שׂק nur in einem sehr eingeschränkten Sinne ein Kleidungsstück war und eher in die Kategorie „Ritualgegenstand" gehörte, ist die Formulierung, die Tiere seien „bekleidet" worden, schon zu stark[536]. Im Text selbst findet sich das neutralere Verb כסה (bedecken).

An der Episode mit den שׂק–tragenden Tieren wird deutlich, dass die Sichtweise begründet ist, der שׂק sei kein „richtiges" Kleidungsstück. Normalerweise bedeutet das Anlegen eines Kleidungsstückes eine Statuserhöhung. Ablegen, Beschädigen oder Wegnehmen von Kleidung meint dagegen eine Statusminderung. Beim שׂק gilt dies jedoch nicht. Weil das Tragen des Sacktuches unabhängig von der sonstigen Kleidungssymbolik war, konnte es auch auf nichtmenschliche Subjekte übertragen werden.

3.3.3.2 Rizpas שׂק: 2 Sam 21,10

Und es nahm Rizpa, die Tochter Ajas den Sack und sie breitete ihn für sich zum Felsen hin aus vom Erntebeginn bis sich Wasser vom Himmel über sie (die Toten) ergoss. Sie ließ nicht zu, dass sich die Vögel des Himmels bei Tag und die Tiere des Feldes bei Nacht auf ihnen niederließen.	וַתִּקַּח רִצְפָּה בַת־אַיָּה אֶת־הַשַּׂק וַתַּטֵּהוּ לָהּ אֶל־הַצּוּר מִתְּחִלַּת קָצִיר עַד נִתַּךְ־מַיִם עֲלֵיהֶם מִן־הַשָּׁמָיִם וְלֹא־נָתְנָה עוֹף הַשָּׁמַיִם לָנוּחַ עֲלֵיהֶם יוֹמָם וְאֶת־חַיַּת הַשָּׂדֶה לָיְלָה:

Die kleine Episode, die sich an den Bericht über eine Hungersnot und die Tötung von sieben Repräsentanten der Sauliden anschließt, gibt Rätsel auf[537]. Klar ist nur, dass David nach Rizpas Intervention die Gebeine der Getöteten im Familiengrab der Saul-Sippe bestatten lässt.

Die hier mit dem שׂק in Verbindung stehenden Verben (לקח und נטה) sind unspezifisch und kommen sonst nie zusammen mit dem שׂק vor. Es ist trotzdem unwahrschein-

---

[536] Womit nicht gesagt werden soll, der שׂק sei in irgendeiner Art „heilig" gewesen, wie von Schwally (Anm. 499), 174, behauptet worden ist: „Alte, im Aussterben befindliche Trachten bekommen leicht *heiligen* Charakter". Leider kann man aus dem Kontext nicht entnehmen, was für einen Heiligkeitsbegriff Schwally zugrunde legt.

[537] Hier braucht nicht erörtert zu werden, ob der Vorfall „wirklich" stattgefunden hat. Darum geht es nicht. Statt „das Innovative an Rizpas Handlungsweise" könnte auch formuliert werden: „… der innovative Einfall des Autors, der Rizpa in dieser Weise handeln lässt".

lich, dass der Sack an dieser Stelle nichts mit Minderungsgesten zu tun hat und es nur um die Stoffeigenschaft geht. Zum einen spricht die Determination dagegen, zum anderen dachte wahrscheinlich jeder Rezipient des Textes an den Sack als Ausdruck eines Minderungszustandes, weil es sich ja um eine Notsituation handelte[538]. Die Beschreibung bei Gesenius-Kautzsch drückt exakt aus, aus welchem Grund שׂק an dieser Stelle determiniert ist: „... zur Bezeichnung von Personen oder Dingen, die insofern näher bestimmt sind, als sie in einer gegebenen Sachlage naturgemäß in Betracht kommen und demgemäß vorausgesetzt werden müssen"[539]. Es gibt sogar zwei Gründe, warum man bei Rizpa einen Sack erwarten konnte: Die seit drei Jahren während Hungersnot wäre Grund genug, den Minderungsschurz zu umgürten. Dazu kommt der Tod ihrer Söhne, der zwar allein noch nicht unbedingt das Sacktragen rechtfertigen würde (Kleiderzerreißen wäre da angemessen), jedoch durch die Umstände und vor allem das Unbestattetsein der Leichname das Anlegen des שׂק nahe legt.

Es wird aber weder vom Anlegen des שׂק noch von anderen Minderungsgesten berichtet. Wurde das als selbstverständlich vorausgesetzt? Wahrscheinlich nicht, denn in Bezug auf den Sack ergibt sich eine Schwierigkeit: Rizpa kann den Sack entweder umgürten oder auf dem Felsen ausbreiten, nicht beides gleichzeitig. Das Ausbreiten des Sackes bei Nacht wäre konventionell, denn man hat wahrscheinlich unbekleidet geschlafen und statt der sonst als Decke bzw. Umhüllung gebrauchten שׂמלה eben den Sack verwendet. Rizpa hatte jedoch ihren שׂק Tag und Nacht auf dem Felsen ausgebreitet. Wenn man nicht annehmen will, dass Rizpa nackt war, muss daraus geschlossen werden, dass Rizpa keine konventionellen Minderungsgesten vollzog.

Vielleicht war gerade das das Innovative und Ungewöhnliche an Rizpas Handlungsweise: Sie entfremdete den שׂק seinem normalen Zweck, um etwas Schutz vor dem harten Felsen zu haben, wo sie ausharren musste, um eine Schändung der Leichname zu verhindern. Durch das demonstrative Verweigern von Trauergesten und durch das Verwenden eines dazu nötigen Utensils in anderem Kontext bringt sie zum Ausdruck, dass das Geschehene unakzeptabel ist. Ein König muss zwar die berechtigte Forderung nach Blutrache erfüllen, er darf jedoch den Getöteten die Bestattung nicht verweigern. Dagegen richtet sich der Protest Rizpas.

Rizpas Handeln ist eine innovative Symbolhandlung 1. Ordnung, die jedoch weder als Metapher noch als Intensivbildung klassifiziert werden kann. Am ehesten könnte man die Handlung in der „Grammatik des Textilen" als einen Appell bezeichnen. David versteht diesen Appell und geht auf ihn ein. Rizpa wird so mit einem Charakterzug ausgestattet, der an vielen Frauen innerhalb der Davidshausgeschichte zu beobachten ist: Sensibilität dafür, „was man tut und was man nicht tut in Israel" (2 Sam 13,12) und subtile Klugheit, dies den Männern geschickt mitzuteilen[540].

---

[538] Thiel (Anm. 501), 850, ordnet diese Stelle zusammen mit Jes 3,24 der Gruppe „Stoff" zu. Er konstatiert aber, dass „der Gebrauch des saq als Trauer- und Bußgewand zumindest anzuklingen" scheint. Trotzdem grenzt er den Gebrauch hier vom „normalen" Sackgewand ab.

[539] Gesenius-Kautzsch §126 g. Es wäre auch möglich, den Artikel als Kennzeichnung des Gattungsbegriffs „Sackstoff/Ziegenhaarstoff" (vgl. Gesenius-Kautzsch §126 n) aufzufassen. Dies ist jedoch unwahrscheinlich, weil der Sack in einem Zusammenhang, der von Minderung bestimmt ist, spezifisch konnotiert ist.

[540] Eine Ausnahme ist Michal, die zwar sensibel ist bezüglich des unangemessenen Verhaltens des Königs, jedoch unfähig, ihm dies taktvoll zu vermitteln (2 Sam 6,20).

3.3.3.3 Der heimlich büßende König: 2 Kön 6,30

Als der König die Worte der Frau hörte, zerriss er seine Kleider, und da er auf der Mauer entlang ging, sah das Volk, dass der Sack auf seinem Fleisch war inwendig.

וַיְהִי כִשְׁמֹעַ הַמֶּלֶךְ אֶת־דִּבְרֵי הָאִשָּׁה
וַיִּקְרַע אֶת־בְּגָדָיו וְהוּא עֹבֵר עַל־הַחֹמָה
וַיַּרְא הָעָם וְהִנֵּה הַשַּׂק עַל־בְּשָׂרוֹ מִבָּיִת׃

Der Kontext 2 Kön 6,24–7,20: Samaria wird von den Aramäern belagert. Es herrscht Hungersnot und der König von Israel wird von einer Frau, die sich von ihrer Nachbarin betrogen sieht, um (Rechts-)Hilfe gebeten. Die klagende Frau hatte am vorangegangenen Tag ihren eigenen Sohn auf Vorschlag der Nachbarin gemeinsam mit dieser verzehrt unter der Bedingung, dass am nächsten Tag der Sohn der Nachbarin an die Reihe käme. Nun hält die Nachbarin ihren Sohn versteckt. Der König zerreißt daraufhin seine Kleidung und alle sehen, dass er darunter den שַׂק trägt. Der König droht daraufhin Elisa, der seiner Meinung nach verantwortlich ist für die katastrophalen Zustände, mit Enthauptung. Er nimmt diesen Befehl jedoch wieder zurück. Die Aramäer heben dann überraschend die Belagerung auf und die Stadtbewohner können das verlassene Lager plündern[541].

Auch in 2 Kön 6,30 ist der שַׂק determiniert, wahrscheinlich aus einem ähnlichen Grund wie in 2 Sam 21,10. In der beschriebenen Notlage ist es für den König natürlich und angebracht, den Sack umzugürten. Merkwürdig aber ist, dass diese Tatsache nur durch einen Zufall öffentlich wird. Warum verheimlicht der König das Sacktragen? Warum ruft er nicht z.B. ein kollektives צוֹם-Fasten aus? Hat er Angst, dass die Menschen dadurch noch hoffnungsloser werden? Oder geht es ihm um die Wahrung des eigenen Ansehens, falls der kollektive צוֹם–Ritus nicht zum Erfolg führt[542]?

Wie hat die bisherige Forschung diese Fragen beantwortet? Die meisten Kommentatoren haben sie gar nicht erst gestellt. Meist wird nur die Tatsache hervorgehoben, dass der König überhaupt bußfertig ist und dies wird dann positiv bewertet. Würthwein meinte z.B., das Sacktragen habe den König sympathisch erscheinen lassen[543]. Auch Hans-Christoph Schmitt konstatierte: „In 6,30 erscheint er als ein frommer Mann, der persönlich für sein Volk Buße tut, um das Unheil abzuwenden"[544]. Wenn 2 Kön 6,30 mit anderen Stellen verglichen wurde, in denen der Sack als Bußgewand angelegt wird, übersahen die Forscher, dass alle anderen Vorkommen *öffentliche* Handlungen waren.

---

[541] Auf Fragen der Literarkritik ist hier nur am Rande einzugehen. Es spricht einiges dafür, dass der Text bearbeitet wurde, vgl. dazu z.B. Schweizer, H., Elischa in den Kriegen. Literaturwissenschaftliche Untersuchung von 2 Kön 3; 6,8–23; 6,24–7,20, (StANT 37) München 1974, 313f. und Würthwein, E., Die Bücher der Könige. 1. Kön. 17 – 2. Kön. 25 (ATD 11/2), Göttingen 1984, 307–309. – Ich wähle in meiner Untersuchung das Vorgehen, zunächst die kleine Einheit 24–30 zu betrachten, um dann die Gesamterzählung auf der Endtextebene in den größeren Kontext der Königsbücher zu stellen.

[542] In der jüdischen Tradition wurde der Aspekt des „Erfolges" der Selbstminderung so betont, dass R. El`azar sagte: „Ein angesehener Mann darf keinen Sack (bei einer öffentlichen Fastenfeier) umgürten, es sei denn, daß er erhört würde" (Strack/Billerbeck [Anm. 510], 103).

[543] Vgl. Würthwein, 312.

[544] Schmitt, H.-C., Elisa. Traditionsgeschichtliche Untersuchungen zur vorklassischen nordisraelitischen Prophetie, Gütersloh 1972, 39. Ähnlich auch Hentschel, G., 2 Könige (NEB 11), Würzburg 1985, 30f. Der Grund, warum uns das Verhalten des Königs richtig erscheint, könnte sein, dass wir die Worte Jesu aus der Bergpredigt im Kopf haben, in denen er uns auffordert, beim Fasten ins „Stille Kämmerlein" zu gehen (Mt 6,17f.).

Bei positiver Bewertung des heimlichen Sacktragens ergibt sich eine Spannung zum nächsten Vers. Dort zeigt der König ein völlig indiskutables Verhalten: Er droht an, Elisa ermorden zu lassen. Die Spannung wurde dann durch literarkritische Scheidung gelöst: Der Grundbestand der Einheit sind „eine kunstvoll erzählte Anekdote und eine Sage", die sich „im profanen Bereich" bewegen, in die später religiöse Deutungen eingeschoben wurden[545]. Dass 2 Kön 6,24–7,20 Zeichen einer Bearbeitung zeigt, kann nicht bestritten werden, ob jedoch in jedem Fall literarkritisch geschieden werden muss, soll hier nicht weiter erörtert werden. Es wäre auch möglich, dass der Verfasser eine mündlich überlieferte Sage zu der jetzt vorliegenden Erzählung ausgebaut hat. Wie dem auch sei, 2 Kön 6,30b kann nicht als Argument gelten, eine königskritische und eine königsfreundliche Schicht voneinander abzutrennen. Eher könnte es sich um einen Einschub handeln, der der Anekdote im Zuge ihrer Einfügung in den Gesamtzusammenhang zugewachsen ist, denn ohne eine theologische Reflektion kann man sich auf den heimlich büßenden König keinen Reim machen.

Anders als die bisher genannten Forscher bemerkte Harald Schweizer das Ungewöhnliche des Vorgangs. Aufgrund von vier Belegen sah er Kleiderzerreißen mit nachfolgendem Anlegen des Sackes als eine ursprünglich zusammengehörige Handlungsabfolge, die in diesem speziellen Fall umgekehrt wurde[546]. Kleiderzerreißen und Sackumgürten hielt er für die Zeichen von Rat- und Hilflosigkeit des Königs in einer Notlage. Im besonderen Fall von 2 Kön 6,30 wertet er die Handlung dahingehend, „daß der König schon lange von der Aussichtslosigkeit der Lage überzeugt war"[547].

Die Analyse Schweizers ist ein Beispiel dafür, wie richtige Beobachtungen zu Fehlschlüssen führen, weil das kulturimmanente Handlungsschema nicht hinreichend berücksichtigt wurde. Das Ausführen von Selbstminderungsriten ist eben kein Zeichen der Resignation und Hoffnungslosigkeit, sondern ein gesellschaftlich akzeptiertes Mittel zur Unglücks*bewältigung*. Auch die enge Koordination von Kleiderzerreißen und Sacktragen ist nicht haltbar. Es hat sich im Laufe der Untersuchungen gezeigt, dass beide unabhängig voneinander verschiedene Aspekte der Minderung signalisieren. Eine Kombination ist zwar in einigen Situationen angebracht, man kann jedoch nicht belegen, dass dies der „ursprüngliche Sitz im Leben" war[548]. Schweizer, der 2 Kön 6,30 mit 1 Kön 21,27 und 2 Kön 19,1 vergleicht, kann dann auch nicht erklären, warum in 2 Kön 6,30 die Reihenfolge des Kleiderzerreißens und Sackumgürtens umgekehrt wurde und vermutet „ein Moment von Humor von seiten des Erzählers"[549].

Tatsächlich ist jedoch ein Vergleich mit 2 Kön 19,1 sehr fruchtbar, sofern man die herausgearbeiteten Konnotationen der Sack-Symbolik beachtet. Es soll hier von der These ausgegangen werden, dass 2 Kön 6,30b bewusst eingefügt wurde, um in die Person des Nordreichkönigs die spannungsvolle Ambivalenz einzutragen, die oft das Verhältnis von Nordreichkönig, Prophet und JHWH kennzeichnet[550].

---

[545] Würthwein, 309. Ähnlich jedoch auch andere (Hentschel, Schmitt, Schweizer).

[546] Schweizer, 386f.

[547] Schweizer, 387.

[548] So aber Schweizer, 386.

[549] Schweizer, 387.

[550] 1 Kön 21,27 eignet sich nicht für den Vergleich, es handelt sich zwar auch hier um eine Konfrontation des Königs mit einem Propheten, jedoch nicht im Kontext einer Belagerung.

Der „Vorzeigekönig" Hiskia verhält sich in einer vergleichbaren Situation – der Belagerung seiner Hauptstadt durch die Assyrer – viel klarer. Der konkrete Anlass für das Zerreißen seiner Kleider ist eine Schmährede gegen JHWH, die die Verteidiger entmutigen soll. In der Geschichte von der Belagerung Samarias braucht es keine Schmährede von außerhalb. Der König von Israel selbst ist skeptisch, ob JHWH helfen könne (2 Kön 6,27). Die gestörte Gottesbeziehung wird also schon zu Beginn der Erzählung angedeutet[551]. Hiskia hüllt sich im Unterschied zum Nordreichkönig erst *nach* dem Zerreißen der Kleidung in den שׂק (2 Kön 19,1) und geht in den Tempel. Im Vergleich erscheint der Nordreichkönig wieder in ungünstigem Licht. Er konnte natürlich nicht in den Tempel gehen, weil es einen solchen in Samaria nicht gab, jedenfalls keinen, den der Erzähler als JHWH-Tempel anerkannt hätte. Ohne den durch den Tempel vermittelten Gottesbezug hat der Nordreichkönig in den Augen des Erzählers im Grunde keine Chance, sich korrekt zu verhalten. Seine Gottesbeziehung ist gestört, ebenso sein Umgang mit Selbstminderungshandlungen.

In der Notsituation, in der sich König Hiskia befindet, wird der „tempelvermittelte" Gottesbezug noch flankiert vom „prophetenvermittelten" Gottesbezug: Nach dem Tempelbesuch sendet Hiskia eine Delegation von Würdenträgern, alle in Säcke gehüllt, zum Propheten Jesaja, um ihn um Fürbitte zu ersuchen. Vor diesem Hintergrund wird nun auch die in 2 Kön 6,31 von vielen Kommentatoren als unmotiviert empfundene Erwähnung Elisas verständlich und sinnvoll, denn diese andere Möglichkeit der Vermittlung des Gottesbezuges stand dem Nordreichkönig ebenfalls offen. Nun wird klar, was der König versäumt hatte. Statt heimlich Minderungsgesten zu vollziehen, hätte er schon längst selbst öffentlich im Sack den Propheten um Fürbitte ersuchen sollen bzw. die Bitte durch in Säcke gehüllte Boten übermitteln lassen. Das hätte er in der nun zugespitzten Situation immer noch tun können, aber stattdessen schickt er dem Propheten ein „Erschießungskommando" ins Haus. Vielleicht rührte sein Wutanfall daher, dass er durch das Geschehen zur Überzeugung gekommen war, dass Elisa seiner Fürbittepflicht nicht nachgekommen war. Der Nordreichkönig hatte wohl verdrängt, dass seine Rolle gewesen wäre, den Propheten öffentlich darum zu bitten.

Zwar ist der Ausgang in beiden Fällen positiv, da die Belagerer unverrichteter Dinge abziehen müssen, aber Hiskia hat sich in Bezug auf den Vollzug von Selbstminderungsriten und das Verhalten gegenüber dem Propheten vorbildlich verhalten, der König von Israel jedoch nicht. Vielleicht kann man den glimpflichen Ausgang in 2 Kön 6,24–7,20 auch darauf zurückführen, dass sich der König doch irgendwie – wenn auch halbherzig oder ungeschickt – gedemütigt hat. Wahrscheinlicher ist jedoch, dass der Verfasser darstellen wollte, dass Gott *trotz* des Verhaltens des Nordreichkönigs geholfen hatte.

Wie kann nun der Gebrauch der שׂק–Symbolik hier charakterisiert werden? Es handelt sich auf jeden Fall um ein Stilmittel 1. Ordnung, also auf der Ebene der Textilsprache. Die Abwandlung der konventionellen Gebrauchsweise des Sackes wird hier verwendet, um einen Protagonisten zu charakterisieren. In der Verbalsprache kann man ja einen Dummkopf dadurch kennzeichnen, dass er fehlerhaft spricht. Ähnlich wird der König

---

[551] Einige Forscher halten diesen Vers für eine Zufügung der „Prophetenbearbeitung", z.B. Schmitt, 41 und Würthwein, 311, nicht jedoch Schweizer, 313.

von Israel als jemand dargestellt, der die „Textilsprache" nicht richtig anwenden kann und so bei sich und anderen Konfusion stiftet. Der Prophet Elisa fungiert als Held, der die „Sprachverwirrung" aufklärt und die Dinge wieder zurechtrückt. Dies ist nicht nur in der vorliegenden Geschichte zu beobachten, sondern auch in der „Heilung des aussätzigen Naaman" (2 Kön 5,1–27). Dort findet sich ebenfalls die Thematik „Gott – bzw. der Prophet – hilft trotz der unangemessenen Verhaltensweisen des Königs". Es wird geschildert, wie der König von Israel seine Kleider zerreißt, weil er einen Krieg mit Aram fürchtet. Dort war das Kleiderzerreißen unnötig, denn Elisa konnte Naaman heilen, so dass ein Kriegsausbruch verhindert werden konnte. Hinter der „gestörten Sprache" steckt jeweils schon ein gestörtes Verhältnis zu JHWH und seinem Propheten. Etwas theologischer formuliert kann man sagen: Die gestörte Gottesbeziehung führt auch auf anderen Ebenen zu einer gestörten Kommunikation.

3.3.3.4 Poetische Metaphorik: Am 8,10, Ez 7,18 und Jes 50,3

Am 8,10: Ich ändere eure Feste in Trauer und all eure Lieder in Totenklage. Ich lasse auf alle Hüften einen Sack kommen und auf jeden Kopf Kahlheit. Ich lege (Trauer auf sie) wie die Trauer um einen einzigen (Sohn), und ihre Zukunft (wird sein) wie ein bitterer Tag[552].

וְהָפַכְתִּי חַגֵּיכֶם לְאֵבֶל וְכָל־שִׁירֵיכֶם לְקִינָה
וְהַעֲלֵיתִי עַל־כָּל־מָתְנַיִם שָׂק
וְעַל־כָּל־רֹאשׁ קָרְחָה
וְשַׂמְתִּיהָ כְּאֵבֶל יָחִיד וְאַחֲרִיתָהּ כְּיוֹם מָר:

Ez 7,18: Und sie werden Säcke umgürten (ו-AK) und bedecken wird sie Schreckensbeben. Und zu allen Gesichtern (kommt) Schande[553], auf all ihren Köpfen Kahlheit.

וְחָגְרוּ שַׂקִּים וְכִסְּתָה אוֹתָם פַּלָּצוּת
וְאֶל כָּל־פָּנִים בּוּשָׁה וּבְכָל־רָאשֵׁיהֶם קָרְחָה:

Jes 50,3: Ich lasse die Himmel sich in Trauerdunkel kleiden und einen Sack werde ich (ihnen) anlegen als ihre Hülle.

אַלְבִּישׁ שָׁמַיִם קַדְרוּת וְשַׂק אָשִׂים כְּסוּתָם:

Die formale Gemeinsamkeit der drei in diesem Abschnitt untersuchten Stellen ist, dass sie poetische Texte sind, d.h. dass ihre Grundstruktur der parallelismus membrorum ist. Nach üblichem Sprachgebrauch liegt bei einigen, aber nicht allen, eine metaphorische Verwendung des שַׂק vor. Eine weitere Gemeinsamkeit ist inhaltlicher Art: Alle drei Stellen sind in einem Kontext des göttlichen Strafgerichtes verortet, der zwar nicht explizit „Tag JHWHs" genannt wird, jedoch Elemente dieses Vorstellungskomplexes enthält. Dies geht bei Am 8,10 und Ez 7,18 deutlich aus dem Kontext hervor. Bei Jes 50,3 ist zumindest zu konstatieren, dass es sich um eine Gerichtsrede handelt[554]. Die Reihenfolge, in der die Belege genannt sind und in der sie auch untersucht werden sollen, ist nicht zufällig. Sie schreitet von einem dem kulturimmanenten Verwendungsschema nahen Gebrauch der Sack-Symbolik zu einer Verwendungsweise, die sich

---

[552] Es ist nicht sicher, wer oder was mit „sie" (jeweils als Suffix 3.f.sg.) gemeint ist, entweder das Land oder die als trauernde Frau personifizierten Bewohner, vgl. Andersen, F. I./Freedman, D. N., Amos (AncB 24A), New York u.a. 1989, 822. Nicht überzeugend ist es, die Suffixe neutral zu deuten „und auf den Gesamtzustand" zu beziehen, so aber Wolff, H. W., Dodekapropheton 2. Jo und Amos (BK XIV/2), Neukirchen-Vluyn ²1975, 379.

[553] Es ist denkbar, aber unwahrscheinlich, dass sich כסה („bedecken") auch auf die Gesichter bezieht, dass also die Gesichter mit Schande bedeckt sind. כסה wird sonst nie mit אל kombiniert, vgl. Gesenius 18. Aufl. z.St. Im Apparat der BHS wird vorgeschlagen, in ועל zu ändern, dafür gibt es aber keine Textzeugen.

[554] Vgl. Westermann, C., Das Buch Jesaja. Kapitel 40–66 (ATD 19), Göttingen 1966, 181f.

davon weit entfernt. Der Gedanke, die Reihung könne auch eine zeitliche Folge vom alten zum jüngeren Text bedeuten, wird hier nicht weiter verfolgt, obwohl mit dieser Möglichkeit zu rechnen ist.

Statt mit dem Metapherbegriff zu operieren, soll zunächst einmal nur festgestellt werden, inwieweit die Alltagswirklichkeit überschritten wird. Z.B. können in der Alltagswirklichkeit die Himmel nicht in einen שׂק gehüllt sein. Als formales Unterscheidungskriterium wurden in der Einleitung die Begriffe Metapher/Stilmittel 1. Ordnung und Metapher/Stilmittel 2. Ordnung eingeführt. Konnten die in den vorherigen Abschnitten untersuchten Verwendungsweisen für den שׂק als Metaphern bzw. Stilmittel 1. Ordnung bestimmt werden, sind jetzt Stellen zu erörtern, die als Metaphern bzw. Stilmittel 2. Ordnung charakterisiert werden müssen.

Am 8,10, das sich an die Vision vom reifen Obst (קיץ) anschließt, steht in einer kleineren Einheit, die in V. 9 mit „Spruch JHWHs" eingeleitet wird. Dort wird eine kosmische Verfinsterung angedroht. In V. 10 werden dann die Minderungsgesten genannt. Die Überschreitung der Alltagswirklichkeit, die in Am 8,10 die Verwendung des שׂק-Begriffes zu einem Stilmittel 2. Ordnung macht, ist nicht leicht zu entdecken. Es heißt, dass Gott auf jede Hüfte den שׂק kommen lässt (עלה im Hif'il). Diese Ausdrucksweise ist analog formuliert zu den zahlreichen „Investiturszenen", in denen jemand von einer anderen Person veranlasst wird, ein bestimmtes Kleidungsstück anzuziehen (meist לבשׁ im Hif'il). Für diesen Vorgang benötigt man zwei Personen und ein Kleidungsstück, das der einen Person von der anderen überreicht wird. Eine solche Konstellation ist hier nicht möglich, da JHWH, das grammatische Subjekt des Satzes, keine Person der Alltagswirklichkeit ist. Er veranlasst auf eine indirektere Art das Anlegen der Säcke. Komplizierend kommt hinzu, dass die kulturimmanente Symbolik den Topos „der שׂק wird jemandem von einer *anderen* Person angelegt" nicht enthält. Dennoch ist ein solches Handlungsschema ohne Weiteres vorstellbar. Es ergibt sich also für Am 8,10 die etwas verwirrende Sachlage, dass die Metapher 2. Ordnung nicht mit Hilfe einer kulturimmanenten Verwendungsweise gebildet wurde, sondern unter Benutzung einer Metapher 1. Ordnung[555].

Der Befund für Ez 7,18 ist anders. Isoliert vom Kontext verlässt der Satz, in dem vom Sack die Rede ist, den kulturimmanenten Bereich nicht. Der hier gewählte Ausdruck וחגרו שׂקים ist die Standard-Formulierung für den Vorgang des Sackumgürtens. Schaut man sich jedoch den Satz davor an, stutzt man: Ob des Unglücks, das Ezechiel hier im Auftrag Gottes ankündigt, werden den Bewohnern Israels nicht nur die Hände herabsinken, sie werden sich auch „in die Hose machen"[556] (V. 17). Es schließt sich in Vers 18 וחגרו שׂקים an, dem folgt im zweiten Teil des parallelismus membrorum nun aber kein weiterer Minderungsgestus wie z.B. „In-Asche-Wälzen" (Jer 6,26), „Staub-auf-den-Kopf-Werfen" (Klgl 2,10) oder „Kahlscheren" (Ez 27,31), womit man im Bereich der Alltagswirklichkeit verblieben wäre. Das Bild bleibt mit dem zweiten Verb כסה im Bereich des Textilen, fügt jedoch als „Kleidungsstück" einen abstrakten Begriff an, durch den der Zustand der Betroffenen charakterisiert wird. Im zweiten Teil

---

[555] Zur Verdeutlichung ein Beispiel, in dem die Metapher 2. Ordnung auf einer kulturimmanenten Verwendungsweise von „bekleiden" aufbaut: Ps 132,16a: „Seine Priester will ich bekleiden (לבשׁ Hif'il) mit Heil".
[556] Wörtlich: „von allen Knien läuft Wasser."

des Verses wiederholt sich die enge Verknüpfung zwischen Abstraktnomen und Minderungsgestus. Dadurch ergibt sich eine dichte und lebendige Beschreibung, die mit
Hilfe des äußeren Zustandes die innere Befindlichkeit verdeutlicht, indem sie die „innere Befindlichkeit" nach außen projiziert.

Noch einmal anders ist der Umgang mit der kulturimmanenten Symbolik des שׂק in
Jes 50,3. Wie in Am 8,10 wird der שׂק nicht von der „Person" selbst angelegt. In diesem Fall ist die „Person" nicht menschlich. In Ps 65,13f. bekleiden sich jedoch die
Weiden mit Herden und die Hügel umgürten sich mit Jubel, warum sollten da die
Himmel sich nicht den Sack umgürten können? Genau wie in Am 8,10 ist Jes 50,3
sowohl auf der Ebene der „Textilgrammatik" als auch auf der verbalsprachlichen Ebene innovativ.

Am wenigsten in Jes 50,3 und am stärksten in Am 8,10 wird in der Forschung der
Aspekt des absoluten Endes betont. Dies ist auch an der Übersetzung erkennbar. In
Am 8,10 wird z.B. אחרית gern mit „Ende" übersetzt und damit impliziert, dass es sich
um das gleiche Wort handelt wie in Am 8,2. Dort wird jedoch der Terminus קץ
verwendet. Nach Seebaß sollte אחרית „am besten neutral mit ‚das Danach' übersetzt
[werden], nicht aber mit ‚Ende, Ausgang'"[557]. Es wird leicht übersehen, dass Minderungshandlungen wie das Sacktragen auf der „Statusskala" durchaus nicht den absoluten Nullpunkt anzeigen. Diese Tatsache muss beachtet werden, wenn die Belege korrekt interpretiert werden sollen. Man muss die Erwähnung der Minderungsgesten und
die „bittere Zukunft" nicht unbedingt als Zeichen für den unausweichlich herannahenden Tod sehen, wie Hans Walter Wolff[558]. Gerade durch die Abschwächung von קץ zu
אחרית und die Erwähnung von Minderungsgesten – also konventioneller Riten der
Unheilsbewältigung – wird vorsichtig angedeutet, dass das heraufziehende Unheil
nicht absolute Vernichtung, sondern „nur" Umgestaltung, wenn auch unter bittersten
Schmerzen, sein wird.

Ähnlich könnte auch Ez 7,18 verstanden werden. Das שׂק–Tragen zeigt hier den Minderungszustand an, in den die Menschen durch den richtenden Hereinbruch einer Art
Tag JHWHs versetzt wurden. Es ist zwar möglich, dass Zimmerlis Einschätzung, bei
der Nennung der Minderungsgesten solle „nicht an ein aktives Sich-Ermannen zu
einem gestaltenden Tun gedacht werden", sondern die völlige Fassungslosigkeit dargestellt werden[559], korrekt ist. Denkbar ist jedoch ebenfalls, dass durch die Erwähnung
bekannter und konventioneller Minderungsgesten eine gewisse Strukturierung des
Geschehens angedeutet werden soll. Trotz seiner Härte ist das Geschehen immer noch
einsichtiges Gericht und nicht gänzliches Verderben. Das Umgürten der Minderungs-
schurze kann so auch als eine Maßnahme verstanden werden, die das Abgleiten ins
Chaos verhindern soll. Dies gilt besonders nach der krassen Schilderung des Verlustes
elementarer körperlicher Selbstbeherrschung in Ez 7,17. Es gibt noch einen weiteren
Hinweis darauf, dass das Anlegen des Sackes zur Illustrierung der „vollendeten Kraft-
und Wehrlosigkeit"[560] nicht geeignet war. In der Zeichenhandlung, die Ezechiel nach

---

[557] Seebaß, H., Art. אחרית, ThWAT I (1973), 224–228 (224).

[558] Wolff (Anm. 552), 379.

[559] Zimmerli, W., Ezechiel (BK XIII/1), Neukirchen-Vluyn 1969, 177.

[560] Zimmerli, 177.

dem Tode seiner Frau durchführen soll (Ez 24,15–24), dient das *Unterlassen* von öffentlichen Minderungsgesten der Ankündigung von schlimmem Unheil. Nach der bisher herausgearbeiteten kulturimmanenten Symbolik wären für den Zustand der absoluten Katastrophe andere Begriffe (z.B. entblößt sein) geeigneter gewesen. In ähnlicher Richtung hat vielleicht auch der Bearbeiter, der Ez 7,27aα einfügte, den Gesamtzusammenhang verstanden, wenn er ergänzt, dass „der König Minderungsgesten vollzog"[561].

Anders als bei den beiden anderen Belegen ist bei Jes 50,3 nicht auf den ersten Blick einsichtig, warum überhaupt mit dem Vorstellungskomplex „Trauer und Minderung" gearbeitet wurde. Denn sogar, wenn man zögern würde, den שׂק als hinreichend für die Evozierung dieses Wirklichkeitsbereiches anzusehen, die Kombination mit קדרות – von der Wurzel קדר abgeleitet – lässt keinen anderen Schluss zu, denn die Mehrzahl der Belege liegt im Bereich „trauern". Im vorherigen Vers beschreibt Gott sein Handeln am Wasser, das er zum Versiegen bringt. Daraus resultiert zwar ein geminderter Zustand – „Ver-Wüstung" und Fischsterben – aber es wird keine Minderungs-Terminologie verwendet: Die Fische „trauern" nicht, sondern stinken einfach. Auffällig ist auch, dass die kleine Einheit nach V. 3 recht abrupt abbricht[562]. Es schließt sich ein Gottesknechtslied an[563]. Eine mögliche Erklärung gibt Vers 1: Dort legt Gott dar, aus welchem Grund die Angesprochenen von ihm „verkauft und entlassen" werden: Wegen ihrer Sünden (עון) und der Vergehen (פשע) ihrer Mutter. Verkauft und entlassen zu sein wäre möglicherweise ein Grund für den Vollzug von Minderungsritualen, aber davon, dass die Betroffenen selbst solche ausführen, wird nichts berichtet. Vielleicht liegt hier ein ähnlicher Fall vor wie in Jon 3. Die Natur wird in irgendeiner Form hineingenommen in den Zustand der Menschen, indem sie von Gott in einen geminderten Zustand versetzt wird.

Jan L. Koole hat den alten Gedanken wieder aufgegriffen, dass Jes 50,2–3 auf die Geschehnisse in Ägypten beim Auszug der Israeliten anspielt (austrocknendes Meer, Fischsterben, Dunkelheit)[564]. Seine Beobachtungen können solchen Bezug jedoch nicht stützen. Wenn man schon über die Beeinflussung dieses Textes durch andere Bibelstellen spekuliert, drängen sich eher die oben behandelten Verse aus dem Amos- und Ezechielbuch auf. Besonders das 8. Kapitel des Amosbuches könnte Assoziationen geliefert haben. Es finden sich jedenfalls viele der in Jes 50,1–3 vorkommenden Aspekte: Die Anklage, Menschen zu verkaufen (V. 6), Verfinsterung (V. 9), allgemeiner Aufruhr der Elemente wegen der Sünden des Volkes (V. 8), Sacktragen (V. 10) und Verdursten (V. 13). In Jes 50,1–3 ist freilich alles umgeordnet, nicht mehr die Men-

---

[561] Vgl. zur Einschätzung von Ez 7,27aα als spätere Zufügung Zimmerli, 165.

[562] Es wurde sogar angenommen, dass die Fortsetzung verloren gegangen sei. Vgl. z.B. Westermann (Anm. 554), 182; Koole, J. L., Isaiah III, Vol. 2 / Isaiah 49–55 (HCOT), Leuven 1998, 87.

[563] Baltzer, K., Deutero-Jesaja (KAT 10/2), Gütersloh 1999, 423, zählt freilich Jes 50,2f. schon zum Gottesknechtslied.

[564] Vgl. Koole, 98f. Ähnlich auch Zapf, B. M., Jesaja 40–55 (NEB 36), Würzburg 2001, 309, der jedoch auch Anklänge an die „Schöpfungsthematik, wonach Jahwe als Kämpfer gegen das urzeitliche Chaos auftrat", erkennen will. Baltzer, 425, möchte Anklänge an die Schöpfungsthematik und die Exodustradition nicht ausgeschlossen wissen, sieht jedoch den Schwerpunkt der Aussage in einer „Auseinandersetzung mit den Unterweltskulturen".

schen tragen Säcke oder verdursten, sondern das Geschehen ist in die Natur hinein verlagert. Besteht tatsächlich ein solcher Zusammenhang, wird damit die Sichtweise bestätigt, es gehe bei Jes 50,1–3 vorrangig um Gericht, nicht um Heil[565]. Allerdings ist dieses Gericht nicht die völlige Zerstörung. Darin kann Koole nicht gefolgt werden, der konstatiert: „An extinct universe will be the end"[566]. Gerade durch die Erwähnung des sacktragenden Himmels könnte angedeutet sein, dass der Minderungszustand eventuell irgendwann beendet sein wird. Vielleicht ist das Ende auch gar nicht so abrupt, wie es scheint, sondern der Sache angemessen. Mit der Beschreibung eines für längere Zeit vorgesehenen Minderungsgestus ist ein vorläufiger, nicht abschließender Endpunkt des Geschehens erreicht. Man denke nur an Adad-guppi, die 95 Jahre lang Minderungsgesten vollzogen haben will, bis sich die Lage besserte (vgl. oben 3.3.1.4).

3.3.3.5 Hiob im zeitlich unbegrenzten Minderungszustand: Hi 16,15

Hi 16,15 hat mit den im vorhergehenden Abschnitt untersuchten Stellen wenig gemeinsam. Im 16. Kapitel wird zunächst wiedergegeben, wie sich Hiob gegen Elifas' Anklagen wehrt. Im zweiten Abschnitt seiner Rede (V. 6–17) klagt Hiob Gott an, dass er ihm übel mitspiele. In V. 14b heißt es: „Er (Gott) stürmt wie ein Krieger gegen mich an." Mit V. 15 beginnt ein neuer Gedankengang, in dem Hiob sein eigenes Verhalten beschreibt.

Einen Sack nähte ich auf meine Haut[567] שַׂק תָּפַרְתִּי עֲלֵי גִלְדִּי   וְעֹלַלְתִּי בֶעָפָר קַרְנִי׃
und in den Staub senkte ich mein Horn.

Im nächsten Vers geht die Beschreibung von Hiobs beklagenswertem Zustand weiter. V. 17 ist dann eine Unschuldsbeteuerung. Die Reaktion auf Gottes feindliches Verhalten wird eingeleitet durch das Wort שׂק. Friedrich Horst ist aufgefallen, dass das Sacktragen nicht bei den Minderungsgesten genannt ist, die in der Rahmenerzählung vorkommen (Kleiderzerreißen und Staubwerfen)[568]. Unter genauer Beachtung der „Textilgrammatik" kann der Befund gedeutet werden. Nach der ersten Unglücksserie vollzieht Hiob die für ein schon eingetroffenes Unglück angemessene Minderungshandlung des Kleiderzerreißens. Für eine drohendes Unheil abwendende Minderungsgeste wie das Sacktragen sieht er keine Veranlassung. Sein Ausspruch „Nackt bin ich aus meiner Mutter Leib gekommen, und nackt kehre ich wieder zurück" (Hi 1,21) zeigt, dass er meint, den Tiefpunkt seines Lebens schon erreicht zu haben. Er kommt gar nicht auf den Gedanken, dass es noch schlimmer kommen könnte, d.h., dass noch weiteres Unheil drohen könnte. Auch als es noch schlimmer kommt und er von einer quälenden Hautkrankheit befallen wird, legt er keinen Sack an. Das kann ganz praktische Gründe haben. Georg Fohrer bemerkte dazu: „Der Trauerschurz bestand aus grobem, ziegenhärenem Zeug, das für den zerfressenen, eiternden und verschorften

---

[565] Gegen Westermann, 182: „Israel kann gewiß sein, dass dieser Gott, der so gewaltige Wandlungen in seiner Schöpfung wirkt, es mit starkem Arm erretten und befreien kann!" und mit Koole, 99: „If God enters into judgement with his adversaries, these must now be the exiles".

[566] Koole, 99.

[567] Der Ausdruck für Haut גלד ist ein hapax legomenon, vgl. Gesenius 18. Aufl. z.St., dort werden die Übersetzungsvorschläge „Fell", „Haut" und „Leder" gegeben.

[568] Vgl. Horst, F., Hiob (BK XVI/1), Neukirchen-Vluyn 1968, 351. Er nennt die Verse 1,20; 2,8.12f.

Körper eines Aussätzigen nicht zu ertragen ist"[569]. Das Sackumgürten wäre aber für Hiob auch dann nicht angebracht gewesen, wenn ihn eine andere Krankheit befallen hätte. Es gibt keinen Beleg dafür, dass jemand wegen seiner eigenen Krankheit den Sack anlegt, nur bei der Krankheit nahestehender Personen ist der Gestus belegt (Ps 35,13; nur LXX: 2 Sam 12,16). Wenn man tatsächlich bei Hiob einen kultisch verunreinigenden Aussatz festgestellt hätte, wäre nicht ein Sack, sondern zerrissene Kleidung die vorgeschriebene Garderobe für den Betroffenen (vgl. oben 3.1.4). Ein direkter Bezug von Krankheit und Sacktragen lässt sich also nicht finden.

Die von Hiob in 16,9–14 geschilderte Notlage hat physische, psychische und soziale Komponenten. Im Hintergrund steht ein theologisches Problem. Die vage Notlagen-schilderung ist es, die eine Einordnung des Satzes Hi 16,15 als innovativ wahrschein-lich macht, auch unabhängig von der ungewöhnlichen Wortwahl. Aus der Notlagen-schilderung lässt sich nämlich weder ein konkreter Anlass noch ein drohendes Unheil ableiten, um ein kulturimmanent gerechtfertigtes Sacktragen zu begründen. Hi 16,15 muss also zunächst – anders als die Jona-Belege – als eine Metapher 2. Ordnung ge-wertet werden[570]. Dazu eignet sich der שׂק-Begriff hervorragend, da er als *der* Symbol-gegenstand des Komplexes „Minderungshandlungen" gelten kann. In einer Form von Metonymie („Krone bedeutet König") steht er für das Ganze. Der שׂק evoziert spezi-fisch und prägnant den Bereich der Minderungsgesten, speziell der Selbstminderungs-handlungen. Die Wortwahl des Halbverses bestätigt die Einschätzung als Metapher 2. Ordnung. Sollte eine wirklich durchgeführte Handlung beschrieben werden, hätte man z.B. erwartet: „gürtete ich einen Sack um die Hüften". Nun heißt es jedoch, Hiob habe einen Sack „auf seine Haut genäht".

Die Betonung des „Nähens" (תפר) beleuchtet im Kontrast einige Aspekte des kultur-immanenten Sacktragens: Wenn man einen Getreidesack umgürtete, wurde dieser nach Beendigung der Minderung von den Hüften gelöst und seiner gewöhnlichen Bestim-mung als Getreidesack wieder zugeführt. Das Sacktragen hatte so immer den Charakter eines temporär begrenzten Ausnahmezustandes.

Nun ist es auch vorstellbar, dass sich jemand aus einem Sack ein rockähnliches Klei-dungsstück näht, für das kein Gürtel benötigt wird, weil es so eng anliegt. Es lässt sich jedoch nicht schnell wieder auszuziehen bzw. von den Hüften lösen. Es ist also prinzipiell vorstellbar, sich „einen Sack auf die Haut zu nähen", der Satz ist in der „Textilsprache" bildbar, wenn auch ungewöhnlich. Er kann als Metapher 1. Ordnung eingeordnet wer-den. Es ergibt sich also der komplexe Sachverhalt, dass mit Hilfe einer – imaginierten, nicht real ausgeführten – Metapher 1. Ordnung eine Metapher 2. Ordnung auf der Verbalsprachebene gebildet wird. Die Aussage könnte folgende sein (und wurde von den Rezipienten und Kommentatoren wohl auch intuitiv so erfasst):

---

[569] Fohrer, G., Das Buch Hiob (KAT 16), Gütersloh 1963, 289. Die Frage nach der Art von Hiobs Krankheit muss hier nicht erörtert werden. Fohrer dachte an Lepra (vgl. ebd., 100f.), das ist jedoch unwahrscheinlich (vgl. die Diskussion bei Horst, 26f.). Fohrers Beobachtung, dass grober Stoff für Leprakranke unerträglich sei, ist jedoch auf andere Hautkrankheiten übertragbar.

[570] Dazu passt auch, dass der 2. Teil des Verses nur metaphorisch verstanden werden kann, vgl. dazu Foh-rer, 289, der jedoch als erste Begründung für ein bildliches Verständnis die Unverträglichkeit des Sacktra-gens bei Hautkrankheiten nennt.

Hiob findet sich durch die unverständlichen und ihm ungerechtfertigt erscheinenden Angriffe Gottes in einen Minderungszustand versetzt, der so intensiv ist, dass die Darstellung durch konventionelle Gesten nicht ausreicht. Gerade, weil das Hiob zugefügte Leid „unkonventionell" ist und den Rahmen des Üblichen sprengt, ist auch seine Reaktion darauf unkonventionell. Der auf die Haut genähte Sack entspricht Hiobs Gefühl, in diesem Leben keine Hoffnung mehr auf Besserung des Zustandes zu haben: Ein „auf die Haut genähter Sack" steigert den zeitlich begrenzten Minderungszustand zu einem Zustand von unbegrenzter Dauer. Damit überspitzt Hiob die Aussage des Sacktragens so, dass sie nicht mehr zur kulturimmanenten Symbolik passt. In dieser ist ja der Sinn des Sacktragens vor allem, durch Selbsterniedrigung eine *Änderung* des unheilvollen Zustandes zu erreichen. Der um die Haut genähte Sack wird damit eine – verbal vorgetragene, aber eigentlich nonverbale – weitere Anklage Hiobs gegen Gott: Gott hält sich nicht an die überkommenen Regeln. Diese sehen vor, dass nach einer rite durchgeführten Selbstminderung derjenige einlenkt, dem gegenüber man seine Minderung darstellt. Es sei noch der Hinweis gegeben, dass mit dem Vollzug von Selbstminderungsgesten kein Schuldeingeständnis einhergehen muss, so dass die Unschuldsbeteuerung Hiobs in Hi 16,17 nicht als Korrektur, sondern als Präzisierung zu gelten hat. Durch die Metapher des Sacktragens verdeutlicht Hiob zwar seine tiefe Minderung, wahrt aber trotzdem seine Würde. Einem sacktragenden Menschen eignet nämlich immer noch ein Maß menschlicher Würde, anders als einem „entblößten" oder „nackten" Menschen. Es ist ein reizvoller Gedanke, dass vielleicht das Aufgenäht-Sein des Sackes auch in dieser Hinsicht bedeutungsvoll ist: An dem Rest Würde, der Hiob geblieben ist, hält er unverrückbar fest und verteidigt ihn mit Klauen und Zähnen gegen seine Freunde und gegen Gott.

3.3.4 Das Ablegen des שׂק

Das Ablegen des Sackgewandes wird nur dreimal im Alten Testament erwähnt, das Anlegen desselben dagegen 27-mal. Daraus kann geschlossen werden, dass das Ablegen des Sackgewandes bei Beendigung der Minderung nicht symbolträchtig war. Obwohl selbstverständlich der שׂק in der Praxis ebenso häufig ab- wie angelegt wurde, war der Informationswert der Handlungen nicht symmetrisch. Der Grund dafür ist die Mehrdeutigkeit des Ablegens. Man kann nicht sagen:
- שׂק-Anlegen und Tragen entspricht einem Minderungszustand
- שׂק-Ablegen und Nicht-Tragen entspricht dem Beendigen des Minderungszustandes bzw. einem Nicht-Minderungszustand

An jeder der drei Stellen, an denen vom Ablegen des Sackgewandes gesprochen wird, hat die Handlung eine andere Bedeutung: Ps 30,12 kommt der eben beschriebenen Gegenüberstellung recht nahe, das Lösen des Sackgewandes steht hier wirklich für die Beendigung des Minderungszustandes. Allerdings wird diese Deutung erst dadurch sicher, dass im zweiten Teil des Verses von einer Investitur die Rede ist – dem Umgürten mit Freude. In Est 4,4, wo nicht vom „Lösen" (פתח im Piʻel) des שׂק gesprochen wird, sondern das unspezifische Verb סיר im Hifʻil verwendet wird, soll Mordechai durch das Ablegen des Trauergewandes der Zugang zum Tor des Königs ermöglicht werden. Der Grund für den Minderungszustand bleibt jedoch weiter bestehen. Mordechai verweigert das Ablegen des שׂק. In Jes 20,2 wird durch das Ablegen des שׂק ein Zustand dargestellt, der eine noch stärkere Minderung bedeutet: der äußerst niedrige Status des Gefangenen. Auch wenn es zunächst überraschend scheint: Das Ablegen des שׂק kann nicht zur kulturimmanenten Symbolik gezählt werden. Jede der Stellen muss deshalb genauer untersucht werden, um sowohl den Bezug zur kulturimmanenten Symbolik als auch das Ungewöhnliche der Darstellung herauszuarbeiten.

3.3.4.1 Die Aufforderung zum Ablegen des שׂק in Est 4,4

Die Episode um Mordechais שׂק und Esthers Versuch, ihn zum Ablegen desselben zu bewegen, scheint auf den ersten Blick unproblematisch. Bei genauerem Hinsehen ergeben sich aber einige Fragen: Warum will Esther, dass Mordechai das Sackgewand ablegt? Warum weigert sich Mordechai zunächst so demonstrativ, nimmt den שׂק dann aber doch ab? Jedenfalls muss man dies aus Est 5,9 schließen. Dort wird berichtet, wie Haman Mordechai im Tor des Königs sieht und sich über dessen mangelnde Ehrerbietung ärgert. Da man im Tor des Königs nicht im שׂק erscheinen darf (Est 4,2), kann Mordechai zu diesem Zeitpunkt keinen שׂק mehr getragen haben. Liest man den Text unvoreingenommen, scheint es so, als ob Mordechais שׂק-Tragen und die anderen Minderungsgesten, die er vollzieht, vor allem dazu dienen, Esthers Aufmerksamkeit zu erlangen. Mordechai hat ja von sich aus keine Möglichkeit, an Esther heranzutreten und muss sich deshalb so auffällig verhalten, dass Esthers Dienerinnen ihr von ihm erzählen. Dabei ist vorausgesetzt, dass die Dienerinnen nichts von der Beziehung Esthers zu Mordechai und den Juden wissen, da Mordechai Esther verboten hatte, von ihrer Herkunft zu erzählen. Der Plan funktioniert zunächst nicht ganz nach Wunsch. Zwar erfährt Esther von Mordechais „Aufführung", lässt jedoch nicht nach dem Grund für Mordechais Verhalten fragen, sondern versucht, den Zustand auf eine äußerliche Weise zu beheben, indem sie Kleider sendet, die Mordechai statt des Sackgewandes anziehen solle. Da davon berichtet wird, dass Esther Angst bekam, kann vermutet werden, dass Mordechai durch seine Stellung verpflichtet war, im Tor des Königs zu erscheinen und mit Unannehmlichkeiten zu rechnen hatte, wenn er fernblieb. Esthers erster Problemlösungsversuch scheitert, weil Mordechai die gesandte Kleidung nicht annimmt. Erst daraufhin lässt Esther Mordechai fragen, was der Anlass für seine auffällige Kleidung und sein ungewöhnliches Verhalten sei. Die Antwort auf ihre Frage nötigt Esther dann zum Handeln. Aus Esthers Ahnungslosigkeit kann man schließen, dass sie ein von der Außenwelt abgeschirmtes Leben führt und den Code des Sack-Tragens nicht gut zu kennen scheint. Nachdem sie jedoch von dem drohenden Unheil erfahren hat, wird sie aktiv. Ihr Erscheinen vor dem König ist erfolgreich und sie lädt den König und Mordechais Widersacher Haman zum Essen ein. Vielleicht ist für Mordechai diese positive Wendung Grund genug, den שׂק abzulegen. Eigentlich ist jedoch noch kein Grund zur Freude, da das Vernichtungsdekret immer noch in Kraft ist. Wahrscheinlicher ist, dass Mordechai wieder in normaler Kleidung im Tor des Königs erscheint, weil er sein Ziel, Esthers Aufmerksamkeit zu erlangen, erreicht hat.
Wie ist dies alles „textilgrammatisch" zu beurteilen? Mit einer Klassifikation wie „innovativ" ist der Gebrauch hier nicht richtig getroffen. In dieser erzähltechnisch hoch

entwickelten Geschichte fungiert die Sequenz als Mittel, um den Kontakt zwischen Esther und Mordechai herzustellen.

3.3.4.2 Das Ablegen des שׂק in Jes 20,2

1 In dem Jahr, in dem der Tartan nach Aschdod kam, als Sargon, der König von Assur, ihn gesandt hatte und er gegen Aschdod kämpfte und es einnahm,

בִּשְׁנַת בֹּא תַרְתָּן אַשְׁדּוֹדָה
בִּשְׁלֹחַ אֹתוֹ סַרְגוֹן מֶלֶךְ אַשּׁוּר
וַיִּלָּחֶם בְּאַשְׁדּוֹד וַיִּלְכְּדָהּ׃

2 in dieser Zeit redete JHWH durch Jesaja, den Sohn des Amoz: Geh und löse das Sacktuch von deinen Hüften und ziehe deine Sandalen von deinen Füßen! Und er tat es, ging nackt und barfuß.

בָּעֵת הַהִיא דִּבֶּר יְהוָה בְּיַד יְשַׁעְיָהוּ
בֶן־אָמוֹץ לֵאמֹר לֵךְ וּפִתַּחְתָּ הַשַּׂק
מֵעַל מָתְנֶיךָ וְנַעַלְךָ תַחֲלֹץ מֵעַל רַגְלֶיךָ
וַיַּעַשׂ כֵּן הָלֹךְ עָרוֹם וְיָחֵף׃ ס

3 Da sprach JHWH: Ebenso wie mein Knecht Jesaja nackt und barfuß gegangen ist, drei Jahre lang als Zeichen und Wahrzeichen wider Ägypten und Kusch,

וַיֹּאמֶר יְהוָה כַּאֲשֶׁר הָלַךְ עַבְדִּי יְשַׁעְיָהוּ
עָרוֹם וְיָחֵף שָׁלֹשׁ שָׁנִים
אוֹת וּמוֹפֵת עַל־מִצְרַיִם וְעַל־כּוּשׁ׃

4 so wird der König von Assur die Gefangenen Ägyptens und die Weggeführten von Kusch wegtreiben, Junge und Alte, nackt und barfuß und mit entblößtem Gesäß, zur Schande Ägyptens.

כֵּן יִנְהַג מֶלֶךְ־אַשּׁוּר אֶת־שְׁבִי מִצְרַיִם
וְאֶת־גָּלוּת כּוּשׁ נְעָרִים וּזְקֵנִים
עָרוֹם וְיָחֵף וַחֲשׂוּפַי שֵׁת עֶרְוַת מִצְרָיִם׃

Es steht außer Frage, dass die von JHWH befohlene Symbolhandlung, die Jesaja vollziehen soll und nach dem Text vollzogen hat, äußerst ungewöhnlich ist. Die Sequenz gibt Anlass zu Fragen: Warum trug Jesaja überhaupt den שׂק, den er dann auf Befehl JHWHs ablegen sollte? Wie konkret muss man sich Jesajas Nacktheit vorstellen? Zunächst soll die Frage erörtert werden, warum Jesaja den שׂק trug. Es wird nicht berichtet, zu welchem Anlass er ihn angelegt hatte. In der Literatur findet sich u.a. die Erklärung, dass der שׂק eine Art Berufskleidung für Propheten gewesen sei[571]. Dies ist jedoch ganz unwahrscheinlich, denn nur an dieser Stelle kommt der שׂק im Zusammenhang mit einem Propheten vor[572]. Es ist davon auszugehen, dass Jesaja das Sackgewand aus dem gleichen Grunde trug wie andere Menschen auch: als Ausdruck eines Minderungszustandes. Es gibt keine Angaben darüber, was der Grund für Jesajas Minderung war[573]. Eine Möglichkeit ergibt sich aus der Datierungsangabe (V. 1), die sich in ausführlicher Form auf die Einnahme der philistäischen Stadt Aschdod (ca. 711 v.Chr.) durch den Tartan des Königs Sargon von Assur bezieht. Vielleicht waren solche gefährlichen Zeiten schon Grund genug für Jesaja, den שׂק zu seiner Dauerkleidung zu machen.

---

[571] Z.B. Eichinger, J., Die menschliche Kleidung und ihre Symbolik in der Bibel, Wien 1954, 13: „Die eigentliche Standeskleidung der Propheten war also das härene Gewand." Aus dem Kontext geht hervor, dass Eichinger mit dem „härenen Gewand" den שׂק meint.

[572] Hönig (Anm. 6), 28, bemerkt hierzu: „Neben seiner Funktion als Trauerkleidung ist festzustellen, dass der Prophet den saq als Lendenschurz trägt. Es ist nicht anzunehmen, dass er ihn immer trägt, aber doch zu gewissen Zeiten." Dazu gibt er drei Beispiele: Jesaja mit dem oben behandelten Beleg, Jeremia (Jer 13,1ff.) sowie Elia (2 Kön 1,8). Hönig suggeriert damit (wahrscheinlich unabsichtlich), dass alle drei Propheten (ständig oder zeitweilig) den שׂק trugen. Jeremia und Elia hatten jedoch einen אזור umgürtet.

[573] So auch Wildberger, H., Jesaja (BK X/1), Neukirchen-Vluyn 1972, 757, der die These, der שׂק sei die übliche Kleidung von Propheten gewesen, ebenfalls ablehnt.

Aus welchen Gründen auch immer, Jesaja trägt jedenfalls den שׂק und soll diesen nun ablegen („von den Hüften lösen"). Aus dem schurzähnlichen Kleidungsstück einen Mantel zu machen, wie es einige Forscher des beginnenden 20. Jahrhunderts taten, weil es Belege dafür gibt, dass andere Propheten Mäntel trugen, lässt sich nicht begründen[574]. An dieser Stelle wird nämlich das Verb פתח verwendet. Dieses bezieht sich immer auf das Ablegen von schurzähnlichen Kleidungsstücken. Es ist auch nicht beliebig, ob Jesaja einen אזור oder den שׂק ablegen soll. Das Tragen des שׂק war sicherlich kein Ausdruck der „nüchternen und einfachen Lebensweise" des Propheten[575].

Die Frage, die sich nach dem Ausscheiden der Mantelhypothese ergibt, ist die, ob Jesaja nach Ablegen des שׂק völlig unbekleidet war, ob hier ערום „nackt" im Vollsinn oder im Sinne von „nur unzureichend bekleidet" verwendet wurde. Es bleibt die Möglichkeit, dass Jesaja unter dem Sackgewand noch weitere Kleidung trug. Eine Parallele dazu ist vielleicht Jon 3,6[576]. Der Normalfall war aber, dass der שׂק auf der bloßen Haut getragen wurde, wie in 1 Kön 21,27 und 2 Kön 6,30 explizit erwähnt (על־בשׂר) sowie in Jes 32,11 zu erschließen ist, da die Frauen sich erst ausziehen und entblößen sollen, bevor sie sich mit dem Sackgewand gürten. Die Untersuchung der üblichen Verwendung eines Sackes im Kontext von Minderungsriten spricht dafür, dass Jesaja nach Ablegen des שׂק gänzlich unbekleidet war.

Betrachtet man als Gegenprobe den Zustand, den Jesaja mit seiner Nacktheit darstellen sollte, kann man Folgendes konstatieren. Außer der Beschreibung: „nackt und barfuß" findet sich in V. 4 noch der Zusatz: חשׂופי שׁת „entblößten Gesäßes", der keinen Spielraum mehr lässt für irgendeine Art Unterkleidung[577]. Es gibt einige altorientalische Gefangenendarstellungen, auf denen diese gänzlich unbekleidet dargestellt sind[578]. Es gibt jedoch auch Abbildungen, auf denen die Gefangenen bzw. Exulanten bekleidet sind, z.B. bei der Eroberung der Stadt Astartu (vgl. oben 2.2.6.7). Diese scheinen kein einziges Kleidungsstück eingebüßt zu haben. Man kann daraus den Schluss ziehen, dass man sich bei Gefangenen bzw. Exulanten entweder gar nicht um ihre Kleidung gekümmert oder die (männlichen) Personen ganz entkleidet hat.

Eine andere Frage ist, ob Jesaja tatsächlich während der ganzen drei Jahre ständig nur so spärlich bekleidet war. הלך steht nicht im Pi'el, muss also nicht mit „er ging *beständig* nackt und barfuß" übersetzt werden, wie z.B. in Hi 24,10 formuliert.

---

[574] Vgl. Hönig, 103. Hönig stimmt diesen jedoch nicht zu.

[575] Hönig, 28. Wie dazu passen soll, dass Hönig dem שׂק zusammen mit Schwally (Anm. 499), 137, einen kultischen, ja heiligen Charakter zuschreibt, bleibt unverständlich.

[576] Hönig, 104, zählt auch den Fall Rizpa zu den Belegen dafür, dass der שׂק über anderer Kleidung getragen wurde, „weil Rizpa sonst nach Ablegen des Trauergewandes nackt gewesen wäre und nackt geschlafen hätte." Diese Überlegung überzeugt jedoch nicht, da es im Text (2 Sam 21,10) keinen Hinweis darauf gibt, dass Rizpa den שׂק umgürtet hatte.

[577] Es wird meistens angenommen, dass die beiden Wörter חשׂופי שׁת eine spätere Zufügung seien.

[578] Z.B. auf dem Felsrelief bei Sarpoli Zohab im Iran (ca. 19. Jh. v. Chr.), Abb. in Schroer, S./Stäubli, T., Die Körpersymbolik der Bibel, Darmstadt 1998, 210. Eine weitere Darstellung findet sich auf dem Megiddo-Elfenbein, vgl. ANEP Abb. 332 (ca. 14. –12. Jh. v. Chr.). Die dort dargestellten Gefangenen haben noch ihre Mützen auf. Ob die Männer sonst ganz nackt oder noch mit einem Penis-Futteral „bekleidet" waren, lässt sich nicht entscheiden. Mir scheinen die Figuren allerdings bis auf die Mützen tatsächlich ganz nackt zu sein. Es gibt auch eine jüngere Darstellung aus dem 9. Jh. v. Chr.: Auf den Bronzetafeln von Balawat ist eine ganze Gruppe nackter Gefangener abgebildet, vgl. ANEP Abb. 358.

Welche Aussage liegt nun „hinter" der Zeichenhandlung? Wenn Jesaja aufgefordert wird, das Sackgewand abzulegen, ohne andere Kleidung anzulegen, kann es sich nicht um die Beendigung des Minderungszustandes handeln. Im Gegenteil, durch die Nacktheit wird der geminderte Zustand noch vertieft, dem Propheten wird jedes Mittel entzogen, ein Unglück rite auszudrücken. Er sinkt damit in einen Zustand mit noch niedrigerem Status hinab (vgl. die Graphik oben in 3.1.1.3).

Der Gebrauch des שׂק in Jes 20,2 ist ein Grenzphänomen. Das Ungewöhnliche daran ist, dass hier eine Handlung vollzogen ist, die nicht in der „Kleidungsgrammatik" verankert ist, sondern in Bereiche vorstößt, die jenseits der Grenze dessen liegen, wofür man (Kleidungs-)Regeln hat. Die verbale Aussage, die hinter dem Ganzen steht, könnte lauten: Wenn ihr meint, dass das temporäre שׂק–Tragen der schlimmstmögliche Fall ist, habt ihr euch geirrt: es kann noch schlimmer kommen, eine Person, die den שׂק umgürtet hat, kann noch tiefer sinken.

3.3.4.3 Das Ablegen des שׂק in Ps 30,12

Verwandelt hast du meine Wehklage mir zu Reigentanz,
gelöst (AK) hast du mein Sackgewand
und mich (Narrativ) gegürtet mit Festfreude.

הָפַכְתָּ מִסְפְּדִי לְמָחוֹל לִי
פִּתַּחְתָּ שַׂקִּי וַתְּאַזְּרֵנִי שִׂמְחָה:

Mit diesen Worten setzt der Beter nach einem Hilferuf neu an und fügt – nach der Beschreibung von Gottes Handeln – in V. 13 noch eine Begründung an, nämlich die, dass er in seinem nun erhobenen Zustand Gott preisen kann. Daraus kann geschlossen werden, dass die Anbetung Gottes im Zustand der Minderung nur eingeschränkt möglich war.

Auffällig an der Ausdrucksweise ist zunächst, dass שׂמחה parallel zum שׂק aufgefasst ist. Nicht gleich ins Auge springend, aber trotzdem ungewöhnlich ist, dass der Beter nicht selbst den שׂק ablegt, sondern dass dies von Gott getan wird. Den שׂק legt man üblicherweise selbst ab, auch wenn das nicht so häufig berichtet wird.

Das Geschehen in Ps 30,12 lässt sich als eine spezielle Form der Investitur beschreiben: Eine höhergestellte Person entkleidet zunächst den Betreffenden und kleidet ihn dann neu ein. Fraglich ist, ob diese Form der Investitur überhaupt real stattgefunden hat. Bedenkt man, dass z.B. laut Estherbuch zu persischer Zeit der Zutritt zur Königssphäre im שׂק nicht erlaubt war, dann wird das Problem sichtbar: Man kann im Zustand der Minderung nicht nahe an die Person herankommen, die einem unter Umständen statuserhöhende Kleidung anziehen kann. Es gibt auch außer dem Hinweis in Est 4,4 Beispiele dafür, dass man sich vor Erscheinen im Bereich einer hohen Persönlichkeit umkleidete, etwa Gen 41,14 und Est 5,1. Im Alten Testament gibt es dagegen nur ein weiteres Beispiel für eine kombinierte Ex- und Investitur, die sich in einem Visionsbericht findet. In Sach 3,3–5 wird beschrieben, wie der Hohepriester Joschua in schmutzigen Kleidern vor einem himmlischen Gericht steht (V. 3). Auf Veranlassung eines Engels werden ihm die schmutzigen Kleider (בגדים צואים) ausgezogen (V.4) und dafür Feiergewänder (מחלצות)[579] angelegt (V. 5), sowie ein Turban und reine Kleider.

---

[579] Dieses Wort kommt sonst nur noch in Jes 3,22 vor, nach den Wörterbüchern ist es vielleicht verwandt mit dem assyrischen ḫalṣu, was „rein" oder „geläutert" bedeuten kann.

Aus diesem Befund kann Folgendes geschlossen werden: Bei einer normalen Investitur – also einer Statuserhöhung, bei der diese durch das Kleiden in kostbare Gewänder dargestellt wird – ist eine vorhergehende Entkleidung nicht nötig, weil der Betreffende sich schon selbst in einen gepflegten Zustand gebracht hat, bevor er vor der höherstehenden Person erschien. Dieses „Feinmachen" geschieht unabhängig von der Erwartung einer Investitur lediglich aus Achtung vor der hochgestellten Persönlichkeit. Die Nichtbeachtung solcher Regeln kann unangenehme Konsequenzen haben, wie im Gleichnis mit dem „hochzeitlichen Gewand" im Neuen Testament beschrieben (Mt 22,11–13) wird. Dadurch wird deutlich, dass die Aussage, Gott selbst löse den שׂק des Beters, um anschließend an ihm eine Investitur zu vollziehen, ein Ausdruck außergewöhnlicher Gnade ist. Eigentlich kann sich der Beter im Sackgewand gar nicht Gott nähern. Andererseits kann er sich auch nicht selbst aus seinem geminderten Zustand befreien, sondern schwebt in der Gefahr, noch weiter hinabzusinken – in die Scheol.

Der Ausdruck der unerwarteten Zuwendung Gottes ist sehr kunstvoll gestaltet: In den beiden Teilen des Verses werden jeweils ein abstrakter (מספד und שׂמחה) und ein konkreter Begriff (מחול und שׂק) gegeneinandergestellt. מספד und שׂק kommen häufig gemeinsam vor[580], was dafür spricht, dass hier ganz bewusst auf den Bedeutungszusammenhang der Minderungsgesten angespielt werden soll. Für die „kleidungsgrammatische" Einordnung ist wichtig, dass dieser Bezug nicht die Basis des Sprachbildes ist. Das „bildgebende" Element dieses Ausdruckes ist eine Investiturszene. Eine solche Ehrung ist immer etwas Positives, aber dieser gnadenhafte Aspekt wird hier verstärkt durch das eigentlich damit unvereinbare Moment des unmittelbar vorausgehenden Minderungszustandes, in dem sich der Betroffene zunächst befindet. Die שׂק-Symbolik wird hier also als Kontrastmittel zur Steigerung der Aussage von der gnadenhaften Zuwendung Gottes zum Beter verwendet.

---

[580] Est 4,3; Jes 22,12; Jer 6,26; Jer 48,37 und Ez 27,31.

3.4 Grundlinien der „Sprache des Textilen" IV (Minderungszustände)

Die *Bedeutung* von Bekleidung im Alten Testament kann genauer erfasst werden, wenn untersucht wird, wie Nacktheit und reduzierte Bekleidung bewertet wurden. Die gewonnenen Ergebnisse erweitern die bisher rekonstruierte Textilsprache des Alten Testaments um folgende Grundlinien:

- Nacktheit ist ein Grenzphänomen, nicht der natürliche Zustand des Menschen. Zum vollständigen Menschen gehört Bekleidung, genauso wie Sprachfähigkeit. Ein nackter Mensch gleicht einem verstummten Menschen.
- Zustände, in denen sich ein Mensch (aus unterschiedlichen Gründen) in einem niedrigen Status befindet, den er durch Manipulationen mit Textilien darstellen kann, werden mit der Terminologie von Ernst Kutsch als Minderungszustände bezeichnet.
- Auf einer Skala, die den Status eines Menschen anzeigt und auf der „*normal bekleidet*" der Nullpunkt ist, wird der denkbar niedrigste Zustand einer Person durch das *Entblößt-Sein* dargestellt. Unter Entblößung wird das Aufdecken einer Körperpartie (des Schambereiches) verstanden, die zur Wahrung der Würde unbedingt bedeckt gehalten werden muss.
- Fehlt Kleidung gänzlich oder teilweise, so ist eine Person *nackt*. Dieser Zustand ist weniger schlimm als der des Entblößt-Seins, bedeutet aber trotzdem eine tiefe Erniedrigung oder zeigt an, dass die Person (noch) nicht (voll) in die menschliche Gesellschaft integriert ist (Geburt, Menschwerdung).
- Niedriger als der Mensch im „Normalzustand", aber höher als der nackte oder entblößte Mensch, ist der Status einer Person, die sich im Zustand der Minderung befindet. Man kann (Selbst-)Minderungshandlungen als gesellschaftlich akzeptierte Mittel auffassen, um mit einer Notlage umzugehen. Ein Mensch ist deshalb unter Umständen auch bereit, sich freiwillig in einen solchen Zustand zu begeben, dagegen würde sich niemand freiwillig entblößen oder nackt herumlaufen.
- Durch einen Todesfall oder eine andere schlimme Notlage kann ein Mensch in einen objektiv geminderten Zustand versetzt werden, den er durch verschiedene Gesten darstellen konnte. Im Bereich des Textilen war dies vor allem das Zerreißen der Kleidung – konkret hat man sich vorzustellen, dass ein mit einem Hemdgewand bekleideter Mensch das Kleidungsstück am Ausschnitt-Schlitz weiter einreißt. Auch das Ablegen von kostbarer Kleidung oder das Umgürten eines Sackes kam unter Umständen in Frage.
- Drohte ein Unglück, versuchte man, durch Selbstminderungshandlungen denjenigen, der das Unglück abwenden konnte, milde zu stimmen. In den Bereich des Textilen fällt dabei das Umgürten eines Sackes (שׂק). In kollektiven Notlagen konnte im Rahmen eines צום–Fastens kollektives Sacktragen vollzogen werden. Keinesfalls kann das Sackumgürten als ein Zeichen von Resignation und Hoffnungslosigkeit gesehen werden.
- Die Minderungsgesten des Kleiderzerreißens und Sackumgürtens waren durch ihre Prägnanz sehr geeignet, innovative Gebrauchsweisen anzuregen.

4. Hauptteil: Textilien und Kleidung im Kult

4.1 Einleitung

4.1.1 Methodische Vorüberlegungen

In diesem Hauptteil geht es nicht ausschließlich um Priesterkleidung, sondern auch um andere Textilien in sakralen Zusammenhängen. Obwohl die Frage nach dem Konzept von Textilien im sakralen Raum den Ausgangspunkt der Untersuchung bildet, muss zuvor die Frage gestellt werden, wie die Bekleidung und die Textilien ausgesehen haben. Eine präzise Vorstellung von Aussehen und Verwendung der Gegenstände ist die Voraussetzung für die Analyse des „Symbolsystems". Dies zeigt sich besonders deutlich bei dem Ausdruck בד und dem Efod. In älteren Untersuchungen werden häufig Teile eines fremden Symbolsystems als Erklärungshilfe genommen, um Aussehen und Funktion von sakralen Kleidungsstücken im Alten Testament zu verstehen. Dieses Vorgehen wird problematisch, wenn es vorschnell angewandt wird. Am Anfang muss immer eine sorgfältige Untersuchung des biblischen Befundes stehen, erst in einem zweiten Schritt können dann Parallelen in der Umwelt gesucht werden. Als letzter Schritt mag die vorsichtige Frage nach dem Konzept hinter den Vorschriften und Bestimmungen, die uns überliefert sind, gestellt werden.

Das Vorgehen in diesem Hauptteil unterscheidet sich vom sonstigen Prozedere, wo zunächst die kulturimmanente Gebrauchsweise eruiert wurde und darauf aufbauend dann versucht wurde, die explizite und innovative Verwendung eines „Lexems" oder eines Satzes der Textilsprache zu rekonstruieren. Für die Behandlung von Textilien im Kontext des Kultes ist eine solche Vorgehensweise wenig ergiebig. In den komplexen und theologisch stark reflektierten Ritualanweisungen ist es kaum möglich, kulturimmanente und innovative Elemente zu unterscheiden. Das Verfahren muss jedoch auch aus einem anderen, gewichtigeren Grund modifiziert werden. Es sei die These aufgestellt, dass die Textilsprache im Kontext des Kultus präziser erfasst werden kann, wenn sie auf der Ebene der Textpragmatik, mit Hilfe der in 1.3.4 dargelegten Sprechakttheorie, untersucht wird.

Ein Großteil der Texte, die in diesem Hauptteil untersucht werden, stammt aus der Priesterschrift (Ex 28 und 39 sowie Lev 16). Es ist deshalb sinnvoll, offenzulegen, wie exegetisch mit den Belegen aus diesem Komplex umgegangen werden wird. Einige der Thesen, die Benno Jakob dazu vor mehr als 100 Jahren aufgestellt hat, können modifiziert übernommen werden, z.B.: „Alle Berichte des Pentateuchs über die Stiftshütte, ihre Besorgung und den Dienst an ihr bilden eine widerspruchslose schriftstellerische Einheit. Jedes Wort ist auf das Genaueste abgewogen. Der Verfasser hatte Zeit und hat seinen Gegenstand gründlich und bis in alle Einzelheiten durchdacht, ehe er schrieb"[581]. Grundsätzlich konstatierte Jakob: „Der ganze Bericht ist eine unzerreißbare Einheit. Kein Buchstabe darf geändert werden"[582].

---

[581] Jakob, B., Der Pentateuch. Exegetisch-kritische Forschungen, Leipzig 1905, 149f. (3. und 4. These).
[582] Jakob, 149.

Im Unterschied zu Jakob halte ich ein Wachstum und eine Überarbeitung der Texte für möglich, bisweilen sogar für wahrscheinlich. Jakobs Feststellung, der Verfasser habe jedes Wort genau abgewogen und seinen Gegenstand gründlich durchdacht, kann (und muss) jedoch auf die weiteren Bearbeiter ausgedehnt werden. Es darf davon ausgegangen werden, dass durch die Bearbeitungen keine Widersprüche in den Text eingetragen wurden, sondern die Thematik weiter ausgefaltet und ergänzt wurde. Trotz verschiedener Bearbeitungen kann der Bericht als eine „widerspruchslose schriftstellerische Einheit" aufgefasst werden. Weil sich die Bearbeiter so gut in die Texte „hineingedacht" haben bzw. der ursprüngliche Verfasser eventuell vorhandene Quellen souverän handhabte, sind text- und literarkritische Methoden nur äußerst vorsichtig anzuwenden, auch wenn Jakobs zweites Axiom, „die alten Übersetzungen insbesondere die Septuaginta [seien] … als Zeugen gegen den masoretischen Text wertlos" zu scharf ist[583]. Ebenso ist Jakobs erstes Axiom, der Text sei „nach Reihenfolge und Wortlaut intakt erhalten" – wie alle Axiome – überflüssig. Entscheidend ist, dass versucht wird, den Text so, wie er vorliegt, zu verstehen.

Von den weiteren Thesen, die alle bedenkenswert sind, sollen an dieser Stelle nur noch die 7. und die 9. kurz erwähnt werden. Ebenso wie bei Jakob werden in dieser Untersuchung Vergleiche mit Außerisraelitischem sehr kritisch gesehen. Zur Erklärung lehnt Jakob sie kategorisch ab[584]. Zur Illustration, Plausibilisierung oder auch als Kontrastmittel mögen sie manchmal hilfreich sein[585].

Die problematischste These stellte Jakob unter Punkt 7 vor. Er behauptete, dass der Verfasser keine „technische, zur Reproduktion ausreichende Beschreibung geben" wollte, sondern nur das berichtet, was „zum Ausdruck der … leitenden religiösen Gedanken unbedingt nötig ist"[586]. Daraus ergibt sich nach Jakob, dass Versuche einer Nachbildung scheitern müssen[587].

Man muss bedenken, dass Jakob auch ein apologetisches Motiv hatte: Er verteidigte den Verfasser der Priesterschrift (P) gegen Exegeten, die ihn wegen seiner unpräzisen Beschreibungen schalten. Diese Schelte ist sicherlich nicht angemessen, Jakobs Dichotomie von „technisch" und „religiös" trifft die Eigenart der Texte jedoch auch nicht. Der Kontext, in dem die Berichte von der Stiftshütte stehen, lässt keinen anderen Schluss zu, als dass der Autor und die Redaktoren eine „technische" und präzise Beschreibung geben wollten. Dieses Anliegen steht jedoch keinesfalls im Gegensatz dazu, dass sie damit auch religiöse Gedanken ausdrücken wollten. Manche technischen Einzelheiten waren religiös bedeutsam, andere nicht. Prinzipiell können die Angaben in der Priesterschrift durchaus als geeignet für eine „Nachbildung" angesehen werden, in der nicht jede Einzelheit bestimmt ist, sondern nur die wichtigen Gesichtspunkte. Die Priesterschrift selbst betont dies dadurch, dass sie den leitenden Künstler und seinen Assistenten als namentlich von Gott Berufene und Geisterfüllte zeichnet. Dadurch wird deutlich, dass es beim Bau der Stiftshütte und ihres Inventars nicht um die mechanische Ausführung einer Gebrauchsanweisung ging, sondern um einen Prozess, der

---

[583] Jakob, 149.
[584] Jakob, 151, (9. These).
[585] Mir ist bewusst, dass ich mich damit gegen eine heute übliche Forschungsströmung stelle.
[586] Jakob, 150.
[587] Vgl. Jakob, 151.

sowohl kreative als auch technische Fertigkeiten erforderte (Ex 31,1–11). Bei den Gegenständen, für die nicht so präzise Angaben vorlagen, hatten die Künstler mehr Gestaltungsspielraum.

Man muss also feststellen, dass Jakob in seinem Bestreben, die „Anklagen" gegen P zu entkräften, selbst ein wenig über das Ziel hinausgeschossen ist. Wahrscheinlich kann man sich einem Verständnis der priesterschriftlichen Texte auch nur annähern, wenn man berücksichtigt, dass ihnen ein Weltbild zugrunde lag, in dem es die Unterscheidung zwischen geistig und materiell oder technisch und religiös nicht gab.

4.1.2 Vorgehen

In einem ersten Schritt sollen die Lexeme der hebräischen Verbalsprache genauer untersucht werden, mit denen Textilien für den sakralen Bereich qualifiziert werden. Ein Ausdruck „Priesterkleidung" ist im alttestamentlichen (und altorientalischen) Denk- und Sprachraum eher ungebräuchlich[588]. Priester tragen zwar spezielle Kleidung, diese wird aber meist als „heilig" (קדש) charakterisiert. Ohne diesen Komplex erschöpfend behandeln zu können, ist doch nach Grundkonzepten von Heiligkeit im Kontext des Alten Testaments zu fragen, um die Kennzeichnung bestimmter Kleidung als „heilig" besser verstehen zu können (4.2.1). Anders als קדש wird das Wort בד im Alten Testament nur im Zusammenhang mit Textilien im Kontext von Kult und Sakralität verwendet und bedarf einer genaueren Untersuchung (4.2.2). Mit den בגדי השרד kommen in 4.2.3 Textilien in den Blick, die nicht für den priesterlichen Dienst, sondern für den levitischen (Hilfs-)Dienst am Heiligtum vorgesehen sind. Wie Laien sich und ihre Kleidung für die sakrale Sphäre tauglich machen können, wird in 4.2.4 erörtert. Im dritten Teil des Hauptteils werden die „Objekte" der „Grammatik der Kultkleidung" untersucht, die einzelnen Kleidungsstücke. Es gibt zwei Sorten von „Objekten", zum einen solche Kleidungsstücke, die nur in kultischen Zusammenhängen gebraucht werden, z.B. den Efod, zum anderen solche, die auch im (nichtkultischen) Alltag verwendet wurden, z.B. das Hemdgewand. Die zweite Gruppe wurde in 2.2 untersucht. Aus der Gruppe der nur im kultischen Zusammenhang vorkommenden Textilien werden nur die מכנסים („Unterhosen") (4.3.1) und der אפוד (Efod) (4.3.2) ausführlicher erörtert. Das liegt vor allem an der Beleglage. Für beide Objekte sind genügend Vorkommen vorhanden, um eine Neuuntersuchung zu rechtfertigen. Weitere ausschließlich oder überwiegend im Kult verwendete Textilien werden in den Kapiteln 4.3.3 und 4.3.4 im Rahmen einer Rekonstruktion der priesterlichen und hohepriesterlichen textilen Ausstattung erörtert.

In Teil 4.4 sollen Szenarien rekonstruiert werden, in denen „Sätze" der Kleidungsgrammatik eine wichtige Rolle spielen, es geht also um die Syntax des Textilen im Kontext des Kultes. Es werden die Priestereinsetzung (4.4.1), die Altarreinigung (4.4.2) und der große Versöhnungstag (4.4.3) untersucht.

---

[588] Der Ausdruck „Priesterhemdgewänder" (כהנים כתנת) findet sich nur in Esr 2,69 und Neh 7,69.71.

4.2 Qualifizierung von Textilien für die sakrale Sphäre

In gewissem Sinne hat dieser Teil Ähnlichkeit mit 1.5, wo Materialien und Machart untersucht wurden. In der hebräischen Verbalsprache werden genauere Kennzeichnungen wie „heilig" oder „leinen" in ähnlicher Weise attributiv oder in einer status-constructus-Verbindung mit Begriffen für Textilien verbunden. In der „reinen" Textilsprache sind solche Kennzeichnungen generell nicht „sichtbar", es gibt in ihr keine Attribute oder Adjektive. Der Unterschied zur „artikulatorischen Phonetik von Textilien" ist jedoch, dass z.B. „leinen" eine Eigenschaft ist, die Textilien inhärent ist. Jedes Stoffstück ist aus einem bestimmten Material. Bei der Kennzeichnung „heilig" ist das anders. Es ist ein Konzept, das über die Sphäre des Textilen hinausgeht und auch nicht in dieser ihren Ursprung hat. An dieser Stelle wird deutlich, dass das Symbolsystem „Textiles" Teil eines größeren Symbolsystems ist und nur innerhalb dieses größeren Kontextes korrekt verstanden werden kann. Man kann Textilien nicht ansehen, ob sie heilig sind oder nicht. Erst der Kontext, in dem sie verwendet werden, kann Auskunft über ihre Beziehung zur sakralen Sphäre geben. Für die Methodik ist es daher wichtig, zu beachten, dass die Erörterung des Begriffes „heilig" abweicht von den anderen Wortfelduntersuchungen, da es kein entsprechendes Lexem in der „Sprache des Textilen" gibt.

4.2.1 בִּגְדֵי־קֹדֶשׁ: „Heiligkeitstextilien" – „heilige Kleidung"

Im Kontext von Textilien im Kult wird häufig die status-constructus-Verbindung בִּגְדֵי־קֹדֶשׁ gebraucht. Gewöhnlich wird dieser Ausdruck mit „heilige Kleider" übersetzt, also קֹדֶשׁ wie ein Adjektiv behandelt. Das von der gleichen Wurzel (קדשׁ) abgeleitete Adjektiv קָדוֹשׁ wird zusammen mit Textilien jedoch nie benutzt[589]. Präziser wäre also die Wiedergabe mit „Kleider der Heiligkeit", denn es handelt sich bei קֹדֶשׁ um ein Abstraktum.

Was ist nun aber „Heiligkeit" oder „heilig"? An der Antwort auf diese Frage arbeiten schon Generationen von Forschern, ohne zu einer einheitlichen Lösung gekommen zu sein. Glücklicherweise muss im Kontext der Kulttextilien nur in einem sehr begrenzten Rahmen auf dieses komplexe Problem eingegangen werden[590]. Die Texte, in denen „Heiligkeitstextilien" vorkommen, sind priesterschriftlich und weisen eine recht konzise und praxisnahe Konzeption von Heiligkeit auf, die im Folgenden in Anlehnung an J. Milgrom kurz umrissen wird[591]. Dabei muss jedoch bedacht werden, dass dieses Konzept nicht unbedingt mit Vorstellungen von Heiligkeit in anderen Teilen des Alten Testaments übereinstimmen muss[592]. Für ein Verständnis des priesterschriftlichen Heiligkeitsbegriffes sind neben „heilig" auch noch die Begriffe „profan" (חל), „rein" (טהר) und „unrein" (טמא) wichtig. Es gibt die *Gegensatzpaare* „heilig" und „profan",

---

[589] Vgl. Kornfeld, W., Art. קדשׁ, ThWAT VI (1989), 1179–1188;1201–1204 (1186).

[590] Zu den Schwierigkeiten, die mit dem Begriff des Heiligen verbunden sind, sei verwiesen auf die Arbeiten Carsten Colpes, z.B. Colpe, C., Über das Heilige. Versuch, seiner Verkennung kritisch vorzubeugen, Frankfurt a. M. 1990 oder Colpe, C., Art. heilig (sprachlich) und Das Heilige, HRWG 3 (1993), 74–99.

[591] Milgrom, J., Art. Heilig und profan. II. Altes Testament, RGG[4] 3 (2000), 1530–1532.

[592] Es ist hier nicht der Ort, Unstimmigkeiten oder Spannungen anzuzeigen und zu erörtern.

sowie „rein" und „unrein"[593]. In ihren *Auswirkungen* ähneln sich jedoch „heilig" und „unrein" sowie „profan" und „rein". „Heilig" und „unrein" sind dynamisch, „ansteckend" und können durch Berührung übertragen werden, „rein" und „profan" sind statische Zustände, die nicht übertragbar sind und „ihre Identität aus ihren Gegensätzen" beziehen[594]. Deshalb sind die deutschen Übersetzungen irreführend. Für טמא würde „verschmutzt" oder sogar „verseucht" besser passen. Die Gegensatzpaare sind also nicht symmetrisch: Es ist leicht, eine profane Sache zu heiligen, aber umständlich (und teuer), eine „heilige Sache" wieder zu profanisieren. Ebenso ist es leicht, sich zu verseuchen, aber umständlich und zeitaufwändig, sich aus einem verseuchten Zustand in einen reinen zu versetzen. Gefährlich wird es, wenn die beiden dynamischen Zustände „unrein" und „heilig" miteinander in Kontakt kommen. So ein Zusammentreffen muss unter allen Umständen verhindert werden, weil die Auswirkungen zerstörerisch sind.

Von „Textilien der Heiligkeit" wird im Alten Testament ausschließlich in Bezug auf Priesterkleidung gesprochen. Durch Besprengung mit Salböl und Blut werden die Textilien in den Zustand der Heiligkeit versetzt. Diese Weihung ereignet sich an den von Aaron und seinen Söhnen *getragenen* Kleidern. Die Textilien werden also nicht unabhängig von ihren Trägern geheiligt (Ex 29,21; Lev 8,30). Der hohepriesterliche Ornat wird nur einmal von Mose durch Besprengung (permanent) geheiligt. Wenn er auf den nächsten Hohepriester übergeht, ist er schon heilig und dient den Nachfolgern Aarons dazu, in ihm gesalbt zu werden und „die Hände gefüllt zu bekommen" (Ex 29,29). Daraus ist zu schließen, dass es die schon heilige Kleidung ist, die die Heiligung des nachrückenden Hohepriesters ermöglicht. Die innere Logik des Geschehens ist klar: Nach dem priesterschriftlichen Konzept kann man sich nicht selbst heiligen, sondern wird von einer höherstehenden Person geheiligt. Es braucht also für die Einsetzung eines heiligen Priestertums einen herausgehobenen Initiator. Diese Funktion hat Mose, der ein für allemal das Heiligtum und dessen Inventar heiligt. Durch die anfängliche Heiligung der Kulttextilien ist auch bei dem „lebenden Inventar", d.h. den Priestern, die Kontinuität gewährleistet und die Verbindung zum Kultgründer aufrechterhalten. Dadurch werden auch die Zweckbestimmungen verständlich: Die Kleidung Aarons dient dazu, ihn heilig zu machen (Ex 28,3: לקדשו) bzw. ihn oder seine Söhne zum Priesterdienst zu befähigen (Ex 28,4: לכהנו־לי). Die priesterliche Sukzession ist primär textil vermittelt.

Aus der Tatsache, dass Textilien durch Waschen sowohl von (versehentlicher) Heiligung (Lev 6,20) als auch von Verseuchung (z.B. Lev 11,32) befreit werden konnten, ergibt sich, dass der hohepriesterliche Ornat nie gewaschen werden konnte, denn die anfängliche Heiligung durch Mose konnte ja nicht wiederholt werden[595]. Man merkt an solchen Unstimmigkeiten, dass die priesterschriftlichen Anweisungen ein ideales Konstrukt waren.

---

[593] Es ist aber nicht so, dass die Gegensatzpaare immer explizit genannt werden, so kommt z.B. חל im ganzen Alten Testament nur in sieben Versen vor, קדֶשׁ dagegen in 548 Versen.

[594] Milgrom, J., Art. Heilig und profan. II. Altes Testament, RGG⁴ 3 (2000), 1530–1532 (1530).

[595] Es gibt im Zusammenhang mit der Zubereitung des Reinigungswassers eine Stelle, an der ein Priester seine Kleider waschen soll (Num 19,7), weil die Bereitung des Reinigungswassers die daran Beteiligten verseucht. Es handelt sich jedoch nicht um den Hohepriester.

Wichtig für das weitere Vorgehen ist der Hinweis H.-P. Müllers, „die oft angenommene Grundbedeutung ‚abgesondert'" für קֹדֶשׁ sei „nur eine abgeleitete: das Heilige wird zu seinem Schutz und zum Schutz vor ihm in einem Temenos o.Ä. vom Profanen getrennt, sobald die entsprechende Schutzbedürftigkeit wahrgenommen"[596] worden sei.

4.2.2 בַּדֵּי־בַד: „Spezielle Textilien" – „Sonderkleidung"

4.2.2.1 Wortfeld

Es sind 23 Vorkommen von בַד (III) belegt, die sich auf 19 Verse verteilen; es gibt acht voneinander unabhängige Vorkommen. Anders als קֹדֶשׁ kommt בַד nicht nur zusammen mit dem allgemeinen Begriff für Textilien (בֶּגֶד) vor, sondern wird auch zur Charakterisierung von bestimmten Textilien bzw. Kleidungsstücken verwendet. Sechs Belege finden sich in Lev 16 im Zusammenhang mit dem großen Versöhnungstag. Drei Belege in den Samuelisbüchern und eine Parallelstelle in den Chronikbüchern beziehen sich auf den אֵפוֹד בָד, der von Samuel (1 Sam 2,18), David (2 Sam 6,14 par 1 Chr 15,27) und den 85 ermordeten Priestern von Nob (1 Sam 22,18) getragen wurde. Im Pentateuch gibt es außer den sechs Vorkommen in Lev 16 noch vier Stellen, in denen es jeweils um Priesterkleidung geht (Ex 28,42; Ex 39,28; Lev 6,3 [zweimal]). Die restlichen neun Belege beziehen sich nicht auf Menschen, sondern auf zwei hohe „himmlische Funktionäre", die in den Visionen Ezechiels und Daniels erscheinen[597].
Das Wort בַד (III) ist nur mittelhebräisch, samaritanisch und jüdisch-aramäisch bezeugt, die Wurzel ist unbekannt[598]. Für zwei andere Bedeutungen von בַד wird die Wurzel בדד angegeben mit der Grundbedeutung „einsam, abgesondert sein", und es liegt nahe, auch בַד (III) mit dieser Wurzel zu verbinden. Eduard Glaser vermutete z.B., dass „hebr. בַד zunächst vielleicht als direkte Leibbekleidung, Isolierkleidungsstück aufgefasst werden … [könnte], die also unmittelbar die Körperhaut … trifft"[599]. Glaser versuchte, dies aus dem arabischen Verb badd („trennen") und budd („Anteil") herzuleiten[600]. Elhorst kam etwas später zu einem ähnlichen Ergebnis, ohne den Umweg über das Arabische zu gehen: „In religiösem Sinn bezeichnete es [sc. בַד] dasjenige, das dem profanen Gebrauch entzogen ist"[601]. Elhorst hielt בַד für ein später außer Gebrauch gekommenes Synonym für כֹהֵן und קָדוֹשׁ[602].

---

[596] Müller, H.-P., Art. קדשׁ, THAT II (1979), 589–609 (590).

[597] Ez 9,2f.; 9,11; 10,2; 10,6f.; Dan 10,5; 12,6f.

[598] Vgl. Gesenius 18. Aufl. z.St.

[599] Glaser, E., Aus meinem Inschriftenwerk VI. Gottesmanifestationen und der Logos in Südarabien? OLZ 9 (1906), 315–324 (319). Dies soll nach Glaser noch in Ex 28,42; Lev 6,3 und 16,4 bezeugt sein. Dabei muss jedoch für Lev 16,4 bemerkt werden, dass der Gürtel nicht direkt auf der Haut getragen wurde.

[600] Glaser, 315–324.

[601] Elhorst, H. J., Das Ephod, ZAW 30 (1910), 259–276 (267).

[602] Vgl. Elhorst, 267. Elhorst bezog auch die Belege Jes 44,25 und Jer 50,36 u.a. mit ein, wo das Wort ein pejorativer Ausdruck für eine Art Wahrsager ist.
Ein Alternativvorschlag, der hier nicht diskutiert wird, war die Idee von T. C. Foote, בַד sei mit „Teil/Glied" zu übersetzen und in Verbindung mit אֵפוֹד als Bezeichnung für das männliche Geschlechtsorgan zu verstehen, vgl. Foote, T. C., The Ephod: Its Form and Use, JBL 21 (1902), 1–47 (3 und 47). „We must then understand *ephodh badh* to be *ephodh partis* (*virilis*)" (3). Die Verbindung mit Kleidungsstücken,

4.2.2.2 בד = „leinen"/„linnen"?

Die These, בד sei von der Wurzel בדד abzuleiten, hat sich nicht durchgesetzt, wahrscheinlich, weil Hönig, der das Standardwerk über Bekleidung im Alten Israel verfasste, sich Glaser nicht anschloss. Hönig, der die Vorschläge Glasers und Footes diskutierte, entschied sich unter Berufung auf die Tradition vorsichtig für „‚Stücke', ‚Zeug', ‚Stoffteile', vielleicht ‚Linnen'"[603]. Und so findet sich auch in Gesenius 18. Aufl. nur „Stück Tuch, Leinen" und dann die verschiedenen Kombinationen „leinener Gürtel", „leinener Leibrock"[604]. Die Tradition, von Hönig selbst als „schwankend" charakterisiert[605], soll nun noch einmal kritisch in den Blick genommen werden. Die Übersetzung „leinen/linnen" geht zurück auf die LXX. Dort wird בד manchmal mit βύσσινος oder λινοῦς übersetzt[606]. Insgesamt ist die Übersetzungspraxis in der LXX jedoch uneinheitlich. An den Stellen, an denen בד absolut steht, wird es manchmal nicht als Materialangabe, sondern als Kleidungsstück aufgefasst und mit ποδήρης oder στολή übersetzt[607]. Besonders wenig konnten die LXX-Übersetzer mit dem Efod bad anfangen: In 1 Sam 2,18 transkribierten sie εφουδ βαρ, wobei sie wohl bei der Transkription ד mit ר verwechselten. In 1 Sam 22,18 wurde Efod transkribiert, בד jedoch weggelassen. In 1 Chr 15,27 wurde die Aussage, David sei wie die Leviten in eine στολὴ βυσσίνη (Übersetzung von מעיל בוץ) gekleidet gewesen, noch einmal wiederholt und so eine Übersetzung des rätselhaften Efod bad umgangen. Am deutlichsten wird die Ratlosigkeit der Übersetzer bei der Beschreibung von Davids Gewandung beim Ladetanz in 2 Sam 6,14: Er sei in eine στολὴ ἔξαλλον gekleidet gewesen, also ein „spezielles Gewand".

Die tabellarische Übersicht zeigt, dass בד nicht einmal bei der Hälfte der Verse in der LXX mit „leinen" wiedergegeben worden ist und verdeutlicht damit die Unsicherheit, die über die Bedeutung von בד zu hellenistischer Zeit herrschte.

Wiedergabe	βύσσινος	λινοῦς	ποδήρης	στολή	ἔξαλλον	βαρ	keine
Beleganzahl[608]	4	5	3	3	1	1	2[609]

In der Vulgata wurde bis auf Ex 39,28, wo בד nicht übersetzt wurde, durchgängig mit „leinen" (lineus/a) übersetzt[610].

Die Unsicherheit der Tradition rechtfertigt es, die Übersetzung „leinen/linnen" in Frage zu stellen und nach Alternativen zu suchen. Bevor Alternativen erwogen werden können, muss zunächst gefragt werden, wie es zu der Übersetzung von בד mit „leinen" kommen konnte. Die Schlüsselstelle war vermutlich Ex 39,28. Im Rahmen des Ausfüh-

---

die zur Verhüllung der Geschlechtsorgane ungeeignet sind (z.B. מצנפת – Turban) wird als eine spätere Hinzufügung gewertet, „when בד was misunderstood to mean linen" (47).

[603] Hönig (Anm. 6), 46.

[604] Gesenius 18. Aufl. z.St.

[605] Hönig, 45.

[606] βύσσινος: Dan 10,5f.; 12,7; λινοῦς: Ex 28,42; Lev 6,3; 16,4; 16,23; 16,32.

[607] ποδήρης: Ez 9,2.11; στολή: Ez 10,2.6f.

[608] Es sind die Verse gezählt, nicht die Einzelbelege.

[609] Der zweite Beleg, an dem בד nicht übersetzt wird, Ex 39,28, wird erst später (siehe unten) untersucht.

[610] Hieronymus transkribiert allerdings an einer Stelle (Ez 9,2), vielleicht, weil er hier von der Bedeutung „leinen" auch nicht überzeugt war.

rungsvermerkes für die Herstellung der Priesterkleidung heißt es in einer Aufzählung der Materialien, aus denen die einzelnen Ausstattungsstücke gefertigt wurden: „Und sie machten …

den Kopfbund aus Feinleinen und die Turban- schals aus Feinleinen und die bad-„Unterhosen" aus gezwirntem Feinleinen.	וְאֵת הַמִּצְנֶפֶת שֵׁשׁ וְאֶת־פַּאֲרֵי הַמִּגְבָּעֹת שֵׁשׁ וְאֶת־מִכְנְסֵי הַבָּד שֵׁשׁ מָשְׁזָר:

Man kann die Feststellung, die bad-„Unterhosen" (מִכְנְסֵי הַבָּד) seien aus Feinleinen hergestellt worden, unterschiedlich interpretieren. Hönig schloss daraus, dass בד und שֵׁשׁ austauschbar seien bzw. בד sei שֵׁשׁ subsumiert[611]. Man hätte dann eine Aussage, die vergleichbar wäre mit „dieser Wollpullover ist aus Kaschmir". Folgende Argumente sprechen dagegen.

- Es wäre ein schlechter Stil, der zu der präzisen, aber nicht redundanten Sprache der priesterschriftlichen Anweisungen nicht passt. In der Vulgata ist dies der einzige Vers, an dem בד nicht übersetzt wird.
- Der Durchgang durch andere Bezeichnungen für „Leinen" (siehe oben 1.5.2.1 und 1.5.3.1) hat ergeben, dass die verschiedenen Begriffe präzise zu bestimmen und auf synchroner Ebene nicht austauschbar waren. Anders als das neutrale פֵּשֶׁת („Flachs/Leinen") und die mit Reichtum und Luxus assoziierten Ausdrücke שֵׁשׁ („Feinleinen", [ältere Texte]) und בוּץ („Feinleinen", [jüngere Texte]) ist בד auf sakrale Kontexte beschränkt. Im Zusammenhang mit Luxuskleidung wird בד nie verwendet. Die Theorie, dass בד irgendwann veraltet war und durch andere Wörter für „leinen" ersetzt wurde, ist deshalb nicht statthaft, weil der Ausdruck auch in jungen Texten, z.B. in der Chronik und bei Daniel, vorkommt[612].

Wahrscheinlicher ist, dass der Ausdruck בד mehr und/oder Anderes beinhaltete als eine Materialangabe. Aus der Tradition erhält man keine Antwort: Die Übersetzer der LXX gingen dem Problem aus dem Weg, indem sie בד hier nicht übersetzten. Aus Ex 39,28 kann zwar geschlossen werden, dass בד–Kleidung aus Leinenstoffen herge- stellt wurde, nicht jedoch, dass בד eine Bezeichnung für Leinen war.

Weiterhin wird in Ez 9,2 בד verwendet, um die Kleidung einer visionär erblickten Gestalt zu beschreiben. Man kann das Material eines Stoffes visuell jedoch nicht präzi- se bestimmen, dazu bedarf es eines haptischen Eindrucks[613].

4.2.2.3 בד als Funktionsbezeichnung

Man kann aus der Beleglage zunächst einmal folgern, dass die Charakterisierung eines Kleidungsstückes als בד auf einen sakralen Verwendungs- oder Verweiszusammen- hang eingeschränkt war. Kann man eventuell בד besser verstehen als Funktions- oder Qualifikationsbezeichnung und nicht als Materialangabe? Die Kombination von Tex- tilbegriffen mit Termini, die deren Zweck ausdrücken, ist auch sonst belegt. Im sakra- len Zusammenhang ist besonders die Kennzeichnung bestimmter Textilien als קֹדֶשׁ (Heiligkeit) zu nennen, aber auch die בִּגְדֵי־שְׂרָד (siehe unten 4.2.3).

---

[611] Vgl. Hönig (Anm. 6), 45f. Dort sind auch weitere Autoren mit dieser Auffassung genannt.
[612] Vgl. Milgrom, J., Leviticus 1–16 (AncB 3), New York u.a. 1991, 384.
[613] Ähnliches gilt für die Vision, die in Dan 10–12 geschildert wird.

Houtman untersuchte in der Einführung zu seinem Exoduskommentar den Begriff בד und kam zu dem Schluss: „The manner in which it is employed seems to make it unlikely that a fabric is meant"[614]. Houtman schloss sich dann Elhorsts Meinung an. Elhorsts Idee, בד für ein später außer Gebrauch gekommenes Synonym für כהן und קדש zu halten, führt zwar in die richtige Richtung, in allem kann Elhorst jedoch nicht zugestimmt werden. Wie die Vorkommen bei Ezechiel und Daniel zeigen, ist בד während der gesamten Entstehungszeit des Alten Testaments in Gebrauch geblieben und erst danach unverständlich geworden. Richtig ist, dass בד etwas mit קדש zu tun hat, ein Synonym für קדש ist es jedoch wahrscheinlich nicht.

Auch Glasers Idee des „Absonderungsgewandes" ist hilfreich, die weiteren Vermutungen Glasers überzeugen jedoch nicht. Glaser meinte, dass das Absonderungsgewand den „Träger von den anderen Menschen absondert, ihn vor ihnen auszeichnet; also Ehrengewand, Prunk- oder Prachtgewand, Ornat, Priesteramtsgewand" sei[615]. Diese Konnotation ist jedoch für בד nicht zu belegen. Das hohepriesterliche Prachtgewand z.B. bekommt gerade nicht die Bezeichnung בד, nur das nicht weiter verzierte Ensemble für den Versöhnungstag. Dass der Aspekt der Ehre und des Prunkes nun gerade bei der Spezialkleidung zum Altarputzen oder bei den „Unterhosen" eine große Rolle gespielt hat, darf bezweifelt werden. Bei den Kleidungsstücken, die den Priestern zu „Ehre und Schmuck" dienen sollen, werden sie jedenfalls nicht erwähnt.

Überschaut man die Belege zu בד, so fällt auf, dass es oft um den kritischen Grenzbereich zwischen „heilig" und „profan/unrein" geht. Besonders deutlich wird dies bei den „Unterhosen" (מכנסים) . In den Anweisungen zur Herstellung der Priestergewänder ist dies das einzige Kleidungsstück, das mit dem Zusatz בד versehen ist (Ex 28,42 und Ex 39,28). In Ex 28,42 wird der Zweck der „Unterhosen" angegeben als zur Bedeckung „des Fleisches (בשר) der Blöße".

Als Übersetzung für בד könnten unter Rückgriff auf die Etymologie Ausdrücke wie „besonders" oder „speziell" gewählt werden, die Wiedergabe mit ἔξαλλον (II Reg 6,14) war also gar nicht so unpassend. Die mit בד bezeichnete „Sonderkleidung" wurde speziell für die „Absonderung" von „heilig" gegenüber (potentiell) „unrein"/„profan" gebraucht und war damit auch „Schutzkleidung". Die Schutzwirkung von בד-Textilien war zweiseitig. Der Mensch wurde vor gefährlicher Heiligkeit geschützt und das Heilige vor dem potentiell Unreinen[616].

4.2.2.4 Engelkleidung

Es könnte sein, dass בד in späterer Zeit für Menschenkleidung als nicht mehr angemessen galt und nur noch für die Bekleidung von Himmelswesen verwendet wurde. Der himmlische Funktionär in Ezechiel, der in בדים gekleidet ist, wird noch näher beschrieben als jemand, der Schreibzeug an seiner Hüfte hat und verschiedene Befehle

[614] Houtman, C., Exodus. Vol. 1 (HCOT), Kampen 1993, 161.
[615] Glaser (Anm. 599), 319.
[616] Mit Hilfe dieser Überlegungen kann auch die Bezeichnung der Tragestangen für die Geräte des Zeltheiligtums als בדים besser verstanden werden. Die Bezeichnung בדים für „Stangen" kommt nur an den auf das Zeltheiligtum bezogenen Stellen vor, z.B. Ex 25,13–15; Num 4,8.11. Es ergibt sich die Bedeutung: zur Absonderung der heiligen Geräte geeigneter Gegenstand.

ausführt. Er ist damit als „höhere Charge" gekennzeichnet. Das wird besonders in Ez 9,2ff. deutlich. Seine Aufgabe ist es, die Menschen zu kennzeichnen, die nicht vernichtet werden sollen (Ez 9,4). Die hinterherkommenden „Männer" (eine Art Exekutionsengel) erschlagen dann den nicht gekennzeichneten Rest (Ez 9,6f.). Es könnte für die Erfüllung der Kennzeichnungsaufgabe wichtig gewesen sein, dass der Engel die von ihm bezeichneten Menschen vor *seiner* Heiligkeit schützt. Es wäre äußerst unwillkommen, wenn diese die Kennzeichnung, die doch ihr Leben retten sollte, nicht überlebten, weil sie durch den Kontakt mit der Heiligkeit des Funktionärs getötet würden. Das „Exekutionskommando" brauchte deshalb keine בדים–Kleidung. Die zweite Aufgabe, die der בדים–Engel auszuführen hat, ist das Verstreuen von glühender Kohle über der Stadt. Diese bekommt er von einem Cheruben ausgehändigt (Ez 10,2.7). Vielleicht war auch für diese Aufgabe eine spezielle Schutzkleidung nötig.

Das bei Daniel beschriebene Wesen ist zusätzlich noch mit Gold gegürtet und auch ein hoher Himmelsfunktionär, der Daniel über die Zukunft informiert und in Kämpfe mit anderen Engeln involviert ist. Auch die Erwähnung eines בדים-gekleideten Engels in Dan 10,5 steht im Zusammenhang mit einer Berührung: Die Himmelsgestalt hilft Daniel nach einem Ohnmachtsanfall wieder auf die Beine (Dan 10,10).

4.2.3 בגדי־שׂרד: Textilien für den levitischen Dienst

Obwohl nur vier Belege für שׂרד vorliegen (Ex 31,10; 35,19; 39,1 und 39,41), soll der Begriff in den Blick genommen werden. שׂרד findet sich nur im Zusammenhang mit בגד und muss deshalb zur Sphäre des Textilen im sakralen Kontext gezählt werden. Der Aufbau der Belege ist ähnlich, es seien zwei Beispiele gegeben:

Ex 31,10: [Bezaleel und Oholiab sollen u.a. folgende Textilien anfertigen:] Und die שׂרד–Textilien und die Heiligkeitstextilien für Aaron, den Priester und die Textilien seiner Söhne für den Priesterdienst.

וְאֵת בִּגְדֵי הַשְּׂרָד
וְאֶת־בִּגְדֵי הַקֹּדֶשׁ לְאַהֲרֹן הַכֹּהֵן
וְאֶת־בִּגְדֵי בָנָיו לְכַהֵן׃

Ex 39,1: Und aus Violettpurpur und Rotpurpur und Karmesin machten sie שׂרד–Textilien für den Dienst im Heiligtum,
und sie machten die Heiligkeitstextilien für Aaron,
wie es JHWH Mose befohlen hatte.

וּמִן־הַתְּכֵלֶת וְהָאַרְגָּמָן וְתוֹלַעַת הַשָּׁנִי
עָשׂוּ בִגְדֵי־שְׂרָד לְשָׁרֵת בַּקֹּדֶשׁ
וַיַּעֲשׂוּ אֶת־בִּגְדֵי הַקֹּדֶשׁ אֲשֶׁר לְאַהֲרֹן
כַּאֲשֶׁר צִוָּה יְהוָה אֶת־מֹשֶׁה׃

Die Spekulation darüber, was das Wort שׂרד bedeuten könnte, soll zunächst einmal zurückgestellt werden[617]. Was kann man anhand der Angaben über die שׂרד–Textilien feststellen unter der Voraussetzung, dass die Texte zu den Textilien des Zeltheiligtums ein sinnvolles „Gewebe" bilden, auch wenn deren Muster auf den ersten Blick schwer zu erkennen ist?

• Es findet sich an drei Stellen (Ex 31,10; 35,19 und 39,41) die Gegenüberstellung der Funktionsbestimmungen לשרת und לכהן. Bei beiden Bezeichnungen geht es um die Ausübung eines kultischen Dienstes. Zwar kann auch שרת manchmal für priesterlichen Dienst verwendet werden, es überwiegen jedoch Vorkommen, bei denen der Terminus auf die Tätigkeit der Leviten referiert. Wenn an den genannten

---

[617] Vgl. die verschiedenen Meinungen bei Houtman, C., Exodus. Vol. 3 (HCOT), Leuven 2000, 348f.

Stellen dem „Dienst" (לשרת) explizit der „priesterliche Dienst" (לכהן) gegenübergestellt wird, kann angenommen werden, dass mit שרת *nicht* der speziell
priesterliche, sondern ein allgemeinerer Dienst am Heiligtum gemeint war, wie ihn
die Leviten versahen.

- In 2.2.1 wurde gezeigt, dass בגד mit „Stoffstück/Textilien" übersetzt werden sollte, wenn der Kontext nicht die speziellere Bedeutung „Kleidung" nahe legt. Bei
den „Heiligkeitstextilien" für Aaron und seine Söhne geht aus dem Kontext un-
missverständlich hervor, dass es sich um Kleidung handelt, so dass besser mit
„Heiligkeitskleidung" übersetzt werden könnte. Bei den בגדי־שרד lassen sich keine Anzeichen für eine Einschränkung der allgemeineren Bedeutung ausmachen, so
dass davon auszugehen ist, dass es sich um Decken oder Tücher handelt.
- Aus Ex 39,1 kann entnommen werden, dass die שרד–Textilien aus Violettpurpur,
Rotpurpur und Karmesin hergestellt wurden.

Kombiniert man diese drei Beobachtungen, lässt sich schließen, dass שרד–Textilien
Decken oder Tücher aus den oben genannten Materialien waren, die für den Dienst der
Leviten am Zeltheiligtum benötigt wurden. Tatsächlich findet sich in Num 4,4–16 ein
Abschnitt, in dem beschrieben wird, wie Mitglieder der levitischen Sippe der Kehatiten
die in Decken aus den eben genannten Materialien gewickelten heiligen Geräte abtransportieren sollen. Dabei ist auffällig, dass nur an diesen beiden Stellen innerhalb
der Beschreibungen des Zeltheiligtums eine abgekürzte Ausdrucksweise für „mit Purpur bzw. Karmesin verziertes Feinleinen" verwendet wird, bei der das Feinleinen (שש)
ungenannt bleibt[618]. Sonst wird immer auch das Feinleinen erwähnt. Wenn man davon
ausgeht, dass die Beschreibungen zur Ausstattung des Zeltheiligtums zwar ausführlich
und präzise, aber nicht redundant sind, muss man ausschließen, dass mit den שרד–
Textilien die Kleidung der Priester allgemein gemeint ist. Die Materialangaben für die
Priesterkleidung waren nämlich schon in Ex 28 genannt worden, wobei außer der bunten Wolle noch Gold und Feinleinen aufgezählt wurde. Es heißt deshalb folgerichtig in
Ex 39,1, dass die heiligen Priesterkleider so angefertigt wurden, wie es JHWH Mose
geboten hatte (vgl. Ex 28). Für die Einwickeltücher des levitischen Transportdienstes
dagegen lag weder ein Auftrag noch eine Angabe zum Material vor.

Neu ist die hier vorgelegte Idee, die שרד–Textilien würden sich auf Num 4 beziehen,
nicht. Schon Raschi kommentierte Ex 31,10 folgendermaßen:

„Und die Gewänder des Dienstes, ich meine, nach dem einfachen Sinne des Verses kann man nicht sagen,
daß von den Priestergewändern die Rede sei, weil sich auf diese die folgenden Worte beziehen … sondern
diese Gewänder des Dienstes waren die Gewänder aus himmelblauer, purpurroter und karmesinroter Wolle,
die in dem Abschnitt des Aufbruches erwähnt sind … und meine Worte leuchten darum ein, weil es heißt,
und aus der himmelblauen und der purpurroten und karmesinroten Wolle machten sie Dienstgewänder, im
Heiligtum zu dienen; Byssus ist aber nicht dabei erwähnt; wenn er aber von den Priesterkleidern sprechen
würde, so finden wir bei keinem einzigen von ihnen purpurrote oder karmesinrote Wolle ohne Byssus"[619].

Offensichtlich haben Raschis Worte jedoch nicht jedem eingeleuchtet, denn seine
Sichtweise hat sich nicht durchgesetzt. Houtman lehnte sie mit Hinweis auf den Kontext ab und entschied sich für „ceremonial robes" als Wiedergabe von בגדי־שרד[620].

---

[618] Siehe Genaueres dazu oben in 1.5.3.2.
[619] Zitiert nach Bamberger, S. (Hg.), Raschis Pentateuchkommentar, Hamburg 1928², 259.
[620] Houtman (Anm. 617), 348f.

Das Problem an Houtmans Deutung ist, dass die Aussage so keinen Informationswert mehr besitzt, man könnte sie aus dem Text streichen, keiner würde etwas vermissen. Zum Schluss soll nun doch noch ein Blick auf das rätselhafte Wort שֵׁרָד geworfen werden. Vielleicht überzeugte Raschis Erklärung auch deshalb nicht, weil seine Überlegungen zu שֵׁרָד unbefriedigend waren. Er hielt das Wort für eine Angabe zur Machart der Stoffe und führte es auf das Aramäische סְרָדָא (Schlingwerk) zurück[621]. Das passt aber tatsächlich nicht in den Kontext. Wahrscheinlicher ist es, dass es sich bei שֵׁרָד – ähnlich wie bei קֹדֶשׁ oder בַד – um eine Eigenschaft der Textilien handelt, die diese für den Gebrauch im sakralen Kontext qualifiziert. Evtl. ist eine Ableitung von der Wurzel שׂרד möglich, die „entkommen, überleben" bedeutet[622]. Das würde gut zu Num 4,4–18 passen, wo betont wird, dass die heiligen Geräte keinesfalls von den Kehatiten berührt werden dürfen, damit sie nicht sterben müssen. Die Tücher haben die Funktion, den direkten Hautkontakt zu verhindern, sind also für die Leviten tatsächlich „Überlebenstextilien"[623].

4.2.4 Qualifizierung von Textilien für die sakrale Sphäre durch Waschung

Bei den in den vorherigen Kapiteln behandelten Bezeichnungen für Textilien (קֹדֶשׁ, בַד und שֵׁרָד) handelte es sich um solche, die für den permanenten Gebrauch in der sakralen Sphäre qualifizieren sollten, es wurden damit Kulttextilien bezeichnet. Es muss jedoch auch eine Möglichkeit gegeben haben, profane Textilien wenigstens temporär und begrenzt kultfähig zu machen. Ohne eine solche Möglichkeit wären Personen, die nicht zum Kultpersonal gehörten, grundsätzlich von der sakralen Sphäre ausgeschlossen gewesen. Der Zugang zur sakralen Sphäre war gestaffelt. Einige Bereiche waren nur dem Kultpersonal vorbehalten, das Allerheiligste sogar nur dem Hohepriester zu bestimmten Zeiten. Es gab jedoch auch Bereiche und Tätigkeiten innerhalb der sakralen Sphäre, die unter bestimmten Umständen Laien zugänglich waren.

Für Textilien galt die gleiche Prozedur wie für Menschen, sie mussten gewaschen werden, um rein (טהר) zu werden. Nur der Reinheits-Zustand ermöglichte dann den ungefährdeten Zugang zu dem für Laien erlaubten Bereich der sakralen Sphäre.

In Num 8,7.21 ist bezüglich der Leviten, für die nach den priesterschriftlichen Texten keine Amtskleidung vorgesehen war, eine Waschung der Kleidung vorgeschrieben, um sie kultfähig zu machen[624]. Num 8,21 lautet:

Und es entsündigten sich die Leviten und sie wuschen ihre Kleider und Aaron bewegte sie als Webeopfer[625] vor JHWH und es entsühnte sie Aaron zu ihrer Reinigung[626].	וַיִּתְחַטְּאוּ הַלְוִיִּם וַיְכַבְּסוּ בִּגְדֵיהֶם וַיָּנֶף אַהֲרֹן אֹתָם תְּנוּפָה לִפְנֵי יְהוָה וַיְכַפֵּר עֲלֵיהֶם אַהֲרֹן לְטַהֲרָם׃

---

[621] Raschi, 260.

[622] Houtman (Anm. 617), 348, leitet auch von dieser Wurzel ab, seine Erklärung, der Hohepriester sei der einzige seiner Generation, der die hohepriesterlichen Funktionen ausüben könne, ist jedoch wenig hilfreich.

[623] Eine angemessene Übersetzung ist schwierig. Eine treffende Übertragung ist „Castor-Textilien" in Anlehnung an den als Castor bezeichneten Spezialbehälter für Atommülltransporte.

[624] In der Chronik ist das anders, dort haben die Leviten eine spezielle Amtstracht (1 Chr 15,27; 2 Chr 5,12).

[625] Vgl. zum „Webeopfer" Ringgren, H., Art. נוף, ThWAT V (1986), 318–322.

Es ist auffällig, dass bei der Einführung der Leviten in ihren Dienst Worte der Wurzel קדשׁ vermieden wurden. Wahrscheinlich sollte deutlich gemacht werden, dass alles, was mit קדשׁ zu tun hatte, den aaronitischen Priestern vorbehalten war. Ebenso wird die Relevanz Aarons bei dem Geschehen betont: Er brachte die Leviten als תנופה dar, und er selbst entsühnte sie. Die Leviten konnten nur die Vorbereitungen selbst durchführen.

Wenn es nicht gerade um heikle Hierarchieunterschiede zwischen Priestern und Leviten ging[627], konnten Worte der Wurzel קדשׁ auch auf Laien angewendet werden: Vor der Theophanie JHWHs auf dem Sinai musste Mose das Volk heiligen (קדשׁ im Pi'el). Dazu gehörte unter anderem, dass sie ihre Kleidung wuschen (Ex 19,10.14). Der an anderer Stelle zur Vorbereitung auf das Betreten der sakralen Sphäre genannte Kleiderwechsel wird wahrscheinlich den gleichen Zweck erfüllt haben wie das Kleiderwaschen (Gen 35,2; 2 Sam 12,20): Man legte die verschmutzte Kleidung ab und zog saubere Textilien an.

Vielleicht steckt hinter dem „Wechseln" und „Waschen" der Kleidung der gleiche Vorgang, denn gewaschene Textilien brauchen eine gewisse Zeit, um zu trocknen. Möglich wäre jedoch auch eine symbolische Waschung von Textilien, bei der diese lediglich mit Wasser besprengt werden und somit der Wechsel der Kleidung entfallen kann. Über eine symbolische Reinigung hinausgehen würde ein feuchtes Abreiben der Textilien (evtl. mit einer Reinigungssubstanz und nur da, wo Schmutzflecken sichtbar waren), bei dem diese ebenfalls nicht extra getrocknet werden müssen. Für solche Deutung könnte sprechen, dass es zwei Vorschriften gab, bei denen einerseits Textilien „ins Wasser kommen" (Lev 11,32: בוא) oder „durch Wasser gehen" (Num 31,23: עבר), andererseits die Kleidung der Menschen „gewaschen" werden soll (Lev 11,28; Num 31,24: כבס), um gereinigt zu werden.

Die Kleidung wechseln konnte nur, wer weitere Kleidung besaß, was nicht selbstverständlich war. Es ist deshalb sinnvoll, in den allgemeinen Anweisungen, wie sie in den priesterschriftlichen Texten vorliegen, vom Waschen der Kleidung zu sprechen. Je nach Vermögenslage konnte man saubere Wechselkleidung nehmen oder seine Kleidung waschen, ohne sie zu wechseln. Entscheidend war, dass die Textilien einer Reinigungsprozedur unterworfen wurden. In den Erzähltexten, in denen vom Kleiderwechsel gesprochen wird, ist bei König David klar, dass er sich Wechselkleidung leisten konnte (2 Sam 12,20). Die Aufforderung Jakobs an seine Leute, vor dem Besuch in Bethel ihre Kleidung zu wechseln (Gen 35,2), könnte ein subtiler Rückverweis auf das Geschehen bei Jakobs erstem Besuch sein. Dort hatte er nach seinem Traum von der Himmelsleiter JHWH gelobt, dass JHWH sein Gott sein solle, wenn er ihn mit Brot und Kleidung versorgen würde (Gen 28,20). Nun kehrt er tatsächlich wieder zurück und erfüllt sein Gelübde[628]. Gott hatte ihn nicht nur notdürftig versorgt, sondern so reich gemacht, dass er und seine zahlreiche Hausgemeinschaft Kleidung zum Wechseln besaßen.

---

[626] In Num 8,7, bei der Beauftragung, wird auch noch das Besprengen mit Reinigungswasser und das Abscheren der Haare genannt.

[627] Vgl. zu dem hier nicht untersuchten Problem z.B. Gunneweg, A. H. J., Leviten und Priester. Hauptlinien der Traditionsbildung und Geschichte des israelitisch-jüdischen Kultpersonals, Göttingen 1965, 138ff.

[628] Jakob (Anm. 207), 660f., charakterisierte Jakobs Reise nach Bethel als eine Wallfahrt, die dem Zweck diente, das in Gen 28,20 gegebene Gelübde zu erfüllen.

4.2.5 Sakrale Funktionskleidung

Die „Sprache des Textilen" nimmt im Kontext des Kultes noch einmal eine besondere Färbung an. Stand an den Stellen, in denen es um Minderung ging, die Darstellungsfunktion der Textilsprache im Vordergrund, so kommt jetzt eine Komponente in den Blick, die immer vorhanden war, sich aber im sakralen Kontext am stärksten zeigt. Es ist die unmittelbare Wirksamkeit von Sprache auf die Wirklichkeit. In der verbalen Sprache kann Wirklichkeit nicht nur dargestellt, beschrieben oder analysiert werden, sondern Wirklichkeit kann gesetzt und geändert werden (vgl. 1.3.4). Die für die sakrale Sphäre benötigten Textilien haben nicht nur die Funktion, den Status der Aktanten darzustellen. Sie haben allerdings auch diese Aufgabe, es heißt ja in Ex 28,2, die Priesterkleidung sei zur „Gewichtigkeit und zum Schmuck" für die Priester bestimmt. Die zweite Aufgabe der Textilien ist schwerer zu fassen. Wahrscheinlich ist ein Vergleich mit der in jüngster Zeit aufkommenden „Funktionskleidung" nicht ganz verkehrt. Diesen Textilien werden spezielle Funktionen zugeschrieben, z.B. besonders schnell feuchtigkeitstransportierend, wasserabweisend, atmungsaktiv, gegen UV-Strahlen schützend, antibakteriell, geruchsabsorbierend. Damit wird bewusst ein über die übliche Funktion von Kleidung als schmückender und/oder wärmender und/oder identitätsunterstreichender Körperbedeckung hinausgehender „Mehrwert" der Textilien herausgestellt.

Die in 4.2.1–4.2.3 untersuchten Textilien haben neben der Darstellung des priesterlichen Status die Aufgabe, die in der sakralen Sphäre handelnden Personen zu schützen und vielleicht auch die sakrale Sphäre zu schützen. Dass hier Darstellung und tatsächlicher Schutz etwas anderes sind, lässt sich mit einem Beispiel heutiger Schutz- und Statusfunktion von „Kleidung" verdeutlichen: Ein rot bemalter Papphelm mag zur Darstellung eines Feuerwehrmannes ausreichen. Für die Ausübung der Tätigkeit eines Feuerwehrmannes benötigt man jedoch einen „richtigen" Helm. Die „Heiligkeitstextilien" dienen zum einen dazu, den Status „Priester" anzuzeigen, müssen jedoch auch dazu tauglich sein, den Priester adäquat vor dem Heiligen zu schützen. Das Problem für uns ist, dass „Heiligkeit" nicht so leicht zu fassen ist wie die herabfallenden Ziegelsteine oder Baumstämme, vor denen ein Feuerwehrhelm schützen soll. Wir sollten uns jedoch davor hüten, die „Realität" dieses Phänomens zu unterschätzen. Wenn in der Gesellschaft des Alten Testaments Konsens darüber herrschte, dass die Berührung heiliger Gegenstände gefährlich war, dann muss eine Analyse der Texte davon ausgehen, dass tatsächlich eine Gefahr bestand. Wie konnten nun ganz normale Textilien die spezielle Eigenschaft erhalten, vor Heiligkeit zu schützen? Für die בד-Stoffe und שׁרד-Textilien wird der Prozess der „Imprägnierung" nicht überliefert. Für die Priesterkleidung dagegen ist genau beschrieben, wie sie in den Zustand der Heiligkeit versetzt werden kann. Während der Priestereinsetzung – also in einem genau festgelegten konventionellen Rahmen – werden die Textilien mit Substanzen besprengt, die wiederum durch Festlegung dafür geeignet sind, die Kleidung für den priesterlichen Dienst tauglich zu machen. Für den Erfolg der Prozedur ist außerdem noch wichtig, wer die Besprengung durchführt, nämlich Mose.

4.3 Textilien in der sakralen Sphäre

4.3.1 מכנסים: „Unterhosen"

Der Ausdruck מכנסים wird nur im Zusammenhang mit Priesterkleidung verwendet, als Ausstattungsstück des Hohepriesters und der Unterpriester. Es gibt fünf Belege: Ex 28,42; Ex 39,28; Lev 6,3; Lev 16,4 und Ez 44,18 (dort ohne den Zusatz בד).

4.3.1.1 Form

Wie hat man sich die מכנסים vorzustellen? Der Dual lässt an so etwas wie „Hosen" denken. Dagegen wird eingewandt, dass es Hosen in der Antike nicht gegeben habe. Man sollte jedoch bedenken, dass die „Unterhosen" der Priester selten sichtbar waren und deshalb auch nicht zu erwarten ist, dass es ikonographisches Material zu diesem Kleidungsstück gibt. Sowohl die grammatische Form als auch der Zweck der מכנסים sprechen dafür, dass es sich nicht um einen normalen Lendenschurz gehandelt hat. Wie man sich den Zuschnitt des Kleidungsstückes auch vorstellen mag, es ist sicher, dass ein Stoffteil zwischen den Beinen vorgesehen war. Außer der bei uns üblichen Form der Hose ist auch eine windelartige Form denkbar. Für so einen „Spezialschurz" gibt es Belege aus Ägypten. Gillian Vogelsang-Eastwood hat sich intensiv mit dieser Materie auseinandergesetzt. Sie konstatierte, dass der dreieckige „loincloth" ein Kleidungsstück war, das sowohl von Frauen als auch von Männern fast die gesamte Zeit des Alten Ägyptens getragen wurde. Nachdenklich stimmt ihre Bemerkung, dass dieses Kleidungsstück in modernen Werken zur Kleidung im Alten Ägypten völlig ignoriert wird. Sie vermutete, dass dies daran liegt, „that it was a purely functional item"[629]. Abbildungen der windelartigen Textilien finden sich bei Darstellungen von Arbeitern, die sonst nichts weiter anhaben. Eine andere Möglichkeit war die Kombination mit weiteren Kleidungsstücken, wobei der „Lendenschurz" als „Unterwäsche" diente. Normalerweise sieht man die „Unterwäsche" auf den Abbildungen nicht, nur bei durchsichtiger Oberbekleidung[630]. Dass es tatsächlich ein ganz übliches Kleidungsstück im Alten Ägypten war, zeigen die großen Mengen „loincloth", die in verschiedenen Gräbern gefunden wurden[631]. Es ist gut möglich, dass die מכנסים eine ähnliche Form hatten (vgl. Abb. 5, 7 und 8). Zur Herstellung solcher Textilien vgl. die Bemerkungen oben im Abschnitt 2.2.6.5 auf Seite 122. Möglich wäre jedoch auch eine Form, wie sie für ägyptische Lederschurze bezeugt ist: grundsätzlich auch „windelförmig", aber nicht

---

[629] Vogelsang-Eastwood (Anm. 112), 10. Zur Frage, wie der „loincloth" in ägyptischer Sprache bezeichnet wurde, äußert sich Vogelsang-Eastwood nicht. In der Einleitung begründet sie, warum sie den ganzen Bereich der Nomenklatur der von ihr untersuchten Kleidungsstücke ausspart. Sie weist darauf hin, dass die Zuordnung einzelner Wörter zu bestimmten Kleidungsstücken sehr unsicher sei (ebd. 8).

[630] Vgl. Vogelsang-Eastwood, 14ff. Die Tatsache, dass die מכנסים „Unterwäsche" waren und damit normalerweise unsichtbar, nimmt der Argumentation Houtmans viel von ihrer Überzeugungskraft. Um eine „normale" Schurzform zu plausibilisieren, verweist er nämlich auf die zahlreichen Abbildungen dieses Kleidungsstückes z.B. in ANEP, Abb. 1–62, vgl. Houtman (Anm. 617), 483.

[631] Vgl. Kemp, B. J./Vogelsang-Eastwood, G., The Ancient Textile Industry at Amarna (Excavation Memoir / Egypt Exploration Society 68), London 2001, 194. Dort ist auch ein einleuchtender Rekonstruktionsversuch abgebildet, wie man sich das Anlegen des Kleidungsstückes vorzustellen hat.

dreieckig. Man kann sie mit einer Pampers-Windelhose vergleichen, die etwas anders befestigt wurde (vgl. Abb. 6 und 9)[632]. Die Lederschurze, die vor allem von Soldaten, Matrosen und Handwerkern getragen wurden, machen einen sehr robusten Eindruck.

Über diese Vermutungen hinaus kann über die Form der מכנסים nichts Genaueres mehr herausgefunden werden. Festzuhalten bleibt, dass die מכנסים am ehesten mit einer „Windelhose" zu vergleichen sind und nicht mit dem Kleidungsstück, das gemeinhin als Lendenschurz bezeichnet wird[633]. Dafür könnte auch die Etymologie des Wortes ein Hinweis sein, es wird eine Herleitung von כנס vermutet, dessen Grundbedeutung „(ver)sammeln" ist[634]. In Jes 28,20 kann man die Bedeutung folgendermaßen paraphrasieren: (eine Decke) so zusammenziehen, dass sie den Leib vollständig bedeckt, man sich also nicht nur mit der Decke zudeckt, sondern sich in sie einhüllt. Die מכנסים hatten in Analogie dazu die Funktion, den Hüftbereich vollständig einzuhüllen, nicht nur zu umwickeln, wie es durch einen normalen Schurz geschehen würde. Die bisherigen Untersuchungen zum Aussehen der מכנסים haben die Möglichkeit eines windelartigen Aussehens gar nicht in Betracht gezogen und nur die Alternativen „normaler Schurz" oder „Hosen" diskutiert.

In späterer Zeit sahen die priesterlichen „Unterhosen" tatsächlich so ähnlich aus, wie hier rekonstruiert. Josephus gibt folgende Beschreibung: „Es ist … ein Schurz aus feinem Byssosgewebe, der um die Schamgegend gelegt wird, und in den man wie in Beinkleider hineintritt. Es reicht von der Mitte des Körpers bis zu den Hüften und wird hier mit besonderen Bändern festgeknüpft"[635].

Abb. 5: dreieckige   Abb. 6: pampersähnliche
Windelform   Windelform

---

[632] Vgl. Abbildungen 5–12 bei Vogelsang-Eastwood.

[633] Eine solche Form wird den מכנסים manchmal zugeschrieben, z.B. von Foote (Anm. 602), 42, der die מכנסי־בד als „sacred kilt" bezeichnete. Oft kann man nur vermuten, dass sich die Autoren die מכנסים lendenschurzförmig vorstellten, weil über sie wenig geschrieben wird. Sie wurden allerdings häufig mit dem Efod bad gleichgesetzt, der ja angeblich schurzförmig war (vgl. dazu Houtman, [Anm. 617], 482).

[634] Vgl. HALAT zu כנס.

[635] Josephus, III 7,1 zitiert nach Clementz, H., Des Flavius Josephus Jüdische Altertümer, Halle 1899 (ND Wiesbaden ¹³1998), 161. Man kann sich – anders als in Abb. 7 – den Schurz auch so zurechtlegen, dass man in ihn „einsteigen" muss und dann die Befestigungsbänder nur fester anzieht und fixiert. Besonders gut ist eine solche Vorbereitung bei den „pampersähnlichen" Windelhosen (Abb. 9) möglich.

4.3.1.2 Länge

Ein weiteres Indiz dafür, dass die מכנסים kein normaler Lendenschurz waren, ist ihre Länge bzw. Kürze. Über die Länge dieses Kleidungsstückes erfährt man etwas aus

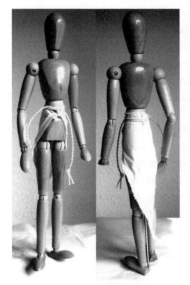 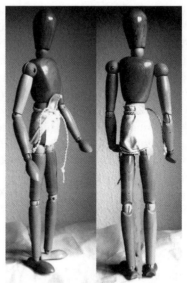

Abb. 7: Anlegen der dreieckigen Windelhose 1. Schritt

Abb. 8: angelegte Windelhose

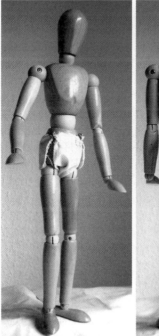 

Abb. 9: angelegte pampersartige Windelhose

Ex 28,42: מִמָּתְנַיִם וְעַד־יְרֵכַיִם. Meist wird das mit: „Von den Hüften bis zu den (Ober)-schenkeln" übersetzt. Das ist aber irreführend, da beide Wörter „Hüfte" bedeuten. Wahrscheinlich bezeichnete מתנים das Körpersegment unterhalb der Taille, etwa wo sich die Hüftknochen befinden, und ירכים den darunter beginnenden Hüftbereich, in dem sich Gesäß und Geschlechtsteile befinden. Diese Deutung wird dadurch gestärkt, dass ירכים als Euphemismus für Geschlechtsteile verwendet wurde, מתנים dagegen nicht[636]. An vielen Stellen scheinen die beiden Wörter jedoch synonym verwendet worden zu sein, z.B. kann man sich das Schwert sowohl um die מתנים als auch um die ירכים gürten. Die priesterlichen Anweisungen zeigen im Gegensatz zu diesen unscharfen Benennungen eine hohe sprachliche Genauigkeit.

Hönig hat in seiner Argumentation über die Länge des Hemdgewandes zu zeigen versucht, dass ein nur bis zu den Hüften reichendes rockähnliches Kleidungsstück die Blöße bei Bewegung nicht ausreichend bedecke[637]. Die מכנסים hätten also nach Hönigs Argumentation den Zweck der Bedeckung der Blöße nicht erfüllen können, wenn sie schurzähnlich gewesen wären. Dagegen bedecken die rekonstruierten „Windelhosen" genau den in der Angabe genannten Körperbereich vollständig, ohne länger sein zu müssen. Man kann dem Verfasser oder Redaktor der Priesterschrift für seine Genauigkeit dankbar sein, wüsste allerdings gern, warum er solche detaillierten Angaben überhaupt eingefügt hat.

4.3.1.3 Funktion

Mit Hilfe der „Unterhosen" wird der innerhalb des Symbolsystems des Alten Testaments besonders heikle Bereich der Geschlechtlichkeit und der Körperausscheidungen vom Bereich des Heiligen geschieden. Bei Opfertieren wurde dieser Bereich (und die Eingeweide) gewaschen (z.B. Lev 1,9)[638]. Auch für die Priester war eine solche Waschung vorgeschrieben, aber da sie nach der Waschung noch lebendig waren und ihre Körperfunktionen weitergingen, reichte das Waschen nicht aus, und es musste eine weitere Schutzvorkehrung getroffen werden. Der Bereich der Körperausscheidungen musste von der „Kleidung der Heiligkeit", abgetrennt werden. Die „Unterhosen" selbst werden nicht als heilig gegolten haben. Dafür sprechen folgende Gründe:

- Sie werden nicht mit den anderen priesterlichen Ausstattungsstücken in Ex 28,4 aufgezählt, die summarisch als die „Kleider der Heiligkeit" bezeichnet werden.
- Sie werden beim Weihevorgang nicht mit dem Blut-Salbölgemisch besprengt.
- Die Herstellungsanweisung für die „Unterhosen" erfolgt in einer Art Anhang erst *nach* der summarischen Aufforderung an Mose, Aaron und seine Söhne zu Priestern zu weihen (Ex 28,41).
- Sie werden Aaron und seinen Söhnen nicht von Mose angezogen. Die Investitur beginnt mit dem Anlegen des Hemdgewandes (Lev 8,7).

---

[636] Vgl. dazu Schorch (Anm. 436), 135 und 189f.

[637] Vgl. Hönig (Anm. 6), 34.

[638] Wenn man davon ausgeht, dass כרע (Unterschenkel, Knie) ein Euphemismus für „Geschlechtsteile" ist. Schorch, 225, nennt zwar dieses Wort nicht explizit, führt jedoch allgemein aus, dass andere Bezeichnungen für Bein oder Knie Euphemismen für Geschlechtsteile sein können, warum nicht auch כרע? Douglas, M., Leviticus as Literature, Oxford 1999, 78 kommt bei ihrer Untersuchung zu den Opfervorschriften in Lev 1–6 ebenfalls zu dem Ergebnis, dass כרע an dieser Stelle „Geschlechtsteile" meint.

Es ist davon auszugehen, dass die Priesteranwärter bereits in den מכנסים zur Investitur erschienen.

Dies führt zu einer wichtigen Präzisierung der Funktionsbestimmung für die מכנסים: Solange der Priester seine Amtskleidung trug, waren die „Unterhosen" zur Bedeckung der Blöße eigentlich nicht nötig, weil das Hemdgewand lang genug war. Nur, wenn der Priester aus irgendwelchen Gründen seine heilige Amtskleidung nicht anhatte, übten die מכנסים ihre Funktion aus. Diese war sogar lebensrettend, es heißt in Ex 28,43 bezüglich der „Unterhosen":

Und sie sollen sein auf Aaron und seinen Söhnen bei ihrem	וְהָיוּ עַל־אַהֲרֹן וְעַל־בָּנָיו
Hineingehen ins Begegnungszelt oder bei ihrem Herantre-	בְּבֹאָם אֶל־אֹהֶל מוֹעֵד
ten an den Altar, um zu dienen im Heiligtum, und damit sie	אוֹ בְגִשְׁתָּם אֶל־הַמִּזְבֵּחַ לְשָׁרֵת בַּקֹּדֶשׁ
nicht eine Schuld auf sich laden und sterben; eine ewige	וְלֹא־יִשְׂאוּ עָוֹן וָמֵתוּ
Ordnung für ihn und seinen Samen nach ihm (sei es).	חֻקַּת עוֹלָם לוֹ וּלְזַרְעוֹ אַחֲרָיו׃

Die „Unterhosen" wurden also außer bei der Investitur beim Kleiderwechsel wichtig. Ein solcher dienstlicher Kleiderwechsel fand beim Altarputz (Lev 6,3f., vgl.4.4.2) und beim großen Versöhnungstag (Lev 16, vgl. 4.4.3) statt.

Verwunderlich ist, dass die „Unterhosen" überhaupt erwähnt wurden und ihre Wichtigkeit auf diese Weise herausgestellt werden musste. Aus Reinlichkeitsgründen hätten sie eigentlich auch unabhängig vom Problem der Heiligkeit selbstverständlich sein müssen.

4.3.2 אֵפוֹד: „Efod"

Erwähnungen des Efod sind im Alten Testament sehr ungleich verteilt. Bei den Schriftpropheten und in der gesamten poetischen Literatur kommt der Begriff nur einmal vor (Hos 3,4), insgesamt sind 51 Vorkommen in 39 Versen belegt[639]. Ein Verb der Wurzel אפד ist ebenfalls belegt – wenn auch nur sehr selten (Ex 29,5 und Lev 8,7). Das von diesem Verb abgeleitete Nomen אֲפֻדָּה findet sich nur in Ex 28,8, Ex 39,5 und Jes 30,22. Eine Häufung des Ausdrucks אֵפוֹד ist im priesterschriftlichen Teil des Exodusbuches zu beobachten, wo die Herstellung der (hohe)priesterlichen Kleidung beschrieben wird, besonders in Ex 28 und 39. Diese Textstellen bilden eine besondere Gruppe, in der Aussehen und Bedeutung des Efod gesondert zu untersuchen sind (vgl. unten 4.3.4.3). Eine weitere Häufung des Wortes אֵפוֹד findet sich in den Richter- und Samuelisbüchern. Manchmal wird der Efod noch genauer als אֵפוֹד בַּד charakterisiert und mit „leinener Priesterschurz" übersetzt. Auch diese Untergruppe soll gesondert untersucht werden.

4.3.2.1 Forschungslage und Vorgehen

Ob der Efod überhaupt ein Kleidungsstück war, wurde kontrovers diskutiert. Besonders die Vorkommen im Richterbuch, doch auch einige in den Samuelisbüchern, lassen an der Charakterisierung als Kleidungsstück Zweifel aufkommen. Es werden deshalb oft verschiedene Kategorien postuliert:

---

[639] Vgl. dazu DCH z.St. siehe dort auch die übrigen Belege.

- der hohepriesterliche Efod,
- der „leinene Priesterschurz" (Efod bad) und
- der „solid efod" als Orakelinstrument.

C. Houtman hat in seinem Exoduskommentar die unterschiedlichen Positionen über-sichtlich zusammengestellt[640]. Dabei fällt auf, dass es viele Vermutungen darüber gibt, was der „solid efod" gewesen sein könnte. Der בד אפוד dagegen wurde kaum beach-tet und meist einfach als eine Art „leinener Priesterschurz" aufgefasst. So auch in der neuesten Untersuchung zum Efod von A. Scherer[641]. In dieser Arbeit wird beim בד אפוד angesetzt und davon ausgehend ein Blick auf die anderen Gruppen geworfen.

4.3.2.2 Der אפוד בד – kein Kleidungsstück!

An vier Stellen ist im Alten Testament vom אפוד בד die Rede:

1 Sam 2,18: Und Samuel diente vor JHWH, ein Knabe, gegürtet mit einem Efod bad.	וּשְׁמוּאֵל מְשָׁרֵת אֶת־פְּנֵי יְהוָה נַעַר חָגוּר אֵפוֹד בָּד:
1 Sam 22,18: Es sprach der König zu Doeg: Kessle du die Priester ein und falle über sie her. Und es kesselte Doeg, der Edomiter, (sie) ein. Und er selbst fiel über die Priester her. Und er ließ sterben an diesem Tag 85 Mann, Träger/Erheber eines Efod bad.	וַיֹּאמֶר הַמֶּלֶךְ לְדוֹיֵג סֹב אַתָּה וּפְגַע בַּכֹּהֲנִים וַיִּסֹּב דּוֹיֵג הָאֲדֹמִי וַיִּפְגַּע־הוּא בַּכֹּהֲנִים וַיָּמֶת בַּיּוֹם הַהוּא שְׁמֹנִים וַחֲמִשָּׁה אִישׁ נֹשֵׂא אֵפוֹד בָּד:
2 Sam 6,14: Und David tanzte mit ganzer Kraft vor JHWH, und David war gegürtet mit einem Efod bad.	וְדָוִד מְכַרְכֵּר בְּכָל־עֹז לִפְנֵי יְהוָה וְדָוִד חָגוּר אֵפוֹד בָּד:
1 Chr 15,27: Und David war eingehüllt[642] in einen feinleinenen Mantel, ebenso alle Leviten, die die Lade trugen, und die Sänger und Kenanja, der Beamte des Transportes (und) der Sänger, aber auf David war ein Efod bad.	וְדָוִיד מְכֻרְבָּל בִּמְעִיל בּוּץ וְכָל־הַלְוִיִּם הַנֹּשְׂאִים אֶת־הָאָרוֹן וְהַמְשֹׁרְרִים וּכְנַנְיָה הַשַּׂר הַמַּשָּׂא הַמְשֹׁרְרִים וְעַל־דָּוִיד אֵפוֹד בָּד:

Will man an der Auffassung, der אפוד בד sei ein Kleidungsstück gewesen, festhalten, muss man in 1 Sam 22,18 eine Textänderung vornehmen. Die Übersetzung „die den leinenen Efod trugen"[643] ist zwar auf den ersten Blick eine korrekte Übersetzung, täuscht jedoch bei genauerem Hinsehen. „Tragen" kann im Deutschen sowohl für Gegenstände als auch für Kleidungsstücke, mit denen man bekleidet ist, benutzt wer-den. Das Hebräische kennt jedoch diesen Doppelgebrauch für נשא nicht. Die Nob-Priester waren also keinesfalls mit dem אפוד בד bekleidet, sondern führten ihn mit sich oder „erhoben" ihn[644]. Dieses Problems entledigen sich die Exegeten, indem sie postulieren, dass בד später zugefügt worden sei[645]. Da es keine textkritischen Anhalts-punkte für eine spätere Zufügung gibt, kann dem nicht zugestimmt werden[646].

---

[640] Houtman (Anm. 617), 479–481.

[641] Vgl. Scherer, A., Das Ephod im alten Israel, UF 35 (2003) [2004], 589–604.

[642] כרבל ist ein hapax legomenon, wohl ein babylonisches Lehnwort, vgl. HALAT z.St.

[643] So die Elberfelder Übersetzung, ähnlich auch Luther und die Einheitsübersetzung.

[644] Ein Kleidungsstück kann zwar auch in einer Tasche mitgeführt oder zur Reinigung getragen werden, das Vorliegen solcher Fälle ist allerdings bei den Nob-Priestern eher unwahrscheinlich.

[645] So z.B. Scherer (Anm. 641), 599f., Fußnote 61. Die Begründung, einem Ergänzer sei es zu unwahr-scheinlich erschienen, dass 85 Priester je ein Orakelinstrument besessen hätten oder alle zusammen ein

Sobald man die These aufgibt, der אפוד בד sei ein schurzähnliches Kleidungsstück gewesen, braucht man keine Textänderungen zu postulieren. Für die These scheinen jedoch zunächst 1 Sam 2,18 und 2 Sam 6,14 zu sprechen, denn dort heißt es jeweils, jemand sei mit dem אפוד בד „gegürtet" (חגר). Im Abschnitt 3.3.1.2 wurde gezeigt, dass die Grundbedeutung von חגר das Umwinden mit einem Strick oder Gürtel war, oft mit dem Ziel, dadurch einen Gegenstand am Körper zu befestigen. Als zu befestigende Gegenstände werden im Alten Testament vor allem der שק und Waffen genannt. Der שק war schurzähnlich, und so wurde bisher von einer Analogie zwischen שק und אפוד בד ausgegangen. Die postulierte Analogie ist jedoch nicht zu halten: שק wird manchmal mit לבש kombiniert, אפוד בד nie. Der אפוד בד kommt hingegen mit נשא vor, was eine kleidungsartige Verwendung ausschließt.

Es muss also geprüft werden, ob die Analogie zum Waffenumgürten sinngemäßer ist. Für Waffen ist – als Funktionsbezeichnung für den Waffenträger (z.B. Ri 9,54, 1 Sam 31,4) – die Verbindung mit dem Verb נשא bezeugt. Die ebenfalls mit einem Partizip gebildete Wendung נשא אפוד בד könnte in analoger Weise verstanden werden: Ebenso wie ein Waffenträger nicht ununterbrochen Waffen tragen muss, trugen auch die Nob-Priester wahrscheinlich nicht alle im Moment ihrer Ermordung einen אפוד בד. Sie waren jedoch prinzipiell berechtigt und befugt, zu gegebener Zeit diesen Gegenstand zu handhaben[647]. Die vierte Nennung des אפוד בד kommt ohne ein Verb aus. Die Parallelstelle zu 2 Sam 6,14 im Chronikbuch (1 Chr 15,27) konstatiert nur, dass der אפוד בד „auf" (על) David gewesen sei. Wie auch immer die Änderung zustande gekommen ist und was sich der Autor dabei gedacht hat, die Formulierung wäre sehr ungewöhnlich, wenn der Verfasser sich unter dem אפוד בד einen Lendenschurz vorgestellt haben sollte[648].

Fasst man den Befund zusammen, so ergibt sich, dass die Auffassung, der אפוד בד sei ein Kleidungsstück, gar nicht naheliegt. Die Stellen lassen sich zwangloser verstehen, wenn man annimmt, dass der אפוד בד ein Gegenstand war, den man wie ein Schwert mit Hilfe eines Gürtels an der Hüfte befestigen (חגר) und zu bestimmten Anlässen „tragen" oder „erheben" (נשא) konnte.

---

einziges „getragen" hätten, deshalb hätte der Ergänzer „den Blick weg vom Orakelephod hin auf den linnen Priesterschurz lenken [wollen]", überzeugt jedoch nicht.

[646] Die LXX ist für das בד–Problem nicht hilfreich. Es war schon oben gezeigt worden, dass die Übersetzer nicht mehr sicher wussten, was das Wort בד bedeuten sollte, vgl. 4.2.2.2. Die meisten Rezensionen (nicht Codex Alexandrinus, Origenes und Aquila, vgl. hierzu Friedrich, I., Ephod und Choschen im Lichte des Alten Orients [WBTh 20], Wien 1968, 13) lassen es hier weg. Das ist als Textglättung zu erklären, da die Übersetzer ebenso wie heutige Exegeten gemerkt hatten, dass die häufig gebrauchte Hilfsübersetzung „linnen" für בד nicht passt.

[647] Ähnlich auch Willi-Plein, I., Opfer und Kult im alttestamentlichen Israel. Textbefragungen und Zwischenergebnisse (SBS 153), Stuttgart 1993, 21: „Daß die von Saul getöteten Priester Efodträger waren, muß natürlich nicht heißen, daß das Efod ihre Bekleidung bildete. Es geht wohl darum, hervorzuheben, daß es sich um den Personenkreis handelte, der zum Aufheben oder Tragen des Efod berechtigt war, was auch immer das heißen mag". Mit Hilfe dieser Überlegung erübrigt sich auch das Problem, das Scherer bei der Angabe sieht und das zur Hinzufügung von בד geführt haben soll (vgl. Scherer [Anm. 641], 598).

[648] Den Schluss, dass es sich um ein mantelartiges Gewand gehandelt habe, zogen jedenfalls die LXX-Übersetzer und kamen damit zu der merkwürdigen Lösung, das im gleichen Vers schon genannte Obergewand (στολή) aus Feinleinen, mit dem nach dem Chronik-Bericht David und die Leviten bekleidet waren, am Schluss des Verses noch einmal zu nennen.

Warum hält sich die Idee vom „leinenen Priesterschurz" so hartnäckig? Wie ist sie überhaupt aufgekommen? Die Vorstellung vom Efod bad als einem Lendenschurz ist noch nicht alt. Sie geht auf die Arbeit von T. C. Foote von 1902 zurück[649]. Die Dissertation ist forschungsgeschichtlich bemerkenswert. Die meisten dort vertretenen Thesen sind abwegig, nur die Idee vom Efod bad als Lendenschurz hat sich durchgesetzt und ist mittlerweile Konsens. Leitend für die „Lendenschurzhypothese" ist 2 Sam 6,14: Man stellte sich vor, wie David mit einem knappen Lendenschurz vor der Lade tanzt. Michal soll die spärliche Kleidung unschicklich gefunden haben. Diese Gedankenverbindung ist jedoch nicht zwingend. Unschicklich kann für Michal auch der Tanz als solcher gewesen sein – unabhängig von der dabei getragenen Kleidung. In der Chronik wird berichtet, dass David außer dem אפוד בד einen מעיל trug. Dies wurde dann von den Exegeten als eine Verschleierung der peinlichen Angelegenheit durch den schamhaften Chronisten gewertet. Es könnte jedoch sein, dass der Chronist nur etwas ergänzt hat und nichts schamhaft verschleiern wollte. Wenn man sich einmal von dem Lendenschurz-Bild frei macht und bedenkt, dass sowohl in 1 Sam 2,18 als auch bei der Beschreibung des hohepriesterlichen Ornats Efod und מעיל zusammengehören, ergibt sich, dass David tatsächlich beim Ladetanz einen מעיל angehabt haben könnte, über dem der אפוד בד gegürtet war.

Bis zum Beginn des 20. Jahrhunderts war für die Deutung des Efod die „Schulterkleidhypothese" vorherrschend, die z.B. Budde in seinem Samuelkommentar vertrat: „Mit Wahrscheinlichkeit darf man … schließen, daß auch das Linnenephod ein übergeworfenes Schulterkleid war, das nur Brust und Rücken deckte"[650]. Diese Form hatte man aus einer Rekonstruktion des hohepriesterlichen Efod gewonnen. Sie ist weniger überzeugend als die Schurzthese, weil ein Schulterkleid nicht gegürtet wird. Hier wird eine andere Rekonstruktion des hohepriesterlichen Efod vorgelegt werden, vgl. unten 4.3.4.3.

4.3.2.3 Vergleich zwischen Efod bad und Efod

Wenn sich die Annahme, der אפוד בד sei ein Kleidungsstück, nicht erhärten lässt, wird die strenge Unterscheidung zwischen dem Efod ohne die Kennzeichnung „bad" (oft „solid efod" genannt) und dem Efod bad fraglich. Es sei in diesem Zusannenhang noch einmal an die „Unterhosen" erinnert, dort fehlte bei einem der Belege der Zusatz „bad", vgl. 4.3.1. Gibt es auch beim אפוד Hinweise darauf, das אפוד und אפוד בד auf den gleichen Gegenstand referieren? Die Verwendung der Verben חגר und נשא auch in bezug auf den אפוד ohne bad wären solche Indizien. Tatsächlich findet sich die Wendung „einen Efod tragen/erheben" (נשא) auch in 1 Sam 2,28 und 1 Sam 14,3. In beiden Fällen geht es um eine Art Funktionsbezeichnung, noch präziser: um eine speziell priesterliche Funktion. In 1 Sam 14,3 wird Achija, nachdem seine Abstammung vom JHWH-Priester Eli in Schilo genannt wurde, noch genauer als נשא אפוד charakterisiert. Nachdem die Szene um Saul kurz geschildert worden ist, folgt die Erzählung von Jonatans Abenteuer beim Pass. Von dort schwenkt der Bericht wieder zu Saul, der den durch Jonatans Tat verursachten Aufruhr bemerkt. Saul möchte zunächst eine Gottes-

---

[649] Foote (Anm. 602).
[650] Budde, K., Die Bücher Samuel (KHC 8), Tübingen/Leipzig 1902, 20.

befragung durchführen, verzichtet dann jedoch aus Zeitmangel (oder Angst?) darauf. Überraschend ist, dass er den vorher als Efodträger gekennzeichneten Achija nicht etwa auffordert, den Efod zu bringen, sondern den „Gotteskasten" (ארון האלהים). Die LXX-Übersetzungen haben allerdings fast alle „Efod" statt „Gotteskasten"[651]. Nimmt man den Grundsatz der „lectio difficilior" ernst, muss die MT-Lesart beibehalten werden[652].

Besonders, da es nicht der einzige Beleg dafür ist, dass ein „Gotteskasten" mit Orakelbefragungen verbunden war: In Ri 20,27 wird anlässlich einer kriegerischen Auseinandersetzung zwischen Benjamin und dem Rest der Israeliten von einer Gottesbefragung in Beth-El berichtet, dass die „Lade des Bundes Gottes" (ארון ברית האלהים) sich zu dieser Zeit dort befunden habe und Pinhas der diensttuende Priester gewesen sei.

Ist man erst einmal auf einen möglichen Zusammenhang von Lade, Efod und Orakelbefragung aufmerksam geworden, fällt auf, dass auch an anderen Stellen der Efod im Zusammenhang mit der Lade vorkommt. Die Schilo-Priesterschaft wird mit dem Efod in Verbindung gebracht (1 Sam 2,18.28). Die Eliden wiederum sind eng mit der Ladetradition verknüpft. Zwar ist an beiden Stellen nicht direkt eine Orakelbefragung genannt, aber die Eliden haben – wie aus 1 Sam 14,3 hervorgeht – Gottesbefragungen durchgeführt, und auch Samuel wird damit in Zusammenhang gebracht (auch wenn diese Verbindung möglicherweise sekundär ist). David tanzt mit dem Efod bad vor der Lade (2 Sam 6,14 par 1 Chr 15,27). Davids Ladetanz zeigt jedoch, dass ein Efod nicht ausschließlich bei der Orakelerteilung Verwendung fand.

Wenn man von dem masoretischen Text von 1 Sam 14,3.18 ausgeht, lässt sich konstatieren, dass zur Orakelbefragung der Efod allein nicht ausreichte, sondern eine solche nur zusammen mit dem „Gotteskasten" möglich war. Tatsächlich steht auch an fast allen anderen Stellen der Efod zur Orakelbefragung nicht für sich, sondern ist kombiniert mit anderen Gegenständen: dem Choschen (Ex 28,39) oder dem Terafim (Ri 17,5 und 18,17f. – hier kommt noch ein „Kultbild" ins Spiel – sowie Hos 3,4). Dieser Befund bestätigt die schon öfter geäußerte Vermutung, dass für die Orakelerteilung ein Symbol der Gottespräsenz nötig war. Dies könnte jeweils die Lade gewesen sein, in Ri 17f. ein Kultbild, evtl. sogar ein Terafim[653]. Der Efod muss dann als Hilfsmittel charakterisiert werden, um die Orakelbefragung durchführen zu können. Dieses Hilfsmittel konnte der befugte Priester ständig mit sich führen, das Symbol der Gottespräsenz dagegen musste jeweils herbeigetragen werden.

Wenn man davon ausgeht, dass die Orakelbefragung mit Hilfe von Losen durchgeführt wurde, stellt sich die Frage, wo sich die Lose befanden. Im Efod selbst? Dann wäre man bei der schon von Foote vertretenen These vom Efod als Orakeltasche[654]. Oder am

---

[651] Vgl. z.B. Friedrich (Anm. 646), 13. Einige Exegeten lesen mit der LXX „Efod", z.B. Budde (Anm. 650), 94. Friedrich schränkt jedoch mit einem „vielleicht" ein. Scherer (Anm. 641), 590, hält den LXX-Text bzw. eine postulierte hebräische Vorlage desselben für besser. Die Begründung, die Lade Gottes sei zu Sauls Zeit in Kirjath-Jearim gewesen (vgl. ebd. 591), ist jedoch nicht stichhaltig. Es ist denkbar, dass es mehrere „Gotteskästen" gab. Die Änderung der LXX ist damit leicht zu erklären: Sobald sich die Tradition auf die *eine* Lade Gottes zugespitzt hatte, durfte es keine anderen „Gotteskästen" mehr geben, und deshalb musste die Übersetzung angepasst werden. Wie eine umgekehrte Textänderung vom Efod zum Kasten stattgefunden haben soll, ist schwerer vorzustellen.

[652] Für die Beibehaltung des MT-Textes sprechen sich viele neuere Forscher aus, z.B. vorsichtig Stolz, F., Das erste und zweite Buch Samuel (ZBK 9), Zürich 1981, 92 („Vielleicht ist die ursprüngliche Überlieferung auch gestört") oder Hentschel, G./Scharbert, J., 1 Samuel; Rut (NEB 33), Würzburg 1994, 95.

[653] Natürlich nicht der Choschen, im Fall des hohepriesterlichen Ornats war das Symbol der Gottespräsenz wohl auch die Lade.

[654] Foote (Anm. 602), 41.

bzw. im Gottespräsenzsymbol? Die Lade würde sich aufgrund ihrer Kastenform gut für diesen Zweck eignen. Dagegen spricht, dass an keiner Stelle erwähnt wird, dass in der Lade Lose aufbewahrt wurden. Für den Efod gilt allerdings das Gleiche. Der einzige Gegenstand, der nach Aussage des Alten Testamentes Lose enthielt, war der hohepriesterliche Choschen. Auch wenn die priesterschriftlichen Texte keine sehr zuverlässigen Zeugen sind – wenn tatsächlich früher der Efod eine Lostasche war, warum wurde dann der Choschen eingeführt, um diesen Zweck zu erfüllen? Die Nichterwähnung von Losen in der Lade kann dagegen leicht erklärt werden – das wurde unschicklich, sobald die Lade immer stärker heilig und damit unberührbar wurde.

Es gibt jedoch Belege, die sich nicht mit der hier vorgelegten Hypothese vom Efod als Orakelhilfsmittel erklären lassen – die Kategorie des „solid efod" lässt sich nicht so einfach streichen –, sie sollen jedoch erst erörtert werden, nachdem Aussehen und Funktion des Orakelhilfsmittel-Efod rekonstruiert worden sind.

4.3.2.4 Aussehen und Funktion des Efod

Wenn der Efod keine Orakeltasche, kein Lendenschurz, kein Götterbild war, was war er dann?

Über Gestalt und genaue Funktion dieses Gegenstandes lassen sich nur Vermutungen anstellen. Einen kleinen Hinweis kann man vielleicht 1 Sam 14,19 entnehmen. Saul möchte, nachdem Achija den Gotteskasten herbeigebracht hat, doch keine Gottesbefragung mehr durchführen und befiehlt dem Priester: „Zieh deine Hand zurück!" Man kann sich vorstellen, dass damit gemeint ist, Achija solle die zum Herausziehen der Lose schon im Losaufbewahrungsbehälter befindliche Hand zurückziehen, ohne ein Los gegriffen zu haben. Wenn nun tatsächlich die Lose im „Gotteskasten" waren, wäre ein Hineingreifen mit ungeschützter Hand gefährlich – Usa starb, als er versehentlich die Lade berührte, um sie abzustützen (2 Sam 6,7). Vielleicht ist der Efod (bad) schlicht ein Handschutz gewesen, der vor Heiligkeit schützen sollte (vgl. Abb. 10)[655]. Bei Nichtgebrauch befestigte man das Tuch am Gürtel (vgl. Abb. 11). Wenn der Efod etwas aufwändiger gestaltet war, z.B. mit Goldfäden oder Goldapplikationen, war der Priester als „Efodträger" gut zu erkennen.

Gestützt wird diese These durch die Ergebnisse der Untersuchung zu dem Begriff בד. Es hatte sich dort ergeben, dass mit בד spezielle Textilien bezeichnet wurden, die gegen gefährliche Berührungen mit dem Heiligen schützen sollten. Die Konnotation des Schutzes vor „gefährlicher" Heiligkeit kann auch unabhängig von einer Orakelbefragung wichtig gewesen sein, z.B. bei der Pflege und Betreuung heiliger Gegenstände. Der kleine Samuel wird als eine Person beschrieben, die im „inneren Dienst" des Heiligtums von Schilo stand. Er nächtigte z.B. im Heiligtum, um die nur von innen zu verriegelnden Türen zu bedienen. Vielleicht gehörte zu seinen Aufgaben auch, die dort

---

[655] Für die Funktion als „Sakraltuch" ist es nicht unbedingt nötig, den Stoffstreifen um die Schultern zu legen. Es ist jedoch praktisch, da das Tuch dann nicht so leicht herunterfallen kann. In der katholischen Kirche gibt es ein Ausstattungsteil, das nach dem gleichen Prinzip funktioniert, das sog. Schultervelum. An Fronleichnam oder zu anderen Gelegenheiten, an denen eine konsekrierte Hostie in einer Monstranz „ausgesetzt" wird, wickelt der Priester seine Hände in die Enden eines aufwändig verzierten, über die Schulter gelegten Stoffstreifens, bevor er die Monstranz ergreift und den eucharistischen Segen erteilt.

befindliche Lade zu betreuen (z.B. abzustauben). Die Umgürtung mit dem Efod bad wird jedenfalls im Zusammenhang mit seiner Dienerfunktion (משרת) „vor" (פני) JHWH genannt.

Abb. 10: „Efodträger"

Abb. 11: „umgürtet mit einem Efod"

Es ist dabei zu beachten, dass die Wiedergabe von משרת mit „Diener" nicht die richtigen Assoziationen hervorruft. משרת ist ein Diener der obersten Klasse (Joseph bei Potiphar) und manchmal sogar Stellvertreter, der nach dem Tod des Chefs dazu prädestiniert ist, dessen Rolle zu übernehmen (vgl. Josua und Elisa, die jeweils als „Diener" Moses bzw. Elias bezeichnet werden). In der Priesterschrift wird das Verb שרת vor allem für den Dienst am Heiligtum verwendet. An den beiden anderen Stellen, wo Samuel als „Diener" bezeichnet wird, dient er zwar auch JHWH, aber „vor" Eli (1 Sam 2,11 und 1 Sam 3,1), was bedeuten könnte, dass er Eli als persönlicher Assistent zugeordnet war.

Wenn in 1 Sam 2,18 betont wird, dass Samuel „vor" JHWH diente, sollte vielleicht darauf hingewiesen werden, dass Samuel mit der direkten Heiligtums- vielleicht sogar Gottespräsenssymbolpflege betraut war. Seine speziell dafür nötige Ausrüstung war dann der „Efod bad". Dass zum Schutz vor Berührung mit heiligen Gegenständen textiles Material verwendet wurde, lässt sich noch an der Beschreibung der Stiftshütte ablesen. Bevor die Leviten die Geräte abtransportieren können, wird das gesamte Heiligtumsinventar von den aaronitischen Priestern sorgfältig in Textilien gewickelt[656]. Es

---

[656] Num 4,5–20. Zu beachten ist auch, dass die Lade, also das Allerheiligste, dreifach verhüllt wird, zunächst mit dem Vorhang, dann mit einer Dachs- oder Delphinhautplane (כסוי עור תחש) und zum Schluss

wird Mose eingeschärft, dass die Leviten nichts berühren dürfen, damit sie nicht sterben müssen (Num 4,15), zur Sicherheit sollen sie sorgfältig beaufsichtigt und angeleitet werden (Num 4,19). Wahrscheinlich waren auch in anderen Heiligtümern eine Menge solcher Textilien in Gebrauch. Bei Prozessionen z.B. mussten auch Kultgeräte mitgeführt werden. Auch Davids Umgürtung mit dem Efod bad beim Ladetanz (2 Sam 6,14) wird so verständlich. Nach dem tödlichen Unfall Usas bei Berührung der Lade (2 Sam 6,6ff.) hatte sich David wahrscheinlich über den korrekten Umgang mit heiligen Gegenständen kundig gemacht und sich (und wahrscheinlich auch den anderen Personen, die sich in der Nähe der Lade aufhielten) einen Efod bad beschafft.

Im direkten Widerspruch zur Hypothese des Efod ohne die Kennzeichnung „bad" als Orakel*hilfsmittel* stehen jedoch die Vorkommen im Umkreis der Nob-Priesterschaft. Dort befand sich ein Efod, der nicht als Sakraltuch zu verstehen ist. Abjatar, der dem von Saul angeordneten Priestermord entkommen war, brachte diesen Efod zu David[657]. Dieser forderte den Priester dann bei zwei Gelegenheiten auf, den Efod „sich nähern zu lassen" (נגש im Hif'il). Hier scheint also der Efod selbst zur Orakelerteilung auszureichen und man muss zu dem Schluss kommen, dass an dieser Stelle mit dem Efod nicht das Orakelhilfsmittel, sondern das *Symbol* der Gottespräsenz gemeint ist, denn er muss ja extra herbeigetragen werden. Die Terminologie, die ein Orakelhilfsmittel charakterisiert („Tragen des Efod"), findet sich im Zusammenhang mit dem Nob-Heiligtum nur für den Efod bad. Daraus kann die These abgeleitet werden, dass Abjatar, der ja ursprünglich Nob-Priester und damit Efod bad-Träger war, (mit Hilfe des nicht mehr erwähnten Efod bad) die Gottesbefragung in Gegenwart des Gottespräsenz-Efod durchführte. Vielleicht hat diese Sichtweise des Efod, die theologisch höchst problematisch wurde, sobald sich die Vorstellung durchsetzte, dass es nur *ein* legitimes Gottespräsenz-Symbol – die Lade – geben durfte, später zu der Bemerkung in Ri 8,27 geführt, dass ganz Israel mit Gideons Efod Götzendienst betrieben habe.

Allein aufgrund der Stellen im Kontext des Nob-Priestertums zu schließen, dass der „normale" Efod – also ohne den Zusatz bad – *stets* ein Gottespräsenz-Symbol (oder auch „solid efod") gewesen sei, ist nicht angemessen. Im Gegenteil, außer an dieser Stelle scheint der Efod ein zwar nötiges, aber nicht ausreichendes Hilfsmittel zur Orakelbefragung gewesen zu sein. Es soll deshalb mit „Efod" das Orakelhilfsmittel bezeichnet werden. Ist der Efod Gottespräsenzsymbol, wird er im Folgenden mit dem entsprechenden Zusatz versehen.

4.3.2.5 Etymologische Erwägungen zu אפד

Die Etymologie von אפד ist unsicher. Es gibt in zahlreichen altorientalischen Sprachen ähnlich lautende Wörter, die etwas mit Textilien zu tun haben. Wie problematisch die Herleitung aus einer anderen Sprache ist, soll an der breit rezipierten These Ingolf Friedrichs erläutert werden[658]. Friedrich nahm eine Herkunft aus dem Ägyptischen an.

---

mit einer Decke (בגד) aus Violettpurpur. Die anderen Gegenstände werden jeweils nur von zwei Textilschichten bedeckt.
[657] Die gewählte Formulierung in 1 Sam 23,6 ist eigenartig. Es klingt fast so, als sei der Efod selbst (vermittels Abjathar) zu David „herabgestiegen".
[658] Vgl. Friedrich (Anm. 646), 31ff. und 52f.

Die Grundbedeutung des Wortes „ifd" ist „vier". Mit dem Determinativ für „Leinen/Stoff" (ein kleiner Kamm mit Griff, wahrscheinlich zum Kardieren der Rohfasern) kann es „Viergewebe" heißen. Damit ist ein Gewebe gemeint, bei dem der Flachsfaden vierfach genommen wird. Je höher die Zahl der Einzelfäden, desto haltbarer war der Stoff; „ifd" ist also vor allem eine Qualitätsbezeichnung für Leinen. Bei Erman-Grapow gibt es auch noch die Übersetzungsmöglichkeiten „vierseitiges Leinentuch" und „Laken"[659]. Eine Übersetzung mit „Kleidung", „Schurz" oder Ähnlichem sieht das Wörterbuch nicht vor. Da Friedrich der Meinung war, dass das Aussehen des ägyptischen „ifd" für den alttestamentlichen Efod relevant ist, musste er einen Weg vom Laken zum Priesterkleid finden, denn für ein solches hielt er den אֵפוֹד: Es gibt zwei ägyptische Belege (Listen von Grabbeigaben), in denen die Verbindung ifd nṯr vorkommt, was als „heiliges Vierergewebe" oder „Gottesleinen" übersetzt werden könnte. Dazu bemerkte Friedrich: „Aus diesem Text kann man natürlich nicht sehr viel entnehmen. Es dürfte sich, wie Dr. Winter meint [mündliche Aussage], hier um irgend ein Götter- oder Priestergewand handeln. Die Gewänder der Götterbilder wurden oft nach der Bekleidung der Statuen damit für Grabbeigaben weitergegeben. Für die Deutung „Priestergewand" könnte sprechen, daß fast jeder Ägypter von Rang irgendeinen Priestertitel hatte; und wer konnte sich sonst ein so kostspieliges Begräbnis leisten als höhergestellte Persönlichkeiten[660]"? Etwas später im Text kam Friedrich zu dem Schluss, dass ifd nṯr „wohl ohne weiteres ,Götterkleid' oder ,Priesterkleid' bedeuten kann"[661]. Zur Übernahme des Wortes in das Hebräische schrieb er: „Jedenfalls haben die Israeliten anscheinend … mit dem Gegenstand den Namen übernommen: ägyptisch ifd ,Leinentuch' wird zu ꜣpôd"[662]. Er gab jedoch zu: „… hier müßte man allerdings eine kleine Bedeutungsentwicklung Tuch → Kleidungsstück annehmen"[663].

Leider wurden oben in 1.3.5.2 Herleitungen aus anderen Sprachen zur Rekonstruktion alttestamentlicher Textilien für unzulässig erklärt, sonst könnte man in diesem Fall den ägyptischen Befund als gute Stütze der These vom „Sakraltuch" und gegen den Efod als Priesterkleid anführen. Die Herleitung aus dem Ägyptischen ist aber prinzipiell problematisch. Die Äquivalenz des semitischen d-Lautes mit dem ägyptischen Laut, der traditionell mit dem Buchstaben „d" transkribiert wird, ist nicht immer gegeben[664].

Auch im Ugaritischen gab es ein Wort „ipd", das etwas mit Textilien zu tun hatte. Im Unterschied zum Gebrauch im Alten Testament kommt ipd im Plural und im Dual vor, vielleicht auch mit Suffix, doch die Stelle ist unsicher. Nicht alle Forscher lesen dort überhaupt „ipd". Bis auf diese problematische Stelle finden sich die anderen Belege innerhalb von Wirtschaftstexten, wo der Preis für ein ipd angegeben wird oder wo

---

[659] Erman, A./Grapow, H. (Hg.), Wörterbuch der aegyptischen Sprache Bd. I, Leipzig 1926, 71.

[660] Friedrich (Anm. 646), 32.

[661] Friedrich, 32. Görg, M., Art. Efod, NBL (1990), 472f. bezieht sich auf Friedrich und formuliert recht vorsichtig, dass die Bezeichnung jfd nṯr „anscheinend sowohl ein Götterkleid wie auch ein Priesterkleid meinen kann" (473). Scherer (Anm. 641), 594 übernimmt ebenfalls diese Sichtweise: „Während ifd … zunächst einfach nur als ,Qualitätsbezeichnung eines bestimmten Leinenstoffes' aufzufassen ist, dürfen wir bei dem Kompositum ifd nṯr gewiß an ,ein Götter- oder Priestergewand' denken".

[662] Friedrich, 53.

[663] Friedrich, 52.

[664] Das lässt sich feststellen, wenn man z.B. ägyptisch geschriebene semitische Ortsnamen durchgeht, vgl. Edel, E., Die Ortsnamenlisten aus dem Totentempel Amenophis III. (BBB 25), Bonn 1966, 98ff.

Personen eine bestimmte Anzahl an iptt zugeteilt wird[665]. Es muss sich also noch nicht einmal unbedingt um ein Kleidungsstück handeln, es könnte auch ein Stoffstück gemeint sein. Watson ordnete zunächst das ugaritische „ipd" als ägyptisches Lehnwort ein[666], später machte er noch ein hethitisches Äquivalent ausfindig[667]. Das hethitische Wort ipantu ist nur selten bezeugt und hat wohl auch etwas mit Textilien zu tun[668].

Es lässt sich zusammenfassen: Der Bezug zum Bereich des Textilen findet sich regelmäßig auch in anderen Sprachen. Das ist jedoch wohl auch alles, was über das Wort ipd herausgefunden werden kann.

4.3.3 Einfache Priesterkleidung und hohepriesterliche Grundausstattung

Die verschiedenen Belege, die im Alten Testament auf Priesterkleidung bezogen sind, lassen sich in zwei Gruppen einteilen: Solche, in denen Priesterkleidung explizit thematisiert wird und solche, die sie nur am Rande erwähnen. Zur ersten Gruppe zählen nur die priesterschriftlichen Anweisungen in Ex 28 und 39 sowie der Verfassungsentwurf Ezechiels. Dabei muss zu den priesterschriftlichen Anweisungen einschränkend bemerkt werden, dass der Fokus der Texte auf dem Ornat des Hohepriesters liegt. Alle anderen Texte, auch die priesterschriftlichen Texte zum großen Versöhnungstag (Lev 16) und zum Altarputz (Lev 6) gehören zur zweiten Gruppe.

An keiner Stelle findet sich eine vollständige Aufstellung einer priesterlichen „Garderobe". Das liegt daran, dass nicht zu allen Zeiten die gleichen Ausstattungsstücke dazu zählten. Die priesterschriftlichen Texte sind jedoch am ausführlichsten und sollen deshalb als Leitlinie gelten. Es heißt in Ex 28,40 im Anschluss an die Anweisungen für die Herstellung des hohepriesterlichen Ornats:

Und den Söhnen Aarons sollst du Hemdgewänder machen, und mache ihnen Schärpen, auch Kopfbedeckungen sollst du ihnen machen zur Ehre und zum Schmuck.	וְלִבְנֵי אַהֲרֹן תַּעֲשֶׂה כֻתֳּנֹת וְעָשִׂיתָ לָהֶם אַבְנֵטִים וּמִגְבָּעוֹת תַּעֲשֶׂה לָהֶם לְכָבוֹד וּלְתִפְאָרֶת:

Die sichtbare Bekleidung eines einfachen Priesters bestand also aus drei Teilen:
1. Hemdgewand
2. Schärpe
3. Kopfbedeckung

Es fehlt hier und an allen anderen Stellen ein Hinweis auf Fußbekleidung, vielleicht übten die Priester ihren Dienst barfuß aus. Die „Unterhosen" zu tragen war zwar Pflicht, da sie jedoch normalerweise nicht sichtbar waren, zählten sie nicht zum priesterlichen Ornat (vgl. dazu oben 4.3.1). Für alle Teile finden sich auch außerhalb der Priesterschrift Belege. Ein Ausstattungsstück, das in den priesterschriftlichen Berichten fehlt, ist der Efod. Er ist im Konzept der Priesterschrift dem Hohepriester vorbehalten,

---

[665] Vgl. del Olmo Lete/Sanmartín (Anm. 334), 89. Dort wird als Bedeutung „type of garment" angegeben.

[666] Watson, W. G. E., Non-Semitic Words in the Ugaritic Lexicon (3), UF 30 (1998), 752–760 (751f.). Dort findet sich kein Wort zu einer möglichen Bedeutung „Götter- oder Priesterkleid".

[667] Watson, W. G. E., Non-Semitic Words in the Ugaritic Lexicon (4), UF 31 (1999), 785–799 (786). Ob Watson damit von einer ägyptischen Herleitung abgerückt ist, wird nicht ganz deutlich.

[668] Vgl. Hoffner Jr., H. A., Hittite Equivalents of Old Assyrian kumrum and epattum, WZKM 86 (1996), 151–156 (154f.). Für epattum ist in AHw I, 222 angegeben: „ein Gewand aus Talḫad".

findet sich jedoch außerhalb der Priesterschrift öfter im Zusammenhang mit Personen in priesterlicher Funktion.

4.3.3.1 Hemdgewand

Explizit von „Priester-Hemdgewändern" (כתנת כהנים) wird in Esr 2,69 und Neh 7,69.71 gesprochen. Es ist möglich, dass zu den gespendeten Hemdgewändern jeweils eine Schärpe und eine Kopfbedeckung gehörte, nur wurde dies nicht erwähnt. In den Samuel- und Königsbüchern tragen Priester und Personen in priesterlicher Funktion einen מעיל. Es konnte jedoch oben (2.2.6.4) gezeigt werden, dass auch der מעיל zur Gruppe der hemdgewandartigen Kleidungsstücke gehörte. Einmal ist ein מד als Spezialkleidung für den Altarputz erwähnt. Auch der מד ist als Hemdgewand, wenn auch als kurzes, zu bestimmen (Lev 6,3; siehe oben 2.2.6.5). An anderen Stellen wird, wenn es um Priesterkleidung geht, der allgemeine Ausdruck בגד verwendet. Wenn man davon ausgeht, dass bei Ezechiel damit die priesterlichen Hemdgewänder gemeint sind, stimmen die priesterschriftlichen Anweisungen und der Verfassungsentwurf Ezechiels darin überein, dass das Hemdgewand aus Leinen sein soll, auch wenn Ezechiel den allgemeinen Ausdruck für Leinen (פשת) und die Priesterschrift einen Begriff für Feinleinen (שש) verwendet. Auch die מעילים der Leviten und des in priesterlicher Funktion sich betätigenden David in 1 Chr 15,27 waren aus Feinleinen. Keine der Bezeichnungen für das Hemdgewand eines Priesters ist sakral konnotiert. Weder כתנת noch מעיל oder מד waren spezifisch für Priester. Für כתנת und מעיל gilt jedoch, dass sie als Bezeichnungen für die Bekleidung von gehobenen Personen verwendet wurden. Auch die einfachen Priester waren also schon „gewichtige Persönlichkeiten".

4.3.3.2 Kopfbedeckung

Obwohl die Kopfbedeckung in den priesterschriftlichen Texten erst an letzter Stelle genannt ist, wird sie hier an zweiter Stelle behandelt. Dies hat seinen Grund darin, dass die Kopfbedeckung außerhalb der priesterschriftlichen Texte öfter genannt wird. Im Verfassungsentwurf Ezechiels ist die Kopfbedeckung neben den „Unterhosen" das einzige priesterliche Kleidungsstück, das explizit genannt wird. Es wird jedoch nicht der gleiche Ausdruck verwendet wie in den priesterschriftlichen Texten. Dort wird der Ausdruck מגבעה benutzt, der sonst im Alten Testament nicht vorkommt[669]. פאר ist der Ausdruck, der bei Ezechiel für die Kopfbedeckung der Priester verwendet wird (Ez 44,18). פאר war jedoch kein spezieller Ausdruck für *priesterliche* Kopfbedeckungen, in Jes 3,20 kommt das Wort in der Aufzählung der Ausstattung der eitlen Jerusalemerinnen vor, also als Kopfbedeckung für Frauen. Auch wenn Ezechiel ein Priester war, galt die Zeichenhandlung, nach dem Tod seiner Frau entgegen den herrschenden Trauersitten doch den Kopfbund umzubinden und Schuhe an die Füße zu tun, dem „Haus Israel", nicht nur den Priestern. פאר hat also neben צניף als allgemeiner Ausdruck für eine Kopfbedeckung zu gelten[670]. Die Kopfbedeckung sollte aus Leinen bzw.

---

[669] Die Form ist erschlossen, es wird ausschließlich der Plural מגבעות verwendet.
[670] Man könnte sich fragen, warum Kopfbedeckungen nicht schon im 2. Hauptteil besprochen wurden. Dazu sei Hönig (Anm. 6), 95, zitiert: „Wenn wir die Antworten zusammenfassen, die auf den ganzen Fragenkomplex der Kopfbedeckung gegeben werden können, befinden wir uns trotz viel Einzelnem in Verlegen-

Feinleinen hergestellt werden, sie war also einfarbig (Ex 39,28; Ez 44,18). Damit ist der Spielraum für ein erkennbares Zeichen der Priesterwürde klein[671].
So ist festzuhalten, dass die Kopfbedeckung zwar ein wichtiger Teil der priesterlichen Ausstattung war, jedoch kein entscheidendes Kennzeichen eines Priesters. Dazu passt auch, dass in den Geschichtsbüchern (Samuel- und Königsbücher sowie Chronik) jeder Hinweis auf priesterliche Kopfbedeckungen fehlt[672].

4.3.3.3 Schärpe und Efod

Wenn weder Hemdgewand noch Kopfbedeckung unverwechselbare Kennzeichen eines Priesters waren, bleibt nur die Schärpe. Der אבנט war allerdings ebenfalls kein speziell priesterliches Ausstattungsstück. Er findet sich auch als Amtsabzeichen bei einem säkularen Beamten (Jes 22,21). Dieser Befund stützt jedoch die Vermutung, dass die Schärpe als „Amtskennzeichen" gedient haben könnte. Wenn die Schärpe nicht nur aus Leinen bestand, sondern auch bunte Wollfäden enthielt, war der Spielraum für ein unverwechselbares Aussehen größer. Für Priester findet sich außerhalb der Priesterschrift zwar kein Beleg für den אבנט, aber es wird mehrfach erwähnt, dass Priester „umgürtet" waren. Man kann vermuten, dass es sich bei dem Gegenstand, mit dem sie umgürtet waren, um eine Schärpe handelte.
Zunächst seien die expliziten Erwähnungen verglichen: Bei Ezechiel heißt es ganz allgemein, dass die Priester sich nicht „schweißfördernd" gürten sollen (Ez 44,18: לא יחגרו ביזע). Diese Aussage ist so unspezifisch, dass sie unterschiedlich gedeutet werden kann. Die übliche Interpretation ist, dass auch die Gürtel aus Leinen sein sollten, das Schwitzen also durch die Wahl des richtigen *Materials* verhindert werden sollte[673]. Wenn es darum gegangen wäre, hätte jedoch auch die einfache Vorschrift, die Schärpen aus Leinen zu fertigen, gereicht. So ist eine andere Deutung wahrscheinlicher: Wenn die Schärpen die priesterlichen Amtsabzeichen waren, liegt es nahe anzunehmen, dass sie nicht nur einfache, schmale Gürtel waren, sondern breite Schärpen, die mehrfach um den Körper gewickelt werden konnten[674]. Ezechiel wollte also die Priester ermahnen, die Priesterschärpe, den אבנט nicht so eng zu gürten, dass sie zu schwitzen anfingen. Tatsächlich hängt der Grad der Transpiration nicht nur vom Material der Kleidung ab, sondern auch davon, wie eng die Textilien am Körper anliegen. Vielleicht ist das Verbot auch ein Hinweis darauf, die Schärpen nicht zu breit werden

---

heit. Wir erfahren herzlich wenig, und das Wenige ist auch unsicher. Wir können, von einigen at Stellen abgesehen, nicht einmal die Frage beantworten, wann der Hebräer eine Kopfbedeckung getragen hat". Der einzige Kontext, in dem etwas mehr zu Kopfbedeckungen zu finden ist, ist der des Kultes, den Hönig ja aussparte. Zur Etymologie der Begriffe und zu Hypothesen bezüglich des Aussehens vgl. Hönig, 92–96.

[671] Hönig, 94, meint: „Der profane peʾēr ist ohne Zweifel dem des Priesters ähnlich, wenn nicht gleich".

[672] Nicht nur priesterliche, auch andere Kopfbedeckungen sind nicht erwähnt, sieht man vom nichttextilen bronzenen Helm (כובע und קובע) ab.

[673] Z.B. Pohlmann, K.-F., Der Prophet Hesekiel/Ezechiel Kapitel 20–48 (ATD 22/2), Göttingen 2001, 595: „V. 18b ‚sie sollen sich nicht mit Schweiß gürten' motiviert das Verbot der Wollkleidung aus V. 17". Ähnlich schon Zimmerli, W., Ezechiel (BK XIII/2), Neukirchen-Vluyn 1969, 1134.

[674] Vgl. z.B. ANEP Tafel 47, eine ägyptische Malerei aus dem Grab Thutmoses' IV. (1421–1413), auf der syrische Tributbringer in langärmeligen, knöchellangen Hemdgewändern abgebildet sind. Eine breite Schärpe ist mehrfach schräg um die Hüften gewickelt.

zu lassen und mehrfach um den Oberkörper zu wickeln. Ein Hinweis auf das Material findet sich an dieser Stelle ganz bewusst nicht, weil die Schärpen eben nicht nur aus Leinen waren, sondern bunte Wolle enthielten. Ezechiel wollte also nicht grundsätzlich aufwändig geschmückte Priesterschärpen verbieten, forderte jedoch einen überlegten Einsatz derselben und erinnerte daran, dass die Erfordernisse der Heiligkeit (Verhindern von Schweißbildung) wichtiger seien als die der Ästhetik und der Statusanzeige. Solche Überlegungen scheinen dem Verfasser der Priesterschrift fremd gewesen zu sein. Zumindest im hohepriesterlichen Ornat hat man bestimmt erheblich geschwitzt.

Waren die Schärpen der einfachen Priesterschaft nach P ebenfalls bunt? Es fehlen bezüglich der Materialien für die einfache Priesterkleidung innerhalb der *Anweisungen* in Ex 28 jegliche Angaben. Im *Herstellungsbericht* ist dann für die Kopfbedeckungen der einfachen Priester Feinleinen genannt, ebenso für die Hemdgewänder, bei denen explizit erwähnt wird, dass sie „für Aaron und seine Söhne" sein sollten. Bezüglich der Schärpen findet sich jedoch nur der Herstellungsbericht für eine Schärpe (Einzahl!), der mit den Anweisungen für die Anfertigung eines אבנט für Aaron übereinstimmt (Ex 28,39 und Ex 39,29). Daraus nun jedoch zu schließen, dass es sich nur um den hohepriesterlichen אבנט handeln kann, ist voreilig. Eigenartigerweise wird nämlich sowohl bei der Anweisung zur Weihe der Aaronsöhne (Ex 29,9) als auch beim Bericht darüber אבנט im Singular verwendet (Lev 8,13), Hemdgewänder und Kopfbedeckungen stehen dagegen im Plural. Jakob erklärte diesen Tatbestand so, dass bei der Einweihung zunächst Aaron mit dem Gürtel umgürtet worden wäre, dann nacheinander die Aaronsöhne. Für ihren eigenen Dienst hätten sie dann noch andere, einfachere Gürtel gehabt[675]. Überzeugend ist diese Erklärung nicht. Die Schärpe lag ja bei Aaron noch unter מעיל und Efod, hätte also erst unter diesen beiden Kleidungsstücken hervorgeholt und gelöst werden müssen, was praktisch kaum machbar war und vor allem nicht erwähnt ist. אבנט ist in Lev 8,13 außerdem nicht determiniert, was doch zu erwarten wäre, wenn es sich um den schon in Lev 8,7 erwähnten (und dort determinierten) אבנט Aarons gehandelt hätte. Die Einzahl muss anders erklärt werden. Z.B. könnte gemeint sein: „Und er gürtete sie (jeden) mit einem Gürtel". Damit sollte vielleicht noch einmal betont werden, dass die Schärpe *das* herausragende Kennzeichen der Priesterwürde und die Umgürtung mit derselben der entscheidende Akt der Investitur war. Wenn diese Überlegung richtig ist, kann man den Singular in der Herstellungsanweisung eventuell auch so verstehen, dass er die Herstellung des Gürtels für jeden einzelnen Priester meint. Damit wäre dann auch klar, dass die Schärpen der einfachen Priester ebenfalls bunt und kostbar waren.

Diese Schlussfolgerung wird dadurch gestützt, dass die Texte hinsichtlich der Frage, ob zum Ornat Aarons überhaupt eine Schärpe gehört hat, nicht ganz klar sind: In der Anweisung zur Bekleidung Aarons in Ex 29,5 wird die Schärpe nicht genannt, bei der Beschreibung der Investitur in Lev 8,7 umgürtet Mose dann aber Aaron mit einem אבנט[676]. In der einleitenden Aufzählung der benötigten Textilien, die sich auf Aaron

---

[675] Vgl. Jakob (Anm. 581), 225 und 327.

[676] Im Samaritanus ist die Anweisung zur Umgürtung Aarons mit der Schärpe in Ex 29,5 nachgetragen. Es gibt auch im MT einen Vers, der so wirkt, als habe ein aufmerksamer Redaktor Aaron eingefügt, um die Unstimmigkeit zu beheben. In Ex 29,8 heißt es im Anschluss an die Anweisungen zur Bekleidung Aarons zunächst: וְאֶת־בָּנָיו תַּקְרִיב וְהִלְבַּשְׁתָּם כֻּתֳּנֹת (Und seine Söhne lasse herantreten und lass sie Hemdge-

und seine Söhne bezieht, wird der אבנט genannt, es fehlen jedoch die Kopfbedeckungen für die Aaronsöhne[677].

Zwar kann man den vorliegenden Text nicht in sich widersprüchlich nennen, er zeigt jedoch unübersehbar Spuren einer Überarbeitung. Am einfachsten ist der Text zu verstehen, wenn man annimmt, dass es bezüglich der Schärpe eine Konzeptverschiebung gab bzw. dass das ursprüngliche Konzept modifiziert werden musste: Zunächst war keine Schärpe für den Hohepriester vorgesehen (Ex 29,5). Stattdessen bekam Aaron als exklusives Kennzeichen seines Priestertums den Efod, der in anderen Büchern des Alten Testaments das selbstverständliche Kennzeichen von Personen in priesterlicher Funktion war. Die Austauschbarkeit der beiden Insignien wird besonders dadurch deutlich, dass sie beide „umgürtet" werden, wenn auch in unterschiedlichem Sinne: Die Schärpe ist gleichzeitig Objekt und Mittel der Umgürtung, der Efod ist nur Objekt der Umgürtung (jedenfalls die alte Form, bei der hohepriesterlichen Form wird beides kombiniert, siehe 4.3.4.3). Das Problem der hohepriesterlichen textilen Grundausstattung wird unten in 4.3.3.4 ausführlich erörtert. An dieser Stelle reicht es zu konstatieren, dass nach dem Konzept der Priesterschrift eine bunte Schärpe das Hauptkennzeichen der *einfachen* Priester war. Zur Zeit des 2. Tempels waren die Schärpen der einfachen Priester jedenfalls bunt. Es heißt bei Josephus: „Unter den Achseln wird es gegürtet von einem vier Finger breiten Bande, das von sehr feinem Gewebe ist und der Schlangenhaut ähnlich sieht. In dasselbe sind Blumen aus Purpur, Scharlach, Hyazinth und Byssus eingewebt; der Einschlag ist aber nur von Byssos"[678].

Zusammenfassend kann festgestellt werden, dass die Umgürtung des Priesters das entscheidende Kennzeichen seiner Amtswürde war. Die Konzeption, die hinter dem Gesamtaufriss des Alten Testaments liegt, sieht für Zeiten, in denen es kein ausgewiesenes Zentralheiligtum gab, den Efod als Kennzeichen jeder in priesterlicher Funktion amtierenden Person vor (Richterzeit bis zum Bau des Jerusalemer Tempels). Sobald ein Zentralheiligtum vorhanden war, gab es auch eine zentrale priesterliche Figur, die exklusiver Efodträger wurde. Für die einfachen Priester wurde dann der אבנט das Amtskennzeichen. Für die Konzeption des Alten Testaments gilt dies für die Zeit der Wüstenwanderung und die Zeiten des 1. und 2. Tempels in Jerusalem.

Wie die historische Wirklichkeit aussah, kann kaum noch rekonstruiert werden. Die Rekonstruktion ist davon abhängig, ab wann man mit einer prägenden Tradition eines Zentralheiligtums rechnet. Vermutlich gab es mit dem Bau des 2. Tempels keine einfachen Priester mehr, die den Efod umgürtet hatten. Ob der Efod schon früher ungebräuchlich wurde, lässt sich nicht sagen, es ist aber wahrscheinlich, da eine erhebliche

---

wänder anziehen). Dann folgt im nächsten Vers: וְחָגַרְתָּ אֹתָם אַבְנֵט אַהֲרֹן וּבָנָיו (Und umgürte sie mit einer Schärpe, Aaron und seine Söhne). In der LXX fehlt der Passus „Aaron und seine Söhne". Man kann sich fragen, warum der Ergänzer des MT die Schärpe nicht gleich an der „richtigen" Stelle in Ex 29,5 eingefügt hat, wie im Samaritanus geschehen. Vielleicht hat das damit zu tun, dass er so wenig wie möglich in den Text eingreifen wollte. In Ex 29,5 braucht man mehr Wörter, um den Text sinngemäß zu ergänzen („und er gürtete ihm die Schärpe um und bekleidete ihn …").

[677] An dieser Stelle wirkt es so, als seien die Aaronsöhne „nachgetragen" worden, denn den Abschluss bildet „und er soll für mich als Priester amten" (לְכַהֲנוֹ־לִי). Zu dem Passus gibt es keine Abweichungen in anderen Versionen.

[678] Josephus (Anm. 635), III 7,2 (=161f.).

Diskrepanz zwischen dem alten Efod und dem hohepriesterlichen Efod auszumachen ist. Eine solche Entwicklung braucht Zeit, und eine geeignete Zeitspanne wäre die des 1. Tempels, in der sich langsam ein hohepriesterlicher Ornat herausgebildet haben wird. Für die Königszeit mit ihrer engen räumlichen Nähe von königlichem Hof und Tempel ist auch die Einführung der Amtsschärpe (אבנט) für Priester in Analogie zu königlichen Funktionären wahrscheinlich. Voll ausgebildet wurde das Konzept sicherlich jedoch erst nach der Zerstörung des 1. Tempels.

4.3.3.4 Die hohepriesterliche Grundausstattung

Als Grundausstattung sollen die Teile des hohepriesterlichen Ornats bezeichnet werden, die in den Anweisungen in Ex 28 „hinterhergeschoben" und nicht weiter beschrieben werden: Hemdgewand, Kopfbedeckung und Schärpe. Auf den ersten Blick wirkt es so, als ob die Grundausstattung mit der textilen Ausstattung der einfachen Priester übereinstimmt. Oben (4.3.3.3) wurde jedoch schon angedeutet, dass die Sachlage nicht ganz klar ist. Es gibt deutliche Hinweise darauf, dass die Schärpe im ursprünglichen Konzept des hohepriesterlichen Ornats nicht vorgesehen war, zumindest fehlt sie bei der Anweisung zur Einkleidung des Hohepriesters in Ex 29,5. In der Endgestalt des Textes bleibt offen, ob sich die Schärpen der einfachen Priester von der des Hohepriesters unterschieden oder nicht. Eine weitere Diskrepanz besteht bei den Kopfbedeckungen. Für die hohepriesterliche Kopfbedeckung wird ein anderer Name benutzt als für die der einfachen Priester. Es zeigt sich, dass die Grundausstattung des Hohepriesters nicht ganz der des einfachen Priesters entspricht. Wie kann der Befund erklärt werden? Am einfachsten ist es anzunehmen, dass das ursprüngliche priesterschriftliche Konzept weitergedacht wurde. Folgende Punkte sind für ein rekonstruiertes Erstkonzept der Priesterschrift wichtig:

- Die Funktion des Hohepriesters ist stark betont: Seine exklusive Stellung als Mittler wird herausgehoben durch seinen Ornat, der ihm vorbehalten ist. Die Differenz zwischen ihm und seinen Söhnen wird akzentuiert durch unterschiedliche Kennzeichen der priesterlichen Würde: nur für Aaron Efod, Choschen und Stirnblatt, der אבנט für die einfachen Priester. Auch die Kopfbedeckungen unterscheiden sich. Damit bleibt als Gemeinsamkeit nur das nicht sakral konnotierte Hemdgewand.
- Aaron wird gleich zum Hohepriester geweiht.

Die Alternative wäre gewesen, ihn zusammen mit seinen Söhnen zunächst zum einfachen Priester zu weihen und dann in einem zweiten Schritt zum Hohepriester zu befördern. Den beiden Möglichkeiten entsprechen zwei etwas unterschiedliche Konzepte von Priestertum. Das in der Priesterschrift gewählte Modell entspricht eher dem *eines* Priesters, von dem die Mittlerschaft ausgeht. Die einfachen Priester sind nur Stellvertreter des „eigentlichen" Priesters. Die ägyptische Religion war nach diesem Modell gestaltet: Der Pharao war der einzige Mittler zwischen Göttern und Menschen, die Priester in den einzelnen Heiligtümern vertraten ihn, weil er nicht an allen Orten gleichzeitig sein konnte, aber sie opferten im Namen Pharaos[679]. Im Alternativmodell

---

[679] Vgl. Barta, W., Art. Königsdogma, LÄ III (1980), 485–494 (490): „Wesiere oder Priester können rituell nur stellvertretend im Namen des Königs handeln, der ihnen seine Mächtigkeit delegieren muß".

gibt es eine *Gruppe* von Menschen, die priesterliche Funktionen ausübt und aus deren Mitte dann noch einmal ein Mensch herausgehoben wird, ohne dass er eine seinen Status qualitativ erhöhende Weihe erhält. Wie weit dieses Konzept im Alten Orient existent war, ist unsicher. Ein rezentes Beispiel ist der Primat des römischen Bischofs im Bischofskollegium der katholischen Kirche[680]. Vermutlich gab es jedoch bezüglich des Kultes am 2. Tempel eine dem Primatmodell ähnelnde Praxis. Der Grund dafür und wohl auch für eine behutsame Anpassung der priesterschriftlichen Konstruktion liegt im Problem der Sukzession, das nun anhand der priesterschriftlichen Texte erörtert werden soll und nur scheinbar vom Problem der hohepriesterlichen textilen Grundausstattung wegführt.

Aaron wurde durch Investitur, Kopfsalbung, Bestreichen von rechtem Daumen, Ohrläppchen und großem Zeh mit Blut sowie Besprengung mit einem Blut-Salbölgemisch zum Hohepriester[681] geweiht. Bei seinen Söhnen fehlte die Kopfsalbung, d.h. es bestand ein qualitativer Unterschied zwischen einem Hohepriester und einem einfachen Priester[682]. Den hierarchischen Unterschied macht P außerdem noch durch unterschiedliche Kopfbedeckungen und Umgürtungen deutlich. Sofern jedoch der ursprünglich geweihte Hohepriester stirbt und sein Amt auf seinen Sohn übergeht, verlangt die rituelle Logik, dass

1. bei der Einsetzung die Kopfsalbung nachgeholt wird und
2. der einfache Priester mit den exklusiv hohepriesterlichen Ausstattungsstücken Efod, Choschen und Stirnblatt „bekleidet" wird.

Das Bestreichen mit Blut und die Besprengung von Person und Kleidung muss nicht wiederholt werden. Der hohepriesterliche Ornat war schon bei der Erstweihung besprengt worden. Die „Grundausstattung", in der der Nachfolger zur Investitur erscheint, wurde bei seiner Weihung zum einfachen Priester besprengt[683].

Es zeigen sich nun zwei Spannungen zum ursprünglichen Konzept von P: Der Nachfolger hat schon seine ihm zuvor verliehene Schärpe, die ja auch durch Blutbesprengung geweiht ist. Soll diese nun abgenommen werden? Textilgrammatisch wäre das ungeschickt, weil eine Investitur kein *Abnehmen* eines Würdezeichens beinhalten kann.

---

[680] Dass in einer traditionsreichen Institution beide Konzepte nebeneinander existieren können, zeigt das Verhältnis von Bischof und Diözesanpriestern in der katholischen Kirche, das mehr dem ägyptischen Modell entspricht. Der Bischof ist das eigentliche Haupt seiner Diözese, nur ihm eignet die Fülle des Weihesakraments und das Hohepriestertum. Einige priesterliche Funktionen kann deshalb nur er allein durchführen, z.B. die Weihung des Chrisamöls oder die Priesterweihe. Andere Funktionen kann er delegieren, z.B. die Firmung. Die (einfachen) Priester werden z.B. im Priesterweihgebet explizit mit den Söhnen Aarons verglichen, vgl. dazu z.B. Ecclesia Catholica, Katechismus der Katholischen Kirche, München u.a. 1993, 416 und 420.

[681] Der Ausdruck „Hohepriester" wird allerdings in den P-Texten gar nicht benutzt.

[682] Auf die Salbung braucht hier nicht eingegangen zu werden. Es gibt jedoch auch in dieser Hinsicht die Tendenz, eine Salbung der einfachen Priester „nachzutragen", vgl. zu den Belegen für eine Salbung der einfachen Priester Graf Baudissin, W. W., Die Geschichte des alttestamentlichen Priesterthums, Leipzig 1889, 25.

[683] Die vorgestellte rituelle Logik macht Utzschneiders Behauptung, Aaron sterbe nicht als Priester, unwahrscheinlich, vgl. Utzschneider, H., Das Heiligtum und das Gesetz. Studien zur Bedeutung der sinaitischen Heiligtumstexte (Ex 25–40; Lev 8–9) (OBO 77), Göttingen 1988, 173. Die „Devestitur" Aarons bezieht sich nicht auf die „Grundausstattung", sondern nur auf den speziellen hohepriesterlichen Ornat mit Efod, Choschen und Stirnblatt.

Auch vom Heiligkeitskonzept her wäre ein Abnehmen des אבנט problematisch, da er „geheiligt" worden war. Die Grundausstattung muss also ab dem zweiten Hohepriester den אבנט beinhalten. So wurde die Schärpe dann auch konsequent in den Texten nachgetragen, allerdings so, dass man den Nachtragscharakter noch erkennen kann.

Die zweite kleine Unstimmigkeit konnte nicht ganz bereinigt werden. Sie betraf die unterschiedlichen Kopfbedeckungen Aarons und seiner Söhne. Der Nachfolger müsste eigentlich seine מגבעה absetzen und anschließend die hohepriesterliche מצנפת aufsetzen, das wäre jedoch ähnlich problematisch wie das Abnehmen der Schärpe. Ähnlich schief würde es wirken, wenn er ohne Kopfbedeckung zur Investitur erschiene. „Liturgisch korrekt" wäre, dass er in der vollständigen Garderobe des einfachen Priesters erscheint und an seiner alten Kopfbedeckung, in der er früher geweiht worden war, das hohepriesterliche Stirnblatt befestigt wird. Es gibt jedoch auch Versuche, die Spannung bezüglich der Kopfbedeckungen etwas zu mildern: Innerhalb des Herstellungsberichtes heißt es, die פארי המגבעות seien aus Feinleinen gefertigt worden (Ex 39,28). Benno Jakob vermutete, dass mit פאר die Stoffstreifen („Shawls") gemeint seien, aus denen die מגבעות gewickelt wurden: „Nur der fertige Turban heißt מגבעת"[684]. Wenn Jakobs Deutung korrekt sein sollte, könnte das bedeuten, dass hier ein Bearbeiter den Spielraum für eine Angleichung der priesterlichen und hohepriesterlichen Kopfbedeckungen erweitert hat: Die פאר-Schals wurden normalerweise zum מגבעת gewunden, konnten jedoch im Bedarfsfall zu einer מצנפת umgestaltet werden. Weil eine Unterscheidung zwischen priesterlicher und hohepriesterlicher Kopfbedeckung eine unnötige und bei der Investitur sogar störende Doppelung ist – der Hohepriester zeichnet sich ja durch das an der Kopfbedeckung angebrachte Stirnblatt aus –, wurden die מגבעת wohl auch – anders als die Schärpe in Ex 28,4 – nicht nachgetragen. Die Tendenz, nicht zwischen מגבעת und מצנפת zu unterscheiden, hat sich weiter verstärkt: „LXX and Vulg. have not preserved the terminological distinction in the original text"[685]. Bei Josephus ist das Konzept konsequent zu Ende gedacht, dabei allerdings nicht mehr mit den alttestamentlichen Texten in Übereinstimmung zu bringen: „Der Hohepriester ist auf dieselbe Weise geschmückt, insofern als von den genannten Kleidungsstücken keines bei ihm fehlt ... Der Kopfbund des Hohepriesters gleicht dem der übrigen Priester; über demselben trägt er aber noch einen anderen, der aus Hyazinth verfertigt ist"[686].

Fasst man die Untersuchungen zur textilen Grundausstattung zusammen, überrascht besonders, dass sich das naheliegende und einleuchtende Konzept „hohepriesterliche Grundausstattung = Ausstattung des einfachen Priesters" nicht in der ersten Fassung der Priesterschrift findet, sondern mühsam (und unvollständig) nachgetragen werden musste.

---

[684] Jakob (Anm. 581), 224. Jakob hielt die *hohe*priesterliche Kopfbedeckung für einen Hut. Diese Deutung passt nicht zu den hier vorgelegten Überlegungen.
[685] Houtman (Anm. 617), 520.
[686] Josephus (Anm. 635), III 7,4 und 6 (= 161 und 164).

4.3.4 Der hohepriesterliche Ornat

Nach einem Überblick über den Kontext (4.3.4.1) sollen die einzelnen Teile des hohe-priesterlichen Ornats in der Reihenfolge, in der sie angelegt wurden, erörtert werden. Nichttextile Ausstattungsstücke werden nur kurz erwähnt. Die hohepriesterliche Grundausstattung, bestehend aus Hemdgewand, Kopfbedeckung (Turban) und Schär-pe, wurde schon unter 4.3.3.4 behandelt.

4.3.4.1 Der Kontext, Anweisungen und Herstellungsbericht

Das erste Vorkommen von Priesterkleidung findet sich in den Anweisungen, die JHWH Mose bezüglich des Zeltes der Begegnung erteilt. In Ex 25–27 wird die Anfer-tigung der Lade, des Zeltes, der Altäre und weiterer Geräte angeordnet und beschrie-ben. Kapitel 28 beginnt mit der Aufforderung, Aaron und seine namentlich genannten Söhne zu Priestern zu machen. Im zweiten Vers wird zunächst ganz allgemein die Anfertigung von „heiligen Kleidern" für Aaron angeordnet, dann folgt die genauere Beschreibung dieser Kleidung. Im Kapitel 29 wird das Prozedere zur Priesterweihe geschildert. Durch diesen Aufbau wird deutlich, dass die Priester zusammen mit ihrer Kleidung zum Heiligtums„inventar" gehören, ähnlich wie der Leuchter und die Vor-hänge. Die Anweisungen für die „heiligen Gewänder" sind komplex und enthalten unterschiedliche Begründungen, im Folgenden wird zunächst eine grobe Gliederung von Ex 28 vorgestellt:

Ex 28, Inhaltsübersicht

1–3   Einleitung mit zwei Zweckbestimmungen für die Priestertextilien: Zu „Ehre und Schmuck" (כבוד und תפארת) sollen die Heiligkeitstextilien Aaron gerei-chen (Vers 2). In Vers 3 wird erläutert, dass die Textilien zur Heiligung Aarons dienen sollen, damit er Priester sein kann.

4f.   Aufzählung der benötigten Textilien für Aaron: Choschen, Efod, Mantel[687], „zusammengefügtes" Hemdgewand[688], Turban und Schärpe (und nochmalige Zweckangabe, dass sie für den Priesterdienst nötig seien) und Aufzählung der dafür benötigten Materialien: Gold, Violettpurpur, Rotpurpur, Karmesin und Feinleinen.

6–12   Herstellungsanweisungen für den Efod – mit Erläuterungen

13–30   Herstellungsanweisungen für den Choschen, seine Befestigung am Efod und die Lose – mit Erläuterungen

31–35   Herstellungsanweisungen für den Efodmantel – mit Erläuterungen

36–38   Herstellungsanweisungen für das Stirnblatt des Turbans und die Befestigung des Stirnblattes am Turban – mit Erläuterungen

39   Herstellungsanweisung für Hemdgewand, Turban und Schärpe

40   Herstellungsanweisung für die „einfachen" Priestertextilien: Hemdgewand, Schärpe, Kopfbünde mit einer Zweckangabe: zu Ehre und Schmuck

41   Bekleidungs-, Salbungs- und Weihanweisung an Mose in Bezug auf Aaron und seine Söhne

---

[687] Hier ohne genauere Klassifikation als מעיל האפוד wie in V. 31.
[688] Siehe dazu oben Abschnitt 2.2.4.

42–43   Herstellungsanweisung für die בד-„Unterhosen" mit ausführlicher Begründung: Bedeckung der Blöße, Vermeidung von Schuld beim Dienst im Zelt oder am Altar als immerwährende Verpflichtung

Die Ausführung der Anweisungen aus Kapitel 28 wird in Kapitel 39 beschrieben:

Ex 39,
1b[689]   Inhaltsübersicht

Einleitung: Es wird konstatiert, dass die „Heiligkeitstextilien" für Aaron ganz nach Vorschrift angefertigt wurden. Diese Bemerkung beschließt jeden der folgenden Abschnitte.

2–7   Herstellung des Efod

8–21   Herstellung des Choschen und Befestigung am Efod

22–26   Herstellung des Efodmantels

27–29   Herstellung der Kleidung für Aaron und seine Söhne: Hemdgewand, Turban, Schals der Kopfbünde, „Unterhosen", Schärpe

30f.   Herstellung und Befestigung des Stirnblattes für den hohepriesterlichen Turban

32   Abschluss nicht nur der Textilienherstellung, sondern der gesamten Arbeiten für das Offenbarungszelt

Vergleicht man die Anweisungen und den Herstellungsbericht, fallen Unterschiede und Besonderheiten der Texte auf. Den einzelnen Ausstattungselementen wird sehr unterschiedliche Aufmerksamkeit zuteil. Die genauesten Beschreibungen gelten sowohl bei den Herstellungsanweisungen als auch im Ausführungsbericht Efod, Choschen und Efodmantel. Zu diesem Trio kommt das Stirnblatt für den hohepriesterlichen Turban hinzu, über das ebenfalls viel berichtet wird. Es nimmt jedoch in den beiden Texten eine je verschiedene Position ein. In Kapitel 28 schließen die Anweisungen für seine Herstellung direkt an die für den Efodmantel an, erst danach kommt eine kurze Anweisung zur Herstellung des Turbans, an dem das Stirnblatt befestigt werden soll. Im Herstellungsbericht ist diese Reihenfolge vertauscht. Nach der Herstellung des Efodmantels wird von der Anfertigung des Turbans und anderer Textilien berichtet. Erst dann folgt als letztes Ausstattungsstück und – im wörtlichen Sinne – krönender Abschluss der ganzen Ausstattung die Herstellung und Befestigung des hohepriesterlichen Stirnblattes. Dies zeigt, wie stark der Blick des priesterschriftlichen Verfassers auf die Funktion des Hohepriesters fixiert war.

In den Herstellungs*anweisungen* spiegelt sich dies darin, dass zunächst der vollständige Ornat des Hohepriesters einschließlich der „Grundausstattung" beschrieben wird und dann erst die Kleidung der gewöhnlichen Priester, der „Söhne Aarons". Die Anweisungen geben also eine schlüssige Systematik vor. Daran angehängt ist die Beschreibung der „Unterhosen" (מכנסים). Der Herstellungs*bericht* folgt einer anderen Ordnung. Da er speziell an der Fertigung interessiert ist, werden Zusammenfassungen vorgenommen, sofern es sich anbietet. Alle einfachen, aus Feinleinen gefertigten Kleidungsstücke werden z.B. gemeinsam aufgezählt (Ex 39,27f.), weil das dem Herstellungsprozess entspricht. Deshalb finden sich dort auch die „Unterhosen" und es wird die Reihenfolge „hohepriesterliche Gewänder" – „normale Priesterkleidung" unterbrochen. Da das

---

[689] V. 1a: Nachtrag zum Material der שׁרד-Textilien (vgl. oben 4.2.3).

Stirnblatt am Turban befestigt werden musste, ist es einleuchtend und sachgemäß, zunächst die Herstellung des Turbans zu beschreiben.

Auffallend und ungewöhnlich sind die in die Herstellungsanweisungen eingefügten Zweckbestimmungen und Begründungen. Solche Erklärungen werden bei Ritualanweisungen aus dem altorientalischen Umfeld gewöhnlich nicht gegeben und zeigen deutlich, dass es – zumindest in einer Redaktionsschicht – den Autoren der Texte nicht nur um das korrekte „Wie", sondern auch um ein rechtes Verständnis des „Warum" ankam. Die Klassifizierung der Textilien als „Heiligkeitstextilien" findet sich nur zu Beginn und am Ende des Anweisungsteiles und des Herstellungsberichtes, aber nie in der Beschreibung der einzelnen Kleidungsstücke.

4.3.4.2 מְעִיל הָאֵפֹד: „Efodmantel"

Die Herstellungsanweisung für den Efodmantel steht in Ex 28,31–35, der Bericht über seine Fertigung in Ex 39,22–26. An drei Stellen wird das zuunterst liegende Stück des hohepriesterlichen Ornats als מְעִיל הָאֵפֹד bezeichnet und damit auf den Efod bezogen (Ex 28,31; 29,5; 39,22). Diese Beziehung zwischen Efod und מְעִיל kommt auch sonst vor (vgl. oben 4.3.2.3). In Bezug auf die Herstellung des Kleidungsstückes werden drei Punkte hervorgehoben:

* Material bzw. Farbe
* Gestaltung des Halsausschnittes
* Gestaltung des unteren Saumes

Über die Länge und das genaue Aussehen erfahren wir nichts, es ist jedoch möglich, dass der Terminus מְעִיל präzise genug war, um diese Informationen zu liefern (vgl. oben 2.2.6.3 und 2.2.6.4). Wahrscheinlich ist ein ärmelloses, hemdgewandartiges Aussehen und eine höchstens übers Knie reichende Länge. Das ergibt sich zum einen aus den unten angebrachten Glöckchen und „Granatäpfeln", zum anderen aus der Tatsache, dass der מְעִיל הָאֵפֹד vererbt werden sollte und bei einer kleineren Person nicht auf dem Boden schleifen durfte. Der מְעִיל הָאֵפֹד sollte gänzlich (כָּלִיל) aus Violettpurpur gefertigt werden, höchstwahrscheinlich dem kostbarsten textilen Material, vgl. dazu 1.5.3.2.1[690]. Auf die Gestaltung des Halsausschnittes sowie des Saumes soll nun ein etwas genauerer Blick geworfen werden. Es heißt in Ex 28,32f. :

Und er soll seine Kopföffnung in seiner Mitte haben, einen Rand soll er haben bezüglich seiner Öffnung ringsherum in Weberarbeit wie die Öffnung eines Panzerhemdes[691], nicht eingerissen (geschlitzt) soll es werden.	וְהָיָה פִי־רֹאשׁוֹ בְּתוֹכוֹ שָׂפָה יִהְיֶה לְפִיו סָבִיב מַעֲשֵׂה אֹרֵג כְּפִי תַחְרָא יִהְיֶה־לּוֹ לֹא יִקָּרֵעַ:

---

[690] Auch die Decke, mit der die Lade beim Transport umhüllt war (Num 4,6), wurde mit dem Terminus כְּלִיל תְּכֵלֶת bezeichnet. Diese Tatsache spricht gegen den Vorschlag Drivers, כָּלִיל würde „woven in one piece" bedeuten. Für eine Decke ist so eine Vorschrift überflüssig. Driver verweist dabei auf Josephus, der bezüglich der Priesterkleidung der alttestamentlichen Zeit jedoch keine verlässliche Quelle ist. Vgl. Driver, G. R., Technical Terms in the Pentateuch, WO II (1954–1959), 254–263 (259). Im übrigen ist es sehr wahrscheinlich, dass der Efodmantel tatsächlich aus einem Stück gewebt war, nur wird das eben nicht mit כָּלִיל ausgedrückt, vgl. unten 4.3.4.2.1.

[691] Zur unbekannten Bedeutung von תַחְרָא vgl. Houtman (Anm. 617), 508. Die Wiedergabe mit „Panzerhemd" geht auf den Targum Onqelos zurück, vgl. Houtman, 508.

Und mache an seinen Säumen Granatäpfel aus Violettpurpur, Rotpurpur und Karmesin, an seinen Säumen
ringsherum und goldene Glöckchen in ihrer Mitte
ringsherum.

וְעָשִׂיתָ עַל־שׁוּלָיו רִמֹּנֵי תְּכֵלֶת וְאַרְגָּמָן
וְתוֹלַעַת שָׁנִי עַל־שׁוּלָיו סָבִיב
וּפַעֲמֹנֵי זָהָב בְּתוֹכָם סָבִיב:

In Ex 28,34 wird die Anordnung der „Granatäpfel" und Glöckchen noch einmal eingeschärft: Glöckchen, „Granatapfel", Glöckchen, „Granatapfel". Der Vers endet mit
einem סביב. Dieses Wort scheint das Leitwort des kleinen Abschnittes zu sein. Es
kommt in den drei Versen viermal vor.

Die erste Frage, die beantwortet werden muss, ist die der präzisen Bedeutung von סביב
in diesem Kontext. Heißt es „in einem geschlossenen Kreis rundherum" oder nur
„ringsum", aber mit Unterbrechungen? Für das Kopfloch ergeben sich für die Bedeutung von סביב die Alternativen „Rundhalsausschnitt" (= ein geschlossener Kreis) und
„Halsausschnitt mit Schlitz" (= rund, aber mit einer Unterbrechung für den Schlitz).
Für den unteren Bereich des מעיל האפד ergeben sich die Möglichkeiten „Hemdgewand" (= ein geschlossener Kreis) und „seitlich offene Ponchoform" (= rund, aber aus
zwei unverbundenen Hälften zusammengesetzt).

4.3.4.2.1 Die Kopföffnung

Bei der Kopföffnung spricht einiges dafür, dass סביב „im geschlossenen Kreis ringsherum" bedeutet, also ein Rundhalsausschnitt vorgesehen war. Obwohl der Text nicht
ganz klar ist, wird deutlich, dass es dem Verfasser wichtig war, dass der Halssauschnitt
in irgendeiner Form „besonders" sein sollte: *nicht* wie der eines normalen מעיל, sondern wie der eines תחרא – was immer das war. Wie die Standard-Kopföffnung eines
altorientalischen Hemdgewandes aussah, kann rekonstruiert werden (vgl. Abb. 1).
Charakteristisch war der Schlitz auf der Vorderseite, an dessen Seiten Bändchen zum
Zuknüpfen angebracht werden konnten. לא יקרע kann man in dieser Hinsicht interpretieren als: „es soll sich an ihm – der Öffnung oder dem Gewand – kein Einriss manifes-
tieren"[692]. Dies kann aktual und potentiell gemeint sein, das Kleidungsstück sollte also
nicht geschlitzt sein und sich nicht einreißen lassen – beides hängt zusammen. Der
zweite Hinweis auf die Gestaltung der Kopföffnung ist die Angabe der Machart:
מעשה ארג – in einfacher Weberarbeit (vgl. 1.5.4.2.3). Damit ist vermutlich gemeint,
dass die Kopföffnung gleich eingewebt und nicht nachträglich eingeschnitten und
versäumt werden sollte. Vielleicht bezieht sich das לא יקרע auch auf dieses Detail der
Herstellung. Der Vorteil solcher Fertigung liegt auf der Hand: Das Kleidungsstück ist
haltbarer, jeder Schnitt in einen fertig gewebten Stoff ist – auch wenn er noch so sorgfältig versäubert wird – problematisch, weil das Gewebe von dort aus „aufribbeln"
kann. Ein Versäubern mit der Hand ist nie so effektiv wie die heute üblichen hochent-
wickelten maschinellen Versäuberungstechniken. Aus diesem Grund war der Ausschnitt-Schlitz der sich ganz von selbst ergebende Ansatzpunkt für die Minderungsgeste des Kleiderzerreißens, jedenfalls, wenn sie an hemdgewandartigen Textilien

---

[692] Die übliche Übersetzung als Finalsatz „damit er nicht einreißt" ist zumindest recht fragwürdig. Jakob
(Anm. 581), 220, weist zurecht darauf hin, dass das einzige Beispiel für den Anschluss eines verneinten
Finalsatzes ohne ו die vorliegende Stelle ist, vgl. Gesenius-Kautzsch §165a, die – wie hier gezeigt – auch
anders verstanden werden kann.

durchgeführt wurde. Vielleicht spielt deshalb לֹא יִקְרַע auch auf das für Priester geltende Verbot an, bestimmte Minderungsgesten zu vollziehen[693].
Es ergibt sich für die Rekonstruktion des Halsausschnittes des Efodmantels folgendes
Bild: eingewebte Öffnung ohne vorderen Schlitz. Die Kopföffnung musste deshalb
recht breit sein[694].

4.3.4.2.2 Der Saum

Ob eine seitlich offene oder eine seitlich geschlossene Form vorlag, ist nicht ganz so
eindeutig zu entscheiden. Zunächst könnte man mit Blick auf שׁוּלָיו („seine Säume")
folgern, dass der מְעִיל seitlich offen war, weil man nur so von Säumen im Plural sprechen kann. Damit wären dann die unteren Rändern des vorderen und hinteren Teils des
„Ponchos" gemeint. Bei einer geschlossenen Form dürfte nur von *einem* שׁוּל gesprochen werden. Es zeigt sich jedoch, dass שׁוּל nur im Plural bezeugt ist[695]. An einigen
Stellen, wo es um das Aufheben der „Säume" zur Aufdeckung der Blöße geht, ist es
kaum möglich, sich die Aktion mit einem ponchoartigen Kleidungsstück vorzustellen
(Jer 13,22; Klgl 1,9; Nah 3,5):

*   Ein seitlich offenes Kleidungsstück verdeckt die Blöße nicht hinreichend, auch
    ohne dass die Säume hochgehoben werden.
*   Wie soll eine Person allein gleichzeitig den vorderen und hinteren Teil des Über-
    wurfs aufheben?
*   Gerade, wenn es um das Sichtbarwerden der Blöße geht, hätte das Aufdecken des
    vorderen Saums ausgereicht.

Aus dem Plural von שׁוּל muss also nicht auf ein seitlich offenes Kleidungsstück geschlossen werden[696]. Anders als bei der Halsöffnung gibt es allerdings keine direkten
Hinweise darauf, dass der Efodmantel seitlich geschlossen war. Verschiedene indirekte
Hinweise machen diese Alternative jedoch wahrscheinlicher: Wenn סָבִיב bezüglich der
Halsöffnung „in einem geschlossenen Kreis ringsherum" meint, ist eine analoge Be-
deutung beim Saum zu vermuten. Vielleicht soll das dreimalige Vorkommen des Be-
griffs dies noch betonen. In den Vorschriften für die übrige Tempelausstattung kommt
סָבִיב an einigen mit Ex 28,33f. vergleichbaren Stellen vor: Lade, Schaubrottisch und
Räucheraltar   sollen   jeweils   mit   Goldleisten   „ringsherum"   versehen   werden
(Ex 25,11.24 und 30,3). Es handelte sich jeweils um eine durchlaufende Leiste.
Sogar wenn der Efodmantel evtl. seitlich offen war, so wird doch durch die Vorschrift,
Glöckchen und „Granatäpfel" immer abwechselnd anzubringen, deutlich, dass der

---

[693] In Lev 10,6 und Lev 21,10, wo die Verbote stehen, wird allerdings das Verbot des Kleiderzerreißens
nicht mit dem üblichen Terminus קָרַע ausgedrückt, sondern mit dem seltenen Verb פָּרַם, das sonst nur
noch in Lev 13,45 vorkommt, vgl. auch oben 3.2.
[694] Jakobs Analyse geht in eine ähnliche Richtung: „Der Meiʿil soll vorne keinen Schlitz in Fortsetzung des
Halsloches haben wie unsere Hemden und der Saum soll nie wieder zur Erweiterung oder Verengung des
Kopfloches aufgetrennt werden" (Jakob [Anm. 581], 220). Den Überlegungen Jakobs kann nur partiell
zugestimmt werden, nach meiner Rekonstruktion gab es gar keinen Saum, die Kopföffnung war eingewebt.
[695] Oder im Dual, vgl. Houtman (Anm. 617), 509.
[696] Der Frage, warum eine Plural- oder Dualform vorliegt, kann hier nicht weiter nachgegangen werden.
Möglich wäre, dass man vom Herstellungsprozess eines hemdgewandartigen Kleidungsstückes aus dachte
und die beiden Enden des in der Mitte gefalteten Stoffstückes meinte, gleichgültig ob diese nun miteinander
verbunden wurden oder nicht.

Saum als eine Einheit gedacht wurde, denn es musste darauf geachtet werden, dass, wenn am Ende des vorderen Teiles ein Glöckchen zu liegen kam, am Anfang des hinteren Teiles ein „Granatapfel" angebracht wurde.

Kurz soll noch über die „Granatäpfel" nachgedacht werden. Wie hat man sie sich vorzustellen? Bezüglich des Materials ist im Herstellungsbericht ergänzt, dass gezwirnte (מָשְׁזָר) bunte Wolle verwendet wurde (Ex 39,24). Da מָשְׁזָר sonst nur in Verbindung mit Feinleinen vorkommt, wurde angenommen, dass שֵׁשׁ ausgefallen sei[697]. Man kann aber leicht zeigen, dass das Fehlen des Feinleinens sachgemäß ist. Wenn man nicht annehmen will, dass es sich um hohle Bällchen handelte[698], ist ein Aussehen ähnlich unseren Wolltroddeln wahrscheinlich, die als Verzierung z.B. an Wollmützen oder Doktorhüten angebracht werden. Sie waren also nicht gewebt, deshalb war es sinnvoll, dass das verwendete Garn gezwirnt, also haltbarer als normales, war. Das gezwirnte Feinleinen wurde bei der Fertigung von Efod und Choschen wahrscheinlich nur für die Kettfäden verwendet, war also beim Endprodukt nicht sichtbar. Es ergab sich so für die Troddeln bzw. Quasten, den Efod und den Choschen der gleiche Farbeindruck: Karmesinrot, Purpurrot, Violett. Bei Efod und Choschen kamen noch Goldfäden hinzu. Das Gold fehlte beim Mantelsaum jedoch nicht gänzlich, denn die Glöckchen waren ja aus Gold. Durch seine Saumgestaltung war also der Efodmantel schon auf Efod und Choschen bezogen.

4.3.4.2.3 Funktion des Efodmantels

Über die Funktion des Efodmantels, speziell die Bedeutung der Glöckchen und Troddeln, wurde viel spekuliert. Die vorgelegten Deutungen sollen hier nicht diskutiert werden. Anhand der bisher gemachten Beobachtungen wird eine eigene Interpretation gewagt. Im Text selbst ist folgende Funktionserklärung gegeben (Ex 28,35):

Und er (der Efodmantel) soll auf Aaron sein beim Dienst.	וְהָיָה עַל־אַהֲרֹן לְשָׁרֵת
Und er soll sein Geräusch hören lassen	וְנִשְׁמַע קוֹלוֹ
bei seinem Hereinkommen ins Heiligtum vor JHWH	בְּבֹאוֹ אֶל־הַקֹּדֶשׁ לִפְנֵי יְהוָה
und bei seinem Hinausgehen, damit er nicht sterbe.	וּבְצֵאתוֹ וְלֹא יָמוּת:

Zunächst ist festzustellen, dass nicht speziell die Funktion der Glöckchen erläutert wird, sondern die Funktion des Efodmantels. Diese Unterscheidung wirkt zunächst etwas pedantisch, ist aber wichtig. Bisher haben die Ausleger immer die Bedeutung der Glöckchen, der Troddeln, usw. versucht zu erklären. Dies ist jedoch der falsche Ansatzpunkt, denn es muss nach der Bedeutung des Kleidungsstückes als Ganzen gefragt werden, von dem die Glöckchen ein (wichtiger) Teil sind.

Dazu sei auf das anfangs herausgearbeitete Leitwort סָבִיב zurückgegriffen und unter Anleitung der 5. These Benno Jakobs nach Zusammenhängen gesucht: „Kehrt ein signifikanter Ausdruck bei einer anderen Sache wieder, dann ist zu prüfen, ob nicht zwischen den beiden Gegenständen ein innerer … Zusammenhang statthat"[699]. Die schon erwähnten Belege für die umlaufenden Goldleisten bei Lade, Schaubrottisch und

---

[697] Schon die LXX ergänzt „Feinleinen", vgl. dazu Houtman (Anm. 617), 510.

[698] Die These von hohlen Bällchen mit innenliegenden Glöckchen diskutieren Jakob (Anm. 581), 222 und Houtman, 510. Beide lehnen sie ab.

[699] Jakob (Anm. 581), 150. Da Jakob in diesem Text andere Leitwörter herausarbeitete, kam er zu abweichenden, wenngleich interessanten Ergebnissen für die Funktion des Efodmantels, vgl. dazu Jakob, 322.

Räucheraltar können allerdings die Funktion des Saumes noch nicht erhellen, weil auch ihre Bedeutung nicht erklärt ist. Es gibt jedoch einen Beleg im Exodusbuch, der einen Hinweis geben könnte: Bei den Vorbereitungen zur Theophanie am Sinai gebietet JHWH Mose, „er solle das Volk ringsherum umgrenzen", damit die Leute sich nicht dem Berg nähern; der Grund für die Maßnahme: „Jeder, der den Berg berührt, muss unweigerlich sterben" (Ex 19,12). Im nächsten Vers wird das Verbot noch einmal eingeschärft. Dann heißt es, dass der Berg bestiegen werden dürfe, sobald ein Blasinstrument einen langgezogenen Ton von sich gibt (בִּמְשֹׁךְ הַיֹּבֵל). Es gibt also folgende Gemeinsamkeiten beider Texte:

- eine Schutzmaßnahme gegen Tod durch unerlaubten Kontakt mit Heiligem und
- ein Geräusch, das das Betreten des heiligen Bereiches erlaubt.

Im Efodmantel sind beide Funktionen integriert, aber durch den Vergleich mit Ex 19,12 können die beiden Elemente je einzeln analysiert werden: Die Schutzmaßnahme war in Ex 19,12 das „ringsherum umgrenzen". So kann geschlossen werden, dass der runde Halsausschnitt und der geschlossene Saum des Efodmantels Aarons Körper „ringsherum umgrenzen" und ihn so vor der gefährlichen Heiligkeit schützen sollten[700]. Die Glöckchen übernehmen dann die Funktion, ihn beim Betreten des Heiligtums „anzumelden".

An dieser Stelle stellt sich eine nicht leicht zu lösende Frage: Was ist mit „ins Heiligtum" (אֶל־הַקֹּדֶשׁ) genau gemeint? Das Allerheiligste oder der Bereich vor dem Vorhang? Der Versuch, die Frage zu beantworten, enthüllt eine unauflösbare Spannung. Das Allerheiligste kann nicht gemeint sein, da der Hohepriester nach Lev 16 den Efodmantel gar nicht trägt, wenn er das Allerheiligste betritt. Der Bereich vor dem Vorhang kann aber auch nicht gemeint sein, weil sonst die einfachen Priester, die dort Dienste zu verrichten haben, sterben müssten, weil sie ja keinen Schutzmantel besitzen[701]. Lässt man einmal diese Aporien beiseite und achtet allein auf die Begriffe, fällt auf, dass der Wortgebrauch sehr dem in Lev 16 ähnelt. Die Kombination des „Hineingehens" und „Hinausgehens" findet sich nur an diesen beiden Stellen sowie in Ex 34,34, wo es Mose ist, der bei Gott ein- und ausgeht und dessen Gesicht durch den Kontakt mit dem Heiligen beängstigend strahlte. Auch die Wendung אל־הקדש findet sich in Lev 16 gehäuft, dort ist sie auf das Allerheiligste bezogen. In Lev 16,23 heißt es, Aaron solle im Begegnungszelt (אֹהֶל מוֹעֵד) die Kleidung ablegen, die er beim Hineingehen ins Heiligtum (אֶל־הקדש) getragen hatte[702].

Natürlich kann man das Problem literarkritisch lösen: Ex 28 und Lev 16 gehören verschiedenen Schichten an, in der einen trug der Hohepriester beim Betreten des Allerheiligsten seinen vollständigen Ornat, in der anderen Schicht nur eine spezielle bad-Version der hohepriesterlichen Grundausstattung. Es ist tatsächlich möglich, dass hier zwei unterschiedliche Konzepte vorliegen. Der Umgang mit den priesterschriftlichen

---

[700] Die Umgrenzung ist freilich mehr ideell als real, denn Aarons Kopf und Füße schauen ja noch hervor.. Für den Kopf gilt jedoch eine andere Bedeckungsregel als für den Körper, vgl. dazu oben 3.1.3.

[701] Die Spannung bemerkte auch Houtman (Anm. 617), 512, und schloss daraus, dass es keinen unmittelbaren Zusammenhang zwischen Glöckchen und Schutz vor dem Tod gebe, sondern allgemein jede Übertretung der gegebenen Vorschriften eine Verletzung der Heiligkeit sei, die den Tod zur Folge habe.

[702] Der Ausdruck ist allerdings nicht auf die beiden Kontexte beschränkt, auch nicht immer eingeschränkt auf das „Allerheiligste".

Texten hat jedoch gezeigt, dass immer versucht wurde, Spannungen auszugleichen und ein widerspruchsfreies Konzept aufrechtzuerhalten. Es sollte also eine Möglichkeit geben, beide Texte „unter einen Hut" zu bringen.

Vielleicht hilft dazu ein genauerer Blick auf die Theophanie-Szenerie in Ex 19,12. Der Vergleich zwischen Glöckchengeklingel und langgezogenem Posaunenton ist nämlich noch nicht ausgeschöpft: Die Posaune ertönt, und daraufhin darf das Volk die vorher zu seinem Schutz gesetzte Grenze überschreiten und den Berg besteigen. Solange Aaron den korrekt angefertigten Efodmantel trägt, bewegt er sich aber gar nicht aus dem begrenzend-schützenden Raum zwischen Kopfloch und Saum heraus, ein Warngeräusch wäre also nicht nötig. Nur wenn er den Mantel auszieht, verlässt er den Schutzraum, und nur dieser Akt wäre wirklich analog zur Theophanieszene. Mit dieser Überlegung können nun Ex 28 und Lev 16 miteinander in Einklang gebracht werden: Der Hohepriester muss ja, bevor er das Allerheiligste betritt, seinen hohepriesterlichen Ornat ausziehen und in die bad-Kleidung schlüpfen. Dieser Kleidungswechsel findet im Begegnungszelt, aber vor dem Vorhang statt. Beim Ausziehen des Efodmantels werden die Glöckchen heftiger bewegt und klingeln lauter. Glöckchen ohne Klöppel würden überhaupt nur dann zum Klingen gebracht, denn beim Gehen verhindern die dazwischenliegenden Troddeln ein Aneinanderschlagen der Glöckchen.

Etwas ernüchternd ist, dass der Efodmantel trotz all seiner Kostbarkeit doch nur Schutzkleidung war. Damit hat er die Funktion des alten Efod übernommen.

4.3.4.3 אפוד: „Efod"

Das erste textile Ausstattungsstück, für dessen Herstellung Anweisungen gegeben werden, ist der Efod[703]. Direkt auf den Efod beziehen sich nur drei Punkte:
- Materialien (Gold, Violettpurpur, Rotpurpur, Karmesin sowie gezwirntes Feinleinen) und Machart (Kunstweber-Machart)
- Schulterstücke
- Efodbinde

In den Versen Ex 28,9–11 wird die Anfertigung der „Schmucksteine", die auf den Schulterstücken befestigt und auf denen die Namen der Stämme Israels eingraviert werden sollen, beschrieben. Auf Materialien und Machart sei an dieser Stelle nicht weiter eingegangen (vgl. dazu oben 1.5.3.2 [gefärbte Wolle], 1.5.4.1 [gezwirntes Garn] und 1.5.4.2.1 [Kunstweber-Machart]).

Für die Schulterstücke und die Binde lauten die Anweisungen in Ex 28,7f.:

Er (der Efod) soll zwei verbundene Schulterstücke haben, an seinen beiden Rändern soll er (mit ihnen) verbunden werden.	שְׁתֵּי כְתֵפֹת חֹבְרֹת יִהְיֶה־לּוֹ אֶל־שְׁנֵי קְצוֹתָיו וְחֻבָּר:
Die Binde seiner Anlegung, die auf ihm ist, wie seine Machart, ein Stück mit ihm[704] (d.h. des Efod) soll sie sein, aus Gold, Violettpurpur, Rotpurpur, Karmesin und gezwirntem Feinleinen.	וְחֵשֶׁב אֲפֻדָּתוֹ אֲשֶׁר עָלָיו כְּמַעֲשֵׂהוּ מִמֶּנּוּ יִהְיֶה זָהָב תְּכֵלֶת וְאַרְגָּמָן וְתוֹלַעַת שָׁנִי וְשֵׁשׁ מָשְׁזָר:

Zunächst einige allgemeine Beobachtungen:

---

[703] In den priesterschriftlichen Texten wird Efod meist ohne ו geschrieben, der Unterschied in der Schreibung wird hier aus Gründen der Übersichtlichkeit jedoch nicht berücksichtigt.

[704] Wörtlich: „aus ihm heraus", evt. im Sinne von „mit dem Zentralstück des Efod in einem Stück gewebt".

- Die in Vers 12 gegebene abschließende Erklärung (Aaron solle die „Namen der Söhne Israels" vor JHWH tragen) bezieht sich – anders als beim Efodmantel – nur auf die Schmucksteine, nicht auf den Efod als Ganzen. Wegen ihres nichttextilen Charakters werden die Schmucksteine hier nicht weiter untersucht.
- Der Efod scheint nur eine einzige Funktion gehabt zu haben: An ihm waren die Schulterstücke befestigt, auf denen die Schmucksteine saßen und an denen der Choschen angebracht war.
- Beim Efod handelt es sich *nicht* um ein aus einem einzigen, rechteckigen Stoffstück gefertigtes Objekt wie beim Efodmantel. Daran, dass der Verfasser die einzelnen Teile und ihre Verbindung miteinander genau beschreibt, erkennt man, dass so etwas – anders als für uns – ungewöhnlich war. Das Thema der Verbindung von Einzelteilen zu einem Ganzen findet sich auch bei den Anweisungen für den Bau des Begegnungszeltes (z.B. Ex 26), beim Zusammenfügen der Zeltdecken.

Um aus diesen kargen Informationen eine Vorstellung vom Aussehen des hohepriesterlichen Efod zu gewinnen, sei auf die in 4.3.2 vorgelegte Rekonstruktion des alten, vorexilischen Efod zurückgegriffen. Das ist unumgänglich, weil der Text über das Aussehen des „Zentralstückes" des Efod völliges Stillschweigen bewahrt. Dieses Schweigen ist zwar ärgerlich, aber nicht verwunderlich. Beim Efodmantel war es genauso. Der Verfasser ging davon aus, dass seine Leser wussten, wie מעיל oder אפוד aussahen. Nur das Besondere, von der Norm Abweichende, wird präzise beschrieben. Bei der „Binde der Anlegung" wird großer Wert darauf gelegt, dass die Efodbinde *ein* Stück mit dem Efod bildet[705]. Aus dieser Information lässt sich schließen, dass normalerweise der Efod nicht ein Stück mit seiner Befestigungsbinde bildete. Das passt gut zu den obigen Ergebnissen für den alten Efod: Solange der Efod als „Sakrallappen" in Gebrauch war, wäre so eine Verbindung unpraktisch. Der alte Efod wurde mit Hilfe einer separaten Schärpe umgegürtet (vgl. Abb. 11). Da der Efod das sichtbare Kennzeichen der Priesterwürde war, reichte es aus, dass er selbst kostbar verziert war, der Gürtel konnte schlicht sein. Es ist gut möglich, dass zur Zeit der Abfassung der Priesterschrift die Verwendung als „Sakraltuch" schon länger außer Gebrauch war und der Efod nur noch als Priesteramtskennzeichen diente. Das würde die merkwürdige Funktionslosigkeit des hohepriesterlichen Efod erklären. Vergleicht man Abb 11 mit den Angaben in Ex 28,8, erhält man die Form einer einfachen Schürze. An diese müssen nun die Schulterstücke angebracht werden. Schulterstücke waren bei einem alten Efod nicht vorgesehen. In der Position „den Efod tragen/erheben" (Abb. 10) wird das Stoffstück allerdings über die Schulter gelegt. Kombiniert man die beiden möglichen Positionen und verbindet die Enden des um die Schulter gelegten Efod mit den Rändern des umgürteten Efod, erhält man eine Schürze mit Oberteil (Abb. 12). Als „Schnittmuster" ergibt sich ebenfalls eine schürzenähnliche Form (Abb. 13).

Der Vorteil der hier vorgelegten Rekonstruktion ist, dass sie mit den Angaben in den Texten übereinstimmt und keine zusätzlichen Annahmen wie „Querbalken" oder Rückenteile des Efod nötig macht[706]. Außerdem ist die Kontinuität vom alten zum jungen

---

[705] Die Etymologie des Wortes חֵשֶׁב ist unsicher. In Gesenius 18. Aufl. z.St. wird eine Ableitung von חבש „binden, umbinden" erwogen, als Übersetzung wird dort „Gurt, Gürtel des Ephod" angegeben.

[706] Vgl. z.B. so bei Jakob (Anm. 581), 214, der auch auf Probleme eingeht, die hier nicht verfolgt werden.

Abb. 12: Entwicklung des hohepriesterlichen Efod aus den zwei Tragemöglichkeiten des alten Efod:
Efod umgürtet (a)   Efod „erhoben" (b)   fixierte Kombination (c)

Abb. 13: Der hohepriesterliche Efod

Efod aufgezeigt. Einen Unterschied gibt es allerdings zum alten Efod bezüglich der „Schulterteile". Die Kombination der beiden möglichen Efodpositionen verlangt keine „zusammengefügten" Schulterteile. Man kann annehmen, dass der alte Efod aus einem einzigen langen gewebten Stoffstreifen bestand. Die getrennten und erst nachträglich zusammengefügten Schulterstücke sind jedoch für die spezielle Funktion des hohepriesterlichen Efod nötig. Der Efod war ja ein Erbstück für eine unbestimmte Zahl von Hohepriestern. Für einen korrekten Sitz des Choschen musste das Efod-Oberteil der Größe des jeweiligen Hohepriesters angepasst werden. Zu diesem Zweck konnten wahrscheinlich die Schulterteile im Nacken enger oder weiter gestellt werden.

4.3.4.4 חשן: „Choschen"

Anders als der Efod ist die Brusttasche, der Choschen, nur im Zusammenhang mit dem hohepriesterlichen Ornat bezeugt. Die Angaben zu diesem Ausstattungsstück sind sehr genau: Nicht nur Material und Machart werden genannt, sondern auch die genauen Maße: eine Spanne (זרת) lang und eine Spanne breit, quadratisch und „doppelt" (כפול), d.h. als Tasche, in die dann die Lose gelegt werden können, soll der Choschen gefertigt werden (Ex 28,16). Mit diesen Angaben ist der Choschen, falls man wüsste, wie lang damals eine „Spanne" war, das einzige genau rekonstruierbare Stück des hohepriesterlichen Ornates.

Zum textilen Objekt werden keine weiteren Bemerkungen mehr gemacht, der Rest des Abschnittes beschäftigt sich mit dem Schmucksteinbesatz (Ex 28,17–21) und der Befestigung des Choschen am Efod (Ex 28,22–28). Auch Ex 28,13–14 muss zu den Angaben über die Verbindung von Efod und Choschen gezählt werden. Sie sind der Efodherstellung, die mit einer Erklärung zur Bedeutung des Efod endet, „nachgeschoben".

Die Befestigungsbeschreibung wirkt so kompliziert wie alle Bedienungsanleitungen. Je nachdem, wie komplex der zusammenzubauende Gegenstand ist, fällt es den meisten Menschen schwer, die Anweisungen korrekt zu interpretieren, sogar, wenn diese in der eigenen Muttersprache und von einer Person des eigenen Kulturkreises verfasst wurden. Dass die ca. 2500 Jahre alte, in Hebräisch verfasste Gebrauchsanweisung für den Choschen schwer verständlich ist, sollte deshalb nicht verwundern oder verärgern. Ausgehend von der Rekonstruktion des hohepriesterlichen Efod ergibt sich folgendes Bild: An allen vier Ecken des Choschen werden goldene Ringe angebracht. Auch an den Schulterstücken des Efod sind für die untere Befestigung Ringe vorgeschrieben. Merkwürdig ist, dass für die obere Befestigung „Fassungen" (משבצות) angebracht werden sollen, deren Herstellung schon in Ex 28,13f. beschrieben wurde. Für die obere Befestigung werden gedrehte Goldschnüre verwendet, für die untere dagegen Purpurschnur. Warum ist das Befestigungsmaterial unterschiedlich? Warum werden einmal Fassungen und das andere Mal Ringe verwendet? Diese Fragen sind für eine Rekonstruktion zunächst nicht wichtig. Abb. 14 ist eine sehr vereinfachte Nachbildung, in der die Befestigung mit den Ringen weggelassen wurde.

Für die Rekonstruktion ist wichtig, was die Wendung פָּנָיו אֶל־מוּל bedeutet, mit der die Position der Ringe bzw. Einfassungen auf den Schulterstücken gekennzeichnet wird. Es kann damit nicht die Vorderseite im Gegensatz zur Rückenseite gemeint sein, denn die Schulterstücke sind ja nicht mit Hosenträgern, sondern mit Schürzenträgern vergleichbar. Die Angabe wäre außerdem überflüssig, denn eine Befestigung auf dem Rücken kommt sowieso nicht in Betracht, weil Aaron die Namen Israels und die Lose „über seinem Herzen" tragen soll. אֶל־מוּל פָּנָיו könnte eher bedeuten, dass die Ringe und Einfassungen nicht verdeckt an der Innenseite, sondern sichtbar auf der Vorderseite der Stoffstreifen angebracht werden sollten.

Zur Frage nach den beiden unterschiedlichen Befestigungsmethoden beim oberen und unteren Ende des Choschen hilft vielleicht die in Ex 28,28 gegebene Erklärung weiter. Es heißt dort in Bezug auf die untere Befestigung, dass dadurch verhindert werden solle, dass der Choschen sich gegen die Efodbinde verschiebe. Obere und untere Vorrichtungen haben also unterschiedliche Funktionen: Die obere Installation dient der eigentlichen Befestigung, vielleicht werden deshalb auch die haltbaren Goldschnüre verwendet. Diese tragen das – durch die gefassten Steine nicht unerhebliche – Gewicht des Choschen. Die Purpurschnüre dienen lediglich der zusätzlichen Fixierung der Lage des Choschen, damit er nicht verrutscht. Zu diesem Zweck sind die flexibleren Purpurschnüre geeigneter. Die Funktionsangabe für den Choschen (Ex 28,29–30) ähnelt der für den Efod. Es geht nicht um den Choschen als solchen, sondern um die Objekte, die auf und in ihm sind: Als Träger für die Steine, auf denen die Namen der Stämme Israels eingraviert sind, hat der Choschen eine dem Efod mit seinen Schultersteinen analoge Funktion. Zusätzlich enthält er jedoch noch die Lose Urim und Tummin, die der Hohepriester ebenfalls „über seinem Herzen ständig vor JHWH tragen soll"[707].

Abb. 14: Efod mit Choschen

---

[707] Aufgrund ihres nichttextilen Charakters werden weder die zwölf Steine noch die Lose hier untersucht, obwohl sie offensichtlich zu den entscheidenden Objekten des hohepriesterlichen Ornates gehörten, vgl. dazu das Material bei Houtman (Anm. 617), 493–504.

4.3.4.5 Kopfschmuck

Der Kopfschmuck braucht nur kurz behandelt zu werden. Das wichtigste Stück, das reingoldene Stirnblatt oder die „Blume" (צִיץ), ist nichttextil. Mit Hilfe einer purpurnen Schnur – also wie bei der unteren Befestigung des Choschen – soll das Stirnblatt vorne am hohepriesterlichen Turban befestigt werden. (Der hohepriesterliche Turban wurde schon oben in 4.3.3.4 behandelt.) Es findet sich für den Kopfschmuck ein ähnliches Phänomen wie bei Efod und Choschen: Die textile Kopfbedeckung dient nur dazu, an ihr das mit קֹדֶשׁ לַיהוָה beschriftete Stirnblatt zu befestigen, das das wichtigste Stück der Kopfbedeckung ist.

4.3.4.6 Die Funktionen des hohepriesterlichen Ornates

Nach dem Durchgang durch die einzelnen textilen Teile des hohepriesterlichen Ornates seien nun einige zusammenfassende Fragen und Überlegungen vorgestellt.

Bei dem Ornat des einfachen Priesters wurde die Frage gestellt, welches das entscheidende Stück der textilen Ausstattung war. Diese Funktion konnte der Schärpe zugewiesen werden. Die gleiche Frage soll nun auch bezüglich des hohepriesterlichen Ornats gestellt werden. Benno Jakobs Antwort ist klar: „Angefangen wird mit dem Ephod. Also ist er das Hauptstück, wie bei den Sachen des Mischkan die Lade"[708]. An anderer Stelle zieht er diesen Vergleich noch weiter aus, indem er den gänzlich purpurnen Efodmantel mit der gänzlich purpurnen Decke für die Lade vergleicht und annimmt, dass der Efod bei Nichtgebrauch in den Efodmantel eingewickelt war[709]. Auch wenn Jakobs Vorschlag reizvoll ist, überzeugt er nicht völlig. Nach den Aussagen des Textes scheint der Choschen die wichtigere Rolle zu spielen. Die Erststellung des Efod bei den Anweisungen könnte daher rühren, dass der Choschen seinen Zweck nur erfüllen konnte, wenn er am Efod befestigt war. Auffällig ist auch, dass nur für den Choschen exakte Größenangaben gegeben werden, wie sie für die Anfertigung der meisten Ausstattungsstücke des Begegnungszeltes gegeben werden. Man kann diesen Befund damit erklären, dass der Choschen, ebenso wie die meisten Ausstattungsstücke des Begegnungszeltes, eine „Eigenleistung" und „Zugabe" des priesterschriftlichen Verfassers war und deshalb so genau beschrieben werden musste[710]. Die anderen textilen Stücke hatte er dagegen wahrscheinlich aus der Tradition übernommen und lediglich in seinen Entwurf „eingepasst". Sicherlich waren die Ideen einer „Lostasche" oder eines „Tragens der Namen der Stämme Israels vor JHWH" nicht neu, aber die Kombination von Beidem sowie die feste Verbindung von Lostasche und Efod könnte tatsächlich von P „erfunden" worden sein.

---

[708] Jakob (Anm. 581), 213.

[709] Jakob (Anm. 581), 322.

[710] Auch Othmar Keel meint, die Funktion des Choschen treffe „einen zentralen Punkt der originellen priesterschriftlichen Theologie" und kann sich deshalb vorstellen, dass es sich um eine Neuerung des priesterschriftlichen Verfassers handelt, bei der archaische Vorstellungen umgewandelt wurden (Keel, O., Die Brusttasche des Hohepriesters als Element priesterschriftlicher Theologie, in: Hossfeld, F.-L./Schwienhorst-Schönberger, L. [Hg.], Das Manna fällt auch heute noch. Beiträge zur Geschichte und Theologie des Alten, Ersten Testaments. Festschrift für Erich Zenger, Freiburg u.a. 2004, 379–391 [385]). Bemerkenswert ist, dass auch Keel eine Analogie (keine Beeinflussung!) zum ägyptischen Kultverständnis entdeckt, vgl. Keel, 383f.

Welche Absicht könnte er dabei verfolgt haben? Dazu mag noch einmal ein Blick auf die Rekonstruktion des alten, vorexilischen Efod hilfreich sein. Dort war ja der Efod (bad) zusammen mit einem Gottespräsenzsymbol (manchmal Lade, manchmal Efod genannt) für Entscheidungsfindungen gebraucht worden, vielleicht auch unter Zuhilfenahme von Losen. Auffällig war dabei, dass ein großer Personenkreis befugt war, den Efod (bad) zu handhaben, z.B. die 80 Nob-Priester, ein kleiner Junge (Samuel) oder ein König (David beim Ladetanz). Auch das für die Entscheidungsfindung zusätzlich noch nötige Gottespräsenzsymbol war relativ einfach zugänglich und wahrscheinlich nicht „einmalig". Vielleicht gab es mehrere (solid) Efod oder „Gotteskästen" an unterschiedlichen Stellen, die von Menschen zur Befragung Gottes mittels Losen aufgesucht oder bei offiziellen Anlässen „ambulant" angewandt werden konnten. Gegen eine solche altertümliche „pluralistische" Orakelerteilungspraxis könnte das priesterschriftliche Konzept vom hohepriesterlichen Ornat ein Gegenentwurf sein:

Die Utensilien für eine Orakelerteilung werden am Hohepriester mittels seiner textilen Ausstattung fixiert, sind also – wörtlich und übertragen – an das Hohepriesteramt gebunden. Die Lostasche z.B. konnte nicht von einem einfachen Priester „ausgeliehen" werden, zum einen, weil sie am Efod festgeschnallt war, zum anderen, weil er nicht mehr über das zu ihrer Bedienung nötige Hilfsmittel, den Efod, verfügte.

Die Frage, ob im ursprünglichen priesterschriftlichen Konzept überhaupt eine Orakelbefragung mittels der Lose vorgesehen war, muss offen bleiben. Der Text selbst sieht bezüglich der Urim und Tummin nur vor, dass der Hohepriester diese bzw. den מִשְׁפָּט auf dem Herzen tragen solle. Gegen eine Orakelbefragung spricht, dass auch der Hohepriester, obwohl er den Efod umgürtet hatte, diesen nicht mehr als „Sakraltuch" zur Handhabung der Lose verwenden konnte, weil der Efod in der umgürteten Position fixiert war. Für eine Praxis der Handhabung der Lose zur Orakelbefragung spricht, dass durch die räumliche Trennung der Lose vom Gottespräsenzsymbol diese evtl. nicht mehr so „heilig" wie in früheren Zeiten waren und nunmehr vom Hohepriester auch mit ungeschützten Händen gefahrlos benutzt werden konnten. Die Schutzfunktion des alten Efod (bad) war übergegangen auf den Efodmantel, die שְׂרָד-Textilien, mit denen die heiligen Gerätschaften umhüllt wurden, und die Tragstangen (בַדִּים), mit deren Hilfe sie transportiert werden konnten.

4.3.5 Vergleich zwischen P und Ez: verwendete Materialien im Kult

Es fällt auf, dass sich der Sprachgebrauch in den Passagen über Textilien in der sakralen Sphäre im Pentateuch und im Ezechielbuch fast nicht überschneidet, einzige Ausnahme ist die Erwähnung der „Unterhosen". Es gibt folgende Unterschiede: In P wird die Priesterkleidung häufig mit dem Abstraktum קֹדֶשׁ als „heilig" bezeichnet. Diese Kennzeichnung fehlt bei Ezechiel, obwohl in Ez 44,19 als Grund für den Kleiderwechsel nach Beendigung des Dienstes im inneren Bereich des Tempels das Verhindern einer möglichen Übertragung von „Heiligkeit" auf das Volk genannt wird. Ebenso fehlt im Verfassungsentwurf Ezechiels die Charakterisierung der Priesterkleidung mit dem Begriff בַד. Ez 44,18 ist die einzige Stelle, wo die מִכְנְסִים nicht mit dem Zusatz בַד versehen, sondern mit פֵּשֶׁת kombiniert sind. Bemerkenswert ist nun aber, dass das eigentlich seltene Wort בַד im Ezechielbuch belegt ist, jedoch nicht im Kontext „Priesterkleidung", sondern im Zusammenhang mit der Bekleidung eines Himmelswesen. Als Materialien werden in der Priesterschrift nur kostbare, veredelte Produkte genannt, die Rohprodukte פשת und צמר, aus denen sie hergestellt worden sein müssen, finden keine Erwähnung. Angesichts der Szenerie kann man sich wundern, woher die Israeliten all das kostbare Material hatten. An Rohwolle dagegen hat es sicherlich keinen Mangel gegeben. Mitten in der Wüste entsteht also nach P ein Heiligtum mit aller textilen Prachtentfaltung, die sich auch an den diensttuenden Priestern zeigt. Dagegen findet sich von Prunk und Pracht der Priesterkleidung im Ezechielbuch keine Spur. Es sind prosaische Vorschriften und mehr noch Verbote, die nicht so sehr die Kleidung selbst, sondern die Materialien betreffen, aus denen sie hergestellt ist. Im Vergleich mit den priesterschriftlichen Texten könnte man meinen, dass der Verzicht auf Begriffe, die mit Pracht, Reichtum und Luxus konnotiert sind, bei Ezechiel gewollt ist.

Das Fehlen von Luxustextilien gilt nicht für das ganze Ezechielbuch. Im Gegenteil: in anderen Passagen des Buches wimmelt es von kostbaren textilen Stoffen wie sonst in keinem anderen biblischen Buch außer dem Esterbuch. In zwei Passagen häufen sich kostbare textile Materialien: In der Allegorie von Jerusalem als einem Findelkind, das von JHWH gerettet wird, später von ihm geheiratet und dann herrlich bekleidet wird (Ez 16), spielen kostbare Textilien und andere Luxusprodukte eine ambivalente Rolle. „Jerusalem" missbraucht die ihr geschenkten Gaben an kostbarer Kleidung und feinem Essen. Sie prostituiert sich und macht sich „bunte Höhen", auf denen sie Hurerei treibt (Vers 16). Mit ihrer kostbaren Kleidung bekleidet sie Statuen (Vers 18), die aus Edelmetall hergestellt wurden, das ebenfalls von ihrem „Ehemann" stammte[711]. Das Ganze wirkt wie eine ausgearbeitete Variante zu Hos 2. Dort ging es jedoch um die Rohmaterialien פשת und צמר, hier bei Ezechiel werden diese nicht genannt, es ist ausschließlich von Luxusprodukten die Rede, z.T. hapax legomena wie משי, das vielleicht Seide bedeutet (Ez 16,10 und 13) oder תחש, das sonst nur im Kontext der Materialien für das Zeltheiligtum vorkommt und dessen Bedeutung nicht geklärt ist (Ez 16,10; z.B. Ex 25,5, Num 4,10–12). Es muss irgendein besonders kostbares Leder oder Fell sein. Das Ende der beiden Allegorien ist ähnlich, wenn auch in Ez 16 breiter und grausamer ausgeführt: Weil die Frau „ihre Blöße aufgedeckt hat", wird der betrogene Ehemann nun seinerseits öffentlich „ihre Blöße aufdecken" (Ez 16,37).

Der zweite Komplex, in dem kostbares – nicht nur – textiles Material eine Rolle spielt, ist das Klagelied über die Stadt Tyrus in Kapitel 27. Die Stadt wird mit einem luxuriös ausgestatteten Schiff verglichen. Nicht mehr allegorisch werden im weiteren Verlauf Handelsbeziehungen und Tauschprodukte aufgezählt, unter denen textile Produkte eine wichtige Rolle spielen.

Die Städte Tyrus und Jerusalem haben gemeinsam, dass es mit ihnen ein böses Ende nimmt. Deshalb ist vielleicht der in Ez 16 und 27 geschilderte Reichtum als Zeichen von Dekadenz negativ konnotiert, so dass die Vision eines neuen Tempels von solchen Assoziationen an Reichtum und Luxus bewusst freigehalten wurde[712]. Die priesterschriftlichen Texte dagegen sind einer Prachtentfaltung gegenüber unbefangen.

---

[711] Kostbare Kleidung als Gewandung von Statuen findet sich auch in Jer 10,9 (Götzenbildpolemik).

[712] Die Überlegungen beziehen sich nur auf den Endtext und das Ezechielbuch als Ganzes. Davon unberührt bleiben Fragen des Wachstums des Ezechielbuches.

4.4 „Syntax" der Textilsprache im kultischen Kontext

In diesem Teil der Arbeit werden die Ergebnisse zur Rekonstruktion des textilen Symbolsystems im Kult in einen größeren Rahmen gestellt. In gewisser Hinsicht ähnelt dieser Teil deshalb den Untersuchungen zur innovativen Gebrauchsweise der Textilsprache. Es werden drei Beispiele gegeben: die Priesterweihe (4.4.1), der Altarputz (4.4.2) und die Vorgänge beim großen Versöhnungstag (4.4.3).

4.4.1 Die Rolle der Kleidung bei der Priesterweihe

Einige Aspekte der Priesterweihe mussten schon in 4.3.3.4 (Die hohepriesterliche Grundausstattung) erörtert werden. Das zeigt zum einen, dass eigentlich der größere Kontext immer schon im Blick war, zum anderen lassen sich einige Wiederholungen nicht vermeiden.

Im Anschluss an die Herstellungsanweisungen für die Priesterkleidung in Ex 28 erfolgen die Anweisungen für die Priesterweihe in Ex 29:

Ex 29,	Inhaltsübersicht
1–3	Einleitung – benötigtes Material (Jungstier, zwei Widder, Brotkorb)
4	Waschung Aarons und seiner Söhne vor dem Begegnungszelt
5–6	Bekleidung Aarons
7	Salbung Aarons
8	Bekleidung der Söhne Aarons mit Hemdgewändern
9	Gürten mit der Schärpe und Umbinden der Kopfbünde; Abschluss: Zuspruch des Priestertums
10–14	Jungstier: Handaufstemmungsritus, Schlachtung, Blutapplikation an die Hörner des Altars, Darbringung des Fettes, Verbrennen des Restes außerhalb des Lagers – Erklärung: es handelt sich um ein Sündopfer
15–18	erster Widder: Handaufstemmungsritus, Schlachtung, Blutausgießen, Waschen, Verbrennen (Ganzopfer) – Erklärung: zum beruhigenden Duft
19–20	zweiter Widder (Priestereinsetzungswidder): Handaufstemmungsritus, Schlachtung, Blutapplikation ans rechte Ohrläppchen, den Daumen der rechten Hand und die große rechte Zehe Aarons und seiner Söhne, Rest an den Altar
21	Besprengung Aarons und seiner Gewänder sowie seiner Söhne und deren Gewänder mit Blut und Salböl – Erklärung: „Heiligung"
22–28	Handfüllungsritus mit Bestimmungen für den Priesteranteil bei den Heils- und Erhebungsopfern
29–30	Nachfolgeregelung: Vererbung der hohepriesterlichen Gewänder, Erklärung
31–34	Verzehrvorschriften für die Einsetzungsgaben
35–36	Abschluss und Zusammenfassung, mit Schwerpunkt auf der Altarentsühnung

Das Verhältnis von Anweisung und Durchführung ist bei der Priesterweihe etwas komplexer als bei der Priesterkleidung. Deren Herstellung wurde ja in Ex 39 geschildert. In Ex 40 folgt dann der Befehl an Mose, das Begegnungszelt aufzustellen und einzuweihen. In Ex 40,12ff. wird ihm die Priesterweihe in Kurzfassung befohlen, es werden die Elemente Waschung, Bekleidung und Salbung aufgezählt, d.h., es fehlen die Opfervorschriften. Im Anschluss daran wird geschildert, wie Mose das Begegnungszelt und seine Geräte aufstellte. Mit dem Einzug der „Herrlichkeit des Herrn" kommt der Bericht von der Aufrichtung des Zeltheiligtums zu einem vorläufigen Ende (Ex 40,34), ohne dass der Vollzug der Priesterweihe geschildert worden wäre. Erst nach einer ausführlichen Belehrung über die verschiedenen Opferarten (Lev 1–7) wird in Lev 8 dann die Durchführung der Priesterweihe berichtet, nachdem Mose in Lev 8,2 recht lakonisch aufgefordert wurde, Aaron, seine Söhne, Kleider, Öl, Vieh und Gebäck zu „nehmen" und die Gemeinde zu versammeln. Die Durchführung wird dann mehr oder weniger gemäß den Anweisungen in Ex 29 geschildert, nicht nach der „Kurzfassung" in Ex 40,12ff. Trotzdem ist es sinnvoll, die „Kurzfassung" in Ex 40 in die Überlegungen einzubeziehen – man kann annehmen, dass in ihr die Elemente zusammengefasst sind, die dem Verfasser (oder Redaktoren) wesentlich schienen.

Die Analyse der drei Textpassagen zeigt eine auffällige Passivität der Priesteranwärter. Nachdem Mose sie zusammen mit dem benötigten Material „genommen" hatte, wusch er sie persönlich (Ex 40,12, Lev 8,6) – dabei waren Aaron und seine Söhne wohl mit den „Unterhosen" bekleidet, also nicht vollständig nackt (vgl. 4.3.1.3). Trotz der Knappheit in Ex 40 wird die Weihe Aarons (Ex 40,13) und seiner Söhne (Ex 40,14f.) getrennt behandelt. Nur in Bezug auf Aaron wird von „Heiligkeitstextilien" (הקדש בגדי) gesprochen, Aarons Söhne sollen lediglich mit nicht weiter charakterisierten Hemdgewändern (כתנת) bekleidet werden. Aus der Kurzfassung ist außerdem zu entnehmen, dass Bekleidung und Salbung als die zentralen Handlungen der Priesterweihe gelten können. In Lev 8 wird nach der Einkleidung Aarons zunächst die Salbung des Begegnungszeltes und der Geräte eingeschoben (Lev 8,11), dann Aaron gesalbt und erst danach werden die Söhne eingekleidet und gesalbt (Lev 8,13). Imaginiert man das Geschehen, wird deutlich, wie geschickt hier der Unterschied in Szene gesetzt wird: Während der umständlichen und sicher langwierigen Salbung des Zeltes und seines Inventars steht Aaron prächtig gekleidet, seine Söhne dagegen in „Unterhosen" vor der versammelten Gemeinde.

Die Ankleidung des Hohepriesters in Lev 8,7 soll im Folgenden genauer betrachtet werden.

a)   Anlegen (נתן) des Hemdgewandes (כתנת) (Lev 8,7)
b)   Gürten (חגר) mit der Schärpe (אבנט)
c)   Anziehen (לבש) des Mantels (מעיל)
d)   Anlegen (נתן) des Efod
e)   Gürten (חגר) mit der Efodbinde (חשב אפד)
f)   Endgültiges Befestigen (אפד) der Efodbinde und des Efod an Aaron.

In den darauffolgenden Versen Lev 8,8f. wird das Anlegen des Choschen und der Kopfbedeckung beschrieben. Da alle Aaron betreffenden Handlungen nun mit שים formuliert sind, kann man davon ausgehen, dass diese Handlungen nicht mehr im engeren Sinne zur „Einkleidung" gehörten, sondern einen „2. Akt" der Bereitung Aarons zum Dienst bildeten.

g)   Anlegen des Choschen: „Er legte (שים) auf ihn den Choschen" (Lev 8,8).
h)   Hineingeben der Lose: „Er gab Urim und Tummim in den Choschen".
i)   Aufsetzen der Kopfbedeckung mit dem Stirnblatt (Lev 8,9).

Die ersten drei Handlungen (a–c) beziehen sich jeweils auf unterschiedliche Ausstattungsstücke, die nächsten drei sind nur auf den Efod bezogen, was deutlich macht, dass das Anlegen desselben der Höhepunkt der Investitur war. Das merkwürdige Verb אפד kommt nur hier und in Ex 29,5 vor. Es heißt dort, nachdem allgemein von der „Bekleidung" (לבש) Aarons mit Hemdgewand, Mantel, Efod und Choschen die Rede war:

Ex 29,5	Du sollst ihm anlegen die Efodbinde.	אפדת לו בחשב האפד
Lev 8,7 (e)	Und er umgürtete ihm die Efodbinde.	ויחגר אתו בחשב האפד
Lev 8,7 (f)	Und er legte ihm sie an.	ויאפד לו בו

Aus dieser Zusammenschau erkennt man, dass die beiden Verben חגר und אפד bedeutungsgleich verwendet werden, auch wenn sie mit unterschiedlichen Präpositionen gebraucht werden[713]. Das את in Satz e bezieht sich sicherlich auf Aaron. In Satz b wird die gleiche Formulierung gewählt, und dort kann nur Aaron gemeint sein. Aber auch das ל in Ex 29,5 muss sich auf Aaron beziehen. Wenn der Efod gemeint sein sollte, hätte renominalisiert werden müssen, da das letztgenannte Ausstattungsstück der Choschen war. Diese Beobachtung kann nun auf Satz f übertragen werden. Auch hier muss mit dem ל Aaron gemeint sein und das בו sich auf die Efodbinde beziehen. Damit würde jedoch Satz f überflüssig, weil er nur eine Wiederholung von e ist. Folgende Möglichkeiten zur Erklärung des Satzes sind denkbar:

- Es könnte sein, dass die Bedeutung des seltenen Verbs אפד einem Bearbeiter nicht mehr bekannt war und der vorangestellte Satz mit dem חגר als Erklärung des Vorgangs redaktionell eingeschoben wurde.
- Das dreigliedrige Aufbauschema verlangte auch im zweiten Teil einen dritten Satz, so dass der Autor aus Stilgründen noch einmal das Gleiche mit einem anderen Ausdruck wiederholt hat.
- Das korrekte Anlegen des Efod war dem Autor so wichtig, dass er den Abschluss des Vorgangs durch eine Wiederholung herausstellen wollte.
- Es ist eine Analogie zum Umgürten der einfachen Priester mit der Schärpe (אבנט) intendiert.

Eventuell spielten bei der Entstehung des Textes sogar alle Gründe eine Rolle.

Der Vergleich mit dem in mehreren Schritten vollzogenen Anlegen des Efod könnte eine Erklärung für die Verwendung von נתן statt לבש in Satz a (Lev 8,7) ergeben. Es ergibt sich für die Handlungen a und b eine Analogie zu d und e: Es wird jeweils eine einzige Ankleidehandlung beschrieben mit dem Anlegen des Kleidungsstückes und der Befestigung desselben. Dabei ist die Binde des Efod schon an diesem befestigt (vgl. 4.3.4.3), der אבנט dagegen ist nicht Teil des Hemdgewandes. Trotzdem wird auch das Anziehen desselben erst durch die Gürtung mit dem אבנט vollständig, wie das Anlegen des Efod erst durch das Umbinden der Efodbinde abgeschlossen ist.

Weil der Efod durch die zur Befestigung des Choschen dienenden „Träger" kein normaler Schurz mehr war, konnte er nicht einfach umgebunden werden, sondern musste vorher – genau wie das Hemdgewand – über den Kopf gestreift werden. Deshalb ist das Anlegen des Efod sachgemäß zweischrittig beschrieben: Mose legt zunächst „den

---

[713] Johnson, B., Art. חגר, ThWAT II (1977), 744–748 (745), zählt אפד nicht zu den Synonyma von חגר. Wahrscheinlich hat er das seltene Verb jedoch einfach übersehen. Johnson nennt אזר, שנס und חזק.

Efod auf/über ihn" (וַיִּתֵּן עָלָיו אֶת־הָאֵפֹד). Mit der Präposition עַל ist präzise auch die räumliche Orientierung der Handlung Moses angezeigt: Er muss das Kleidungsstück zunächst über Aaron heben, bevor er die Ankleidung durch das Gürten beenden kann.

4.4.2 Die Kleidung bei der Altarreinigung: Lev 6

In Lev 6,3f. geht es um die Kleidervorschriften bei der Altarreinigung. Der engere Kontext ist Lev 6,2–6. Es wird durch dreimalige Wiederholung eingeschärft, dass der Brandopferaltar ständig in Betrieb sein soll (Lev 6,2.5.6)[714]. Lev 6,3f.:

Und der Priester soll sein bad-„Gewand" anziehen, auch bad-„Unterhosen" soll er anziehen über sein Fleisch; und er soll die Fettasche abheben, zu der das Feuer das Brandopfer auf dem Altar verzehrt, und sie neben den Altar schütten.	וְלָבַשׁ הַכֹּהֵן מִדּוֹ בַד וּמִכְנְסֵי־בַד יִלְבַּשׁ עַל־בְּשָׂרוֹ וְהֵרִים אֶת־הַדֶּשֶׁן אֲשֶׁר תֹּאכַל הָאֵשׁ אֶת־הָעֹלָה עַל־הַמִּזְבֵּחַ וְשָׂמוֹ אֵצֶל הַמִּזְבֵּחַ׃
Und er soll seine Kleider ausziehen und andere Kleider anziehen und die Fettasche nach draußen (bezüglich) des Lagers führen zu einem reinen Ort.	וּפָשַׁט אֶת־בְּגָדָיו וְלָבַשׁ בְּגָדִים אֲחֵרִים וְהוֹצִיא אֶת־הַדֶּשֶׁן אֶל־מִחוּץ לַמַּחֲנֶה אֶל־מָקוֹם טָהוֹר׃

Der folgenden Untersuchung wird der masoretische Text zugrunde gelegt. Der Samaritanus, die syrische Übersetzung und einige Targume haben statt מִדּוֹ („sein Gewand") einen Constructus Plural מִדֵּי („seine Gewänder"). Milgroms Feststellung, „All problems are erased ... by reading with the Sam. and Tgs."[715], spricht für den MT als lectio difficilior. Welche Probleme meint Milgrom? Unbestritten besteht eine grammatische Schwierigkeit, wenn man מִדּוֹ בַד als eine status-constructus-Verbindung auffassen will, denn dann hätte die Personalendung auf בַד als Nomen rectum übergehen müssen. So bleibt für בַד nur ein Verständnis als Apposition. Für die vorliegende Form, in der das vorangestellte Substantiv ein Suffix hat, das folgende jedoch nicht, gibt es noch andere Beispiele[716]. Die Änderung des Samaritanus usw. in מִדֵּי löst nicht nur die grammatische Schwierigkeit, sondern auch eine inhaltliche. Es heißt ja im folgenden Vers, dass der Priester seine Kleider (Plural!) ablegen solle. Wenn man מַד als einen allgemeinen Ausdruck für Kleidung auffasst, muss man annehmen, dass sich der Ausdruck auf die normale Priesterausstattung bezog (Hemdgewand, Kopfbedeckung und Schärpe). Diese Annahme führt dazu, hier eine Pluralform zu postulieren[717]. Ohne es explizit zu schreiben, scheint Milgrom dieser Auffassung zu sein, denn er übersetzt mit „raiment"[718]. Sogar, wenn Milgrom recht hat, kann die Frage gestellt werden, warum an dieser Stelle ein so ungewöhnliches Wort verwendet wird, das im Pentateuch nur an dieser Stelle vorkommt. Milgrom stellt sich diese Frage jedoch nicht. Rendtorff konstatiert zwar den Sachverhalt, bietet jedoch auch keine Erklärung. Seine Bemerkungen lassen den Schluss zu, dass er unter מַד eher ein der כתנת ähnliches – also ein spezifisches – Kleidungsstück versteht: „Ob beide Ausdrücke gleichzeitig in Gebrauch waren

---

[714] Vgl. Rendtorff, R., Leviticus (BK III/3), Neukirchen-Vluyn 1992, 233f.
[715] Milgrom, J., Leviticus 1–16 (AncB 3), New York u.a. 1991, 384.
[716] Vgl. Gesenius-Kautzsch § 131 r.
[717] So z.B. Milgrom, 384.
[718] Milgrom, 384.

oder ob sich darin eine unterschiedliche Entstehungszeit beider Texte spiegelt, lässt sich kaum entscheiden"[719].

Hier soll nun an die Untersuchung oben (2.2.6.5) angeknüpft werden, wo herausgearbeitet wurde, dass der מד hemdgewandartig, aber kürzer als eine כתנת war und – anders als eine כתנת, die die Konnotation „ehrenvolles, offizielles Kleidungsstück" hatte, – eher die Funktion „Arbeitskleidung" und damit zusammenhängend „Schutzkleidung" hatte. Die von Rentdorff aufgeworfene Frage nach der Entstehungszeit kann dann unberücksichtigt bleiben. Auch wenn die Texte zur Priesterkleidung nicht zeitgleich mit Lev 6 entstanden sind, ist anzunehmen, dass die sorgfältige Redaktion der priesterschriftlichen Texte ein Verständnis beider Stellen innerhalb eines einzigen Zusammenhanges möglich macht. Es ist nicht gleichgültig, ob hier מד, כתנת oder בגד steht.

Folgendes Szenario stimmt mit dem Text überein und berücksichtigt die Tatsache, dass das Entblößen des Unterleibes beim Kleiderwechsel auf jeden Fall vermieden werden musste. Ausgangslage: Der Priester tritt in seiner üblichen Priesterkleidung (gegürtetes langes Hemdgewand [כתנת] und Kopfbedeckung; vgl. Ex 28,40) zum Dienst an. Er wird zur Altarreinigung ausgelost[720].

1. Schritt: Anlegen der Schutzkleidung: Er streift seine מד–Weste über (Lev 6,3a). Aus dem Personalpronomen ist zu schließen, dass jeder Priester neben seiner normalen Ausstattung noch eine „Arbeitsweste" besaß[721]. Die „Unterhosen" (מכנסים) musste er schon vorher angezogen haben, wahrscheinlich werden sie hier erwähnt, um daran zu erinnern, dass sie an dieser Stelle des Ablaufes wirklich wichtig sind[722]. Seine כתנת zieht er jedoch wahrscheinlich nicht aus, denn davon steht nichts da.

2. Schritt: Jetzt kann er die Fettasche abkratzen und neben dem Altar zwischenlagern (Lev 6,3ab). Durch die מד–Weste ist sein Priesterhemdgewand mit der kostbaren Schärpe vor Verschmutzung geschützt. Evtl. bestand auch Versengungsgefahr, da ja das Feuer nicht gelöscht werden durfte.

3. Schritt: Darauf folgt der heikle Kleiderwechsel. Der Priester zieht „seine Kleider" (Pl.) aus (Lev 6,4). Nun heißt es hier nicht – wie zunächst zu erwarten – „seinen מד". Der Grund dafür ist, dass er nicht nur den מד, sondern auch sein Hemdgewand (mit Schärpe und Kopfbedeckung) ablegt. Da er die „Unterhosen" anbehält, steht er nicht nackt da und kann zum Schluss die bereitliegende „andere Kleidung" anziehen. Diese „andere Kleidung" ist profane Kleidung, denn der Priester begibt sich im nächsten Schritt aus dem Bereich des Heiligtums[723].

---

[719] Rendtorff (Anm. 714), 236.

[720] Oder wie auch immer der Priester für den Altarreinigungsdienst ausgewählt wurde. Die Aussage, dies sei durch Los geschehen, stammt aus der jüdischen Tradition, vgl. Rendtorff (Anm. 714), 236.

[721] Dass dieses Kleidungsstück in Ex 28 und den damit zusammenhängenden Texten nicht erwähnt wird, ist kein Argument gegen das Vorhandensein eines solchen Objektes. Es werden auch andere textile Ausstattungsstücke erst später erwähnt, z.B. die Textilien für den levitischen Dienst (vgl. unten 4.2.3). In Ex 28 geht es lediglich um die Textilien, in denen die Priester *geweiht* werden.

[722] Es gibt jedoch noch eine andere Interpretationsmöglichkeit: Die „Unterhosen" waren nur dann Pflicht, wenn ein Kleiderwechsel durchgeführt werden musste. Im normalen Dienst war das nicht der Fall, nur bei Investitur, Altarreinigung und Großem Versöhnungstag. Allerdings wäre es aus Reinlichkeitsgründen angemessen, immer „Unterhosen" zu tragen. Die Tatsache, dass sie so häufig erwähnt werden, deutet allerdings darauf hin, dass es nicht so selbstverständlich wie bei uns war, Unterwäsche zu tragen.

[723] Vgl. dazu Milgrom (Anm.715), 286f. und Rendtorff (Anm. 714), 237.

4. Schritt: In seinen „anderen Kleidern" befördert er die Asche zu dem außerhalb des Lagers befindlichen Endlager.

Auf diese Art und Weise kann vor den Augen der Öffentlichkeit ein fast vollständiger Kleiderwechsel schicklich vonstattengehen.

4.4.3 Kleidung im Kontext des großen Versöhnungstages: Lev 16

Der große Versöhnungstag ist eins der Zentralstücke priesterschriftlicher Theologie und wurde in der Forschung entsprechend breit behandelt, deshalb ist bei diesem Thema die Selbstbeschränkung auf den Aspekt des Textilen am deutlichsten spürbar. Unbestreitbar spielt die Kleidung beim großen Versöhnungstag nur eine Nebenrolle. Diese Nebenrolle sorgfältig zu analysieren ist die Absicht der folgenden Erörterungen. Die theologische Mitte des Geschehens muss dabei leider unberücksichtigt bleiben. Wegweisend für ihr Verständnis scheint mir Bernd Janowski Studie „Sühne als Heilsgeschehen" zu sein[724].

4.4.3.1 Vorgehensweise

Der Ablauf des großen Versöhnungstages ist in Lev 16 geschildert. Der erste Vers bietet eine erzählerische Anknüpfung an die Ereignisse während der Wüstenwanderung. Durch den Tod der beiden Aaronsöhne wurde offensichtlich, dass Vorsichtsmaßnahmen ergriffen werden müssen, um weitere Unglückfälle, die durch unsachgemäßen Umgang mit dem Heiligtum entstehen könnten, zu vermeiden.

Der Text zeigt Spuren eines langen Entstehungsprozesses. Man kann entweder davon ausgehen, dass verschiedene Rituale in *eine* Grundschicht eingearbeitet wurden oder dass der Text eine komplexe Handlung beschreibt, die durch das Zusammenwachsen einstmals unabhängiger Ritualteile entstand. Auch eine dritte Möglichkeit ist denkbar: Dem Autor und den verschiedenen Bearbeitern lag *ein* komplexes Ritual vor, das zunächst nur grob skizziert wurde und dann in späteren Überarbeitungen immer genauer beschrieben und kommentiert wurde. Im Grunde ist es aber für die hier verfolgte Fragerichtung nicht entscheidend, welche Möglichkeit der Texterklärung eingeschlagen wird. Aus arbeitsökonomischen Gründen wird zunächst vom Redaktionsmodell ausgegangen, das Corinna Körting in ihrer Arbeit zu Israels Herbstfesten vorgelegt hat. In einem zweiten Schritt werden dann die Überlegungen auf den Gesamttext ausgeweitet[725]. Erst aus der Gesamtschau wird sich ein stimmiges Bild ergeben. Für die Analyse des hochkomplexen Geschehens bietet sich jedoch zunächst die Beschränkung auf ein Grundgerüst an. Dieses Grundgerüst ist nach Körting in den Versen 2 (ohne bβ) – 4, 6, 11b, 14, 23f. und 34b enthalten.

---

[724] Janowski, B., Sühne als Heilsgeschehen. Studien zur Sühnetheologie der Priesterschrift und zur Wurzel KPR im Alten Orient und im Alten Testament (WMANT 55), Neukirchen-Vluyn 1982 (^{2}2000).

[725] Vgl. Körting, C., Der Schall des Schofar. Israels Feste im Herbst (BZAW 285), Berlin/New York 1999, Übersicht über die Redaktionsschichten 388f. und 119ff. Es sind zahlreiche andere Rekonstruktionen denkbar, vgl. dazu z.B. Janowski, 265ff. und 439ff.

4.4.3.2 Die Kleidervorschriften *vor* dem Sühne-Ritual: Lev 16,4

Es wird genauestens beschrieben, wie und wann Aaron das Allerheiligste mit dem Erscheinungsort JHWHs auf der Kapporet[726] betreten darf. In Vers 3 wird zunächst allgemein vorausgeschickt, dass Aaron nur mit einem Jungstier als Sündopfer und einem Widder als Brandopfer in das Heiligtum gehen darf. Man kann dies als Vorbereitung ansehen: „Sorgt dafür, dass die Tiere bereitstehen". In Vers 4 folgt der „Dress-Code" für den Anlass. Da in Vers 5 geschildert ist, welche Tiere für die Sühnung der Gemeinde benötigt werden (zwei Ziegenböcke und ein Widder), macht es fast den Eindruck, als wäre die Beschreibung der Kleidung an falscher Stelle eingeschoben. Man kann es aber auch so verstehen, dass Vers 3 und 4 die nötigen Vorbereitungen für Aaron *selbst* aufzählen und Vers 5 die für die Gemeinde. Lev 16,4:

a	Ein heiliges bad-Hemdgewand soll er anziehen,	כְּתֹנֶת־בַּד קֹדֶשׁ יִלְבָּשׁ
b	und bad-Hosen sollen auf seinem Fleisch sein,	וּמִכְנְסֵי־בַד יִהְיוּ עַל־בְּשָׂרוֹ
c	und eine bad-Schärpe soll er umgürten,	וּבְאַבְנֵט בַּד יַחְגֹּר
d	und einen bad-Turban soll er umbinden	וּבְמִצְנֶפֶת בַּד יִצְנֹף
e	– heilige Kleider sind dies –,	בִּגְדֵי־קֹדֶשׁ הֵם
f	und er soll sein Fleisch in Wasser waschen	וְרָחַץ בַּמַּיִם אֶת־בְּשָׂרוֹ
g	und (danach) sie anziehen.	וּלְבֵשָׁם:

In Vers 4 stehen zu Beginn vier sog. invertierte Verbalsätze (PK) (a–d), dann folgt ein Nominalsatz (e), dem sich zwei Verbalsätze (ו-AK) (f–g) anschließen. In den invertierten Verbal-Sätzen a, c und d ist jeweils das anzulegende Ausstattungsstück vorangestellt, es folgt das Verb des Anlegens (a: Anziehen, c: Umgürten, d: Umbinden). Auch in dieser Kleidung bleibt der Hohepriester als solcher erkennbar. Er trägt zwar Hemdgewand und Schärpe wie die einfachen Priester, auf dem Kopf hat er jedoch einen ihm vorbehaltenen Turban. Das Subjekt der Sätze a, c und d ist jeweils Aaron. Der zweite Satz (b) unterscheidet sich von den anderen dadurch, dass die „Unterhosen" das Subjekt sind und statt eines Verbs des Anlegens היה benutzt wird. Objekt ist „sein Fleisch".

Was bedeutet „sein Fleisch" (בשרו) in Satz b? Ist es wirklich ein Euphemismus für „Geschlechtsteile", wie andere meinen, z.B. Schorch[727]? Dass die Hosen genau diesen Bereich bedecken, könnte für die Deutung sprechen[728]. Es gibt jedoch auch eine andere Erklärungsmöglichkeit. „Fleisch" könnte hier „(nackte) Haut" bedeuten. Die Übersetzer der LXX haben eher in diese Richtung gedacht, wenn sie בשר hier mit „χρώς"

---

[726] Zum Aussehen der Kapporet vgl. die Diskussion bei Janowski, 271ff., noch einleuchtender scheint mir jedoch der Vorschlag Willi-Pleins (Opfer und Kult, 108f.), die Kapporet als ein dünnes Goldblech zu betrachten, das mit Kerubfiguren verziert ist. Aus der Analyse der Efodherstellung geht hervor, dass P zwei Möglichkeiten der Verbindung von zwei Teilen kennt: Die Herstellung aus einem Stück (Efod und Efodbinde) und die nachträgliche Verbindung zweier zunächst einzeln herzustellenden Teile (Efod und Choschen). Die Terminologie der Kapporet-Keruben-Verbindung weist eindeutig auf die erstere Möglichkeit hin, und für das Herausarbeiten aus einer Metallplatte kommt nur ein flaches Relief in Frage.

[727] Vgl. Schorch (Anm. 436), 103f.

[728] Auch ein Blick auf Ex 28,42 scheint diese Sichtweise zu bestätigen. Dort wird die Funktion der Beinkleider angegeben mit: „um zu bedecken das Fleisch der Blöße" (בשר ערוה).

übersetzten[729]. Da sich die priesterschriftlichen Texte zum einen durch Präzision aus-
zeichnen und zum anderen – auch wenn es manchmal anders wirkt – überflüssige
Wiederholungen vermeiden, ist die Deutung, dass בשׂר in diesem Fall „Körperoberfläche, nackte Haut" bedeutet, vorzuziehen, wobei gewiss – auch in Anknüpfung an
Ex 28,42 – mitschwingt, dass es sich um die Haut der Schamgegend handelt.

Prinzipiell müssen für בשׂרו („sein Fleisch") in Satz f die gleichen Überlegungen gelten, außer man nimmt an, dass בשׂר hier die ganze Körperoberfläche meint. Um Missverständnisse zu vermeiden, wäre in diesem Fall dann jedoch eine Präzisierung nötig.
Tatsächlich findet sich im samaritanischen Pentateuch (und in Übersetzung in der
LXX[730]) die Wendung כל־בשׂר und damit das Votum für eine Ganzkörperwaschung.
Da im masoretischen Text keine Ergänzungen vorliegen, muss angenommen werden,
dass beide Male das Gleiche gemeint ist, nämlich nur die Haut der Schamgegend.

Die Sätze b und f sind also durch das Stichwort בשׂר miteinander verknüpft. Man kann
deshalb annehmen, dass sich das Suffix in ולבשׁם in Satz g nur auf die „Unterhosen"
bezieht und nicht auf die „heiligen Kleider" aus Satz e. Die Sätze f und g sind damit als
Erläuterungen zu Satz b zu lesen. Damit wird auch das bezüglich der מכנסים in Satz b
fehlende Verb des Anlegens „nachgetragen". Was zunächst wie eine Doppelung in
Bezug auf den Ankleidevorgang aussieht, ergibt sich, weil die Satzreihenfolge nicht
nach chronologischen, sondern sachlichen Gesichtspunkten erfolgte. Die chronologische Abfolge versteht sich ja auch von selbst (zuerst „Unterhosen", dann Hemdgewand).

Über die räumliche und zeitliche Verortung der in Lev 16,4 beschriebenen Handlungen
erfahren wir erst einmal nichts. Es ist sogar möglich, dass das Geschehen auf verschiedene Orte und Zeitpunkte verteilt war. Z.B. musste sich ja der Priester zum Anlegen
der „Unterhosen" – wegen der vorhergehenden Waschung – ganz entblößen, diese
Tatsache schließt einige Örtlichkeiten aus. Die Lokalisation und der Zeitpunkt der
Wasch- und Ankleidehandlungen ergibt sich erst aus einer vergleichenden Analyse von
Lev 16,23f.

---

[729] Die übliche Übersetzung für בשׂר in der LXX ist σάρξ, es gibt dafür ca. 135 Belege, für die Wiedergabe
von בשׂר mit χρώς finden sich nur noch 13 weitere Belege, vgl. Hatch, E./Redpath, H. A., A Concordance
to the Septuagint and the other Greek Versions of the Old Testament (Including the Apocryphal Books) Bd.
II, Oxford 1897 (ND Graz 1975), 1259f. zu σάρξ und 1480 zu χρώς. Auch im Alten Testament findet sich
eine Stelle, die die Deutung, dass בשׂר hier „Haut" bedeutet, stützt: 2 Kön 6,30. Dadurch, dass der König
von Israel seine Kleider zerreißt, wird sichtbar, dass der Sack „auf seinem Fleisch" ist. Zwar bedeckt der
שׂק auch die Schamgegend, aber in 2 Kön 6,30 liegt der Schwerpunkt auf der Tatsache, dass der König den
Sack *unter* seiner normalen Kleidung direkt auf seiner Körperoberfläche trägt. Die gleiche Formulierung
findet sich in 1 Kön 21,27.

[730] Die LXX hätte solche Präzisierung freilich nicht nötig gehabt, da dort für die beiden „Fleischsorten"
unterschiedliche Wörter verwendet werden, für das zweite בשׂר wird σῶμα als Übersetzung gewählt. σῶμα
ist eine weitere Möglichkeit, בשׂר im Griechischen wiederzugeben. In der LXX wird ca. 20-mal davon
Gebrauch gemacht, vgl. Hatch/Redpath (Anm. 729), 1330. Eine Diskussion, wieweit in der LXX Tenden-
zen des Samaritanus aufgenommen sind, steht außerhalb des Rahmens dieser Arbeit; vgl. zur Problematik
zwischen masoretischem Text, Samaritanus und LXX am Beispiel des Exodusbuches etwa Sanderson, J. E.,
An Exodus Scroll from Qumran. 4QpaleoExod^m and the Samaritan Tradition (HSSt 30), Atlanta/Ga. 1986.

4.4.3.3 Die Kleidervorschriften *nach* dem Sühne-Ritual: Lev 16,23f.

a (23)	Und Aaron soll hineingehen ins Begegnungszelt	וּבָא אַהֲרֹן אֶל־אֹהֶל מוֹעֵד
b	und ausziehen die bad-Kleider,	וּפָשַׁט אֶת־בִּגְדֵי הַבָּד
	die er angezogen hatte beim Hineingehen ins Heilige,	אֲשֶׁר לָבַשׁ בְּבֹאוֹ אֶל־הַקֹּדֶשׁ
c	und sie dort verwahren.	וְהִנִּיחָם שָׁם:
d (24)	Und sein Fleisch soll er in Wasser waschen	וְרָחַץ אֶת־בְּשָׂרוֹ בַמַּיִם
	an einem heiligen Ort	בְּמָקוֹם קָדוֹשׁ
e	und seine Kleider anziehen	וְלָבַשׁ אֶת־בְּגָדָיו
f	und hinausgehen, (und Brandopfer vollziehen …)	וְיָצָא

Der Aufbau der beiden Verse unterscheidet sich in einigen Punkten von Lev 16,4. Er ist regelmäßig und klar: Zwischen dem einleitenden ובא und dem ausleitenden ויצא[731] beschreiben vier Verbalsätze im ו-AK die durchzuführenden Handlungen: Ausziehen der bad-Kleidung, Niederlegen der Kleidung, Waschen des „Fleisches", Anziehen der eigenen Kleider. Ein weiteres Strukturierungsmerkmal sind die präzisen Ortsangaben:

1. Aaron soll ins *Begegnungszelt* gehen.
2. Er soll die Kleider, die er „beim Betreten *des Heiligtums*" trug, ausziehen.
3. Er soll *dort* (im Begegnungszelt[732]) die bad-Kleidung ablegen und dann
4. an einem *heiligen Ort* seine Waschung vornehmen.

Ist mit בשׂרו in Vers 24 das Gleiche gemeint wie in Vers 4, also „die Haut seiner Schamgegend"? Da sich der Hohepriester dabei zwangsläufig ganz hätte entblößen müssen, hätte die Waschung (gemäß Ex 28,43) für ihn tödliche Folgen, weil er sich noch im Begegnungszelt oder zwischen Zelt und Altar an einem „heiligen Ort" befand – je nachdem, wo man die Waschgelegenheit lokalisiert[733]. Es kann also nicht sein, dass die in Vers 24 verlangte Waschung „seines Fleisches" (בשׂרו) seine Schamgegend oder die Haut seiner Schamgegend betraf, sondern sie muss hier bedeuten: seinen Körper – vielleicht auch nur Hände und Füße – mit Ausnahme seiner Schamgegend[734]. Letztere war schicklich und lebensrettend mit den „Unterhosen" bedeckt. Gestützt wird diese neue Textdeutung damit, dass die Angabe בשׂרו („sein Fleisch") weder im Samaritanus noch in der LXX näher bestimmt ist als „sein *ganzes* Fleisch" wie in Vers 4.

4.4.3.4 Verortung der einzelnen Handlungen

Aus den vorangegangenen Überlegungen ergibt sich, dass die in Lev 16,4 geforderte Eingangswaschung und das Anziehen der „Unterhosen" keinesfalls im Zelt der Begegnung stattgefunden haben kann[735]. Vergleicht man die jeweiligen Waschanweisungen, so ist in Vers 4 kein „heiliger Ort" als Lokalität angegeben, was die hier vorgelegte

---

[731] Letzteres befindet sich schon in der zweiten Vershälfte von V. 24, d.h., es kommt ihm eine überleitende Funktion zu.

[732] Im Hebräischen gibt es keinen Zweifel, dass שׁם auf das Begegnungszelt zielt, da sich die Ortsangabe „Heiligtum" im Relativsatz befindet.

[733] Auch in der Nähe des Altars wäre die Entblößung nach Ex 28,43 lebensgefährlich, vgl. Lev 6,3.

[734] Anders Milgrom, 1017. Milgrom meint, der Hohepriester habe auch die „Unterhosen" abgelegt und eine Ganzkörperwaschung durchgeführt.

[735] Auch Milgrom, 1017, weist darauf hin, dass der Hohepriester die „Unterhosen" schon vorher getragen haben kann.

These stützt. Man kann vermuten, dass die Eingangswaschung und die anschließende Bekleidung mit den „Unterhosen" (vgl. Vers 4, Sätze f und g) in der Wohnstatt des Hohepriesters durchgeführt wurden.

Die בד-Kleider sollen im Zelt der Begegnung ausgezogen und dort auch aufbewahrt (נוח) werden. Daraus folgt, dass die Ankleidung mit bad-Hemdgewand, bad-Schärpe und bad-Turban ebenfalls dort stattgefunden haben muss.

Nun ist noch zu prüfen, wann und wo der normale hohepriesterliche Ornat an- und abgelegt wurde. Aber kann der Ausdruck בגדיו („seine Kleider", Lev 16,24) nicht auch profane Alltagskleidung meinen, so wie die „anderen Kleidern" (בגדים אחרים) in Lev 6,4, die zum Zwecke des Fettasche-Abtransportes angezogen werden sollten? Das ist unwahrscheinlich, weil der Hohepriester anschließend nicht Abfall entsorgen, sondern Brandopfer vollziehen musste. Mit „seinen Kleidern" muss also der in Ex 28 beschriebene hohepriesterliche Ornat gemeint sein (siehe oben 4.3.4).

Die Aufforderung zum Ausziehen der eigenen „normalen" Kleidung gibt es im Text nicht. Aus dem Befehl an Aaron, nach Beendigung des Rituals erstens die bad-Kleider auszuziehen und zweitens „seine Kleider" anzuziehen, ergibt sich aber, dass er seinen normalen Ornat vorher ausgezogen haben muss. Er hat also die bad-Kleidung nicht über seine normale Amtskleidung gezogen. Wo hat das Ausziehen des „normalen" Ornates stattgefunden? Da Aaron erst nach dem Anziehen der eigenen Kleidung das Begegnungszelt verlässt, muss er die Kleider dort vorgefunden haben. Das Ablegen der normalen Amtskleidung wird also ebenfalls im Begegnungszelt stattgefunden haben.

4.4.3.5 Rekonstruktionsversuch (Grundschicht)

Da die vorbereitenden Kleidungs- und Waschungsbestimmungen nicht chronologisch geordnet sind, wissen wir nicht genau, wann im Verlauf des Gesamtrituals die in Lev 16,4 beschriebenen Ankleidehandlungen durchgeführt wurden. Die Analyse von Vers 4 hat ergeben, dass die Reihenfolge der Sätze nicht die Reihenfolge der Handlungen wiederspiegelt. Es ergeben sich zwei mögliche Szenarien[736], von denen das unten links aufgeführte sich so weit wie möglich an die textlich vorgegebene Reihenfolge anlehnt und das unten rechts aufgeführte Modell die andere Möglichkeit beschreibt, die keine Widersprüche auf der Textebene enthält, sofern von dem oben genannten Grundbestand ausgegangen wird.

Ort der Handlungen 1–3: Lager (Wohnstatt[737] des Hohepriesters o.Ä.)

1. Waschen (entweder Schamgegend oder ganzen Körper)
2. Anlegen der „Unterhosen"
   3. Anlegen der Amtskleidung

4. Ortswechsel: Verlassen der eigenen Wohnstatt, Betreten des Begegnungszeltes	4. Ortswechsel: Verlassen der eigenen Wohnstatt, Betreten des Altarbereiches

---

[736] Die eingerückten Zeilen geben Handlungselemente an, die nicht verbatim im Text angegeben sind, sich aber sinngemäß aus den geschilderten Handlungen ergeben.

[737] Mit „Wohnstatt" muss nicht unbedingt das reguläre Wohnzelt der Hohepriesterfamilie gemeint sein, es wird mit diesem Ausdruck einfach ein Ort bezeichnet, der sich nicht im engeren Heiligtumsbereich befand.

Ort der Handlungen 5–6: Begegnungszelt	Ort der Handlung 5: Altarbereich vor dem Begegnungszelt
5. Ablegen der Amtskleidung 6. Anlegen der heiligen bad-Kleidung (Hemdgewand, Schärpe und Turban) *7. Ortswechsel: Verlassen des Zeltes, aber nicht des heiligen Bereiches* **Ort der Handlung 8: Altarbereich vor dem Begegnungszelt** 8. Schlachten des Sündopfers und Vorbereiten des Blutes	5. Schlachten des Sündopfers und Vorbereiten des Blutes *6. Ortswechsel: Betreten des Begegnungszeltes* **Ort der Handlungen 7–8: Begegnungszelt** 7. Ablegen der Amtskleidung 8. Anlegen der heiligen bad-Kleidung (Hemdgewand, Schärpe und Turban)

9. Ortswechsel: Betreten des Heiligtums
Ort der Handlung 10: „Hinter dem Vorhang" (Allerheiligstes)
10. Sprengritus im Allerheiligsten
11. Ortswechsel: Eintreten in das Begegnungszelt (vom Allerheiligsten aus)
Ort der Handlungen 12–15: Begegnungszelt
12. Ablegen der heiligen bad-Kleidung
13. Verwahren der heiligen bad-Kleidung
14. Waschung[738]
15. Anlegen der normalen Amtskleidung
16. Ortswechsel: Verlassen des Zeltes
Ort der Handlung 17: Altarbereich
17. Darbringung des Brandopfers

Die zweite Möglichkeit ist schlüssiger, da der Hohepriester nicht so oft hin- und herlaufen muss und die Abfolge der Geographie eines „mythischen Raumes" entspricht, wie sie E. Leach skizziert hat[739]. Der Aktant nähert sich schrittweise dem Bereich intensivster Heiligkeit an: Aus dem Bereich relativer Profanität, der innerhalb des Lagers gelegenen Wohnstatt[740] („zahme Kultur"), gelangt er in den Grenzbereich zwischen profan und heilig, wo der Altar lokalisiert ist („Schwelle zwischen dieser und der anderen Welt"). Dort findet die Schlachtung statt. Dann betritt er eine Zwischenzone, den vorderen Teil des Begegnungszeltes („Zwischenzone B, relativ heilig"). Dort zieht er sich um, damit er ohne Lebensgefahr hinter den Vorhang („letzte Grenze dieser

---

[738] Entweder gab es eine nicht beschriebene Waschgelegenheit innerhalb des Begegnungszeltes, oder der Priester musste kurz vor die Tür gehen, wo nach Ex 40,30 das Waschbecken stand: „Zwischen Begegnungszelt und Altar". Dort sollten die Priester „Hände und Füße waschen" (V. 32).

[739] Vgl. Leach, E., Kultur und Kommunikation. Zur Logik symbolischer Zusammenhänge, Frankfurt a. M. 1978, 107ff. Leach analysiert u.a. auch Lev 16 (vor allem das Asasel-Ritual). Da er synchron arbeitet, kann ich mich seiner Analyse nicht gänzlich anschließen. Seine Terminologie der kosmologischen Raumkategorien kann jedoch übernommen werden (vgl. ebd. Abb. 9, 108).

[740] Es ist bemerkenswert, dass dieser Bereich im Text nicht verbatim genannt ist, sondern nur angedeutet wird bzw. erschlossen werden muss. Er muss aber mitgedacht werden, denn Aaron bleibt nur während seiner Weihe Tag und Nacht vor dem Zelt der Begegnung. Das Verschweigen der Tatsache, dass Aaron und die Opfertiere aus dem Lagerbereich kommen *müssen*, markiert ein theologisches Problem, mit dem sich u.a. das Heiligkeitsgesetz plagt: Wie bekomme ich das Lager einigermaßen rein?

Welt") treten kann und damit in „die andere Welt" gelangt, dies ist das „eigentliche Heiligtum"[741]. Das Heraustreten aus diesem Bereich ist in beiden Möglichkeiten identisch, bei der zweiten Möglichkeit läuft es jedoch dem Eintreten ganz parallel: Im heiligen Zwischenbereich werden die Kleider wieder abgelegt, und in normaler Amtskleidung tritt der Priester in den äußeren Grenzbereich des Heiligtums an den Altar, wo er Brandopfer darbringt.

Gibt es außer der schönen Symmetrie noch weitere Indizien dafür, dass auch dem Verfasser des Textes die zweite Möglichkeit vor Augen stand? Ein Vergleich mit Lev 6,3ff. zeigt, dass dort die besondere bad-Kleidung nur für einen kurzen Moment getragen wurde. Zwar ist auch in Lev 6 der Zeitpunkt des Anlegens nicht angegeben, aber logische Schlussfolgerungen führen – unterstützt von Ex 28,42f. – zur Annahme, dass die Umkleidung direkt am Altar stattgefunden haben muss. Gleich nachdem der Priester die Asche vom Altar gekratzt hat, soll er die Kleider wechseln und die Asche an ihre Endlagerstätte bringen[742]. Das Problem ist also nicht der Verbrennungsrückstand, sondern der Altar, den der Priester beim Abschaben der Fettasche[743] zwangsläufig berühren muss und der „hochheilig" ist. Das analoge „Problem" in Lev 16 ist die Anwesenheit hinter dem Vorhang, nicht das Blut[744]. Dies kann man aus dem Relativsatz in Vers 23 schließen: Ziehe die Kleider aus, mit denen du bekleidet warst, als du ins Heiligtum gingst! Dort (= hinter dem Vorhang) hat die Kontamination mit Heiligkeit stattgefunden, die durch Kleiderwechsel und Waschung wieder beseitigt werden muss, damit Aaron nicht gefährlich für die Umwelt ist[745]. Geht man von der Grundschicht nach Körting aus – die Altarentsühnung ist darin nicht enthalten –, bleiben die bad-Kleider dauerhaft im Heiligtum, die zuschauende Gemeinde bekommt sie also gar nicht zu Gesicht.

4.4.3.6 Rekonstruktionsversuch (Endtext)

Es gibt noch einen Grund, den oben rechts dargestellten Ablauf als den wahrscheinlicheren zu betrachten. Bislang wurde nur von einer Grundschicht (nach Körting) ausgegangen, aber auch der Text in seiner Endgestalt muss lesbar gewesen sein in seiner Aussage zum Textilen. Es soll deshalb nun begonnen werden, die Verse einzubeziehen, die bisher zurückgestellt wurden.

Legt man die oben links dargestellte Alternative zugrunde, tritt bezüglich der „Kleidungsgrammatik" eine Unstimmigkeit auf: In Vers 8 wird verlangt, dass Aaron über die beiden Ziegenböcke das Los wirft. Er hat aber in diesem Modell – da er schon in

---

[741] Die Vorgänge „hinter dem Vorhang" brauchen hier nicht weiter erörtert zu werden. Es ist aber möglich, dass in der zugrundeliegenden mythischen Topographie erst die Kapporet die eigentliche Grenze zur „ganz anderen Welt" ist. Vgl. dazu die Überlegungen in Willi-Plein (Anm. 647), 108ff.

[742] Leach (Anm. 739), 110, irrt sich, wenn er schreibt, dass der Priester beim *Heraustragen* der Asche ein besonderes Gewand anhat.

[743] Zur Konsistenz des Rückstandes, der ein Abschaben wahrscheinlicher macht als ein Zusammenfegen vgl. Willi-Plein (Anm. 647), 99.

[744] Und schon gar nicht Blutspritzer, die den schönen Hohepriesterornat verschmutzen könnten. Vgl. Milgrom (Anm. 715), 1016f.

[745] Eine Beschreibung mit Begriffen aus dem modernen Kontext „Radioaktivität" drängt sich einfach auf. Die Analogien sind verblüffend.

der bad-Kleidung ist – seine Los-Tasche, den Choschen, nicht mehr zur Hand. Diese Unstimmigkeit wird beim rechts aufgeführten Ablauf vermieden. Gleichgültig zu welchem Zeitpunkt man den Auswahlakt ansetzt, da er auf jeden Fall außerhalb des Zeltes stattfindet, ist Aaron in seinen Hohepriesterornat gekleidet und führt damit auch die Los-Tasche mit[746]. Es wird also im Folgenden mit der oben rechts dargestellten Variante weitergearbeitet, weil sich nur in dieses Schema die textlichen „Erweiterungen" einarbeiten lassen.

Die wichtigste Zufügung ist die Entsühnung des außerhalb des Zeltes befindlichen Altares: Nach dem Endtext muss Aaron nach der Entsühnung des Zeltes hinausgehen, entsühnt den Altar und kommt dann wieder hinein ins Zelt. Es ergibt sich folgendes Gesamtbild:

Vers 3:	Hineingehen mit Jungstier und Widder
Vers 14:	Entsühnung „hinter dem Vorhang"
Vers 18:	Hinausziehen und Altar entsühnen
Vers 23:	Hineingehen und Umziehen
Vers 24:	Hinausziehen und Brandopfer darbringen

In dieser Weise strukturieren בוא und יצא den Text, der ein Hinein- und Hinausgehen mehr aufweist als die Grundschicht, mit der bisher gearbeitet wurde. Weiterhin nimmt die „Aufbereitung" und „Entsorgung" der Opfertiere einen großen Raum ein: V. 6–11 (Auswahl und Schlachtung); V. 15 (Schlachtung); V. 20–22 (Verfahren für den übriggebliebenen Bock); V. 25–28 (Endlagerung der Reste). Die Opfertiere müssen erst in eine Form gebracht werden, in der sie – wie in Vers 3 verlangt – „in das Heiligtum hineinkommen" können. Die ordnungsgemäße Entsorgung ihrer Reste ist ebenfalls wichtig. Auch die Sicherheitsvorkehrungen sind ausführlich geschildert: V. 4 (Waschung- und Kleidervorschriften); V. 12f. (Schutzwolke um die Kapporet erzeugen); V. 17 („Betreten verboten" bezüglich des Begegnungszeltes während der Entsühnungsprozedur); V. 23f. (Kleidungs- und Waschvorschriften).

Der „Abstecher" zum Altar braucht nicht als eine unschöne Störung der mythischen Topographie angesehen zu werden, sondern kann als ein wesentlicher Bestandteil derselben verstanden werden. Es ist der einzige Moment, in dem Aaron in seiner heiligen bad-Kleidung den heiligen Zentralbereich verlässt und in die „Zwischenzone" gelangt.

Das Begegnungszelt wird als *ein* Raum aufgefasst worden sein, der noch einmal in ein „hinter dem Vorhang" und ein „vor dem Vorhang" gegliedert war. Integriert man den Asasel-Ritus und die Altarentsühnung in das obige, rechts abgebildete Schema, ergibt sich folgender Ablauf:

---

[746] Die Beschreibung der Auswahlsequenz zeigt, dass im Text kein Wert auf die richtige chronologische Reihenfolge gelegt wird: In Vers 10 wird gefordert, den einen Ziegenbock in die Wüste zu schicken, dann folgt in 11–19 das Besprengungsritual und erst in Vers 20 heißt es, dass man nach *Vollendung* der Entsühnung den Asasel-Bock herbeibringen soll. Vers 24 kann man entnehmen, dass erst der Vollzug des Brandopfers das Sühneritual abschließt. Das würde bedeuten, dass sich der Asasel-Ritus erst hier anschließt. Es ist also keine Agenda, die man chronologisch nach der Reihe abarbeiten kann, sondern eher eine Gebrauchsanleitung, die man sorgfältig und mehrfach lesen muss. Körting (Anm. 725), 123, gibt dazu eine Gliederung, die das Geschehen in vier Teile einteilt: 1. Vorbereitungen, 2. Durchgang durch das Ritual, 3. Überblick, 4. Durchgang durch das Ritual – Einzelheiten und abschließende Handlungen.

Ort der Handlungen 1–3: Lager (Wohnstatt des Hohepriesters o.Ä.)

1. Waschen (entweder Schamgegend oder ganzen Körper)
2. Anlegen der „Unterhosen"
    3. Anlegen des hohepriesterlichen Ornates
    4. Ortswechsel: Verlassen der Wohnstatt, Betreten des Altarbereiches

Ort der Handlung 5: Altarbereich vor dem Begegnungszelt

5. Auswahlprozedur, Schlachten des Sündopfers und Vorbereiten des Blutes
    6. Ortswechsel[747]: Betreten des Zeltes

Ort der Handlungen 7–8: Begegnungszelt („Vor dem Vorhang")

7. Ablegen der Amtskleidung
8. Anlegen der heiligen bad-Kleidung (Hemdgewand, Gürtel und Turban)
    9. Ortswechsel: Betreten des Allerheiligsten

Ort der Handlung 10: Begegnungszelt („Hinter dem Vorhang")

10. Sprengritus im Allerheiligsten
    11. Ortswechsel: Verlassen des Allerheiligsten

Ort der Handlung 12: Begegnungszelt („Vor dem Vorhang")

12. Entsühnen des Begegnungszeltes und des Rauchopferaltares
13. Ortswechsel: Verlassen des Zeltes

Ort der Handlung 14: Altarbereich

14. Entsühnung des Altares
15. Ortswechsel: Eintreten in das Begegnungszelt

Ort der Handlungen 16–19: Begegnungszelt

16. Ablegen der heiligen Kleidung
17. Verwahren der heiligen Kleidung
18. Waschung
19. Anlegen der „normalen" Amtskleidung
20. Ortswechsel: Verlassen des Zeltes

Ort der Handlungen 17–18: Altarbereich

17. Darbringung des Brandopfers
18. Asaselritus

4.4.3.7 Die Funktion der heiligen bad-Kleidung

In Kommentaren und Monographien wird die bad-Kleidung als einfache Leinenklei-
dung angesehen und die Erörterungen sind auf dieses Faktum fixiert. Z.B. solle die
Kleidung des Hohepriesters am großen Versöhnungstag einen niedrigen Status ausdrücken[748]. Dafür gibt es jedoch keine Anhaltspunkte. Es zeigt sich an dieser Stelle erneut,
wie wichtig es ist, sich einen Überblick über die Kleidungsgrammatik der jeweiligen
Kultur zu verschaffen, bevor man an symbolische Deutungen geht. Für das Ausdrücken
eines „Büßerstatus" gab es zur Zeit des Alten Testamentes den Sack. Selbstminderungshandlungen haben im Ritus des großen Versöhnungstages keinen Raum[749]. Es

---

[747] Dabei muss der Hohepriester natürlich das vorbereitete Blut in einem geeigneten Gefäß mitführen.
[748] Vgl. Körting, 121.
[749] Dass das Volk während des Versöhnungstages besondere Vorschriften beachten musste, die evtl. Ähnlichkeit mit Selbstminderungshandlungen hatten, ist etwas anderes. Der in diesem Zusammenhang

geht um eine „wirkkräftige Darstellung"[750], damit die Verfehlung anschließend beseitigt werden kann. Dies ist ein objektives Geschehen. Reue, Demut oder was es sonst an Emotionen und Haltungen gibt, die zu einem „sündhaften" Status gehören, interessieren in diesem Zusammenhang nicht und sind deshalb auch nicht symbolisiert worden.

Die Kombination von „bad" und „heilig" ist für die Kleidung, die am großen Versöhnungstag getragen werden musste, spezifisch. Damit wurde der in Verbindung mit menschlicher Kleidung funktional-nüchterne Ausdruck „bad" aufgewertet – die „Unterhosen" und die „Arbeitsweste" zum Altarputz sind ja die einzigen anderen von P so bezeichneten Textilien. „Unterhosen" und „Arbeitsweste" sind jedoch nicht „heilig". „Heilig" wird nur der Priesterornat genannt, in dem Opferhandlungen vollzogen werden. Beim normalen hohepriesterlichen Ornat war zwar die Schutzfunktion auch mitgedacht (vgl. 4.3.4.2), trat aber nicht so in den Vordergrund. Nur bei der speziellen Ausstattung für den großen Versöhnungstag wird der Aspekt des Schutzes vor Heiligkeit herausgestellt. Das entspricht ganz dem Konzept der mythischen Geographie: Nur in der heiligen bad-Kleidung gelangt der Hohepriester in das Allerheiligste, das am stärksten mit Heiligkeit gefüllt und damit am gefährlichsten ist. Bezieht man die Überlegungen zur bad-Kleidung für Engel ein (vgl. oben 4.2.2.4), ergibt sich eine weitere Nuance der heiligen bad-Kleidung: Aaron tritt als eine Art „himmlisches Wesen" in den Raum des Zwischenbereiches (zwischen profan und heilig) ein – man könnte diesen Vorgang als eine Hierophanie kennzeichnen. Die Hierophanie ist lebensnotwendig, weil erst sie die Kommunikation zwischen Gott und Menschen ermöglicht: Mit Hilfe eines Teils des Blutes, das ins Allerheiligste gebracht worden war, kann der Altar entsündigt werden. Nur so wird der dort aufsteigende „beruhigende Duft" für Gott wieder erfreulich und die Beziehung zwischen Gott und Mensch ist erneut bereinigt. Die heilige bad-Kleidung für den großen Versöhnungstag ist zwar nicht der zentrale Punkt bei dem Geschehen, trotzdem ist sie sehr wichtig, ohne sie wäre ein Betreten des Allerheiligsten nicht möglich.

(Lev 16,29.31) gebrauchte Ausdruck „die Seele beugen" (עִנָּה אֶת־נֶפֶשׁ) ist kein terminus technicus für Selbstminderungshandlungen, auch wenn er manchmal zusammen mit solchen in einem parallelismus membrorum vorkommt. Anders Körting (Anm. 725), 186ff.

[750] Willi-Plein (Anm. 647), 98.

4.5 Grundlinien der „Sprache des Textilen" V (Kult)

Die Textilsprache des Alten Testaments bekommt in der sakralen Sphäre eine besondere Färbung, für die folgende Grundlinien charakteristisch sind:

- Die vorherrschende Funktion von Kleidung und Textilien ist neben dem Wärmeschutz u.Ä. die Darstellung von Rollen und Status. In der sakralen Sphäre wächst den Textilien jedoch noch eine zusätzliche Funktion bei der Regulierung des Kontaktes mit dem Heiligen zu.

- Entscheidend war, die sakrale Sphäre vor Verunreinigung (טמא) zu schützen. Die einfachste Möglichkeit war es, die Kleidung zu waschen. Wer konnte, wechselte die Kleidung, er legte die verschmutzte Kleidung ab und zog frisch gewaschene Textilien an. Diese Maßnahme war jedoch nur ausreichend für Textilien, die lediglich temporär in den äußeren Zonen der sakralen Sphäre verbleiben sollten.

- Die besondere Funktion von Textilien, die permanent im Heiligtum blieben, spiegelt sich in speziellen Bezeichnungen. Über die שרד–Textilien wissen wir am wenigsten. Wahrscheinlich handelt es sich um Decken und Tücher, die zum Einwickeln und Transportieren von Kultgerät verwendet wurden. בד–Textilien kommen etwas häufiger im Alten Testament vor, das Wort wird auf unterschiedliche Spezialtextilien im sakralen Kontext bezogen. Vermutlich ist die Absonderung der Sphäre des Heiligen von der des (potentiell) Unreinen die entscheidende Funktion der בד–Textilien, besonders deutlich wird dies an den „Unterhosen" (מכנסים). Die häufigste Funktionsbezeichnung für Textilien, die in der sakralen Sphäre verwendet werden, ist קדשׁ. Das Abstraktnomen wird nur in Verbindung mit Priesterkleidung benutzt und auch dort nur bei der Tracht, in der die Priester den im engeren Sinne priesterlichen Dienst ausüben.

- Es gibt einige Textilien, die nur im sakralen Kontext erwähnt werden. Bei den „Unterhosen" (מכנסים), die zu dieser Gruppe gehören, ist jedoch zu vermuten, dass sie auch sonst getragen wurden. Es gab einfach keinen Grund, sie außerhalb der Verhaltensvorschriften für Priester zu nennen. Die מכנסים waren höchstwahrscheinlich kein Lendenschurz, sondern ein dreieckiges Stoffstück aus Leinen, das windelförmig um den Unterleib gelegt und mit Bändern befestigt wurde. Die „Unterhosen", die meist als בד näher bestimmt sind, waren immer dann wichtig, wenn während des Dienstes ein Kleiderwechsel o.Ä. stattfinden musste, also bei der Priesterweihe, dem Altarputz und dem großen Versöhnungstag.

- Der Efod gehörte zu den Textilien, die tatsächlich nur im sakralen Kontext benutzt wurden. Der אפוד בד, der in der Forschung seit etwa 100 Jahren für einen leinenen Priesterschurz gehalten wird, war sicherlich kein Kleidungsstück, da er „getragen/erhoben" (נשׂא) wurde. Wahrscheinlich handelte es sich beim Efod bad um einen langen Stoffstreifen, der als Handschutz beim Umgang mit heiligen Geräten, z.B. bei der Orakelerteilung, verwendet wurde. Bei Nichtgebrauch konnte er mit Hilfe einer Schnur umgürtet (חגר) werden (vgl. Abb. 11). Der hohepriesterliche Efod war eine Weiterentwicklung des alten, vorexilischen Efod (bad): Der Efod-Stoffstreifen wurde mit der Befestigungsbinde (Efodbinde) gleich fest verbunden, das ergab eine einfache Schürze. Zusätzlich waren jedoch auch noch zwei (schmalere) Stoffstreifen am Zentralstück angebracht, die – oben verbunden – als Schulterträger dienten (vgl. Abb. 13). Zwischen ihnen wurde der Choschen angebracht. Seine ursprüngliche Funktion hatte der hohepriesterliche Efod damit freilich verloren, er war nun Amtskennzeichen des Hohepriesters geworden und diente außerdem als Befestigung für den Choschen. Einige Belege für den Efod können allerdings nicht mit dem Konzept eines textilen Hilfsmittels für den priesterlichen Dienst verstanden werden. Hier bleibt weiterhin nur übrig, mit einem festen Efod zu rechnen, der ein Gottespräsenssymbol war.

- Im vorexilischen Israel war wahrscheinlich der Efod (bad) das Zeichen der Priesterwürde, später durfte nur noch der Hohepriester einen Efod tragen. Das Kennzeichen der einfachen Priester wurde dann eine bunte Schärpe (אבנט), die über einem schlichten, langen, leinenen Hemdgewand (כתנת) gegürtet wurde. Eine leinene Kopfbedeckung (מגבעה oder פאר) vervollständigte die Tracht.
- Die Grundausstattung des Hohepriesters ähnelte der des einfachen Priesters, deckte sich aber nicht ganz mit ihr. Der eigentliche hohepriesterliche Ornat bestand aus dem kostbaren, purpurvioletten Efodmantel (מעיל האפד), dem Efod und dem Choschen sowie einem goldenen Stirnblatt, das an der hohepriesterlichen Kopfbedeckung (מצנפת) befestigt wurde.

Ergebnisse und Ausblick

Warum tritt der Mensch nicht nackt, sondern bekleidet, ja sogar geschmückt, vor Gott? Das war die Frage, die am Beginn meines Forschungsprojektes stand. Im Laufe der Untersuchungen geriet die Frage aus dem Blick und wurde deshalb nicht als Eingangsfrage in der Einleitung genannt. Sie möge nun jedoch dazu dienen, die geleistete Arbeit noch einmal Revue passieren zu lassen und aufzuzeigen, wo weiter gearbeitet werden müsste.

Die Grundthese war, dass das Gebiet des Textilen ein nonverbales Kommunikationssystem bildet, dessen Grammatik in Analogie zur Grammatik einer Verbalsprache untersucht werden kann. Der methodische Zugriff, der in den Teilen 1.2 (Problemlage) und 1.3 (Lösungsansätze) entwickelt wurde, wurde in 1.4 (Grundlinien einer „Sprache des Textilen" im Alten Testament) schon kurz zusammengefasst, deshalb muss dies hier nicht noch einmal geschehen. Aus der Analogie zur Verbalsprache ergibt sich eine erste Anwort: Der Mensch tritt nicht stumm vor Gott, sondern dankend, lobend oder auch klagend, bittend. Nackt vor Gott zu treten wäre also so, als ob man stumm vor Gott tritt. Die Beziehung zu Gott ist wie alle Beziehungen durch Kommunikation bestimmt. Es ist deshalb ganz selbstverständlich, dass der Mensch mit Gott kommuniziert nicht nur mit Hilfe der Verbalsprache, sondern mit allen Kommunikationsmitteln, die ihm zur Verfügung stehen. Er führt Gesten aus (z.B. erhebt er anbetend die Hände oder fällt auf die Knie) und kommt nicht mit leeren Händen, sondern bringt Gaben und Opfer. Er bedient sich auch der Textilsprache: Er legt saubere, feierliche Kleidung an, um Gott zu ehren, ihn zu loben und ihm zu danken. Er tritt im Sack vor Gott, wenn er klagen muss und bitten möchte.

Die erste, noch allgemeine Antwort wirft weitere Fragen auf. In welcher Kleidung ist der Mensch des Alten Testaments lobend vor Gott getreten? Wie kommt man dazu, im sackgewandeten Menschen den klagenden, bittenden Menschen zu erkennen? Ein weiteres Ergebnis der Untersuchung war, dass es ebenso wenig wie eine verbale Einheitssprache eine universale Textilsprache gibt. Wir beherrschen zwar die Textilsprache unserer Zeit, nicht jedoch die des Alten Orients. Der Schluss des ersten Hauptteils und der ganze zweite Hauptteil sollten dazu dienen, in die uns fremde Textilsprache des Alten Testaments einzuführen und sie soweit wie möglich zu rekonstruieren. Aus Teil 1.5 (Artikulatorische Phonetik von Textilien: Material und Machart) sei folgendes Einzelergebnis herausgegriffen: Mit Hilfe der Textilsprache ist nicht nur Kommunikation *mit* Gott möglich. Die Propheten haben immer wieder Elemente dieses Kommunikationssystems zu Hilfe genommen, um *über* Gott zu sprechen. So wurde die mögliche oder unmögliche Entfärbung von Purpurwolle für Jesaja zu einem Bild dafür, ob und wie „Entsündigung" für das Volk möglich ist (Jes 1,18, vgl. 1.5.3.3). Nur, wenn man den präzisen Bedeutungsumfang der Begriffe „Rohwolle" und „Purpurwolle" anhand der kulturimmanenten Gebrauchsweise rekonstruiert hat, erschließt sich eine solche „Metapher 2. Ordnung" in ihrer ganzen Bedeutungsvielfalt. Jes 1,18 ist nur eine der Stellen, an denen sich dieses Vorgehen gut bewährt hat. Zwar können damit nicht alle exegetischen Probleme gelöst werden, immer jedoch werden bisher wenig beachtete Aspekte in ein helleres Licht gerückt. Ein wichtiges Ziel dieser Arbeit wäre erreicht, wenn sich andere Exegeten der hier gewonnenen Ergebnisse bedienen würden – z.B. Forscher, die das ganze Jesajabuch im Blick haben oder ein spezielles Problem wie „Sünde und Sühne" bearbeiten möchten.

Wenn man eine fremde Sprache erlernen will, gehört zu den wichtigsten Hilfsmitteln ein Wörterbuch. Im zweiten Hauptteil sollte deshalb ein Grundwortschatz der Textilsprache vorgestellt werden, wie er aus dem biblischen Hebräisch rekonstruiert werden kann. Zunächst wurden in Teil 2.1 die Verben erörtert (Teileelemente der Grammatik des Textilen: „Prädikate" [Verben]). Neben den zu erwartenden Wörtern wie „bekleiden", „bedecken" oder „ausziehen" wurde hier auch der Begriff בלה („abnutzen", „verschleißen") untersucht. Das Phänomen des Abnutzens und Mürbewerdens von Textilien war im Alltag der Menschen des Alten Orients präsent. In einer Zeit, in der abgewetzte Kleidung höchstens als künstlich erzeugte Modeerscheinung eine Rolle spielt, wird dieser Bereich der Textilsprache leicht übersehen. Das überraschende Ergebnis vieler Wortfelduntersuchungen aus Teil 2.2 (Teileelemente der Grammatik des Textilen: „Objekte" [Substantive]) war, dass die Wörterbucheinträge zu vielen hebräischen Begriffen aus dem Bereich des Textilen nicht sonderlich genau sind. So ist die Grundbedeutung von בגד nicht „Kleidung", sondern „Textilien/Stoff". שלמה/שמלה bedeutet zunächst einmal „Tuch", nicht „Mantel", auch wenn ein שמלה-Tuch oft als mantelartiges Umschlagtuch verwendet wurde. Im Kapitel „Hemdgewänder" (2.2.6) konnte gezeigt werden, dass כתנת nicht der einzige Begriff für diese im Alten Orient weit verbreitete Gewandform war.

Eine wichtige Aufgabe von Exegeten ist immer noch und immer wieder das Ringen um eine präzise Übersetzung, die sowohl der Ausgangssprache als auch der Zielsprache entspricht. An dieser Stelle einen kleinen Beitrag zu leisten, gehörte zwar nicht zum ursprünglichen Ziel meines Projektes, hat sich jedoch als nötig erwiesen. Die eben genannten Beispiele sind Vorschläge und müssen sich Kritik gefallen lassen. Der in 2.2.1.4 angeregten Änderung der Wörterbucheinträge für חמוץ בגדים in Jes 61,1 von „grellroter Kleidung" zu „säuerlich riechender Kleidung" wird dagegen kaum widersprochen werden können.

Die Technik, zunächst die kulturimmanente Gebrauchsweise eines Textilbegriffes zu umreißen, um dann ungewöhnliche Vorkommen des Wortes besser verstehen zu können, hat sich auch im zweiten Hauptteil bewährt. Als Beispiel sei die Untersuchung zum leinenen אזור herausgegriffen, den Jeremia in einer Zeichenhandlung verwendet (Jer 13,1–11, vgl. 2.2.5.5). Auch hier ergeben sich durch Beachtung der „Textilgrammatik" neue Einsichten. Der zunächst den Hochmut Judas und Jerusalems darstellende Zierschurz wurde später umgedeutet: Nun wird das Volk mit dem Schurz verglichen, der seinem Träger – Gott – fest anliegen sollte.

Auf die Frage, warum der Mensch bekleidet vor Gott tritt, konnte freilich der zweite Hauptteil noch keine Antwort geben. Ein kleiner Beitrag wurde allerdings schon geleistet, indem die Kleidungsstücke Schurz/Gürtel und Hemdgewand untersucht wurden, die in der Schöpfungs- und Sündenfallgeschichte eine Rolle spielen (2.2.5.4 und 2.2.6.2). Nacktheit, die ja in Gen 2–3 ebenfalls wichtig ist, wurde dann im dritten Hauptteil untersucht (3.1.1). Eine Synthese der Ergebnisse aus dem zweiten und dritten Hauptteil im Hinblick auf die Schöpfungsgeschichte konnte in in dieser Arbeit nicht geleistet werden, wäre aber ein lohnenswertes Unternehmen.

Die Aussage, ein „nackter Mensch" sei ein „stummer Mensch", ist vor allem das Ergebnis der Untersuchungen des dritten Hauptteiles (Textilien und Kleidung im Rahmen von Minderungszuständen). Auch für den Bereich des geminderten Menschen waren zunächst einige Präzisierungen nötig, z.B. musste in Teil 3.1 (Grundlagen) der Unterschied zwischen „nackt sein" und „entblößt sein" herausgearbeitet werden. Dieses Gebiet genauer zu untersuchen, wäre lohnend und wichtig. Die zentrale Aufgabe des dritten Hauptteiles war jedoch die Untersuchung des Bereiches zwischen den Zuständen „Nackt-Sein" und „Normal-bekleidet-Sein". Für diesen Bereich, für den die Bezeichnung „geminderter Zustand" benutzt wurde, sind das Zerreißen der Kleidung und das Sacktragen typisch. Exemplarisch wurde für diese beiden Kontexte die Syntax der Textilsprache erörtert. Zu welchen Anlässen, zu welchem Zweck, von welchen Menschen wurde die Kleidung zerrissen, der Sack angelegt? Am Kleiderzerreißen und Sacktragen konnten besonders gut die Funktionen „Rollenzuweisung" und „Strukturierung von Handlungszusammenhängen" des nonverbalen Kommunikationssystems deutlich gemacht werden. Das Sichtbarmachen sozialer Rollen und die Bezeichnung des Status sind besondere Stärken der Textilsprache gegenüber der Verbal- und Gestensprache. Sich entsprechend zu kleiden ist bequemer, als fortwährend den Satz „Ich bin ein König" oder „Ich bin eine Witwe" zu wiederholen.

Teil 3.2 war dem im ganzen Alten Orient gebräuchlichen Gestus des Kleiderzerreißens gewidmet. Das Verfahren, mit Hilfe der kulturimmanenten Gebrauchsweise ungewöhnliche Verwendungsweisen verständlich zu machen, erwies sich auch hier als fruchtbar: Die prophetische Zeichenhandlung, die Ahija an einem neuen Manteltuch durchführte, zeigt deutlicher als Worte, wie der Autor der Geschichte die Trennung von Israel und Juda gesehen hat: Die Reichstrennung war ein Vorgang, der in den Bereich der Minderung gehörte. Der noch junge Einheitsstaat wurde als ein neues, wertvolles Manteltuch dargestellt, das durch einen gewaltsamen Vorgang zerstört wurde. Die beiden Staaten, die aus der Trennung hervorgingen, waren nur noch Fetzen (Das zerfetzte Königreich: 1 Kön 11,29ff., vgl. 3.2.4.1).

In Teil 3.3 wurde das Sacktragen untersucht. Dieser Handlung entspricht eine Aussage wie „Ich befinde mich in einem geminderten Zustand". Mehr als in unserer Gesellschaft diente die Textilsprache jedoch auch dazu, Gemeinschaft sichtbar zu machen. In einer nationalen Notlage drückte kollektives Sacktragen das gemeinsame Klagen und Bitten der Bevölkerung aus. Hier wird deutlich, dass die Beziehung zu Gott für die Menschen des Alten Testaments immer eingebunden war in die Beziehung der Menschen untereinander. Es wurde jeweils wieder die kulturimmanente Gebrauchsweise des Sacktragens umrissen, dann ungewöhnliche Vorkommen in den Blick genommen. Ein Beispiel sei herausgegriffen: Auf dem Hintergrund des üblichen kollektiven Sacktragens entpuppt sich plötzlich das nur zufällig entdeckte heimliche Sacktragen des Nordreichkönigs in 2 Kön 6,30 als gar nicht so positiv wie meist angenommen. Es wird hier kein sympathischer, bußfertiger Regent porträtiert, sondern ein verquerer Mensch, der weder in der Verbalsprache noch in der Textilsprache die richtigen, der Situation angemessenen Worte findet (Der heimlich büßende König, vgl. 3.3.3.3). Unkonventionell, aber durchaus angemessen ist dagegen die Aussage, die der König von Ninive in der Textilsprache macht: Auf eine drohende Katastrophe, die nicht nur Menschen, sondern auch Tiere treffen wird, reagiert er, indem er nicht nur selbst den Sack anlegt und dies ebenfalls seinen Untertanen befiehlt, sondern auch das Vieh Säcke tragen lässt (Das Vieh im שק: Jon 3, vgl. 3.3.3.1).

Der vierte Hauptteil, in dem Textilien im Kontext des Kultes untersucht wurden, sollte besonders zur Beantwortung der Frage beitragen, warum der Mensch nicht nackt, sondern geschmückt vor Gott tritt. Dabei wurde zunächst in 4.2 (Qualifizierung von Textilien für die sakrale Sphäre) ein Aspekt herausgearbeitet, der modernen Menschen eher fremd ist. Der Gedanke, dass es gefährlich sein könnte, sich Gott zu nähern, ist uns nicht mehr präsent. Der Gott des Alten Testaments ist jedoch nicht nur „lieb", sondern auch heilig, so heilig, dass eine unvorbereitete Annäherung tödlich sein kann. Der Mensch kann es sich nicht (mehr) leisten, nackt vor Gott zu treten, er muss sich mit Hilfe von Textilien vor der Heiligkeit Gottes schützen. Ein wichtiges Ergebnis aus Teil 4.2 ist, dass das üblicherweise mit „leinen" übersetzte בד ein besonderer Ausdruck für spezielle Textilien war, die dazu verwendet wurden, zwischen heilig und profan zu trennen (vgl. 4.2.2). Auch die sonst wenig beachteten שרד-Textilien muss man wohl als Schutztextilien für das levitische Kultpersonal deuten, nicht als einen allgemeinen Ausdruck für Priesterkleidung (vgl. 4.2.3). „Schutzkleidung" gegen Heiligkeit will sich auf den ersten Blick nicht in den eingangs festgelegten Rahmen einfügen, der durch die Analogie zur Verbalsprache vorgegeben war. Wenn man die Funktion einer Sprache nicht vorschnell auf die *Darstellung* von Wirklichkeit einengt, kann jedoch auch die Schutzfunktion von Textilien in der sakralen Sphäre im Rahmen der Textilsprache verstanden werden. Die zu diesem Thema vorgestellten Ideen zur sakralen Funktionskleidung (vgl. 4.2.5) sind noch sehr vorläufig. Ausgehend von der Sprechakttheorie und unter Einbeziehung der Wissenssoziologie müsste die Methodik weiter ausgebaut und an verschiedenen, nicht nur die textile Sphäre betreffenden Texten erprobt werden. Hier weiter zu arbeiten, könnte vielversprechend sein. In Teil 4.3 wurden zunächst zwei spezielle textile Ausstattungsstücke des Priesters untersucht, die „Unterhosen" (מכנסים) und der Efod (אפוד). Die Rekonstruktion der „Unterhosen" als windelartige Lendenbekleidung wird sicherlich auf wenig Widerstand stoßen (vgl. 4.3.1). Dass dies hier erstmals vorgeschlagen wurde, liegt wohl daran, dass den מכנסים bisher wenig Aufmerksamkeit geschenkt wurde. Der Efod dagegen ist immer wieder ausführlich untersucht worden. Den zahlreichen Erklärungsversuchen wurde hier ein weiterer hinzugefügt. Die These vom Efod als „Sakrallappen" zum Schutz der priesterlich handelnden Person ist gewöhnungsbedürftig und wird sicherlich nicht ungeteilte Zustimmung finden. Wenn hier überzeugend gezeigt worden wäre, was der Efod keinesfalls ist, nämlich ein Priesterschurz, wäre schon viel gewonnen. Weiter wurde in Teil 4.3 die textile Ausstattung untersucht, in der der priesterschriftliche Autor das Kultpersonal vor Gott treten lässt. Wieder sei ein wichtiges Ergebnis herausgegriffen: Sogar bei dem prächtigen purpurnen Übergewand des Hohepriesters spielte der Aspekt des Schutzes vor dem Heiligen eine Rolle (vgl. 4.3.4.2). In dieser Arbeit wurden die Untersuchungen auf die priesterlichen *Textilien* beschränkt. Da die nichttextilen Ausstattungsstücke ebenfalls eine wichtige Rolle spielten, wäre es lohnenswert, auch diese einmal genauer in den Blick zu nehmen. Aus den Untersuchungen zur textilen Ausstattung der Priester konnten Schlüsse gezogen werden über generelle Konzeptionen von Priestertum. Diese Ergebnisse zu vertiefen und in einen größeren Kontext einzuordnen, wäre ebenfalls eine wichtige Aufgabe. Zum Schluss, in Teil 4.4, wurden komplexere Handlungszusammenhänge in der kultischen Sphäre untersucht, in denen Textilien eine Rolle spielen. Die Priestereinsetzung wurde nur kurz behandelt. Sie müsste im Rahmen des größeren Kontextes „Investitur" breiter erörtert werden. Mit Hilfe der hier vorgelegten Methodik sind für eine solche Untersuchung spannende Ergebnisse zu erwarten. Ausführlicher wurde die Kleidung beim großen Versöhnungstag (Lev 16, vgl. 4.4.3) untersucht. Ausgehend von der Rolle der Textilien konnte eine Rekonstruktion des komplexen Geschehens vorgelegt werden. Weitere Untersuchungen müssten prüfen, ob die anhand der An- und Umkleidehandlungen des Hohepriesters gewonnenen Ergebnisse tatsächlich einen Beitrag zum Verständnis des großen Versöhnungstages leisten können.

Die hier vorgelegten Ergebnisse lassen sich auch noch knapper zusammenfassen: Der Ansatz, den Bereich von Kleidung und Textilien als ein nonverbales Kommunikationssystem aufzufassen und in Analogie zu einer Verbalsprache zu untersuchen, „funktioniert". Die gewonnenen Ergebnisse werfen Licht auf Textpassagen des Alten Testaments, die bisher im Schatten lagen. Die Tatsache, dass sich viele Fragen aufgetan haben, die noch unbeantwortet geblieben sind, spricht eher für als gegen das hier Vorgelegte.

Anhang

Literatur

Die Abkürzungen richten sich nach Betz, H. D. u.a. (Hg.), Religion in Geschichte und Gegenwart. Handwörterbuch für Theologie und Religionswissenschaft Band 8 T–Z (RGG[4] 8), Tübingen [4]2005, XVIII–LXXXVIII.

Abweichungen und Ergänzungen:

ABG	Arbeiten zur Bibel und ihrer Geschichte
AK	Afformativkonjugation = Perfekt
Brockhaus	Strzysch, M./Weiß, J. (red. Leitung), Der Brockhaus in fünfzehn Bänden, Leipzig/Mannheim 1997–1999
DCH	Clines, D. J. A. (Hg.), The Dictionary of Classical Hebrew, Sheffield 1993–
Gesenius 18. Aufl.	Donner, H./Meyer, R. (Hg.), Wilhelm Gesenius. Hebräisches und Aramäisches Handwörterbuch über das Alte Testament, Berlin/Heidelberg [18]1987ff.
Gesenius-Kautzsch	Gesenius, W., Hebräische Grammatik völlig umgearbeitet von E. Kautzsch, Leipzig [28]1909
KEH	Kurzgefaßtes exegetisches Handbuch
ND	Nachdruck
PK	Präformativkonjugation = Imperfekt
SbWGF	Sitzungsberichte der Wissenschaftlichen Gesellschaft an der Johann Wolfgang Goethe-Universität Frankfurt a.M
WBTh	Wiener Beiträge zur Theologie

Andersen, F. I./Freedman, D. N., Hosea (AncB 24), New York u.a. 1985

Andersen, F. I./Freedman, D. N., Amos (AncB 24A), New York u.a. 1989

Arnet, M., Durch Adams Fall ist ganz verderbt … Studien zur Entstehung der alttestamentlichen Urgeschichte (FRLANT 217), Göttingen 2007

Ankermann, B., Die Religion der Naturvölker, in: Bertholet, A./Lehmann, E. (Hg.), Lehrbuch der Religionsgeschichte Bd. 1, Tübingen 1925, 131–192

Austin, J. L., How to Do Things with Words. The William James Lectures delivered at Harvard University in 1955, Oxford u.a. 1962

Avigad, N./Sass, B., Corpus of West Semitic Stamp Seals, Jerusalem 1997

Baltzer, K., Deutero-Jesaja (KAT 10/2), Gütersloh 1999

Bamberger, S. (Hg.), Raschis Pentateuchkommentar, Hamburg [2]1928

Barnett, R. D./Forman, W., Assyrische Palastreliefs, Prag o. J.

Barta, W., Art. Königsdogma, LÄ III (1980), 485–494

Baumann, A., Art. אבל, ThWAT II (1973), 46–50

Baumann, E., Der linnene Schurz Jer 13,1–11, ZAW 65 (1953), 77–81

Berger, P. L./Luckmann, T., Die gesellschaftliche Konstruktion der Wirklichkeit. Eine Theorie der Wissenssoziologie. Mit einer Einleitung zur deutschen Ausgabe von Helmuth Plessner. Übersetzt von Monika Plessner, Frankfurt a. M. [5]1977 (ND 1997)

Bergler, S., Talmud für Anfänger: ein Werkbuch (Schalom-Bücher 1), Hannover 1992

Beuken, W. A. M., Jesaja 1–12 (HThK), Freiburg u.a. 2003

Beyerlin, W. (Hg.), Religionsgeschichtliches Textbuch zum Alten Testament (GAT 1), Göttingen 1985

Beyse, K.-M., Art. שׁני, ThWAT VIII (1995), 340–342

Bieler, L., Art. Spiegel, HWDA 9 (1941), 547–577

Blenkinsopp, J., Isaiah 1–39 (AncB 19), New York u.a. 2000

Borger, R., Die Inschriften Asarhaddons Königs von Assyrien (AfO.B 9), Graz 1956

Bovenschen, S. (Hg.), Die Listen der Mode, Frankfurt a. M. 1986

Bottéro, J./Kramer, S. N., Lorsque les dieux faisaient l'homme. Mythologie mésopotamienne, Paris 1989

Braudel, F., Die lange Dauer [La longue durée], in: Schieder, T./Gräubig, K. (Hg.), Theorieprobleme der Geschichtswissenschaft (WdF 378), Darmstadt 1977, 164–204 (= Histoire et sciences sociales, la longue durée, in: Annales 13 [1958], 725–753)

Brongers, H. A., Die metaphorische Verwendung von Termini für die Kleidung von Göttern und Menschen in der Bibel und im Alten Orient, in: Dielsmann, W. C. (Hg.), Von Kanaan bis Kerala (AOAT 211), Neukirchen-Vluyn 1982, 61–74

Brost, H., Kunst und Mode: eine Kulturgeschichte vom Altertum bis heute, Stuttgart u.a. 1984

Brunner-Traut, E., Art. Gesten, LÄ II (1977), 573–585

Budde, K., Die Bücher Samuel (KHC 8), Tübingen/Leipzig 1902

Carmichael, C. M., Forbidden Mixtures in Deuteronomy XXII 9–11 and Leviticus XIX 19, VT 45 (1995), 433–448

Caspari, W., Die Samuelbücher (KAT 7), Leipzig 1926

Chiera, E., Ewe and Grain. Sumerian Religious Texts, Upland, Pa. 1924

Clément, D., Linguistisches Grundwissen. Eine Einführung für zukünftige Deutschlehrer, Wiesbaden [2]2000

Clementz, H., Des Flavius Josephus Jüdische Altertümer, Halle 1899 (ND Wiesbaden [13]1998)

Clines, D. J. A. (Hg.), The Dictionary of Classical Hebrew Volume IV, Sheffield 1998

Cogan, M., 1 Kings (AncB 10), New York u.a. 2000

Cogan, M./Tadmor, H., 2 Kings (AncB 11), New York u.a. 1988

Colpe, C., Über das Heilige. Versuch, seiner Verkennung kritisch vorzubeugen, Frankfurt a. M. 1990

Colpe, C., Art. heilig (sprachlich) und Das Heilige, HRWG 3 (1993), 74–99

Conrad, D., Samuel und die Mari-„Propheten". Bemerkungen zu 1 Sam 15:27, ZDMG Suppl. 1 (1969), 273–280

Cornill, C. H., Das Buch Jeremia, Leipzig 1905

Cowley, A., Aramaic Papyri of the Fifth Century B.C., Oxford 1923

Dalman, G., Arbeit und Sitte in Palästina. Bd. 5: Webstoff, Spinnen, Weben, Kleidung, Gütersloh 1937

Dalman, G., Aramäisch-neuhebräisches Handwörterbuch zu Targum, Talmud und Midrasch, Hildesheim ²1938 (ND 1967)

del Olmo Lete, G./Sanmartín, J., A Dictionary of the Ugaritic Language in the Alphabetic Tradition. Part One (HO 67), Leiden/Boston ²2004

del Olmo Lete, G./Sanmartín, J., A Dictionary of the Ugaritic Language in the Alphabetic Tradition. Part Two (HO 67), Leiden/Boston ²2004

Dietrich, W., David, Saul und die Propheten. Das Verhältnis von Religion und Politik nach den prophetischen Überlieferungen vom frühesten Königtum in Israel (BWANT 122), Stuttgart 1987

Dietrich, W., Die frühe Königszeit in Israel. 10. Jahrhundert v. Chr. (BE 3), Stuttgart u.a. 1997

Donner, H., Die Verwerfung des Königs Saul, SbWGF Bd. 19/5 (1983), 229–260 (= ders., Aufsätze zum Alten Testament aus vier Jahrzehnten [BZAW 224] Berlin/New York, 133–163)

Donner, H., Stellungnahme des alttestamentlichen Exegeten, in: Gnilka, J./Rüger, H. P. (Hg.), Die Übersetzung der Bibel – Aufgabe der Theologie. Stuttgarter Symposion 1984, Bielefeld 1985, 198–203

Donner, H./Meyer, R. (Hg.), Wilhelm Gesenius. Hebräisches und Aramäisches Handwörterbuch über das Alte Testament, Berlin/Heidelberg ¹⁸1987ff.

Douglas, M., Leviticus as Literature, Oxford 1999

Driver, G. R., Difficult Words in the Hebrew Prophets, in: Rowley, H. H. (Hg.), Studies in Old Testament Prophecy (FS Th. H. Robinson), New York 1950, 52–72

Driver, G. R., Technical Terms in the Pentateuch, WO II (1954–1959), 254–263

Dudenredaktion (Hg.), Duden. Grammatik der deutschen Gegenwartssprache (Der Duden 4), Mannheim u.a. ⁶1998

Ebach, J., Weltentstehung und Kulturentwicklung bei Philo von Byblos: ein Beitrag zur Überlieferung der biblischen Urgeschichte im Rahmen des altorientalischen und antiken Schöpfungsglaubens (BWANT 108), Stuttgart 1979

Edel, E., Die Ortsnamenlisten aus dem Totentempel Amenophis III. (BBB 25), Bonn 1966

EcclesiaCatholica, Katechismus der Katholischen Kirche, München u.a. 1993

Eichinger, J., Die menschliche Kleidung und ihre Symbolik in der Bibel, Wien 1954

Elhorst, H. J., Das Ephod, ZAW 30 (1910), 259–276

Elliger, K./Rudolph, W. (Hg.), Biblica Hebraica Stuttgartensia, Stuttgart ⁴1990

Erman, A./Grapow, H. (Hg.), Wörterbuch der aegyptischen Sprache Bd. I, Leipzig 1926

Erman, A./Grapow, H. (Hg.), Wörterbuch der aegyptischen Sprache Bd. IV, Leipzig 1930 [ND Berlin 1971]

Fabry, H.-J., Art. מדד, ThWAT IV (1984), 695–709

Falkenstein, A., Sumerische religiöse Texte. 5. „Enki und die Weltordnung", ZA 22 (1964), 44–129

Fischer, G., Jeremia 1–25 (HThK), Freiburg u.a. 2005

Fischer, G., Jeremia 26–52 (HThK), Freiburg u.a. 2005

Flügel, J. C., The Psychology of Clothes, New York 1950

Fohrer, G., Das Buch Hiob (KAT 16), Gütersloh 1963

Fohrer, G., Die symbolischen Handlungen der Propheten (AThANT 54), Zürich 1968

Foote, T. C., The Ephod: Its Form and Use, JBL 21 (1902), 1–47

Forbes, R. J., Studies in Ancient Technology Vol. IV, Leiden ²1964

Foresti, F., The Rejection of Saul in the Perspective of the Deuteronomistic School. A Study of 1 Sm 15 and Related Texts (Studia Theologica – Teresianum 5), Rom 1984

Freedman, D. N./O'Connor, P., Art. כתנת, ThWAT IV (1984), 397–401

Friedrich, I., Ephod und Choschen im Lichte des Alten Orients (WBTh 20), Wien 1968

Fuhs, H. F., Art. עלה, ThWAT VI (1989), 84–105

Gadd, C. J., The Harran Inscriptions of Nabonidus, AnSt 8 (1958), 35–91

Galling, K. (Hg.), Textbuch zur Geschichte Israels, Tübingen ³1979

Gamberoni, J., Art. לבש, ThWAT IV (1984), 471–483

George, A. R., The Babylonian Gilgamesh Epic. Introduction, Critical Edition and Cuneiform Texts. Vol. 1, Oxford 2003

Gerstenberger, S., Das 3. Buch Mose. Leviticus (ATD 6), Göttingen 1993

Gesenius, W., Hebräische Grammatik völlig umgearbeitet von E. Kautzsch, Leipzig ²⁸1909

Gladigow, B., Gegenstände und wissenschaftlicher Kontext von Religionswissenschaft, HRWG 1 (1988), 26–38

Glaser, E., Aus meinem Inschriftenwerk VI. Gottesmanifestationen und der Logos in Südarabien?, OLZ 9 (1906), 315–324

Gleßmer, U., Mehrdeutigkeit des Bibeltextes und theologische Sprachfindung „Kleider der Haut" oder „Kleider des Lichtes" in Gen 3,21, Mitteilungen und Beiträge der Forschungsstelle Judentum der Theologischen Fakultät Leipzig 12/13 (1997), 65–86

Goldschmidt, L. (Hg.), Der babylonische Talmud. Erster Band, Haag 1933

Gordon, C. H., Belt-Wrestling in the Bible World, HUCA 23/1 (1950f.), 131–136

Görg, M., Zum sogenannten priesterlichen Obergewand, BZ n.F. 20 (1976), 242–246

Görg, M., Art. Efod, NBL (1990), 472f.

Gradwohl, R., Die Farben im Alten Testament. Eine terminologische Studie, Berlin 1963

Graf Baudissin, W. W., Die Geschichte des alttestamentlichen Priesterthums, Leipzig 1889

Greenberg, M., Ezekiel 21–37 (AncB 22A), New York u.a. 1997

Grimm, J./Grimm, W., Deutsches Wörterbuch 10/1 (Seeleben–Sprechen), Leipzig 1905

Grønbaek, J. H., Die Geschichte vom Aufstieg Davids (1. Sam. 15 – 2. Sam. 5). Tradition und Komposition (AThD 10), Kopenhagen 1971

Gunneweg, A. H. J., Leviten und Priester. Hauptlinien der Traditionsbildung und Geschichte des israelitisch-jüdischen Kultpersonals, Göttingen 1965

Guralnick, E., Neo-Assyrian Patterned Fabrics, Iraq 66 (2004), 221–232

Hartenstein, F., „Und sie erkannten, dass sie nackt waren …" (Gen 3,7). Beobachtungen zur Anthropologie der Paradieserzählung, EvTh 65 (2005), 277–293

Hatch, E./Redpath, H. A., A Concordance to the Septuagint and the other Greek Versions of the Old Testament (Including the Apocryphal Books) Bd. II, Oxford 1897 (ND Graz 1975)

Haulotte, E., Symbolique du vêtement selon la Bible (Theol [P] 65), Paris 1966

Hentschel, G., 1 Könige (NEB 10), Würzburg 1984

Hentschel, G., 2 Könige (NEB 11), Würzburg 1985

Hentschel, G./Scharbert, J., 1 Samuel; Rut (NEB 33), Würzburg 1994

Hoffner Jr., H. A., Hittite Equivalents of Old Assyrian *kumrum* and *epattum*, WZKM 86 (1996), 151–156

Hönig, H. W., Die Bekleidung des Hebräers. Eine biblisch-archäologische Untersuchung, Zürich 1957

Horst, F., Hiob (BK XVI/1), Neukirchen-Vluyn 1968

Houtman, C., Exodus. Vol. 1 (HCOT), Kampen 1993

Houtman, C., Exodus. Vol. 3 (HCOT), Leuven 2000

Irsigler, H., Zefanja (HThK), Freiburg u.a. 2002

Jakob, B., Der Pentateuch. Exegetisch-kritische Forschungen, Leipzig 1905

Jakob, B., Das erste Buch der Tora Genesis, Berlin 1934

Janowski, B., Sühne als Heilsgeschehen. Studien zur Sühnetheologie der Priesterschrift und zur Wurzel KPR im Alten Orient und im Alten Testament (WMANT 55), Neukirchen-Vluyn 1982 (^{2}2000)

Jenni, E., Art. לבשׁ, THAT I (1971), 867–870

Jenni, E., Die hebräischen Präpositionen. Band 1: Die Präposition Beth, Stuttgart u.a. 1992

Jeremias, J., Der Prophet Hosea (ATD 24/1), Göttingen 1983

Jirku, A., Zur magischen Bedeutung der Kleidung in Israel, ZAW 37 (1917/18), 109–125

Johnson, B., Art. חגר, ThWAT II (1977), 744–748

Keel, O., Die Brusttasche des Hohenpriesters als Element priesterschriftlicher Theologie, in: Hossfeld, F.-L./Schwienhorst-Schönberger, L. (Hg.), Das Manna fällt auch heute noch. Beiträge zur Geschichte und Theologie des Alten, Ersten Testaments. Festschrift für Erich Zenger, Freiburg u.a. 2004, 379–391

Keel, O./Uehlinger, C., Göttinnen, Götter und Gottessymbole. Neue Erkenntnisse zur Religionsgeschichte Kanaans und Israels aufgrund bislang unerschlossener ikonographischer Quellen (QD 134), Freiburg i.Br. u.a. 1992

Kellermann, D., Art. חמץ, ThWAT II (1977), 1061–1068

Kemp, B. J./Vogelsang-Eastwood, G., The Ancient Textile Industry at Amarna (Excavation Memoir / Egypt Exploration Society 68), London 2001

Klopfenstein, M. A., Art. בגד, THAT I (1971), 261–264

Kluge, F., Etymologisches Wörterbuch der deutschen Sprache, Berlin/New York ^{24}2002

Koehler, L./Baumgartner, W., Hebräisches und aramäisches Lexikon zum Alten Testament 3. Auflage, Leiden 1967

Köhler, L., Hebräische Vokabeln II, ZAW 55 (1937), 161–174

König, R., Menschheit auf dem Laufsteg: die Mode im Zivilisationsprozeß, Frankfurt a.M. 1988

Koole, J. L., Isaiah III, Vol. 3 / Isaiah 56–66 (HCOT), Leuven 2001

Kornfeld, W., Art. קדשׁ, ThWAT VI (1989), 1179–1188;1201–1204

Körting, C., Der Schall des Schofar. Israels Feste im Herbst (BZAW 285), Berlin/New York 1999

Kottsieper, I., Die Geschichte und die Sprüche des weisen Achiqars, TUAT III/2 (1991), 320–347

Kraus, H.-J., Psalmen. 2. Teilband: Psalmen 60–150 (BK XV/2), Neukirchen-Vluyn ⁵1978

Krauss, S., Art. Kleidung, EJ X (1934), 69–112

Kurth, W., Die Mode im Wandel der Zeiten, Berlin 1929

Kurz, G., Metapher, Allegorie, Symbol, Göttingen 1982

Kutsch, E., „Trauerbräuche" und „Selbstminderungsriten" im Alten Testament, in: Schmidt, L./Eberlein, K. (Hg.), Kleine Schriften zum Alten Testament Berlin/New York 1986, 78–95 (Erstveröffentlichung in: Kurth Lüthi/Ernst Kutsch/Wilhelm Dantine, Drei Wiener Antrittsreden [ThSt 78], Zürich 1965, 23–42)

Lau, I. M., Wie Juden leben. Glaube. Alltag. Feste. Aufgezeichnet und redigiert von Schaul Meislich. Aus dem Hebräischen übertragen von Miriam Magall, Gütersloh 1988

Leach, E., Kultur und Kommunikation. Zur Logik symbolischer Zusammenhänge, Frankfurt a. M. 1978

Liddell, H. G./Scott, R., A Greek-English Lexicon. A New Edition, Oxford ⁹1940 (ND 1953)

Lietzmann, A., Art. Kleidung und Nacktheit, RGG⁴ 4 (2001), 1417f.

Löhr, M., Die Bücher Samuels erklärt von Otto Thenius. Dritte, vollständig neugearbeitete Auflage (KEH 4), Leipzig 1898

Lundbom, J. R., Jeremiah 1–20 (AncB 3), New York u.a. 1999

Lux, R., Jona. Prophet zwischen 'Verweigerung' und 'Gehorsam'. Eine erzählanalytische Studie, Göttingen 1994

Milgrom, J., Leviticus 1–16 (AncB 3), New York u.a. 1991

Milgrom, J., Leviticus 17–22 (AncB 3A), New York u.a. 2000

Milgrom, J., Art. Heilig und profan. II. Altes Testament, RGG⁴ 3 (2000), 1530–1532

Mommer, P., Samuel. Geschichte und Überlieferung (WMANT 65), Neukirchen-Vluyn 1991

Müller, H.-P., Art. קדשׁ, THAT II (1979), 589–609

Myers, J. M., Art. „Linen" und „Linen Garment", IDB III (1962), 135f.

Myers, J. M., Ezra. Nehemiah (AncB 14), New York u.a. 1965

Niehr, H., Art. ערום, ThWAT VI (1989), 375–380

Niehr, H., Art. ערה, ThWAT VI (1989), 369–375

Niehr, H., Art. שׂמלה, ThWAT VII (1993), 822–828

Nielsen, E., Deuteronomium (HAT I/6), Tübingen 1995

Nielsen, K., Art. פשׁת, ThWAT VI (1989), 816–818

Noth, M., Das 3. Buch Mose. Leviticus (ATD 6), Göttingen 1962

Noth, M., Könige 1 (BK IX/1), Neukirchen-Vluyn 1968

Oppenheim, A. L., Essay on Overland Trade in the First Millennium B.C., JCS 21 (1967), 235–254

Otto, S., Jehu, Elia und Elisa. Die Erzählung von der Jehu-Revolution und die Komposition der Elia-Elisa-Erzählungen (BWANT 152), Stuttgart 2001

Palache, J. L., Semantic Notes on the Hebrew Lexicon, Leiden 1959

Peacock, J., Kostüm und Mode – das Bildhandbuch: von den frühen Hochkulturen bis zur Gegenwart, Bern u.a. 1991

Pettinato, G., Das altorientalische Menschenbild und die sumerischen und akkadischen Schöpfungsmythen (AHAW 1971/1), Heidelberg 1971

Podella, T., Şôm - Fasten. Kollektive Trauer um den verborgenen Gott im Alten Testament (AOAT 224), Kevelaer/Neukirchen-Vluyn 1989

Podella, T., Das Lichtkleid JHWHs. Untersuchungen zur Gestalthaftigkeit Gottes im Alten Testament und seiner altorientalischen Umwelt (FAT 15), Tübingen 1996

Pohlmann, K.-F., Der Prophet Hesekiel/Ezechiel Kapitel 20–48 (ATD 22/2), Göttingen 2001

Porten, B./Yardeni, A., Textbook of Aramaic Documents from Ancient Egypt. Vol. 1: Letters, Winona Lake 1986

Pritchard, J. B., The Ancient Near East in Pictures Relating to the Old Testament, Princeton/New Jersey 1954

Rahlfs, A. (Hg.), Septuaginta. Id est Vetus Testamentum graece iuxta LXX interpretes, Stuttgart [8]1965

Rendtorff, R., Leviticus (BK III/3), Neukirchen-Vluyn 1992

Renz, J., Die althebräischen Inschriften. Teil 1: Text und Kommentar (Handbuch der althebräischen Epigraphik I), Darmstadt 1995

Ricoeur, P., Poetik und Symbolik, in: Dürr, P. (Hg.), Die Mitte der Welt. Aufsätze zu Mircea Eliade, Frankfurt a. M. 1984, 11–34

Riede, P., Spinnennetz oder Mottengespinst? Zur Auslegung von Hiob 27,18, in: ders., Im Spiegel der Tiere (OBO 187), Göttingen 2002, 107–119

Ringgren, H., Art. נוף, ThWAT V (1986), 318–322

Rose, M., 5. Mose. Teilband 1: 5. Mose 12–25. Einführung und Gesetze (ZBK 5/1), Zürich 1994

Rothkoff, A., Sha'atnez, EJ 14 ([2]1973), 1213f.

Rudolph, W., Hosea (KAT 13/1), Gütersloh 1966

Rudolph, W., Jeremia (HAT 12), Tübingen [3]1968

Rüterswörden, U., Art. צמר, ThWAT VI (1989), 1072–1075

Sanderson, J. E., An Exodus Scroll from Qumran. 4QpaleoExod[m] and the Samaritan Tradition (HSSt 30), Atlanta/Ga. 1986

Schäfer-Lichtenberger, C., 'Josua' und 'Elischa' – eine biblische Argumentation zur Begründung der Autorität und Legitimität des Nachfolgers, ZAW 101 (1989), 198–222

Scharbert, J., Art. קלל, ThWAT VII (1993), 40–49

Schaudig, H., Die Inschriften Nabonids von Babylon und Kyros' des Großen samt den in ihrem Umfeld entstandenen Tendenzschriften (AOAT 256), Münster 2001

Scherer, A., Das Ephod im alten Israel, UF 35 [2004] (2003), 589–604

Scherer, A., Überlieferungen von Religion und Krieg (WMANT 105), Neukirchen-Vluyn 2005

Schmitt, H.-C., Elisa. Traditionsgeschichtliche Untersuchungen zur vorklassischen nordisraelitischen Prophetie, Gütersloh 1972

Schneider, H., Art. Purpur, DNP 10 (2001), 604f.

Schorch, S., Euphemismen in der Hebräischen Bibel (OBC 12), Wiesbaden 2000

Schroer, S./Stäubli, T., Die Körpersymbolik der Bibel, Darmstadt 1998

Schüle, A., Die Syntax der althebräischen Inschriften. Ein Beitrag zur historischen Grammatik des Hebräischen (AOAT 270), Münster 2000

Schwally, F., Miscellen, ZAW 11 (1891), 169–183

Schweizer, H., Elischa in den Kriegen. Literaturwissenschaftliche Untersuchung von 2 Kön 3; 6,8–23; 6,24–7,20 (StANT 37), München 1974

Seebaß, H., Art. אחרית, ThWAT I (1973), 224–228

Seebaß, H., Genesis II/1. Vätergeschichte I (11,27 – 22,24), Neukirchen-Vluyn 1997

Sefrin, D., Art. Mana, HRWG 3 (1993), 98–103

Seidl, T., Mose und Elija am Gottesberg. Überlieferungen zu Krise und Konversion der Propheten, BZ n.F. 37 (1993), 1–25

Seybold, K., Der Prophet Jeremia. Leben und Werk, Stuttgart u.a. 1993

Seybold, K., Die Psalmen (HAT I/15), Tübingen 1996

Sommer, C. M., Soziopsychologie der Kleidermode (Theorie und Forschung 87), Regensburg 1989

Staehelin, E., Art. Tracht, LÄ IV (1986), 726–737

Stählin, G., Art. σάκκος, ThWNT VII (1964), 56–64

Stoebe, H. J., Das erste Buch Samuelis (KAT 8/1), Gütersloh 1973

Stoebe, H. J., Das zweite Buch Samuelis (KAT 8/2), Gütersloh 1994

Stolz, F., Das erste und zweite Buch Samuel (ZBK 9), Zürich 1981

Strack, H. L./Billerbeck, P., Kommentar zum Neuen Testament aus Talmud und Midrasch 4/1, München 1928

Strobel, A., Art. Maße und Gewichte, BHH 2 (1964), 1159–1169

Strommenger, E., Art. Kleidung. Archäologisch, RLA 6 (1980–83), 31–38

Strzysch, M./Weiß, J. (red. Leitung), Der Brockhaus in fünfzehn Bänden, Leipzig/Mannheim 1997–1999

Tadmor, H., The Inscriptions of Tiglath-Pileser III. King of Assyria: Critical Edition, with Introductions, Translations and Commentary, Jerusalem 1994

Thiel, W., Art. שׁק, ThWAT VII (1993), 850–855

Tigay, J. H., Deuteronomy – דברים (JPSTC), Philadelphia 1996

Uehlinger, C., Bildquellen und 'Geschichte' Israels. Grundsätzliche Überlegungen und Fallbeispiele, in: Hardmeier, C. (Hg.), Steine – Bilder – Texte (ABG 5), Leipzig 2001, 25–77

Utzschneider, H., Das Heiligtum und das Gesetz. Studien zur Bedeutung der sinaitischen Heiligtumstexte (Ex 25–40; Lev 8–9) (OBO 77), Göttingen 1988

Utzschneider, H., Art. Ephod, RGG[4] 2 (1999), 1351f.

Veijola, T., Geographie im Dienst der Literatur in ISam 28,4, in: Dietrich, W. (Hg.), David und Saul im Widerstreit – Diachronie und Synchronie im Wettstreit.

Beiträge zur Auslegung des ersten Samuelbuches (OBO 206), Göttingen 2004, 256–271

Viberg, Å., „A Mantle Torn is a Kingdom Lost": The Tradition History of a Deuteronomistic Theme (I Kings xi 29–31), in: Schunck, K. D./Augustin, M. (Hg.), „Lasset uns Brücken bauen…" Collected Communications to the XVth Congress of the International Organization for the Study of the Old Testament, Cambridge 1995 (BEAT 42), Frankfurt a.M. u.a. 1998, 135–140

Vogelsang-Eastwood, G., Pharaonic Egyptian Clothing (Studies in Textile and Costume History 2), Leiden u.a. 1993

Vogelzang, M. E./van Bekkum, W. J., Meaning and Symbolism of Clothing in Ancient Near Eastern Texts, in: Vanstiphout, H. L. J./Jongeling, K. u. a. (Hg.), Sripta Signa Vocis. Studies about Scripts, Sriptures, Scribes and Languages in the Near East (FS J.H. Hospers), Groningen 1986, 265–284

Vogt, H. J., Der Häretikervorwurf des Hieronymus an Theoderet und Origenes, in: ders., Origenes als Exeget (Hg.: W. Geerlings), Paderborn u.a. 1999, 265–276 (= Lies, L. [Hg.], Texte zum Hauptseminar, Origiana Quarta [IThS 19], Innsbruck 1987, 100–111)

von Soden, W., Akkadisches Handwörterbuch I–III, Wiesbaden 1965–1981

von Soden, W., Der Arme Mann von Nippur, TUAT III/1 (1990), 174–180

Waetzoldt, H., Art. Kleidung. Philologisch, RLA 6 (1980–83), 18–31

Wäfler, M., Nicht-Assyrer neuassyrischer Darstellungen (AOAT 26), Kevelaer/Neukirchen-Vluyn 1975

Wagner, A., Sprechakte und Sprechaktanalyse im Alten Testament. Untersuchungen im biblischen Hebräisch an der Nahtstelle zwischen Handlungsebene und Grammatik (BZAW 253), Berlin/New York 1997

Watson, W. G. E., Non-Semitic Words in the Ugaritic Lexicon (3), UF 30 (1998), 752–760

Watson, W. G. E., Non-Semitic Words in the Ugaritic Lexicon (4), UF 31 (1999), 785–799

Wehr, H., Arabisches Wörterbuch für die Schriftsprache der Gegenwart, Arabisch-Deutsch, Wiesbaden [5]1985

Weinfeld, M., Deuteronomy 1–11 (AncB 5), New York u.a. 1991

Weippert, H., Die Ätiologie des Nordreiches und seines Königshauses (I Reg 11,29–40), ZAW 95 (1983), 344–375

Weippert, H., Textilproduktion und Kleidung im vorhellenistischen Palästina, in: Vögler, G./Welck, K. v. (Hg.), Pracht und Geheimnis. Kleidung und Schmuck aus Palästina und Jordanien (Ethnologica NF 13), Köln 1987, 136–142

Weiser, A., Das Buch Jeremia (ATD 20/21), Göttingen 1966

Welten, P., Art. Bestattung II. Altes Testament, TRE 5 (1980), 734–738

Westermann, C., Das Buch Jesaja. Kapitel 40–66 (ATD 19), Göttingen 1966

Westermann, C., Genesis (BK I/2), Neukirchen-Vluyn 1981

Wildberger, H., Jesaja (BK X/1), Neukirchen-Vluyn 1972

Willi-Plein, I., Opfer und Kult im alttestamentlichen Israel. Textbefragungen und Zwischenergebnisse (SBS 153), Stuttgart 1993

Willi-Plein, I., Frauen um David: Beobachtungen zur Davidshausgeschichte, in: Timm, S./Weippert, M. (Hg.), Meilenstein. Festgabe für Herbert Donner (ÄAT 30), Wiesbaden 1995, 349–361 (= Dies., Sprache als Schlüssel. Gesammelte Aufsätze zum Alten Testament [Hg.:T. Präckel/M. Pietsch], Neukirchen-Vluyn 2002, 349–361)

Willi-Plein, I., Michal und die Anfänge des Königtums in Israel, in: Emerton, J. A. (Hg.), Congress Volume Cambridge 1995 (VT.S 66), Leiden u.a. 1997, 401–419 (= Dies., Sprache als Schlüssel. Gesammelte Aufsätze zum Alten Testament [Hg.:T. Präckel/M. Pietsch], Neukirchen-Vluyn 2002, 79–96)

Willi-Plein, I., Sprache als Schlüssel zur Schöpfung. Überlegungen zur sogenannten Sündenfallgeschichte in Gen 3 (1992), in: dies., Sprache als Schlüssel. Gesammelte Aufsätze zum Alten Testament (Hg.: T. Präckel/M. Pietsch), Neukirchen-Vluyn 2002, 24–40

Willi-Plein, I., ISam 18–19 und die Davidshausgeschichte, in: Dietrich, W. (Hg.), David und Saul im Widerstreit – Diachronie und Synchronie im Wettstreit. Beiträge zur Auslegung des ersten Samuelbuches (OBO 206), Göttingen 2004, 138–171

Willis, J. T., On the Interpretation of Isaiah 1:18, JSOT 25 (1983), 35–54

Winter, U., Frau und Göttin (OBO 53), Göttingen 1983

Wolff, H. W., Dodekapropheton 1. Hosea (BK XIV/1), Neukirchen-Vluyn 1965

Wolff, H. W., Dodekapropheton 3. Obadja und Jona (BK XIV/3), Neukirchen-Vluyn 1968

Wolff, H. W., Dodekapropheton 2. Joel und Amos (BK XIV/2), Neukirchen-Vluyn 1975[2]

Wright, D. P., Ritual Analogy in Psalm 109, JBL 113 (1994), 385–404

Würthwein, E., Die Bücher der Könige. 1 Könige 1–16 (ATD 11/1), Göttingen 1977

Würthwein, E., Die Bücher der Könige. 1. Kön. 17 – 2. Kön. 25 (ATD 11/2), Göttingen 1984

Zapf, B. M., Jesaja 40–55 (NEB 36), Würzburg 2001

Zimmerli, W., Ezechiel (BK XIII/2), Neukirchen-Vluyn 1969

Zimmerli, W., Ezechiel (BK XIII/1), Neukirchen-Vluyn 1969

Zweigle, B., Art. Mode, RGG[4] 5 (2002), 1373–1374

Stellenregister (Auswahl)

Stellen aus außerbiblischen Quellen bitte im Sachregister unter dem Stichwort „Quellen, außerbiblisch" aufsuchen.

Sachregister

Wortregister (Auswahl)

Henning Graf Reventlow

Gebet im
Alten Testament

**BonD der Originalausgabe von 1986,
ergänzt durch ein Bibelstellenregister**

350 Seiten. Kart.
€ 84,–
ISBN 978-3-17-009238-9

Eine Rückbesinnung auf die biblischen Grundlagen christlicher Gebetstradition
muss vor allem das Alte Testament in den Blick nehmen. In den Gattungen der
alttestamentlichen Psalmen spiegeln sich die zentralen Grundhaltungen des
Betens wider: Loben, Bitten und Danken. Aber auch die prophetische Fürbitte,
die Kunstgebete der Spätzeit und schließlich das Gebet im Hiobbuch – eigentümlicher Ausdruck einer theologischen Problementwicklung – erweisen sich
als inhaltsreiche Formen des Gebets im Alten Testament.

Der Autor:

Prof. em. Dr. **Henning Graf Reventlow** lehrt an der Universität Bochum.

Ein Buch ist vergriffen. Aber Sie brauchen unbedingt den Text.
Sie finden ihn in *BonD* – Books on Demand.

W. Kohlhammer GmbH · 70549 Stuttgart
Tel. 0711/7863 - 7280 · Fax 0711/7863 - 8430

Shimon Bar-Efrat

Das Erste Buch Samuel

Ein narratologisch-philologischer Kommentar

Aus dem Neuhebräischen übersetzt von Johannes Klein

2007. 384 Seiten. Kart.
€ 48,–
ISBN 978-3-17-019965-1

Beiträge zur Wissenschaft vom Alten und Neuen Testament, Band 176

Der erste Band des Samuelkommentars des bekannten israelischen Bibel-wissenschaftlers Shimon Bar-Efrat beginnt mit einer ausführlichen Einleitung u.a. in die Sprachformen, die Text- und die Auslegungsgeschichte – gerade auch die jüdische! – sowie einer Einführung in die Gedanken und literarische Gestaltung des 1. Samuelbuches. Den Hauptteil bildet dann eine Vers-für-Vers-Auslegung seiner 31 Kapitel. Der Kommentar versteht sich als eine besonders intensive Art des „close reading" und vermittelt vielfach überraschende exegetische Erkenntnisse zu den Erzählungen über das frühe Königtum in Israel.

Der Autor:

Dr. **Shimon Bar-Efrat** ist ehemaliger Leiter für Biblische Studien an der Hebrew University Secondary School in Jerusalem.

▶ **www.kohlhammer.de**

W. Kohlhammer GmbH · 70549 Stuttgart
Tel. 0711/7863 - 7280 · Fax 0711/7863 - 8430